동아시아 철도 국제관계사

—영일동맹의 성립과 변질 과정—

이노우에 유이치 지음

석화정 · 박양신 옮김

지식산업사

동아시아 철도 국제관계사

초판 1쇄 인쇄 2005. 2. 20.
초판 1쇄 발행 2005. 3. 1.
지은이   이노우에 유이치
옮긴이   석화정 · 박양신
펴낸이   김경희
펴낸곳   ㈜지식산업사
           서울시 종로구 통의동 35-18
           전화 (02)734-1978(대) 팩스 (02)720-7900
           한글문패   지식산업사
           영문문패   www.jisik.co.kr
           전자우편   jsp@jisik.co.kr
                       jisikco@chollian.net
           등록번호   1-363
           등록날짜   1969. 5. 8.

책값   18,000원

이 책을 읽고 저자에게 문의하고자 하는 이는
지식산업사 전자우편으로 연락 바랍니다.

한국어판 머리말

이 책은 본인이 게이오기주쿠대학(慶應義塾大學)에 제출했던 박사학위 논문을 출판한 것으로, 다행히도 출판 당시 큰 반향을 일으켜 1990년 아시아조사회와 마이니치(每日)신문사가 주관하는 제2회 '아시아태평양상 특별상' 등을 수상하였다. 이번에 한국어로 번역되어 다시 세상의 빛을 보게 되니 내심 매우 부끄럽지만, 번역을 맡아주신 석화정 박사와 박양신 박사께 진심으로 감사의 마음을 표하는 바이다. 두 박사께서 이 책의 번역에 동의해 줄 것을 요청해 왔을 때는 이미 출간된 지 오래되었다는 느낌이 들어서 한국어로 출판하는 데 다소 망설임이 없지 않았다. 학생 때부터 경애하던 선배이자, 일본에서 한국 연구의 제1인자인 게이오기주쿠대학의 오코노기 마사오(小此木政夫) 교수의 적극적인 권유가 없었다면 두 분 선생님의 친절한 호의에도 불구하고 사양했을지도 모른다. 오코노기 교수께는 다시 한 번 감사를 드린다. 현재 오코노기 교수를 중심으로 한·일 양국의 학자들에 의한 공동 역사연구가 진행 중에 있다. 이 책이 한국어로 번역된 것이 앞으로의 공동 연구 발전에 조그마한 도움이 된다면 저자에게는 더 할 나위 없는 기쁨일 것이다.

2003년 4월,   이노우에 유이치(井上勇一)

옮긴이 머리말

모든 길은 한반도로 달린다. 21세기에 들어서며 동북아시아는 바야흐로 철도의 르네상스기를 맞고 있다. 한반도 종단철도와 러시아의 시베리아 횡단철도를 연결함으로써 남북한 철도의 접속을 넘어 유럽과 아시아를 잇는 이른바 '철의 실크로드'의 실현을 눈앞에 두고 있는 듯하다. 이 과정에서 유라시아철도나 고속철도망 확대를 통한 동북아시아의 교통·유통 인프라 구축과, 이를 둘러싼 치열한 수주 경쟁은 동북아 경제권의 형성과 수송망에 큰 변혁을 가져올 것으로 보인다. 한반도의 철도가 러시아의 극동지역과 유럽 횡단철도 및 만주철도와 이어짐으로써, 중국과 러시아 그리고 북한의 자원이 육상 수송망을 통해 들어오게 되고, 시베리아 횡단철도를 이용해 유럽으로 화물을 싣고 가는 데 시간과 비용이 크게 절감되는 등 장기적으로 기대되는 경제 효과가 클 것이기 때문이다. 이에 최근 우리나라에서도 중국의 황해–발해 연안지역의 산업화, 러시아와 북한의 경제자유구역 설치 등 동북아경제권이 활발해질 것에 대비하여, 한반도를 광역 수송 체계를 지닌 최상의 물류 중심지로 자리잡을 수 있게 하려는 원대한 계획을 구체화하고 있다.

그런데 한반도의 동북아 물류 거점화라는 계획에는 반드시 한반도의 정치적 안정이 전제되어야 한다는 점을 명심해야 한다. 근대 개항 이래

우리는 한반도의 정치적 불안정이 늘 주변국의 이권 개입과 탈취로 이어
졌던 뼈아픈 역사적 경험을 가지고 있다. 최근의 북핵 위기 고조와 한반
도 주변 4강의 개입은 추후 이들의 개입 대가를 앞으로 반드시 치뤄야 하
는 점에서 한반도 문제의 시계(視界)는 여전히 암중모색의 범주에 머물러
있다. 그리고 한번 형성된 구조는 그뒤 수십 년 이상의 역학 관계를 규정
지어 왔음을 과거의 역사가 명증하고 있다. 100여 년 전 한국과 만주에서
이권을 둘러싼 열강 사이의 사활을 건 쟁탈전이 결국 러일전쟁과 식민화
로 이어졌던 과정을 되새겨보아야 할 이유가 여기에 있다.

예나 지금이나 철도망 구축은 산업화와 경제 발전, 과학 기술 진보의
총아로서 국가의 총력을 결집하는 주요 수단이다. 철도권익을 둘러싼 독
일의 3B정책과 영국의 3C정책의 충돌이 제1차 세계대전을 재촉했던 한
요인이었음은 널리 알려진 사실이다. 하물며 비행기와 같은 육해상을 넘
나드는 수송 수단이 발달하지 못했던 시대에 철도는 대외 발전과 국력
신장을 가져오는 가장 중요한 수단이었다.

철도 부설을 둘러싼 경쟁이 19세기 말과 20세기 초에 첨예화했던 사실
은 철도의 중요성과 효율성을 강조하기에 충분하다. 당시 러시아는 시베
리아 횡단철도를 부설하여(1891~1904) 비로소 육로로 아시아에 진출하
였고, 반면 해로로 중국 연안에 이른 다른 유럽 열강은 해안에서 내륙으
로 향한 철도를 부설하기 시작했으며, 러일전쟁 이후에는 러시아 소유의
만주철도를 인수한 일본이 여기에 가세했다. 그러나 열강은 철도의 궤폭
을 각기 표준궤, 광궤, 군용 협궤 등으로 다르게 함으로써 타국이 자국의
세력권을 침범하지 못하도록 막았다. 중국 동북부에서 이같이 서로 다른
궤폭의 철도가 부설된 것은 100년이 지난 오늘날까지도 산업화와 지역
발전의 심각한 걸림돌이 되고 있다.

더욱 심대한 문제는 제국주의 시대의 철도 부설과 궤폭을 둘러싼 이

같은 경쟁이 중국 동북부와 만주 그리고 한반도를 사실상 열강의 반식민지 상태로 전락시키는 데 일조했다는 사실이다. 1910년 한국이 일본에게 강제 병합되고, 1911년에는 청조 또한 몰락함으로써 19세기 이래 동북아에서 지속되어 온 열강의 제국주의 경쟁이 일본의 일방적인 승리로 일단락된 것이다. 이는 철도 부설이 단순한 선로 이상의 의미를 지닌다는 것을 뜻한다. 즉 선로 부설은 이에 필요한 석탄·목재·광물 등 주변 자원 개발권의 획득 경쟁을 낳고, 나아가 철도를 지키고 자국 거류민의 안전을 위한 치외법권 요구로 이어지게 하며, 해당국의 사법·행정·외교 그리고 경찰력이 미치지 못하게 만드는 결과를 가져왔던 것이다.

이 책은 1890년대 이후 1911년까지 약 20여 년 동안 중국 동북부의 만주와 한반도에서 유럽 열강과 일본이 벌인 철도 부설 경쟁이 동북아 국제 질서를 바꾸어 놓은 과정을 추적하였다. 이 책은 현재 아프가니스탄 카불 주재 일본 대사관의 참사관인 이노우에 유이치(井上勇一) 박사의 《동아시아 철도 국제관계사—영일동맹의 성립과 변질 과정 연구(東アジア鐵道國際關係史—日英同盟の成立および變質過程硏究)》(慶應通信, 1989)를 완역한 것이다. 따로 발표된 개별 논문들을 모아 놓은 형태인 이 책은 방대한 내용을 아우르면서도 각 장별로 저자의 뚜렷하고도 일관된 논지가 잘 정리되어 있다.

이 책은 근대 동북아 국제관계의 가장 중요한 주제라 할 철도 문제와 영일동맹(1902~1921) 문제를 다루고 있다. 그러므로 근대 동아시아 격변기를 만주와 한국에서 열강의 철도 부설권 확보 경쟁을 통해 분석하고 있을 뿐만 아니라, 이를 영일동맹의 성립과 변질 과정에 연결시킨 대위법적 분석에 이 책의 특징이 있다. 저자의 이 같은 분석 방법이 갖는 의미는 적지 않다. 우선 이 책은 한·만 철도사이자 영국·러시아·일본·독일·미국을 아우르는 제국주의 시대의 국제관계사로 읽힌다. 뿐만 아니

라 이 주제들을 영일동맹의 변질 과정과 대비시킴으로써 이 책은 영일동
맹사로도 읽힌다.

안타깝게도 이 책이 다루고 있는 주제들, 즉 철도 문제, 한·만 문제의
필연적 연관성, 영일동맹, 그리고 이 모든 문제들이 일본의 한국병합과
정과 연동해 들어간 국제관계에 대한 우리 학계의 연구 수준은 여전히
빈곤을 면치 못하고 있다. 이 책이 일본의 한국병합 문제를 직접적으로
다룬 것은 아니지만, 저자는 일본의 한국병합 과정을, 복잡한 이해관계
가 얽혀 있는 열강의 한·만 철도 부설문제와 연관지었다. 저자의 대위법
적 서술은 궁극적으로 두 가지 점에서 일본의 한국병합 과정을 충분히
제시해 주고 있다고 본다. 영일동맹의 성립과 변질이 일본의 한국병합에
끼친 영향에 대한 구체적인 자료와 증거를 제시해 주고 있는 것이 그 하
나라면, 당시의 한국 문제를 열강의 주요 관심사였던 만주 문제와 반드
시 연계해 보아야 한다는 점을 거듭 일깨워주고 있는 점이 다른 하나이
다. 그러므로 이 책은 우리에게 근대 동아시아 역사의 질곡에서 늘 한 묶
음으로 처리되어 온 한·만 문제의 연관성을 강조함으로써 일본이 한국
을 병합할 수 있었던 국제 환경의 프로세스를 구체적으로 전달해 준다는
점에서 의의가 있다.

저자는 우선 철도 문제를 열강의 철도 궤폭(gauge)을 둘러싼 다툼이라
는 미시적 시각으로 좁혀서 접근하고 있다. 이 책이 《철도 궤폭이 바꾸
어 놓은 현대사(鐵道ゲージが變えた現代史)》(中公新書, 1990)라는 축약된
문고본 형태로 일본에서 출판된 점도 저자의 관점을 단적으로 말해 준다.
철도를 통한 열강의 세력권 확보의 충돌이라는 점에서 '교차권익'과 철
도 '궤폭'이라는 개념은 이 책을 읽는 핵심어이다.

나아가 저자는 영일동맹을 독특한 시각에서 해석하고 있다. 저자에 따
르면, 영일동맹에서 해군력 문제는 동맹의 군사적 효과라는 점에서는 논

할 수 있는 문제이지만, 러시아의 동아시아 진출에 대항하는 첫 번째 요소는 아니었다. 주로 해군 쪽 문제와 연관하여 이루어져 온 종래 영일동맹의 군사사(軍事史)적 연구에 더해, 이 책은 철도를 중심으로 동맹의 육군 쪽 문제와 연관지었다는 점에서 영일동맹 연구의 지평을 넓힌 것으로도 평가된다.

이 책은 서장과 종장을 제외하고 모두 네 부분으로 이루어져 있다. 저자는 각 장마다 철도와 관련한 지도와 연표를 함께 제시하여 독자들의 이해를 돕고 있다. 책의 내용과 의의를 각 장별로 요약해 보면 다음과 같다.

제Ⅰ부는 경봉철도(북경~봉천)를 둘러싼 영국과 러시아 사이의 대립을 다루고 있다. 저자는 이 대립이 영일동맹을 성립시킨 한 요인이라고 보았다. 특히 의화단사건을 계기로 러시아가 경봉철도를 일시 점령한 것은 솔즈베리의 대러 타협 정책, 즉 영러철도협정(1899년 4월)의 실패였다고 평가하며, 이것이 영일동맹 성립의 필요조건이 되었다고 보았다. 1902년 영일동맹이 성립함으로써 일본은 한국에서 우위권을 보장받았다.

제Ⅰ부가 경봉철도(북경~봉천)에 초점을 맞춤으로써 만주에서 벌어진 영·러 대립을 영일동맹 성립의 배경으로 기술했다면, 제Ⅱ부는 한반도 철도 부설을 둘러싼 러·일의 대립에 초점을 맞추었다. 저자에 따르면, 경의철도(서울~의주) 경쟁은 러·일 개전(1904년 2월)의 한 원인이었다. 처음부터 대러 군사적 필요에서 구상된 한반도 종단철도(경부·경의철도)의 궤폭은, 일본이 러시아와 한국 문제에 관해 맺은 로젠-니시 협정(1898년 4월) 이후 표준궤로 통일되었다. 이는 한국의 철도가 러시아의 영향력에서 벗어나 일본의 영향 아래 들어간 것을 뜻한다. 이로써 경봉철도와 경부철도는 시베리아철도와 동청철도에 대한 영·일 두 나라의 교차권익이 되었다는 것이다. 그러므로 로젠–니시 협정과 영러철도협정은 영·일 두 나라의 대러 정책에서 공통된 점인 동시에 영일동맹 성립의 배경이 되었다는 것이다. 그러므로 아시아에서 해군력 우위 유지가 영일동맹 성립의 일차적인 요인이 될 수 없었다는 것이 저자의 일관된 논지이다.

올해는 러일전쟁의 소용돌이 속에서 경부철도가 개통된 지 꼭 100년이 되는 해이다. 더욱이 개성공단의 활성화와 함께 경의철도의 남북 연결을 목전에 두고 있는 시점에서, 러·일 개전의 한 원인으로서 경의철도 문제를 생각해봄도 시의 적절할 것이다. 저자에 따르면, 당시 일본의 고무라 외상은 한반도 북부에서 일본의 철도권익을 확대할 경의철도 차관계약이 체결되자, 더 나아가 한반도에서 만주까지 진출하는 철도권익을 추구하였다. 그러므로 고무라의 영의철도(영구~의주) 구상은 관동주(關東州)조차조약 추가협정(1898년 5월)을 통해 이미 동청철도 남만지선에서 압록강까지 철도 부설권을 획득한 러시아와 정면으로 충돌할 수밖에 없는 교차권익이었다는 것이다. 결국 개전 직전의 러·일 교섭에서 두 나라가 한반도 북부의 중립 지대 설정 문제에 결코 양보할 수 없었던 비타협적 태도의 배경에는 이처럼 경의철도 문제가 자리잡고 있었다.

제Ⅲ부에서는 러일전쟁 이후 일본의 대륙 진출과 일본의 군용철도 부설이 만주의 문호 개방 원칙에 대립하는 요인으로 작용함으로써 영일동맹도 변질되었다고 본다. 승전 이후 일본은 영국으로부터 조달한 자금에 힘입어 안봉철도(안동~봉천) 등 남만주에 건설한 군용철도를 점차 표준궤로 정비해 나갔다. 여기에는 철도를 통해 관성자(寬城子) 이남으로 러시아가 진출하지 못하도록 막기 위한 목적이 있었다. 이를테면 만주의 관성자는 한반도의 의주와 같이 러·일 대립의 접점이었던 셈이다.

이 같은 안봉철도의 개축은 일본이 한반도의 간선 철도와 만주철도의 연결 철도를 표준궤로 완성하여 한·만 일체화에 성공했음을 뜻한다. 더욱이 러시아가 일본의 한국병합을 막을 수 없는 대세로 인정한 1907년의 러일협약은 일본의 이 같은 한·만 일체화를 지지해 준 셈이었고 이로써 한국병합에 관한 일본의 우위는 더욱 강고해졌다. 그러므로 안봉철도의 개축이 곧 일본의 한국병합 과정과 나란히 진행된 것이었으며, 한·만 철도의 완성으로 영일동맹에도 변화가 오기 시작했다는 것이 저자의 주장이다.

즉 일본이 확보한 길장철도(길림~장춘), 신봉철도(신민둔~봉천)는 영국의 경봉철도와 충돌하게 되는 새로운 사태를 낳았다. 영일동맹의 상호의존관계 위에 성립해 있던 일본의 만주 경영이 다른 한편으로는 경봉철도가 달리는 남만주 서부에서 영국의 철도권익과 충돌하게 된 것이다. 그리하여 영·미의 만주 문호 개방 논리와, 일본의 한·만 일체화가 충돌하면서 영일동맹은 변질될 수밖에 없었다는 것이다.

나아가 제IV부에서는 일본이 남만주철도의 평행선, 즉 신법철도(신민둔~법고문)를 부설함으로써 영일동맹과 러시아, 미국과의 관계가 모두 바뀌었다고 보았다. 그럼에도 경봉철도의 연장선인 신법철도 문제에서 영국이 일본에 양보한 것은 영일동맹을 유지하기 위한 고육지책이었다. 그렇지만 대러 교차권익의 공통 기반이 하나씩 무너지면서 영일동맹의 균열은 불가피했고, 금애철도(금주~아이훈) 문제에서 만주의 문호 개방을 강력히 요구하는 미국과 충돌함으로써 동맹은 더욱 유명무실해졌다.

금애철도 문제에 미국이 개입하면서 만주철도 문제는 영·미·러·일 등 4개국의 복잡한 세력 관계의 충돌로 비화했다. 금애철도는 일본의 남만주철도를 경유하지 않고도 러시아의 동청철도와 영국의 경봉철도를 직접 연결하는 것이었다. 그러므로 미국의 만주철도 중립화 제의는 러·일이 미국에 대항하는 교차권익으로 자리매김하여 미국에 공동 대응하도록 만들었다. 남만주에서 일본의 이해(利害)는 1910년 7월 러일협약의 성립과 강화로 더욱 비호되었다. 러일협약은 일본이 만주 경영을 위해 영일동맹보다는 러일협약에 더 비중을 두게 되었음을 뜻하며, 한국병합의 가장 중요한 우군이 일본에게 확보되었음을 뜻했다. 러일협약이 강화되면 될 수록, 만주에서 이해 때문에 동맹 규정상 미국과 전쟁을 할 수는 없었던 영국은 결국 영일동맹으로부터 멀어져 갈 수밖에 없었다.

마지막에서는 신해혁명 때의 일본의 경봉철도 점령 문제를 의화단사건 때의 러시아의 만주철도 점령과 대비해 영일동맹도 완전히 변질될 수밖에 없었다고 결론짓고 있다. 한국병합 이후 영일동맹의 개정 필요, 미국을 동맹의 발효 대상국에서 제외해야 할 필요, 그리고 시베리아철도의 복선화 공사는 1911년에 대러 제휴로서 영일동맹을 여전히 유효한 것으로 갱신되도록 했다. 1921년에 워싱턴회의의 4개국조약으로 영일동맹의 폐기가 결정된 것은, 저자에 따르면, 시베리아철도·동청철도를 통한 러시아의 위협이 소멸한 것과 관계가 있었다. 그러므로 저자는 영일동맹이 러시아의 시베리아철도에 의한 위협에 대항하는 수단으로서 성립·지속될 수 있었으며, 그 위협이 소멸함과 아울러 동맹도 해체되었다고 결론짓고 있다. 영일동맹의 갱신 과정 전체를 일본의 육군 쪽 시각에서 재해석함으로써 영일동맹이 동북아시아 국제질서에 끼친 영향을 분석한 것이다.

이 책은 동북아 철도와 국제정세 변화에 관한 많은 구체적인 1차 문헌을 담고 있는 자료서로도 손색이 없다. 이 책을 통해 우리는 철도 부설의 정치·경제·외교 그리고 군사 전략적 이점과 함께 그것이 가질 수 있는 위험성도 동시에 읽어낼 수 있다. 저자는 철도 부설권 획득에 혈안이 되어 있는 열강의 정책과 경쟁을 주로 기술하면서도, 다른 한편으로 그 대상이 된 중국과 한국이 열강의 강압적 요구에 어떻게 반응하면서, '이이제이(以夷制夷)'로써 자국의 이권을 빼앗기지 않으려 했는가 하는 점을 놓치지 않고 있다. 바로 이 대목이 '동북아 물류 중심지인 한반도'나 '철의 실크로드' 실현에서 우리가 어떻게 국익을 챙겨 나가는 것이 바람직한지를 생각하도록 한다. 철도망의 확대와 더불어 오늘날의 한반도 주변 정세를 이해하는 데 많은 관심을 가진 일반 독자들에게도 일독을 권하고 싶다.

오늘날 동북아 역내 신질서의 주도권 싸움은 단순히 철도에만 그치지 않는다. 동북아의 신질서 형성을 염두에 둔 역내 에너지 안보 각축전이 그 한 예이다. 미국의 이라크 점령 이후 세계적으로 안정적인 석유 공급의 확보 필요성이 커지는 가운데, 미국의 중동 유전 장악에 위기감을 느낀 중국과 러시아가 손을 잡는 현실은 한반도 북핵 위기와 맞물려 더욱 가시화하고 있다. 최근 동시베리아의 석유와 가스를 공급할 파이프라인을 둘러싼 중·일의 치열한 에너지 쟁탈전도 현 동북아 정세의 단면을 잘 드러내 준다. 두 나라가 경쟁적으로 벌인 '송유관 전쟁'에서 처음부터 러시아는 '중국라인'을 세울 예정이었으나, 일본의 집요한 설득과 물량공세로 한반도가 배제된 '나홋카라인'으로 방향을 바꿨다. 이 같은 선택은 러시아가 석유, 가스 파이프라인과 전력, 철도 등을 동북아에서 자국의 영향력을 확대하는 전략적 카드로 사용한 좋은 예이다. 어떤 경우가 되든지 송유관이 한반도의 어느 지점을 지날 것으로 낙관하고 있던 우리 정부로서는 닭 쫓던 개 지붕 쳐다보는 격이 되고 만 셈이다. 한반도 주변 정세는 이처럼 각 일각 급박하게 돌아가고 있다.

모든 길은 한반도로 달린다. 그러나 그 모든 길이 또 다시 한반도의 의지와 이해를 도외시한 채 달리게 해서는 곤란하다. '한반도의 물류 거점화', '철의 실크로드' 나아가 '동북아 허브'의 꿈이 저절로 이루어지는 것은 아니다. 필연의 통과 거점으로서 한반도의 위치와 의미를 극대화할 때만이 진정으로 내실 있는 대역사(大役事)가 될 것이기 때문이다. 역사에 귀 기울여 지침을 찾는 지혜가 절실하다.

이 책의 Ⅰ·Ⅱ부는 석화정이, Ⅲ·Ⅳ부는 박양신이 번역하였다. 6년 전 일본 홋카이도 대학에서 연구 중에 만난 두 사람의 인연이 이 책으로 이어진 셈인데, 러일전쟁 시기 전후 러시아의 동아시아 정책을 연구하는 서양사 전공자와, 해당 시기의 일본사 전공자가 작업한 열매라는 점에서 역서 출간의 의미가 있지 않을까 싶다. 옮긴이들은 서양사학계와 동양사학계에서 다르게 사용되는 용어와 표기 문제, 심지어 영일동맹의 조약문이 외교문서마다 다르게 표현되고 있는 점 등을 발견하면서 최대한 접점을 찾아 이 책에 반영하고자 했다.

이중삼중고의 불황 속에서도 출판을 기꺼이 맡아주신 지식산업사 김경희 사장님께 깊이 감사드린다. 편집부원들의 노고에도 고마움을 표한다. 방대한 국제관계의 사건을 다룬 책인 만큼 여러 나라의 외교 사료와 언어 등에 대한 오역과 표기상의 문제들이 있을 수 있다고 본다. 독자 제현의 날카로운 지적과 질정(叱正)을 기대한다.

2005년 1월, 석화정

차   례

◇ **주요 관련사항 표**

◇ **관계지도**

서   론

일본국 정부와 대영제국 정부는 오로지 동아시아에서 현상 유지와
전반적인 평화 유지를 희망하며, 청제국 및 대한제국의 독립과 영토
보전의 유지, 그리고 이 두 나라에서 각국이 상공업상의 기회 균등을
얻는 것에 특별한 이해관계를 가지므로 이에 다음과 같이 약정하였다.
—제1차 영일동맹협약 전문(前文), 1902년 1월 30일—

서 장
영일동맹과 철도 문제

1902년 1월 30일, 런던에서 조인된 영일동맹은 러시아의 동아시아 진출에 대항하는 영·일 두 나라의 대러(對露) 제휴를 목표로 이루어졌다. 영일동맹은 4개국조약(1차대전 이후 태평양 지역에서 영국·미국·프랑스·일본의 상호 권리를 보장한 1921~1922년의 워싱턴회의 평화조약—옮긴이)이 1923년 12월 17일에 발효할 때까지 약 20년에 걸쳐 동아시아 국제관계에서 중심 노릇을 하였다. 그렇지만 그 목적에서 본다면 영일동맹이 20년의 존속기간에 늘 적극적인 정책으로 기능해 왔던 것은 아니다. 오히려 영일동맹이 가장 유효했던 때는 러일전쟁의 배경이 되는 제1차 영일동맹의 시기뿐이었다고 보는 편이 나을 것이다. 더욱이 제1차 영일동맹은 5년의 유효 기간을 채우지도 않은 채, 러일전쟁의 종결과 더불어 새로운 국제관계에 대응하고자 1905년 8월 12일, 포츠머스에서 러일강화회의가 열리는 가운데 개정되었다. 영일동맹의 갱신은 러시아의 대일(對日) 복수전을 경계하여, 러시아를 영·일 두 나라의 공통의 적으로 여기고 조약의 성격을 이른바 공수(攻守)동맹으로 강화한 것이었다. 동맹 개정을 통해 영·일의 제휴 관계가 강화되었으나, 만주에서는 러·일 사이의 긴장이 점차 완화됨으로써 1907년 7월 30일 제1차 러일협약이 성립되었다. 이로써 일본의 대러 전쟁 가능성은 희박해졌다. 제1차 러일협약은 대(對)러시아 공수동맹이라고 하는 영일동맹의 첫 목적을 소멸시켰고, 영일동맹의 존재 의의마저도 상당 부분 상실케 했다. 요컨대 국제관계가 변화하는 가운데 생겨난 영일동맹은 러일전쟁 이후에는 다시 그 변화에 맞추어 바뀌지 않을 수 없었다.

이 책은 동아시아를 둘러싼 국제관계의 어떤 변화로 말미암아 영일동맹이 성립했으며, 그리고 그것이 어떻게 바뀌었는가 하는 점을 주제로 하고 있다. 이 주제를 고찰하고자 저자는 동아시아의 국제관계에 변화를 가져온 요인으로서 만주와 한반도를 둘러싼 영·러·일 3국의 철도권익을 중심으로 한 이해관계에 주목하고자 한다. 그 첫 번째 이유는, 철도는 국가의 세력을 자국의 영역 밖으로 전달하는 구체적인 수단이 되는 바, 철도 건설에 따라 그 세력범위가 결정된다고 보기 때문이다. 철도가 국가의 대외 발전에서 수행하는 중요한 구실이란, 비행기처럼 육지와 바다를 넘나드는 수송 수단이 발달하지 못한 당시로서는 해상 수송용 선박이나 육상 수송용 철도라는 교통수단을 가지지 않는 한, 열강은 자국의 영역 밖으로 세력을 확대할 수 없었다는 데서 나온다. 유럽에서 멀리 떨어진 중국에서는, 시베리아 횡단철도의 건설 때문에 육로로 중국에 진출하게 된 러시아를 제외한 다른 유럽 열강은 해안에서부터 내륙으로 향하는 철도를 건설하였다. 그 철도를 통해 그들은 연안뿐만 아니라 내륙과도 교역을 하였으며, 철도 연변에 광산을 개발하여 본국에 많은 이익을 안겨줄 수 있게 되었다. 중국 영역 안에서 유럽 열강에 의한 철도 건설의 확대는 그 자체로 중국에서 열강의 세력범위를 나타내고 있었다.

　열강의 철도권익에 주목하는 두 번째 이유는, 철도권익의 확대가 열강의 세력범위를 나타내므로, 이를 둘러싼 열강의 대립은 그 자체가 곧 열강의 세력범위의 접점이 되었다는 점에 바탕을 둔다. 철도권익을 둘러싼 열강의 항쟁으로는 특히 바그다드철도 문제가 유명하다. 1899년에 독일이 오스만투르크로부터 획득한 바그다드철도는 독일의 '3B 정책'의 기축이 되었으며, 서아시아(중동) 지역의 세력범위를 둘러싼 영국의 '3C 정책'과 충돌하여 제1차 세계대전의 배경을 이루었다. 즉 철도권익을 둘러싼 대립은 단순히 철도라는 경제 권익의 경합만이 아니라, 열강의 세력범위의 충돌을 뜻하였다. 따라서 철도 문제의 해결은 곧 열강의 역학관계를 반영하며, 바로 국제관계의 축도를 구성한다. 이처럼 철도권익을 둘러싼 대립은 열강 사이에 세력 다툼으로 이어졌다. 그 결과 새로운 세력범위가 결정되고, 그에 따라 국제관계에 새로운 정세 변화가 생겨난 것이다.

　잘 알려진 바와 같이, 세계 최초의 철도 탄생은 영국 중부의 스톡턴과 달링턴 사이에 철도가 개통된 1825년의 일이었다. 이어 1830년에 리버풀과 맨체스터 사이에도 철도가 개통됨으로써 영국에 철도 건설의 시대가 오게 되었다. 새로운 운송수단의 개발은 최고조에 이르렀던 영국의 산업혁명과 연동하여, 철도망이 급속도로 영국 전역에 확대되어 갔다. 이처럼 철도의 발전이 산업혁명과 밀접한 관련이 있었던 것은 기계공학이나 토목공학처럼 철도 건설과 관계가 깊은 과학기술이 발전해 온 사실과 무관하지 않으며, 철도 건설과 같은 대규모 사업의 실행을 가능케 하는 자본의 축적도 그에 한몫을 하였다. 바꾸어 말하면 철도 건설이란 경제 발전과 과학기술의 진보를 통해 국가의 총력을 결집할 수 있는 근대 자본주의 국가에서나 비로소 가능했다고 볼 수 있다. 철도 건설은 그뒤 19세기 후반에 이르러 신·구 양 대륙을 비롯한 세계 각지에서 이루어지게 된다. 철도를 자국 안에서뿐만 아니라 해외에서도 건설할 수 있을지의 여부는 그 국가가 국외의 철도 건설에 투입할 수 있는 자본이나 기술자를 갖고 있느냐에 달린 문제로서, 결국 그 국가의 근대화 진전도와 밀접히 연관되어 있었다. 따라서 철도권익을 둘러싼 대립은 다만 열강 사이의 경제 권익 쟁탈을 나타낼 뿐만 아니라, 국가 사이의 총력을 기울인 충돌을 뜻했다. 이것이 이 책에서 철도 문제를 주제로 삼는 세 번째 이유이다.

이 같은 세 가지 이유 때문에 이 책은 동아시아에서 영·러·일 3국의 철도권익을 둘러싼 대립과정을 밝히고자 한다. 그리고 철도권익을 둘러싼 경쟁 때문에 일어난 영·러·일 세 나라의 세력범위 변화가 영일동맹을 촉진한 요인인 동시에 러일전쟁 이후에는 동맹의 변질을 가져온 요인이 되었음을 고찰하고자 한다.

그렇다면 이와 같은 열강의 철도 건설은 동아시아의 국제관계에 어떤 영향을 주었을까.

1869년 샌프란시스코에서 최초로 아메리카대륙 횡단철도가 개통된 데 이어 1885년에는 캐나다 태평양철도도 완성되어, 북미대륙에서 태평양 연안과 대서양 연안이 철도로 연결되었다. 한편 러시아도 미국에 기술자를 파견하여 철도 건설 기술을 습득하였다. 1842년에는 러시아에서도 모스크바와 상트페테르부르크를 잇는 철도 계획을 필두로, 1850년대에는 시베리아 개발을 목적으로 한 시베리아 횡단철도의 구상이 생겨나게 되었다. 그러나 모스크바에서 우랄산맥을 넘어 시베리아 서단 첼랴빈스크에 이르는 철도 공사가 실제로 시작된 것은 캐나다 태평양철도가 완성된 그 이듬해인 1886년의 일이었다. 미국과는 달리 캐나다는 영국의 식민지였다. 최초의 아메리카대륙 횡단철도의 개통에는 관심을 보이지 않았던 러시아도 캐나다 태평양철도가 개통되자, 이 철도를 영국이 동아시아로 가는 지름길로 이용하지 않을까 두려워하여, 러시아가 이에 대항할 시베리아철도를 착공했다고도 이해할 수 있다. 어쨌든 캐나다 태평양 철도의 개통은 러시아의 시베리아철도 건설을 촉진하였다. 이는 영국과 러시아 사이에 동아시아에 이르는 더 빠른 교통로를 확보하려는 철도 건설 경쟁이 시작되었음을 시사하는 것이다. 1891년에는 시베리아의 동서 양단인 블라디보스토크와 첼랴빈스크에서 장대한 시베리아 횡단철도 건설이 시작되었다.[1] 이처럼 철도 건설을 둘러싼 영·러관계는 19세기 후반 유럽과 아시아에서 전개된 세력 다툼의 하나였다. 그 가운데서도 특히 시베리아철도의 건설은 부동항(不凍港)을 얻기 위한 러시아 남하 정책의 한 변형으로 여겨질 만한 성격을 지니고 있었다. 더욱이 러시아의 시베리아철도 건설은 영국의 해군력이 미치지 않는 내륙을 통과하는 만큼, 영국에게는 더 큰 위협이 아닐 수 없었다.

앞에서 철도 건설이 근대화와 밀접한 연관이 있다고 지적하였는데, 이어서 철도 기술이 유럽으로부터 동아시아에 전해진 결과 일본과 중국이 이에 대해 어떤 반응을 보였는가에 관해서도 살펴보고자 한다. 그것은 일본과 중국의 근대화에 대한 대처 방식이 서로 달랐음을 시사하기 때문이다. 그리고 바로 그 차이가 중·일 관계, 나아가서는 동아시아의 국제 정치 전체에 영향을 미치게 되었다고 생각되기 때문이다(저자가 지도에서 위떼가 구상한 노선이라고 표시한 시베리아철도 아무르 구간은 실제로는 아무르 총독 듀홉스코이가 계획한 노선이다 — 옮긴이).

일본에 처음으로 철도가 소개된 것은 페리가 내항(來港)했을 당시 미국이 막부(幕府)에 헌상한 것 가운데 철도의 모형이 들어 있었던 데서 비롯된다. 물론 막부의 힘으로 철도를 부설할 수는 없었지만, 그에 대한 흥미와 관심은 서구 문명으로부터 받은 충격만큼이나 컸다. 그리하여 메이지 유신 정부는 이른바 고용 외국인[御雇外國人]이라 불리는 외국인 기술자를 초빙하고, 국내 자본을 결집하여 도쿄(東京)~요코하마(橫濱) 사

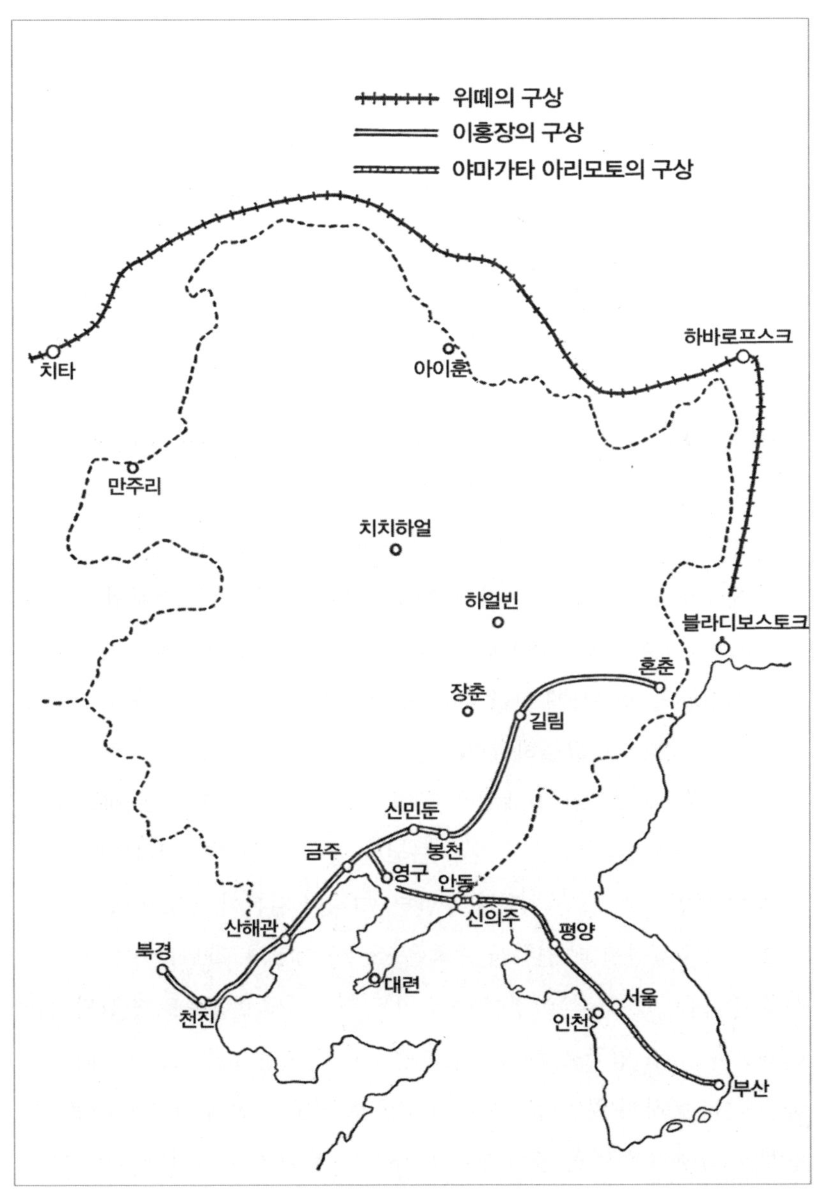

지도1 : 19세기 말의 철도 건설 구상

이의 철도 건설에 착수하였으며, 1872년 10월 14일부터는 이를 관영철도로 운영하기 시작했다. 그뒤 철도 건설은 부국강병(富國强兵)과 식산흥업(殖産興業)이라는 메이지 유신 정부의 근대화 정책의 하나가 되었다. 관영 철도뿐만 아니라 민영 철도까지 포함한, 도쿄·교토(京都)·오사카(大阪)·고베(神戶) 지방을 중심으로 한 철도망은 시코쿠(四國)를 제외한 전국으로 확대되었다. 이는 정부 고용 외국인에게서 일본인이 기술을 흡수해 나간 과정이었다. 메이지 10년대에 이르러 신속하게도 일본인 기술자의 자립이 시작되어, 마침내 레일이나 기관차 등 철도 관련 자재도 구미로부터 수입에 의존하지 않고 자국제품을 사용하는 데까지 발전하게 되었다.[2] 시베리아철도 기공을 전후한 1891년에 일본 참모본부는 「철도의 군사 면에 관한 정의」[3]를 결정하였다. 철도 건설이 경제뿐만 아니라 군사 면에서도 일본의 근대화 정책 속에 포함된 것이다. 제3장에서 서술할 바와 같이, 그 이듬해인 1892년에 일본은 국외로는 한반도에서 처음으로 철도 건설을 구체화하게 된다. 이처럼 일본에서의 철도는 급속한 근대화의 진전과 맞물리며 발달하였다.

한편 일본에 철도가 전해졌을 무렵, 중국에서도 철도가 소개되었다. 1865년에 광동(廣東)의 중국 정부 수뇌들 앞에서 영국이 기관차의 운전을 시범 보인 것이 그 최초였다고 한다. 그러나 일본이 철도 기술을 적극적으로 흡수하였던 데 견주어 중국은 소극적이었다. 철도는 시범운전을 선보인 다음 철거되어, 이것이 중국 철도 건설의 출발점으로 연결되지는 못하였다. 그뒤 영국으로부터 철도 건설과 관련한 요구도 있었지만, 중국은 이에 응하지 않았다.[4] 중국이 최초로 철도 건설에 착수한 것은, 개평(開平)탄광의 석탄을 출하하고자, 1877년 도쿄와 요코하마 구간의 철도 건설을 맡았던 일본 정부의 고용 외국인 가운데 한 사람인 영국인 기사 킨더(Charles W. Kinder)[5]를 고용하여 그에게 철도 건설을 명했을 때였다. 이 철도의 개통은 그로부터 10년의 세월이 지나야 했는데, 그뒤 이 책의 제Ⅰ부에서 다루게 될 경봉(京奉)철도로 발전하게 된다.

이처럼 철도 기술을 흡수하는 데서 나타난 일본과 중국의 차이는 두 나라가 근대화를 추진한 방법의 차이이기도 했다. 그만큼 중·일 사이에는 근대화 과정에서 생겨난 격차가 있었다. 그로 말미암아 일본은 구미 열강과 마찬가지로 중국 안에서 자신의 자본과 기술력으로 철도를 건설하게 된 반면, 중국은 자신을 무대로 한 철도 건설 문제였음에도 불구하고, 열강의 철도 건설을 둘러싼 경쟁 과정에서 적극적인 구실을 담당하는 주체가 될 수 없었다. 중국이 철도 문제에 비중 있는 주체로 등장한 것은, 제1차 세계대전 이후 중국의 민족주의가 드높아진 가운데 동청철도(中東철도 또는 東支철도)를 회수하려고 이 철도의 자영화를 요구했을 때부터였다. 그리고 이 근대화의 문제는 한국에서도 중국과 마찬가지의 양상을 보였다.

지금까지 서술한 것처럼, 철도권익의 쟁탈이 국제관계에 영향을 주었다 하더라도 모든 철도권익이 다른 열강과의 세력범위의 접점으로서 경합관계를 일으킨 것은 아니었다. 다른 열강과의 획득 쟁탈전에서 끝까지 힘겹게 겨루어 손에 넣은 철도권익이 있는가 하면, 이러한 쟁탈전을 거치지 않고 경쟁 없이 얻어낸 철도권익도 있을 수 있다. 이 책에서는 두 나라 이상의 열강이 같은 시기에 철도권익의 획득을 놓고 대립할 때, 그리고 그 어느 한쪽이 다른 열강의 철도권익 획득을 방해할 때, 그 철도권익을 열강 사이의 교차권익이라고 부르기로 한다. 교차권익이란 다른 열강으로부터 방해받거나 다른 열강과 경쟁을 거쳐 얻어낸 철도권익과, 그렇지 않은 철도권익을 구별하기 위한 용어일 뿐이다. 교차권익으로 규정된 철도권익은 더 구체적으로 열강의 대립 관계에서 접점을 나타내며, 각각의 세력범위가 교차하는 장소를 분명하게 나타내 주기 때문이다. 따라서 교차권익이 된 철도권익을 얻어낼 수 있을지 어떨지는 곧 자국의 세력범위를 넓히느냐, 아니면 상대국의 세력 신장을 허용하느냐를 뜻하였으며, 열강의 세력범위의 변화를 나타내는 것으로 이어졌다고 보아도 좋을 것이다.

이제 여기서 철도 건설상의 기술적 문제인 궤폭(gauge)에 대해 말해 두고자 한다. 앞서 서술한 것처럼 철도의 확장은 세력범위를 결정하지만, 철도의 연속성이라는 관점에서 볼 때 궤폭은 모두 같아야 한다. 즉 경제효율의 관점에서도 자명하듯이, 같은 궤폭이어야 문제가 되지 않는다. 만일 궤폭이 서로 다르면, 열차를 갈아타거나 차축(車軸)을 교환하지 않는 한, 한 열차가 서로 다른 궤폭의 철도 위를 달릴 수는 없기 때문이다.[6] 이를 거꾸로 생각하면, 상대와 다른 궤폭을 채택함으로써 대립하는 세력의 진입을 방해하는 일도 가능하다는 얘기가 된다. 즉 같은 궤폭으로 철도를 확장하는 것은 곧 그 열강의 세력범위를 나타내게 된다. 그러므로 교차권익이 되는 철도의 궤폭을 광궤·협궤·표준궤 가운데 어느 것으로 하느냐 하는 문제는 열강의 세력범위 신장을 논할 때 매우 중요한 요소이다

이 책에서 기술하는 바와 같이, 일본은 자국 안에서 주로 협궤로 건설하였으나, 한반도와 남만주에서는 표준궤를 사용하였다. 영국도 중국에서는 표준궤를 채택하였다. 러시아는 동청철도의 건설에 시베리아철도와 같은 광궤를 사용하였다. 앞으로 되풀이하여 서술하겠지만, 철도권익의 확대가 같은 궤폭을 전제로 하였기 때문에 궤폭의 차이는 철도권익을 둘러싼 쟁탈전에서 중요한 문제로 등장하게 된다.

마지막으로 이 책의 구성에 대해 간단히 일러두고자 한다. 이 책은 서장과 종장을 제외하고 전체를 4부로 나누었다. 제Ⅰ부와 제Ⅱ부는 러일전쟁 개전까지의 시기와 일치하며, 영일동맹의 성립 과정에 대하여 기술

하였다. 제Ⅲ부와 제Ⅳ부는 러일전쟁 개전 이후의 시기에 해당되며, 영일동맹의 변질 과정에 대하여 논하였다.

제Ⅰ부에서는 영국 쪽의 영일동맹 성립요인으로서 경봉철도를 둘러싼 영·러 사이의 대립을 밝히는 두 가지 문제를 제기하였다. 즉 제1장에서는 영국이 영러철도협정으로 러시아 쪽의 경봉철도 차관 계약에 대한 방해 요인을 제거하려던 문제를 제기하였다. 제2장에서는 의화단사건의 혼란을 기화로 러시아가 경봉철도를 군사적으로 점령한 문제를 논하였다. 이로써 경봉철도가 러시아에 대한 영국의 교차권익이 되었음을 명확히 함으로써 영국 쪽의 영일동맹 체결 조건이 갖추어졌음을 밝혔다. 그리고 제Ⅱ부에서는 일본 쪽의 영일동맹 성립 요인으로 한반도의 철도에 주목하여, 이를 제Ⅰ부의 경봉철도와 대비시켰다. 제3장에서는 한반도 남부를 달리는 경부철도에 대한 일본의 차관 계약 획득에 반대하는 러시아의 방해를 다루었다. 이어 제4장에서는 한반도 북부에서 경의(京義)철도 건설을 둘러싼 러·일의 대립이 일본 쪽에게도 영국과 마찬가지의 관점에서 영일동맹 성립의 요인이 되었음을 밝히면서, 이 같은 영일동맹을 배경으로 러·일 개전의 원인이 철도 문제에도 말미암고 있음을 논하였다.

제Ⅲ부에서는 러일전쟁 뒤 일본의 대륙 진출, 그 가운데서도 특히 만주 진출이 영일동맹을 변질시켰다는 관점에서 출발하였다. 제5장에서는 러일전쟁 동안 일본의 군용철도 건설에 대해 서술하고, 제6장과 제7장에서는 만주에서 일본 군용철도의 전후처리 문제로 안봉(安奉)·신봉(新奉) 양 철도의 건설에 대해 다루었다. 러일전쟁 동안 일본이 건설한 군용철도가 전쟁 뒤 일본의 한반도와 남만주 경영의 동맥이 되어 만주의 문호 개방이라는 원칙에 대립하는 요인이 되었음을 서술하고, 이로써 영일동맹이 변질되기 시작했음을 논하였다. 그리고 제Ⅳ부에서는 제Ⅲ부에서 말한 것처럼, 일본이 군용철도를 자국의 권익으로 확립한 데 이어, 나아가 그 권익을 옹호하려 한 데서도 영일동맹이 변질되기 시작했다는 관점에서 남만주철도 평행선 문제를 다루었다. 제8장은 신법(新法)철도에 대해 서술하고, 제9장에서는 금애(錦愛)철도에 대해 서술하였다. 여기서는 남만주철도 평행선 문제를 둘러싼 두 나라 관계에서 영일동맹이 변질되어 갔을 뿐 아니라, 두 나라가 러·미에 대응하는 가운데 영일동맹이 변질되어 갔음을 밝혔다. 그리고 마지막 장에서는 신해혁명(辛亥革命) 시기의 일본의 경봉철도 보호 점령 문제를 다루었다. 그럼으로써 앞서 제2장에서 다루었던 의화단사건 시기 러시아의 경봉철도 점령 문제와 대비해 영일동맹이 완전히 변질되었음을 밝혔다.

이상의 고찰을 통해, 이 책은 영일동맹이 성립하는 요인의 하나로 철도 문제가 존재했음을 지적하고, 러일전쟁의 결과 바로 그 철도 문제가 결국 영일동맹을 변질시키는 요인으로 변화해 가는 과정을 밝히려 하였다. 그럼으로써 영일동맹의 성립과 그 변질 과정이 동아시아에서 철도권익에 따른 열강의 세력범위 변화에서 말미암았다는 시각을 제시하려는 것이다.

---

*주 ─────────────────────────────

1) P. Hastings, *Railroads —an International History*, London, 1972. 1891년 5월 31일, 러시아 황태자 니콜라이에 의해 블라디보스토크에서 시베리아철도 기공식이 열렸다. 이에 앞서 5월 11일, 방일 중이던 니콜라이는 시가현(滋賀縣) 오즈(大津)에서 경비하던 순사로부터 상해를 입었다. 이른바 오즈사건이다. 잘 알려진 바와 같이, 당시 일본은 국력 차이 때문에 대국 러시아에 대한 배려에 고심해야 했다. 그러나 이 책에서 상술하는 바와 같이, 그 뒤 10년 동안 일본의 국력 증진, 즉 근대화의 진전은 한반도에서 철도 건설을 가능케 할 정도로 발전하여, 마침내 러시아와 군사적으로 대결하기에까지 이르렀다. 이는 일본의

근대화가 상당히 빠르게 진행되었음을 말해 주는 것이다. 아울러 그렇게 되기까지는 일본이 시베리아철도에 대항할 철도를 한반도에 건설할 힘을 키워 나가며, 러시아와 대등한 관계를 구축할 자신을 갖게 된 것이 크게 작용한 것 같다. 이런 뜻에서 시베리아철도 건설은 러시아에게 동아시아 진출로를 둘러싼 영국과 철도 건설 경쟁이었으며, 마찬가지로 일본과도 어느 쪽이 빨리 만주에 도달할 것인가를 놓고 벌인 경쟁이라고 보아도 좋을 것이다. 오즈사건은 이와 같은 일본과 러시아 사이의 철도 건설 경쟁의 시작을 보여주고 있다.

2) 田中時彦, 《明治維新の政局と鐵道建設》(吉川弘文館, 1963) ; 山田直匡, 《お雇い外國人—4—交通》(鹿島硏究所出版會, 1968).

3) 〈參謀本部編纂 《鐵道ノ軍事ニ關スル定議》〉(외무성 외교사료관 소장기록 분류번호—이하 〈外史〉로 약칭함—5·1·12·3).

4) 중국에서 계획하고 있는 철도에 관한 아더 월미스리(Arthur Walmisley)의 각서, 영국 외무성, 1875년 3월 1일(British Museum, BP 10—영국 외무성 비밀문서 No. 2602).

5) ユネスコ東アジア文化研究センター 편, 《資料·御雇外國人》(小學館, 1975), 256.

6) 궤폭을 크게 나누어 보면 세 가지이다. 일본에서 주로 사용된 협궤(3피트 6인치), 구미에서 폭넓게 사용되고 일본에서는 신칸센(新幹線) 등에 채용하고 있는 표준궤(4피트 8.5인치), 그리고 러시아에서 사용하는 광궤(5피트)가 있다. 또한 이 책에서는 군용 경편(輕便)철도의 궤도에 대해서도 다루고 있는데, 협궤보다도 훨씬 좁으며 여러 종류가 있었던 듯하다. 서유럽에서는 스페인을 제외하고는 일반적으로 표준궤를 사용하고 있다. 동유럽에서는 소련과 동일한 광궤를 채용하고 있는 경우가 적지 않다. 그러므로 예를 들어 제1차 세계대전의 독·소강화회의가 열린 브레스트-리토프스크의 북쪽에는 광궤 철도가, 남쪽에는 표준궤 철도가 깔려 있어, 양 방향의 열차를 연결하려면 기중기로 차체를 매달아 놓고 차축을 교환하였다고 한다. 현재도 중·러 국경의 만주리(滿洲里)에서 시베리아철도와 연결되는 열차 또한 기중기로 차체를 들어올려 차축을 교환하고 있다. 또한 스페인이 표준궤가 아닌 광궤를 채택한 것은 잘 알려진 바와 같이 프랑스의 침입을 막기 위한 목적에서였다고 한다.

제Ⅰ부　영일동맹의 성립과 경봉철도

양 체약국은 중국과 한국의 독립을 승인한바, 이 두 나라 가운데
어느 한 나라에 대해서도 침략적인 행동을 자제하기로 선언한다.
―제1차 영일동맹협약 제1조, 1902년 1월 30일―

제1장
영러철도협정과 경봉철도 차관 문제

1. 문제 제기

1902년 1월 30일에 조인된 영일동맹이 동아시아에 진출한 러시아를 대상으로 한 영·일 제휴 정책의 결과였다는 사실에는 의문의 여지가 없다. 영일동맹의 목적은 그 제1조에서 밝히고 있듯이, 중국과 한반도에서 영·일 두 나라의 권익을 제3국, 즉 러시아의 간섭으로부터 지키는 데 있었다. 서장에서 서술한 것처럼, 동맹안이 성립하려면 교차권익의 존재를 무시할 수 없다. 교차권익이 침해받게 되면서 동맹 관계가 성립될 동기가 생겨나기 때문이다. 그러므로 영일동맹의 성립에서도, 러시아가 영·일 두 나라 공통의 적으로 인식되려면, 두 나라 모두에게 러시아를 공통의 적으로 인식시키는 대러시아 교차권익이 존재했을 것이다. 제1조에 기술된 영일동맹의 목적은 러시아에 대한 두 나라의 교차권익을 보호하는 데 꼭 필요했기 때문이다. 영일동맹의 성립을 이러한 시각에서 생각해 보면, 러시아가 어떻게 영·일 두 나라의 대러 교차권익을 침해하였는가 하는 문제가 그 밑바탕에 깔려 있다. 이러한 기본적인 문제에 답하려면 먼저 영·일 두 나라의 러시아에 대한 교차권익이 언제 확립되었는가 하는 시간상의 문제부터 생각해 보아야 할 것이다.

영국의 영일동맹 체결 구상이 처음 일본에 전해진 것은, 러시아가 중국 쪽에 요동반도의 조차(租借)를 요구하고 있을 때인 1898년 3월로 알려져 있다. 영일동맹의 기본적 성격이 대러 공동방위에 있다면, 1898년 봄도 영일동맹 성립의 호기였을 것이다. 그러나 러시아가 영·일 두 나라에게 결정적인 위협대상이었음에도, 두 나라의 동맹 관계가 성립하기 위해서는 이로부터 3년여의 세월을 기다려야 했다. 이는 1898년 3월의 시점에서는 영일동맹 성립의 조건이 갖춰지지 못했고, 3년여 뒤에야 그 조건이 충족되었음을 시사한다. 결국 1898년 봄부터 두 나라 사이에 동맹 성립의 교섭이 시작된 1901년 봄에 이르기까지, 영·일 두 나라가 어떻게 러시아의 간섭을 배제하는 가운데 교차권익을 확립했으며, 러시아의 침해로부터 이 교차권익을 어떻게 수호하려 했는지가 영일동맹 성립의 조건이 되었다고 볼 수 있다.

영·일 두 나라에 대한 러시아의 위협이란, 러시아가 시베리아철도·동청철도를 이용하여 동아시아로 진출하는 것이었다. 러시아가 이 철도를 북경까지 연장하고자 의도하면 영국의 경봉철도와 충돌하고, 한반도로 진출하려 하면 일본의 한반도 종단철도 계획(경부철도·경의철도)과 충돌한다. 경봉철도와 한반도 종단철도를 시베리아철도·동청철도와 대치시켰을 때 이 둘은 러시아로부터 같은 위협을 받게 된 것이다. 요컨대 경봉철도는 영국의 러시아에 대한 교차권익이었고, 한반도 종단철도는 일본의 러시아에 대한 교차권익이 되었다. 이상과 같은 시각에서 이 장에서는 1897년부터 1899년에 걸쳐 경봉철도를 둘러싼 영·러 관계를 다루고, 영국이 어떻게 러시아의 간섭을 배제하고 그 권익을 획득하였는가를 밝히고자 한다. 그 과정은 제Ⅱ부에서 기술할, 같은 시기 일본의 한반도 종단철도를 둘러싼 러·일관계와 대비시켜 볼 때, 영일동맹 성립의 영국 쪽 조건이 무르익어 간 과정이었다고 생각된다. 본론으로 들어가기에 앞서, 경봉철도와 시베리아철도·동청철도의 건설 과정을 개관함으로써 먼저 경봉철도가 영국의 권익이 된 배경을 밝혀 두고자 한다.

1878년에 이홍장(李鴻章)은 영국인 기술자 킨더를 초청하여 당산(唐山)에서 석탄 수송용 철도의 건설 공사를 의뢰하였다. 이것이 경봉철도의 기원이다. 1880년대 말 공사는 천진(天津)까지 진행되었으나, 중국 자신의 자본력으로는 공사를 지속하는 데 한계를 느낀 이홍장은 1887년에 홍콩상해은행(淮豊銀行)을 주거래은행으로 지정하여 영국의 기술과 자본으로 경봉철도를 건설하였다. 이어 1890년, 러시아의 만주 진출을 경계한 이홍장은 경봉철도를 산해관(山海關)에서 봉천(奉天)·길림(吉林)을 경유하여 혼춘(琿春)까지 연장하고, 다시 우장(牛莊)까지 지선을 건설할 구상을 세운 뒤, 킨더에게 그 노선을 조사하라고 명하였다. 이로써 경봉철도에는 석탄 수송이라는 경제적 관점만이 아니라 대러 전략상의 가치가 더해져, 훗날의 영·러 대립의 원형이 만들어졌다. 이홍장은 이듬해인 1891년에 이 계획을 실현하고자 청국철로총공사(淸國鐵路總公社)를 설립하였다. 홍콩상해은행도 영청회사(British and Chinese Corporations, 英華公司)를 통해 지속적으로 경봉철도의 건설 자금을 원조하였다. 1893년에는 천진~산해관 구간이 완성되고, 청일전쟁이 일어났을 때에는 산해관에서 금주(錦州)를 향해 공사가 진행되고 있었다. 이홍장은 시모노세키(下關)강화조약이 성립한 뒤에는 북경~천진 구간의 건설로 방향을 전환하여, 1896년 홍콩상해은행에 차관을 신청하였다. 그러나 홍콩상해은행은 철로총공사의 예금구좌가 이미 과잉 인출되었다는 이유로 차관 신청에 응하지 않았다. 중국은 영국으로부터 북경~천진 구간의 건설에 대한 차관 원조를 받지 못한 채 공사를 끝내야 했다. 그러나 청일전쟁으로 말미암아 중단된 상태였던 산해관~금주 구간과 그 연장선 건설에도 차관이 필요했다. 이에 중국은 1898년 4월 홍콩상해은행에 또다시 차관을 신청했다.[1]

한편 1891년에 이홍장이 경봉철도를 연장할 구상을 구체화할 즈음, 러시아에서도 시베리아철도를 통한 동아시아 진출 계획이 입안되었다. 시베리아철도의 최대 이점은 유럽에서 동아시아까지 최단 거리가 육로로 연결되어 시간이 단축된다는 데 있었다. 이듬해인 1892년 위떼(Sergei Yu. Witte) 재무상의 자본금 동원으로 이 공사가 시작되면서 만주로 향하는 영·러 철도 건설 경쟁이 시작되었다. 러일전쟁이 일어날 때까지 시베리아철도는 만주 국경 변의 아무르(Amur) 선을 제외한 거의 전 구간이 개통되었다. 아무르 선의 건설에는 기술적으로 어려운 문제가 따른다는 사실을 일찍이 알고 있던 위떼는 1895년 무렵 아무르 선을 피하고 만주를 곧바로 횡단하여 블라디보스토크에 이르는 새로운 노선을 생각하였다. 이듬해 이홍장이 니콜라이(Nicholas) 2세의 대관식에 참석하려고 모스크바에 갔을 때, 위떼는 만주 횡단철도 구상을 시사하여 이홍장의 승인을 구하였다. 이에 1896년 6월 3일 비밀리에 러청비밀동맹이 체결되었고, 그 제4조에 따라 9월 8일에는 러청은행과 중국 사이에 동청철도 부설 계약이 체결되었다. 이어 1898년 5월 5일에는 러시아의 요동반도 조차에 뒤이어 관동주조차조약(關東州租借條約) 추가협정이 성립되었다. 이로써 러시아는 하얼빈(哈爾賓)과 여순(旅順)을 연결하는 동청철도 남만주지선의 부설권을 획득하여 여순을 시베리아철도·동청철도의 종착지로 만드는 데 성공하였다.[2]

여기서 영·러 철도 경쟁 가운데 철도 건설상의 기술적 문제, 즉 철도의 궤폭 문제를 지적하고자 한다. 킨더는 경봉철도 건설을 시작하면서 표준궤를 채택하였지만, 시베리아철도는 광궤였다. 특히 동청철도 부설 계약

제3조에서 동청철도의 궤폭은 시베리아철도와 같은 광궤를 채택하기로 합의를 보았으므로, 그런 의미에서 동청철도는 시베리아철도의 일부라고 해도 상관없을 것이다. 따라서 러시아가 동청철도를 북경까지 연장하는 계획을 세운다면, 광궤로 새 노선, 즉 경봉철도에 대한 평행선을 건설하든가, 아니면 경봉철도의 표준궤를 광궤로 개축하는 방식을 택하는 수밖에 없을 것이다. 이처럼 영·러의 철도 경쟁은 표준궤와 광궤를 둘러싼 철도 세력 사이의 경합이라는 성격도 함께 지니고 있었다. 경봉철도를 둘러싼 영·러 관계의 바탕에는 이와 같은 기술적인 문제가 있었다. 이는 경봉철도가 러시아에 대한 영국의 교차권익이라는 점을 더욱 분명히 시사해 준다고 생각된다.

2. 경봉철도를 둘러싼 영·러 관계

철도를 통한 러시아의 동아시아 진출 과정을 볼 때, 1897년은 1896년 9월의 동청철도 부설 계약과, 1898년 5월의 동청철도 남만주지선의 부설권 획득 사이에 끼인 해이다. 동청철도 부설 계약에 따라 러시아는 만주를 동서로 횡단하는 동청철도를 건설하고자 하였다. 동청철도는 이홍장의 경봉철도 계획보다 훨씬 북쪽으로 지나가며, 경봉철도와는 훨씬 더 떨어진 거리에 있었다. 경봉철도가 당면한 더욱 중요한 과제는 청일전쟁으로 공사가 중단된 산해관~금주 구간의 완성을 위해 영국 자본을 도입하여 철도를 건설하는 일이었다. 이와 같은 시기에 러시아가 킨더에 압력을 가한 것이다.

1897년 8월 16일 북경 주재 영국 공사 맥도널드(Claude M. MacDonald)가 본국에 전한 바에 따르면, 러시아는 경봉철도 건설의 주임기사 자리에서 킨더를 해임할 것을 중국에 요구하였고, 중국도 동청철도 부설 계약에 따라 킨더 대신에 러시아인 기사의 채용을 고려하고 있다고 했다.3) 맥도널드는 경봉철도에 이미 많은 영국 자본이 투자되어 있으며, 킨더가 여러 해 동안 경봉철도 건설에 이바지해 온 실적을 강조하며, 러시아의 압력으로부터 킨더를 보호할 것을 요청하였다. 이어 그는 8월 17일에, 러시아의 압력에 따라 킨더가 사임하게 되면, 경봉철도가 러시아의 손으로 건설되어 장차 벨기에·프랑스·러시아가 3국 공동으로 한구(漢口)와 블라디보스토크를 철도로 연결할 가능성이 있음을 시사하며 솔즈베리(Lord Salisbury) 수상(외상겸직)의 주의를 환기시켰다.4) 솔즈베리로서도 해외에서 영국인의 이익을 보호해야 할 처지였기에, 중국이 러시아의 요구에 응하지 말도록 요청하라고 맥도널드에게 지시하였다.5) 8월 21일에 맥도널드는 킨더의 지위를 보장해 줄 것을 중국에 요구하여, 러시아의 압력에 따라 킨더가 사임하는 일은 없을 것이라고 확약을 받았다. 그러나 러시아의 중국에 대한 압력이 9월에 이어 10월까지도 계속되자, 10월 15일에 중국은 거꾸로 맥도널드에게 킨더 문제를 영·러가 직접 교섭하여 해결할 것을 희망해 왔다.6)

러시아가 중국에게 킨더의 해임을 요구한 것은 1896년 6월 3일에 성립한 러청동맹 제4조에 따른 것이었다. 그러나 당시 이 동맹은 비밀에 부쳐져 있었으므로 맥도널드로서는 러시아가 중국에게 그러한 요구를 하는 까닭을 알 턱이 없었다. 그러니 단지 킨더가 영국인이고 러시아인이 아니라는 간단한 이유만으로는 맥도널드에게 러시아의 요구를 이해시키지 못한 것도 당연했다.7) 중국이 영국에게 러시아와 직접 교섭하여 문제를 해결하도록 희망할 수밖에 없었던 것은, 러청동맹의 존재를 알고 있는 당사자로서 영국과 러시아 사이에 끼어 진퇴양난에 빠져버렸기 때문이다. 10월 18일에 맥도널드는 중국의 희망에 따라 북경 주재 러시아 공사 파블로프(A. I. Pavlov)와 회담하였다. 그러나 이는 러청동맹의 존재를 은폐하고 있는 쪽과 그 사실을 알지 못하는 쪽 사이의, 논의의 초점이 엇갈린 교섭이었다. 파블로프는 러시아의 요구가 킨더를 경봉철도 건설 사업의 주임기사 자리에서 물러나게 하는 데 있지 않으며, 경봉철도에서 다른 철도 건설 담당으로 자리를 옮기게 만드는 데 있다고 설명하였다. 그러나 러청동맹의 존재를 알지 못하는 맥도널드로서는 러시아의 요구가 어디에 근거를 둔 것인지 도무지 이해할 수 없었다.[8]

12월 14일, 솔즈베리는 상트페테르부르크 주재 영국 대사관에 러시아의 요구의 진의가 무엇인지 탐색해 보라고 지시하였다.[9] 28일에 영국 대사관 쪽은 러시아 외무성과 비공식으로 접촉하였다. 러시아 정부는 일반적인 문제에 대해선, 경봉철도 건설에 중국이 러시아로부터 재정적 원조와 기술 원조를 희망하고 있음을 인정하였다. 그러나 러시아 정부는 건설에 종사하고 있는 영국인 기사를 해임토록 훈령한 사실은 부정하였다. 더욱이 러시아 외무성 쪽은 킨더라고 하는 이름을 알지도 못한다며, 8월 이래로 파블로프가 킨더의 해임을 요구한 일에 대해서는 파블로프가 오해한 것이라고 회답하였다.[10] 솔즈베리로서는 맥도널드의 긴박한 보고와 견주어 볼 때 이는 뜻밖의 결과였다. 그러나 러시아가 사실을 부정하는 한, 영국으로서도 러시아가 킨더에게 가한 협박에 대응하여 취할 수 있는 조치는 없었다. 1898년 1월 6일에 솔즈베리는 이 보고를 받아들이면서 킨더 사건이 끝난 것으로 생각했다. 러시아 주재 영국 대사 오코너(N. O'Conor)는 당시 부재중이었고, 1월 중순에 오코너가 귀임한 뒤 무라비요프(M. N. Muraviev) 외상과 가진 회담에서도 러시아 쪽의 진의를 찾아낼 수 없었다.[11]

그렇지만 솔즈베리로서는 러시아의 이 기묘한 요구가 단순히 러시아의 현지 외교관이 영국인 민간인을 공격한 것이라고 생각할 수만은 없었다.[12] 러시아의 영국에 대한 압력은 킨더에 대한 것만이 아니라, 한국에서도 그 전례가 있었기 때문이다. 1896년 10월 6일에 러시아는 한국에 대해 재정고문인 영국인 맥리비-브라운(John McLeavy-Brown)의 해임을 요구하였고, 한국은 러시아의 요구에 따라 10월 26일에 맥리비-브라운을 사직시켰다. 이어 11월 6일 한러조약의 성립으로 러시아는 한국의 재정을 지배하게 되었다.13) 이에 대해 영국은 인천에 함대를 파견하여 군사적 압력을 가하며 맥리비-브라운의 해임을 철회하라고 한국에 요구하였다.14) 맥리비-브라운에 대한 러시아의 압력이 러시아의 한국 진출 전 단계였던 사실과 마찬가지로, 같은 시기 러시아의 킨더에 대한 압력도 경봉철도 건설에서 영국의 재정적·기술적 영향력을 저하시키려는 러시아의 의도였다는 점은 솔즈베리도 모르는 바가 아니었다.

1898년 3월 3일, 러시아는 중국에게 요동반도의 조차를 요구하였고, 킨더의 해임에 대해서도 거듭 압력을 가하기 시작했다. 3월 17일에 맥도널드는 킨더가 러시아인 기사로 경질되는 것은 영국의 위신이 걸린 문제이므로 킨더 문제를 요동반도 조차 문제를 교섭할 때 함께 다룰 것을 솔즈베리에게 진언하였다.15) 그러나 솔즈베리는 킨더에 대한 러시아의 간섭에 항의하라는 훈령을 오코너에게 보내면서, 킨더 문제와 요동반도 조차 문제를 별개로 교섭하라고 명하였다.16) 이와 같은 차이는 솔즈베리가 킨더에 대한 러시아의 압력이나, 영국의 권익으로서 경봉철도가 갖는 중요성에 대해 맥도널드만큼 강하게 인식하지 못하고 있었음을 시사한다. 그러나 솔즈베리는 중국에서 영국 권익의 중심점을 양자강(揚子江) 유역에 두고자 했으므로, 만주 권익을 둘러싸고 러시아와 대립하기를 원치 않았다. 이에 반해 맥도널드는 러시아의 경봉철도 지배가 북경에 대한 러시아의 영향력을 증대시켜, 어떻게든 영국의 양자강 권익에 대한 간섭으로 연결될 것이라고 생각하였다. 맥도널드는 솔즈베리의 방침에 대해 불만을 감추지 않았고, 킨더 사건이 영국으로 하여금 적극적인 군사행동

을 전개하도록 만든 맥리비-브라운 사건과 비슷한 일이라는 반론을 폈다.17)

1898년 3월 18일, 맥도널드는 파블로프와 가진 회담에서 킨더 문제를 논의했다. 파블로프는 개인적인 안(案)이기는 하지만 다음과 같은 내용을 제안하였다. 러시아가 길림(吉林)을 거쳐 여순에 이르는 동청철도의 지선을 획득할 수 있다면 중국에 대해 킨더의 경질을 요구하지는 않겠다는 것으로, 러시아의 동청철도 남만주지선 부설권의 획득과 킨더에 의한, 즉 영국에 의한 경봉철도 건설을 서로 인정하자는 교환 제안이었다.18) 영국은 경봉철도에 재정적으로나 기술적으로 원조하고 있었지만, 이를 영국의 권익으로 확립하지는 못한 상태였다. 그러므로 맥도널드는 킨더의 지위를 지키는 일이 경봉철도에 대한 영국의 기득권을 나타내는 것이 된다는 이유를 들어 파블로프의 제안을 받아들였다. 러시아와 쓸데없는 충돌을 피하려는 방침이 서 있던 솔즈베리로서도 이 교환에 응하는 데 이견이 없었다.19)

1898년 3월 27일, 중국과 관동주조차조약을 성립시킨 러시아는 5월 5일에는 관동주조차조약 추가협정을 체결하였다. 그 제8조에서 러시아는 하얼빈에서부터 봉천(파블로프의 진술로는 길림까지였지만)을 거쳐 여순까지 이르는 동청철도 남만주지선과 두 개의 부속지선[뒤에 영구(營口)지선과 길장(吉長)철도가 된다]의 부설권을 얻어냈다. 이렇게 하여 러시아가 요동반도를 조차하는 과정에서 킨더 사건은 일단 종결되었다. 킨더에 대한 러시아의 압력은 맥리비-브라운 사건과 같은 형태로, 러시아의 남만주 진출 전 단계였던 것이다. 그리고 그것은 러시아가 경봉철도에 대한 영국의 원조를 배제하려던 최초의 시도이기도 했다. 맥도널드는 경봉철도에 대한 영국의 기득권을 러시아로부터 인정받으려고 러시아의 동청철도 남만주지선의 부설을 양해했다. 러시아가 획득한 동청철도 남만주지선은 봉천에서 경봉철도의 본선과 교차하고, 여기에 남만주지선에 부속한 대석교(大石橋)~영구지선은 요하(遼河)를 사이에 두고 경봉철도 우장지선과 접속할 수 있게 되었다. 경봉철도에 대한 러시아의 위협은 결코 사라진 것이 아니라 점점 더 강해지고 있었다.

3. 경봉철도 차관 계약의 성립

킨더 사건이 일단 매듭지어지고 러시아가 요동반도를 조차한 직후인 1898년 4월, 중국은 공사가 중단된 상태이던 산해관~금주 구간을 완성하고, 신민둔(新民屯)까지 연장되는 우장지선을 건설하고자 홍콩상해은행에 차관을 신청했다. 이 사실을 알고 있던 맥도널드는 홍콩상해은행이 신속하게 이 차관에 응하게 할 것을 솔즈베리에게 전하였다. 동시에 맥도널드는 만일 홍콩상해은행이 이에 응하지 않을 경우 러시아나 독일이 차관을 제공할 가능성이 있음을 지적하면서, 그럴 경우 북경 신디케이트로 하여금 이 차관을 공여토록 하는 것이 어떠냐고 제안하였다.[20] 2년 전 중국이 같은 형태의 차관을 신청했을 때에도 홍콩상해은행이 이에 응하지 않았던 복잡한 사정이 있었으므로, 맥도널드로서는 이번에도 홍콩상해 은행이 차관 신청에 응하지 않게 될까봐 우려한 것이다. 킨더 사건에서 명확해진 바와 같이, 러시아도 경봉철도 건설에 야심을 갖고 있을 뿐 아니라, 요동반도를 러시아가 조차한 정황 변화도 있었기 때문에, 맥도널드로서는 경봉철도를 영국의 권익으로 확립하기 위해 홍콩상해은행이 중국의 차관요청에 응할 필요가 있다고 생각했다. 솔즈베리는 홍콩상해은행이 이미 차관 공여를 결정했음을 맥도널드에게 전하면서, 차관을 성사시키도록 지시하였다. 홍콩상해은행과 청국철로총공사의 교섭은 6월 초순에 끝났고, 예비 계약의 조인만 남아 있었다.[21]

그러나 여기서 러시아의 방해가 있었다. 전술한 바와 같이, 러시아는 3월 27일의 관동주조차협약에 이어 5월 7일에는 관동주조차조약 추가협정을 성립시켰다. 6월 7일에 파블로프는 경봉철도 차관 예비 계약이 추가협정 제3조에 위배됨을 중국에 전하였다. 추가협정 제3조란 중국이 동청철도 부근의 철도 건설에서 러시아 이외의 나라에게 철도 건설의 특권을 부여하지 않는다는 내용이다.22) 경봉철도가 러시아가 아닌 영국의 기술적·재정적 원조로 건설되어 동청철도 부근까지 연장되는 것은 중국이 추가협정 제3조를 위반했음을 뜻하는데, 이것이 러시아가 항의하게 되는 빌미가 되었다. 한편 중국 쪽은 자국이 경봉철도 건설에 러시아 이외의 나라로부터 기술과 자본을 도입하는 것에 대해 러시아가 양해했다는 반론을 제기하며, 영국에 차관 예비 계약의 조인을 요구했다. 6월 15일에 러시아가 항의하는 가운데서도 영국과 중국 사이에 예비 계약이 성립되었다.23)

러시아의 항의는 그뒤에도 계속되었다. 그 내용은 첫째, 차관의 담보에는 경봉철도의 이미 건설된 구간만이 아니라 건설 예정 구간도 포함되어 있으며, 둘째로 차관을 제공받게 되면 경봉철도의 관리가 영국의 손으로 넘어간다는 점이었다. 파블로프가 이같이 항의하자 7월 4일, 청국 철로총공사는 다음과 같이 회답했다. 첫째, 차관의 담보는 철로나 기차 등 경봉철도에 속한 자산이지 경봉철도 그 자체가 아니며, 둘째로 경봉철도의 관리는 영국이 아니라 중국이 맡기로 두 나라가 합의했다는 것이다. 이를 받아들일 수 없었던 파블로프는 7월 12일에 이어 다시 26일에도 계속해서 세 가지 점을 들어 항의했다. 첫째, 경봉철도가 차관의 담보가 되어서는 안 된다. 둘째, 경봉철도의 자산도 중국 쪽의 소유로 남겨놓지 않으면 안 된다. 셋째, 경봉철도를 외국이 관리하도록 해서는 안 된다는 등의 조건을 강하게 제기한 것이다.24)

러시아로부터 항의를 전해들은 솔즈베리는 사태가 생각하지 못했던 방향으로 진전되고 있다고 느끼고, 러시아가 반대하는 한 차관 계약이 성립되어도 경봉철도가 영국의 권익으로 확립될 가능성은 줄어들 것이라고 우려하였다.[25] 더욱이 7월 22일에 홍콩상해은행이 솔즈베리에게 예비 계약에서 인정한 담보가 확보되지 않는 한 차관에 응할 수 없다고 하자, 중국은 그렇다면 러청은행의 자금을 이용할 수밖에 없다는 뜻을 전해 왔다. 그러나 그 다음날 맥도널드로부터 중국이 홍콩상해은행과 차관 계약을 희망하고 있으므로 영국이 중국의 이러한 방침을 강력하게 지지해달라는 요청이 있었다.[26] 7월 24일, 솔즈베리는 차관 예비 계약에서 합의한 담보를 중국으로부터 인정받도록 하라고 맥도널드에게 지시하였다. 7월 27일에 맥도널드가 영국으로서는 파블로프의 세 가지 조건을 인정할 수 없음을 중국에 전하였지만, 8월 1일에 중국은 파블로프의 요구를 받아들였다. 중국은 파블로프가 요구한 조건들을 추가협정 제3조에 따른 경봉철도의 건설 조건으로 양해했다.[27] 8월 6일 청국철로총공사는 차관 예비 계약의 성립과 서로 충돌하는 추가협정 제3조에 대한 배려가 소홀했던 점을 맥도널드에게 사과했다. 그러나 청국철로총공사 쪽은 영국이 이 점에 대해 중국에 항의할 경우 경봉철도 차관의 본계약이 체결되지 못할 위험이 있음을 지적하였다. 그리고 청국철로총공사로서는 여전히 홍콩상해은행과 차관 본계약을 체결할 뜻이 있음을 강조하였다. 이 때문에 8월 8일에 솔즈베리는 중국 공사와 회담했을 때도 중국이 러시아의 항의에 응하지 말라는 의견을 펴는 데 그쳤다.[28]

러시아의 항의가 중국을 향하는 한, 영국이 러시아에 대해 직접적인 행동을 취할지는 의문이었다. 사태의 추이는 어느새 홍콩상해은행과 청국철로총공사와의 차관 계약을 둘러싼 담보에 관한 기술적인 문제가 아니라, 만주의 권익을 영·러가 어떻게 조정할 것인가 하는 기본적인 문제

가 되어 버렸다. 맥도널드는 경봉철도의 건설에서 영국이 손을 떼는 것
은 영국의 위신이 걸려 있음을 거듭 강조하며, 러시아와 직접 교섭을 통
해 문제의 해결을 도모하도록 솔즈베리에게 의견을 전하였다.[29] 그같이
진언한 까닭은 차관 예비 계약 제9조 때문이었다. 이에 따르면, 조인일로
부터 3개월 안에 홍콩상해은행이 차관을 허용할지 안 할지 최종적으로
결정해야 했으며, 그 결정 뒤에 본계약의 조인이 예정되어 있었다. 따라
서 그 기한은 9월 14일이며, 그때까지 러시아의 항의가 철회되지 않으면
홍콩상해은행은 차관 본계약의 조인에 대해 재고하지 않을 수 없기 때문
이었다.

8월 12일, 여름휴가 중인 솔즈베리를 대신하여 발포어(A. J. Balfour) 수
상대리는 영국 주재 러시아 대리공사 레싸르(P. M. Lessar)와 회담하였다.
레싸르는 러시아의 항의가 영국의 경봉철도 건설에 있는 것이 아니고,
차관 계약의 담보와 철도의 관리에 대한 것이라고 설명하였다. 즉 레싸
르는 만일 홍콩상해은행이 경봉철도의 자산을 담보로 하지 않고, 예컨대
중국 정부의 보증과 같은 다른 대가로 차관을 제공한다면, 러시아는 영
국의 경봉철도 건설에 반대하지 않겠다고 진술하였다.[30] 홍콩상해은행
으로서는 중국 정부의 보증이라는 전례가 없는 방법으로 차관을 공여할
수 있을지가 큰 문제였지만, 레싸르의 제안은 문제 해결의 한 방법이 될
수 있었다. 그런데 이날 회담에서 레싸르는 더욱 중요한 문제를 제기하
였다. 즉 중국에서 철도권익을 둘러싼 영·러 두 나라의 세력범위를 획정
하는 일이 그것이다. 요컨대 영국이 양자강 유역에서 갖는 철도권익과,
러시아가 만주에서 갖는 철도권익을 쌍방이 확인하고 간섭하지 않는다
는 것으로, 만주와 양자강 유역을 각자의 세력범위로 서로 승인하자는
제안이었다. 뒤에 서술하겠지만, 이 제안은 이듬해인 1899년 봄의 영러
철도협정으로 발전하였다. 경봉철도 차관 문제는 영·러 사이에 중국의

권익을 조정하는 도화선이 되었고, 최종적으로는 영러철도협정의 부속 합의사항이 되었다.

8월 17일에 발포어 외상은 이미 오래 전에 맺은 천진조약(1858년 6월)에서도 만주의 철도 건설이 러시아에게만 부여된 특권이 아님을 신임 러시아 주재 스콧(Charles Scott) 대사에게 지적하였다. 다음날 스콧 대사는 무라비요프 외상과 회담하였다. 무라비요프는 차관 예비 계약이 관동주 조차조약 추가협정 제3조를 위반하고 있음을 거듭 지적하였다.[31] 발포어는 19일에도 스콧에게 두 가지 제안을 전달하였다. 첫째, 경봉철도 건설에는 홍콩상해은행의 차관을 이용하되 그 관리는 중국에 맡기며, 중국 이외의 나라가 경봉철도를 담보로 삼지 못하도록 할 것, 둘째로 영러철도협정을 성립시킬 것이 그것이다. 결국 그 골자는 영러철도협정을 성립시키는 대가로 경봉철도 차관 계약의 승인을 러시아에 요구하려는 것이었다.[32] 그러나 영국의 이러한 양보에 맥도널드는 반대하였다. 8월 21일, 맥도널드는 홍콩상해은행이 경봉철도의 관리권을 요구하고 있지는 않지만, 철도 관리권은 철도 차관에서 일반적 권리라고 진술하였다. 그러므로 그는 러시아의 항의를 무시하고 철도 본계약을 전격 조인할 것을 주장하였다. 그러나 발포어는 맥도널드의 강경한 주장에 동의하지 않았다. 발포어는 오히려 담보나 관리 문제에 대해서는 러시아의 요구에 따라 홍콩상해은행으로 하여금 양보토록 할 것을 생각하고 있었다. 홍콩상해은행으로서도 차관의 본계약이 성사되지 못할 경우 그때까지의 투자가 회수되지 못할 것을 두려워하여, 중국 정부가 보증하는 차관에 응하고자 하였다.[33]

한편 9월 1일, 러시아로부터도 러시아 황제가 발포어의 제안에 동의하였다는 소식이 전해졌다. 9월 3일 솔즈베리는 휴가에서 돌아와 영·러 사이의 합의를 승인하였다. 맥도널드는 영·러가 합의했어도 러청은행이 차관에 눈독을 들이고 있는 한 차관 본계약의 성립이 방해받을 수도 있다는 예상을 전하였다.[34] 이 때문에 9월 7일, 스콧은 무라비요프와 만난 자리에서 러청은행이 경봉철도 차관 문제에서 손을 떼라고 요구하였다. 9월 10일, 무라비요프는 이 요구를 위떼가 승인했다고 회답했고, 맥도널드도 러청은행이 경봉철도 차관 문제에서 손을 뗀 사실을 확인하였다.[35] 이렇게 하여 9월 14일의 종료 시한을 앞두고 경봉철도 차관 문제에 대한 러시아의 방해는 일단락되었다. 그러나 홍콩상해은행은 차관 본계약의 성립을 위해 커다란 양보를 하였으므로, 차관 공여를 결정하기는 했어도 예비 계약의 조건에 집착하지 않은 것은 아니었다.[36] 마침내 10월 10일에 본계약이 조인되었고, 11월 27일에 중국 황제가 이를 승인함으로써 경봉철도 차관 계약이 성립되었다.[37]

이 차관 계약의 성립으로 말미암아 경봉철도는 영국의 권익으로 확립되었다. 경봉철도가 가지는 이점은 첫째, 러시아의 철도를 통한 북경 진출을 막는 데 유효하며, 둘째로 영국의 만주 무역의 중심에 있는 우장과 북경 등이 철도로 연결될 수 있었다는 점이다. 러시아의 방해는 영국의 권익이 만주로 확대되는 것을 막기 위한 것이었다. 결국 경봉철도 차관 문제는 킨더 사건에 이은 러시아의 두 번째 방해였던 것이다.

4. 영러철도협정의 성립

영러철도협정의 발단은, 앞에서 언급한 바와 같이, 1898년 8월 12일에 있었던 발포어와 레싸르의 회담이었다. 8월 15일에 발포어는 영국이 러시아의 제안을 받아들여야 한다고 각의에서 설명하였다.[38] 영국으로서는 러시아와 세력범위 교환에 합의하여 러시아의 양자강 유역 진출을 막을 수만 있다면, 설사 경봉철도 차관 계약의 조건에 대폭 양보한다 해도

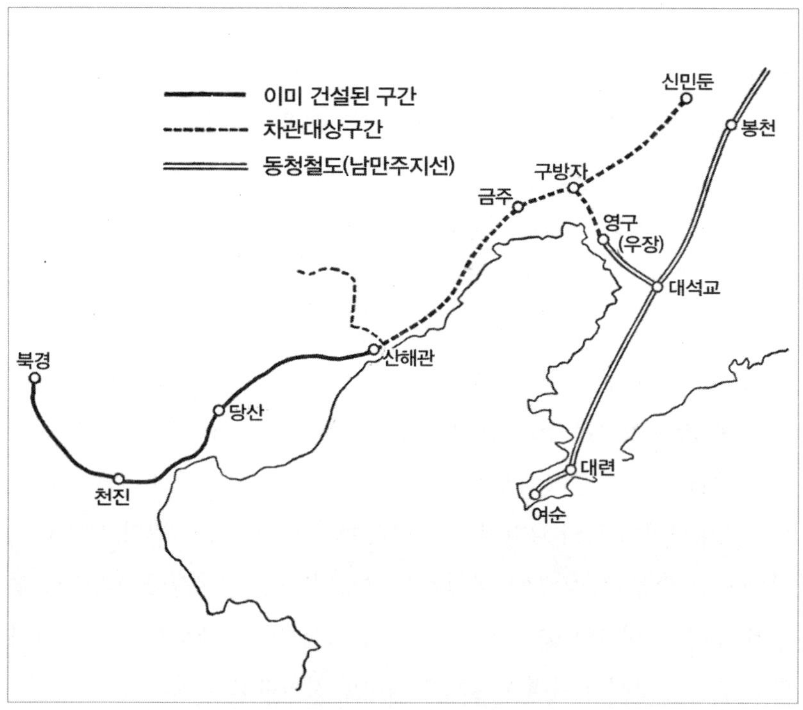

지도2 : 경봉철도 차관 계획 노선도

러시아의 제안이 검토할 만한 가치가 있었다.

더욱이 영국은 독일과도 이와 같은 방식으로 교환 협정을 성립시키려 하고 있었다. 그것은 산동반도에서 독일 철도권익[청도(青島)~제남(濟南), 천진~제남]과 양자강 유역에서 영국 철도권익[상해~남경, 남경~운남, 상해~항주(杭州)~영파(寧波)]을 두 나라가 서로 승인한다는 것이었다. 9월 2일에는 천진~남경 사이의 철도를 영·독 두 나라가 공동차관 철도로 하기로 합의함으로써 영독양자강협정이 성립되었다.[39] 여기에 영러철도협정까지 성립된다면, 영국은 양자강 유역을 영국의 세력범위로 하는 것에 대해 독일과 러시아의 승인을 얻는 셈이 된다. 더욱이 1894

년의 러불동맹 이래 시베리아철도와 러청은행에 재정 원조를 계속해 온 프랑스도 영러철도협정의 성립을 지지하고 있는 것으로 전해지고 있어서, 영러철도협정의 성립은 양자강 권익에 대한 영국의 우위를 프랑스로부터도 승인받을 수 있는 좋은 기회였다.[40] 그러나 영·러 교섭에는 영·독 교섭에는 없는 문제가 있었다. 위해위(威海衛)에는 영국 해군의 군사 기지가 있었지만, 독일의 조차지인 산동반도에는 영국이 경제적 권익을 가지고 있지 않았다. 이에 견주어 영·러 교섭에서는 경봉철도 차관 계약만이 아니라, 우장을 중심으로 한 영국의 만주 무역에 대해서도 배려해야 할 필요가 있었던 것이다. 본래 만주에서 영국의 권익은 양자강 유역의 그것에 견주어 결코 대단한 것이 아니었다. 그러나 설령 그렇다고 해도 영·러 사이의 권익 교환에 대한 합의 때문에 만주에서 권익을 모두 포기할 수는 없었다. 이 같은 불안감을 표명한 우장 영국상공회의소의 질문에 대해, 11월 4일 솔즈베리는 영러철도협정이 성립하더라도 우장의 만주 무역에 피해가 미치지 않도록 배려할 것이라고 회답하였다.[41]

영러철도협정의 주된 내용은 대체로 레싸르의 제안을 발포어가 받아들임으로써 성립되었다. 9월 중에는 경봉철도 차관 문제와 병행하여 상트페테르부르크에서는 스콧 대사와 무라비요프 외상이 그 구체적인 세부 사항에 관해 논의했다. 최초의 교섭 과제는 협정의 범주, 즉 영국의 세력범위가 되는 양자강 유역과 러시아의 만주에 관해 지리적으로 그 세력 범위를 명확히 정하는 일이었다.[42] 그러나 이 문제가 협정의 내용에 영향을 미치는 것은 아니었다. 오히려 영·러 두 나라의 관심은 이 협정의 주된 취지와 관련된 경봉철도 차관 계약의 조건을 결정하는 쪽에 쏠려 있었다. 그러나 10월 10일, 홍콩상해은행이 대폭 양보하여 차관 계약이 성립함으로써, 6월 이래 지속된 러시아의 항의는 그 목적을 달성한 셈이었다. 그뒤 러시아의 영러철도협정에 대한 열의는 식어갔다. 영국으로서는 경봉철도 차관 계약에서 러시아에 양보하는 대신, 러시아의 양자강 유역 진출을 막는 것이 협정의 목적이었다. 그러므로 솔즈베리로서는 영러철도협정에 대한 러시아의 열의가 사라졌다 해도, 협정을 성사시키기 위한 교섭을 계속하라고 지시하지 않을 수 없었다.[43]

러시아가 위와 같은 태도 변화를 보인 데는 경봉철도 차관 계약의 성립 외에도 위떼가 영러철도협정에 반대한 것이 영향을 미쳤다. 위떼가 협정 성립에 반대하기 때문에 차관 문제의 교섭이 진전되지 못하고 있다는 사실은 이미 9월 중에 런던에 전해진 바 있었다. 위떼의 배후에는 러청은행이 있고, 위떼 자신이 시베리아철도·동청철도 건설의 입안자인 사실만으로도, 영국의 경봉철도 차관 계약이 그의 마음에 들지 않았으리라는 점은 쉽게 상상이 간다. 홍콩상해은행이 설령 대폭 양보하여 경봉철도가 중국 소유의 중국이 관리하는 철도임을 인정한다 해도 그것은 형식적인 것이며, 실제로 경봉철도가 영국의 권익으로 확립되는 것은 부정할 수 없는 일이었다. 그렇기 때문에 스콧은 무라비요프뿐만이 아니라 위떼와도 회담하였고, 전반적인 영·러 우호관계의 유지를 강조해야 했던 것이다.[44]

러시아 쪽이 제시하기로 했던 협정 문안이 늦어진 것은 이러한 사정 때문이다. 협정 문안은 1899년 1월이 되어도 위떼의 와병을 이유로 전달되지 않았으며, 위떼의 병이 회복된 1월 말이 되어서야 러시아 정부 안에서 의견 조정이 진행된 것으로 전해졌다. 그러나 우장에서 영국의 조계(租界)가 확장된 것은 러시아의 동청철도 우장지선(대석교~우장 구간)에 대한 방해로 비쳤다. 러시아의 초안은 다시 늦어져 2월 8일에야 제시되었다. 솔즈베리는 이에 만족하였고, 각의도 이를 승인했다.[45]

그런데 바로 2월부터 홍콩상해은행이 경봉철도에 차관을 제공하기 시작하자, 러시아는 거듭 이에 대해 항의하기 시작했다. 2월 27일, 홍콩상

해은행으로부터 러시아의 항의가 솔즈베리에게 보고되었다. 이에 솔즈
베리는 1898년 9월에 이루어진 영·러 사이의 논의를 바탕으로, 영러철도
협정이 성립하더라도 홍콩상해은행의 차관에 의해 경봉철도의 건설이
가능함을 스콧 대사를 통해 러시아 쪽에 확인시켰다.[46] 다음날 북경의
박스-아이언사이드(H. O. Bax-Ironside) 대리공사로부터 러시아의 항의
내용에 관한 보고가 들어왔다. 이에 따르면 러시아의 항의는, 첫째로 차
관 계약 제3조에서 경봉철도의 운임 수입에 따른 이윤이 차관의 대가로
되어 있는 점, 둘째로 제6조에서 주임기사의 임명에 대해 중국이 영청회
사와 협의하도록 되어 있는 점에 대한 것이었다. 3월 2일, 솔즈베리는 경
봉철도가 홍콩상해은행의 차관에 의해 건설되어도 중국이 관리하는 중
국소유의 철도이며, 경봉철도가 중국 이외의 나라에 담보로 제공될 수
없음을 영·러 사이에 합의하였음을 지적하고, 제3조(차관의 대가)와 제6
조(영국인 기사에 의한 건설)가 경봉철도에 대한 영국의 관리를 뜻하지
않음을 박스-아이언사이드에게 전하였다.[47] 영러철도협정이 이제 막 성
사되려는 단계에서 나온 러시아의 새로운 항의는 영국으로서는 아주 뜻
밖의 일이었다. 3월 8일, 니콜라이 2세의 명령에 따라 러시아는 홍콩상해
은행의 경봉철도 차관 공여를 방해하지 않을 것임을 솔즈베리에게 전
했지만, 솔즈베리는 러시아의 항의가 계속되는 것을 경계하지 않을 수
없었다.

그런 가운데 3월 15일에 러시아로부터 협정의 최종안이 제시되자, 솔
즈베리는 이 최종안을 바탕으로 협정이 성립되는 데 만족하였다.[48] 그렇
지만 러시아는 여전히 차관 계약 제6조가 영국의 경봉철도 관리를 시사
하는 것이라는 견해를 버리지 않았다. 즉 홍콩상해은행의 차관에 따라
경봉철도 건설은 지금까지와 마찬가지로 영청회사가 담당하기로 되어
있고, 킨더가 계속 주임기사로 지명되어 있으므로, 킨더에 의한 건설이

영국의 관리를 뜻하는 것이라고 러시아는 지적하였다. 이에 대해 솔즈베리는 킨더를 주임기사로 임명한 것은 경봉철도를 영국이 관리하기 위해서가 아니라, 차관 보증을 위한 것이라고 다시금 주장해야 했다.[49] 솔즈베리가 이같이 주장한 까닭은 1월 청국철로총공사의 인사 이동으로 킨더와 철로총공사 사이에 불화가 생겨나, 킨더가 주임기사로서 건설을 보증하지 않는 한 홍콩상해은행과 영청회사가 차관을 제공할 수 없을 것으로 생각했기 때문이다.[50] 차관 계약에는 구체적인 담보에 의한 차관 보증 없이 중국의 신의(중국이 킨더를 주임기사로 임명할 것이라는 데 대한 신의─옮긴이)를 신뢰한다고 하는 변칙적인 조건이 있었기 때문이었다. 3월 29일, 무라비요프는 솔즈베리의 견해를 받아들일 것을 회답해 왔으나, 아울러 새로운 질문도 덧붙였다.

경봉철도 차관 계약은 산해관에서 신민둔까지의 본선과, 본선 위의 한 지점인 구방자(溝帮子)에서 우장까지의 지선을 대상으로 하였다. 그러나 우장에 견주어 신민둔이 잘 알려져 있지 않았기 때문에 영국조차 경봉철도를 우장철도라고 부르고, 그 차관 계약을 우장철도 차관 계약이라고 불렀다. 마찬가지로 러시아 쪽도 이같이 오해를 하고 있었다. 무라비요프의 새 질문이란 이러한 오해 때문에 3월 15일의 최종안에서 산해관~우장 구간에 대해서만 언급하고, 신민둔까지 연장하는 것에 대해서는 기술하지 않았다는 것이다. 여기에는 홍콩상해은행의 경솔함도 한몫해서, 스콧이 솔즈베리에게 항의 전보를 보낼 정도였다. 항의 전보에서 스콧은 러시아 쪽의 견해에 대해서도 몇 가지를 언급하였다. 즉 러시아는 우장까지의 철도에 대해서는 더 이상 방해할 뜻이 없다는 점, 그러나 신민둔에 대해서는 봉천에서 가까운 곳인 만큼 위떼가 반대하고 있다는 점, 그러므로 이 상태로는 영러철도협정이 성립되지 못할 위험이 있다는 점을 지적하였다.[51] 그러나 경봉철도에 대한 차관 제공이 이미 시작되었으므로, 솔즈베리로서도 더 이상 러시아 쪽에 양보하기가 곤란했다. 4월 7일, 솔즈베리는 차관 계약 제3조와 부속 지도에 신민둔이라는 지명이 기록되어 있음을 지적하며, 신민둔까지의 본선이 우장까지의 지선과 마찬가지로 차관 대상이라고 주장하였다.[52] 솔즈베리로서는 다음과 같이 주장할 수 있었다. 즉 차관 계약 제3조에 규정되어 있듯이, 산해관에서 만주까지 연장되는 철도도 중국이 관리하는 중국 소유의 철도이므로 어느 나라로부터 차관과 기술적 지원을 받을지는 중국 자신이 판단할 문제이며, 마찬가지로 산해관에서부터 만주의 어느 지점까지 철도를 연장할 것인가 하는 문제도 중국 자신이 계획할 문제라는 것이다. 4월 12일에 무라비요프는 러시아가 신민둔까지 연장될 지선에 대해서는 모르고 있었다고 하면서도, 영·러 협조 관계를 유지하기 위해 솔즈베리의 주장에 동의하였다. 결국 4월 28일, 스콧과 무라비요프가 교환 공문에 조인함으로써 영러철도협정이 성립하였다.[53]

영러철도협정의 골자는 러시아가 만주에서 철도 건설을 하는 것을 영국이 승인하고, 러시아는 그 대가로 영국이 양자강 유역에서 갖는 철도 권익을 승인한다는 '만양(滿揚)교환론'이다. 그러나 그 주안점은 협정의 부속 합의에 들어있는 경봉철도 차관 계약에 대한 수용에 있었다. 영러철도협정의 골자에 따르면, 영국은 산해관에서부터 만주까지 철도를 확장할 수 없다. 그러나 영국은 경봉철도를 중국이 관리하는 중국 소유의 철도로 규정함으로써 경봉철도에 대한 자국의 기득권을 러시아로부터 승인받는 데 성공했다. 반면 러시아는 영국이 경봉철도 이외에 만주에서 철도권익을 획득하는 것에 반대할 근거를 얻었다. 제2장에서 서술하겠으나, 이 협정에 따라 영국은 협정 직후 일어난 의화단사건에서 러시아의 경봉철도 점령에 대해 반대하게 된다. 또한 제9장에서 서술하겠지만, 거꾸로 러시아 또한 이 협정에 따라 영국의 금애(錦愛)철도 계획에 반대하게 된다.

영러철도협정은 20세기 초 만주를 둘러싼 영·러 관계의 기초가 되었다. 대폭 양보하기는 했지만 영국은 이 협정에서 경봉철도를 러시아에 대한 교차권익으로 확립하였고, 러시아와 타협함으로써 그것을 유지하고자 했다.

5. 맺음말

1898년 3월, 러시아가 중국에 대해 요동반도의 조차를 요구할 무렵, 영국은 비공식적이기는 하지만 일본에게 동맹 관계의 성립을 타진하였다. 3월 17일에 체임벌린(Joseph Chamberlain)의 의향을 전달받은 가토 다카아키(加藤高明) 영국 주재 공사는 이토 히로부미(伊藤博文)에게 영·일 제휴가 시급함을 진언하였다. 그러나 러·일 제휴파인 이토가 여기에 찬성의 뜻을 표하지 않아서, 체임벌린의 구상은 구체화되지 않았다.[54]

그러나 당시 일본에게 러시아의 한반도 진출이 자국에 위협이 되지 않았던 것은 아니다. 제3장에서 상술하겠지만, 청일전쟁 중에 일본은 한국과 잠정합동조관(暫定合同條款)을 체결하여 경부철도의 부설권을 획득했으나, 러시아의 방해로 차관 계약을 체결하는 데까지는 이르지 못했다. 경부철도는 일본의 한반도 진출의 기반이었다. 그러므로 러시아의 한반도 진출을 억제하기 위해 경부철도 차관 계약을 성립시키는 일이 일본에게는 꼭 필요했다. 1896년에 웨베르-고무라(Weber-小村) 협정과 로바노프-야마가타(Lobanov-山縣) 협정이 성립한 데서도 알 수 있는 바와 같이, 일본은 한반도에서 러시아의 방해를 제거하려고 노력했지만, 결국 실패로 끝나고 말았다. 그뿐만이 아니었다. 이듬해 가을의 맥리비-브라운 사건에서 나타난 바와 같이, 한국에서 러시아의 영향력은 더욱더 강해져서 경부철도 차관 계약을 성립시키는 일이 더욱더 곤란해졌다. 체임벌린의 동맹 제안은 바로 이 같은 시기에 전달되었다. 일본은 경부철도를 자국의 권익으로 굳히기 위해 체임벌린의 제안을 받아들이고 영일동맹을 성사시켜 러시아와 대결하면서 그것을 추구할 것인지, 아니면 러시아와 제휴를 진행해 러·일 관계를 개선하는 가운데 자국의 권익을 모색할 것인지를 선택해야 했다. 이토는 후자를 선택, 러시아의 요동반도 조차에 대한 승인과 맞바꾸어, 즉 '한만(韓滿)교환론'에 따라 한반도에 대한 일본의 세력 회복을 도모했다. 1898년 4월 로젠–니시(Rosen–西)협정이 성립하자, 러시아는 일본의 경부철도 차관 성립을 방해하는 일에서 손을 뗐다. 차관 계약이 성립한 것은 그해 9월 이후였다. 결국 체임벌린의 구상이 제시된 단계에서 교차권익으로서 경부철도는 잠정합동조관에 따른 잠재적인 권리밖에 되지 못했으며, 일본의 차관 철도로서 지위를 확립하는 데까지는 이르지 못했다.

한편 이 장에서 개관해 온 바와 같이 경봉철도를 둘러싼 영국 쪽의 사정도 마찬가지였다. 1897년에 킨더에 대한 러시아의 압력에서 나타난 것처럼, 러시아가 경봉철도에 야심을 드러내며 북경으로 진출을 시도할 때, 영일동맹은 러시아에 대항할 수 있는 하나의 가능성으로 구상되었다. 영국은 1890년 이전부터 경봉철도에 대한 기술적·재정적 원조를 계속해 왔지만, 경봉철도가 비로소 영국의 차관 철도로서 확립된 것은 경부철도 차관 계약이 성립된 지 한 달 뒤인 1898년 10월 이후였기 때문이다. 결국 1898년 3월의 단계에서는 경봉철도도 일본의 경부철도와 마찬가지로 영국에게 잠재적 권리가 주어져 있을 뿐이었다. 영일동맹이라고 하는 구상을 갖고 있으면서도 영국 쪽이 이를 적극적으로 전개하지 않은 것은, 남아프리카 문제를 가장 중요한 문제로 생각하는 솔즈베리가 동아시아에서 러시아와의 새로운 대립 관계가 발생하는 것을 원하지 않았기 때문이라고 볼 수 있을 것이다. 그리하여 솔즈베리는 동아시아 문제에 관해서도 기존의 양자강 유역의 권익 유지를 우선한 나머지, 아직 취약한 경봉철도를 비롯한 영국의 만주 권익을 보호하고자 러시아와 충돌을 피하려고 했던 것이다. 영국은 경봉철도 차관 계약을 성립시키고자 러시아의 요구에 따라 양보하였고, 러시아에게 영러철도협정에 따른 정치적 타협을 요구하여 러시아가 경봉철도를 영국의 권익으로 인정하도록 만들었다. 이는 솔즈베리가 만주 문제와 영일동맹에 대해 갖고 있던 태도를 말해 주는 것이다.

이처럼 일본도 영국도 러시아를 위협의 대상으로 인식하고는 있었지만, 1898년부터 그 이듬해에 걸쳐 두 나라 모두 러시아와 맞교환적인 타협을 하는 가운데 각자의 권익을 확립하는 길을 선택했다. 그러므로 이같은 영·일 두 나라의 선택은 1898년 3월에 왜 영일동맹이 성립하지 못했는가 하는 이유를 시사해 준다. 그러나 1900년이 되자, 러시아는 영·일 두 나라와 각각 맺은 교환적 타협에 반하는 행동으로 나왔다. 예를 들면, 러시아는 한반도 남단의 마산포(마산포에서도 경부철도의 한 지선이 일본에 의해 건설될 예정이었다. 마산포~삼랑진선 115쪽 참조)에 해군기지를 건설하려는가 하면, 다음 장에서 다루게 되겠지만, 의화단사건을 계기로 경봉철도의 거의 전 구간을 군사적 관리 아래 편입시켰다. 1900년부터 1년 동안 동아시아에서 벌인 러시아의 행동은 영·일 두 나라와 타협을 부정하고, 두 나라의 권익을 침해하는 것이었다. 영·일 두 나라의 러시아에 대한 이 같은 공통의 체험이, 말하자면 두 나라에게 러시아를 공통의 적으로 인식하게 만든 요인이었다고 생각된다. 즉 1898년 3월에 성립할 수 없었던 영일동맹이 1902년에 성립하려면, 교환적 타협에 따라 확립된 영·일 두 나라의 교차권익에 대해 러시아가 그 교환론을 지키지 않고 침해하는, 두 나라에 공통된 과정이 필요했다. 그러므로 1898년 3월에 영일동맹이 성립하지 못한 요인을 영·일 두 나라가 당시까지도 교차권익을 확립하지 못했던 점에서 찾을 수 있을 것이다. 그뒤 교차권익이 확립되면서 이를 러시아로부터 보호하는 것이 영일동맹 제1조의 목적이 되었다. 이는 영일동맹 성립의 배경에는 교차권익의 존재, 특히 철도 문제로 말미암아 생겨난 조건이 크게 작용하였음을 시사하는 것이다.

---

*주

1) P. H. Kent, *Railway Enterprise in China*, London, 1907 ; Sun E-Tu Zen, *Chinese Railways and British Interests, 1894~1900*, New York, 1954.

2) B. A. Romanov, *Russia in Manchuria*, Michigan, 1952. 시베리아철도 건설에 관해서는 木村和夫,〈シベリア鐵道の歷史と意義(上·下)〉(軍事史學會 편,《軍事史學》제17권 제4호, 제18권 제1호, 1982년 3월 / 6월) 참조.

3) 북경, 1897년 8월 16일, 맥도널드가 솔즈베리에게 보낸 전보 No. 37(FO 405-72-72). ‘FO 405-72’는 런던의 공문서관(Public Record Office) 소장 영국 외무성 사료번호를 나타내며, ‘-72’는 그 가운데 문서번호를 나타낸다. 이 책 말미의 〈영국 외무성 기록 비밀문서(Confidential Prints)에 대해서〉를 참조.

4) 북경, 1897년 8월 17일, 맥도널드가 솔즈베리에게 보낸 전보 No. 38 기밀(FO 405-72-73).

5) 외무성, 1897년 8월 17일, 솔즈베리가 맥도널드에게 보낸 전보 No. 42(FO 405-72-74).

6) 북경, 1897년 8월 23일 / 10월 17일, 맥도널드가 솔즈베리에게 보낸 전보 Nos. 39 / 52 기밀(FO 405-72-76 / 103).

7) 북경, 1897년 10월 17일, 맥도널드가 솔즈베리에게 보낸 급송공문 No. 138(FO 405-72-144).

8) 북경, 1897년 10월 19일, 맥도널드가 솔즈베리에게 보낸 급송공문 No. 143 기밀(FO 405-72-147).

9) 외무성, 1897년 12월 14일, 솔즈베리가 고쉔(Goshen)에게 보낸 급송공문 No. 268(FO 405-72-268).

10) 상트페테르부르크, 1897년 12월 28일, 고쉔이 솔즈베리에게 보낸 급송공문 No. 298(FO 405-76-7).

11) 외무성, 1898년 1월 6일, 솔즈베리가 고쉔에게 보낸 급송공문 No. 10(FO 405-76-20) ; 상
   트페테르부르크, 1898년 1월 20일, 오코너가 솔즈베리에게 보낸 전보 No. 11(FO
   405-76-76).

12) 외무성, 1898년 2월 2일, 솔즈베리가 오코너에게 보낸 급송공문 No. 39(FO 405-76-122).

13) 북경, 1897년 10월 7일 / 28일, 맥도널드가 솔즈베리에게 보낸 전보 Nos. 49 / 56(FO
   405-74-113 / 122) ; 서울, 1897년 11월 6일, 조단 총영사가 솔즈베리에게 보낸 전보(번호
   없음)(FO 405-74-127).

14) 해군성, 1897년 12월 7일, 해군성에서 외무성에 보낸 기밀 서한(FO 405-74-158) ; 북경,
   1897년 12월 22일, 맥도널드가 솔즈베리에게 보낸 전보 No. 92(FO 405-74-169).

15) 북경, 1898년 3월 16일 / 17일, 맥도널드가 솔즈베리에게 보낸 전보 Nos. 18 / 84(FO
   405-76-303 / 311).

16) 외무성, 1898년 3월 17일, 솔즈베리가 오코너에게 보낸 전보 Nos. 75 / 78(FO 405-76-315
   / 316).

17) 북경, 1898년 3월 21일, 맥도널드가 솔즈베리에게 보낸 전보 No. 91(FO 405-76-354).

18) 북경, 1898년 3월 18일, 맥도널드가 솔즈베리에게 보낸 전보 No. 87 / 급송공문 No.
   54(FO 405-76-323 / 77-161).

19) 외무성, 1898년 5월 7일, 솔즈베리가 맥도널드에게 보낸 급송공문 No. 72(FO
   405-77-198).

20) 북경, 1898년 4월 25일 / 30일, 맥도널드가 솔즈베리에게 보낸 전보 Nos. 137 / 145(FO
   405-77-122, 146).

21) 외무성, 1898년 5월 4일, 솔즈베리가 맥도널드에게 보낸 전보 No. 168(FO 405-77-186) ;
   북경, 1898년 6월 14일, 맥도널드가 솔즈베리에게 보낸 전보 No. 201(FO 405-77-369).

22) 북경, 1898년 6월 18일 / 23일, 맥도널드가 솔즈베리에게 보낸 전보 No. 206 / 급송공문
   No. 129 기밀(FO 405-77-386 / 78-134) ; 1898년 6월 14일, 총리아문이 후 따옌(Hu Ta-jên)
   에게 보낸 서한(FO 405-78-134 첨부별지 2).

23) 1898년 6월 14일, 총리아문이 후 따옌에게 보낸 서한(FO 405-78-134 첨부별지3) ; 북경,
   1898년 6월 15일, 맥도널드가 솔즈베리에게 보낸 전보 No. 202(FO 405-77-370). 홍콩상
   해은행과 후(Hu) 철로공사 사장(Director-General) 사이의 북경~우장 구간 철도 차관에
   관한 예비 계약(FO 405-78-134 첨부별지 1).

24) 북경, 1898년 10월 11일, 맥도널드가 솔즈베리에게 보낸 급송공문 No. 204 기밀(FO
   405-79-110) ; 1898년 8월 1일, 총리아문이 후 위엔황(Hu Yüen-fên) 철도국장에게 보낸 훈
   령 요지문, 비밀서한(FO 405-79-110 첨부별지 2).

25) 외무성, 1898년 7월 13일, 솔즈베리가 맥도널드에게 보낸 전보 No. 223(FO 405-78-45).

26) 1898년 7월 22일, 홍콩상해은행이 외무성에 보낸 서한(FO 405-78-69) ; 북경, 1898년 7월 22일 / 23일, 맥도널드가 솔즈베리에게 보낸 전보 Nos. 231 기밀 / 233(FO 405-78-71 / 77).

27) 외무성, 1898년 7월 24일, 솔즈베리가 맥도널드에게 보낸 전보 No. 231(FO 405-78-81) ; 북경, 1898년 7월 27일, 맥도널드가 총리아문에 보낸 서한(FO 405-79-110, 첨부별지 3) ; 1898년 8월 1일, 총리아문이 맥도널드에게 보낸 서한(FO 405-79-110 첨부별지 4).

28) 북경, 1898년 8월 1일, 맥도널드가 솔즈베리에게 보낸 전보 No. 247(FO 405-78-123) ; 외무성, 1898년 8월 8일, 솔즈베리가 맥도널드에게 보낸 전보 No. 237(FO 405-78-140).

29) 외무성, 1898년 8월 11일, 외무성이 왕실법무관들(Law Officers of the Crown)에게 보낸 서한(FO 405-78-150) ; 대법원(Royal Court of Justice), 1898년 8월 19일, 왕실법무관들이 솔즈베리에게 보낸 서한(FO 405-78-186) ; 북경, 1898년 8월 10일, 맥도널드가 솔즈베리에게 보낸 전보 No. 253(FO 405-78-147).

30) 외무성, 8월 13일, 발포어가 스콧에게 보낸 전보 No. 214(FO 405-78-155).

31) 외무성, 8월 17일, 발포어가 스콧에게 보낸 전보 No. 215(FO 405-78-162) ; 상트페테르부르크, 8월 18일, 스콧이 발포어에게 보낸 전보 No. 110(FO 405-78-166).

32) 외무성, 1898년 8월 19일, 발포어가 스콧에게 보낸 전보 No. 217(FO 405-78-169).

33) 북경, 1898년 8월 21일, 맥도널드가 발포어에게 보낸 전보 No. 262(FO, 405-78-175) ; 외무성, 8월 29일, 발포어가 맥도널드에게 보낸 전보 No. 259(FO 405-78-213).

34) 상트페테르부르크, 1898년 9월 2일, 스콧이 발포어에게 보낸 전보 No. 122(FO 405-78-229) ; 외무성, 9월 3일, 솔즈베리가 스콧에게 보낸 전보 No. 244(FO 405-78-237) ; 북경, 1898년 9월 5일, 맥도널드가 솔즈베리에게 보낸 전보 No. 283(FO 405-78-247).

35) 상트페테르부르크, 1898년 9월 7일 / 10일, 스콧이 솔즈베리에게 보낸 전보 Nos. 130 / 133(FO 405-78-252 / 263) ; 외무성, 9월 10일, 솔즈베리가 스콧에게 보낸 전보 No. 250(FO 405-78-264).

36) 외무성, 1898년 9월 14일, 솔즈베리가 맥도널드에게 보낸 전보 No. 284(FO 405-78-274).

37) 북경, 1898년 10월 11일 / 12월 10일, 맥도널드가 솔즈베리에게 보낸 전보 Nos. 317 / 349(FO 405-79-24 / 148) ; 1898년 11월 23일, 홍콩상해은행이 외무성에 보낸 서한(FO 405-79-105), 계약서(FO 405-79-105, 첨부별지 1).

38) 내각문서(Cabinet Paper), 1898년 8월 15일, 우장철도(CAB 37-47-62). CAB 37-47은 영국 공문서관에서 내각문서의 청구 기호를 나타내며, ‘-62’는 그 문서 번호를 뜻한다.

39) 1898년 9월 3일, 홍콩상해은행이 외무성에 보낸 서한(FO 405-78-234).

40) 파리, 1898년 9월 9일, 먼슨(E. Monson)이 솔즈베리에게 보낸 전보 No. 129 기밀(FO 405-78-259).

41) 북경, 1898년 9월 14일, 맥도널드가 솔즈베리에게 보낸 급송공문 No. 186(FO 405-79-53) ; 1898년 11월 4일, 솔즈베리가 맥도널드에게 보낸 급송공문 No. 188(FO 405-79-61).

42) 상트페테르부르크, 1898년 9월 19일, 스콧이 솔즈베리에게 보낸 전보 No. 143(FO 405-78-295) ; 외무성, 1898년 9월 20일, 솔즈베리가 맥도널드에게 보낸 전보 No. 295(FO 405-78-298) ; 북경, 1898년 9월 23일, 맥도널드가 솔즈베리에게 보낸 전보 No. 303(FO 405-78-304) ; 외무성, 1898년 9월 24일, 솔즈베리가 스콧에게 보낸 전보 Nos. 259 / 261(FO 405-78-309 / 310).

43) 외무성, 1898년 10월 12일, 솔즈베리가 스콧에게 보낸 급송공문 No. 212(FO 405-79-27).

44) 상트페테르부르크, 1898년 9월 29일 / 11월 27일, 스콧이 솔즈베리에게 보낸 전보 Nos. 148 / 187(FO 405-78-322 / 79-108) ; 상트페테르부르크, 1898년 11월 2일 / 11월 26일 / 12월 15일, 스콧이 솔즈베리에게 보낸 급송공문 Nos. 355 특급기밀 / 381 특급기밀 / 409 특급기밀(FO 405-79-66 / 134 / 178).

45) 상트페테르부르크, 1899년 1월 11일 / 1월 25일 / 2월 1일, 스콧이 솔즈베리에게 보낸 전보 No. 4 / 급송공문 No. 26 기밀 / 전보 No. 18(FO 405-84-36 / 84 / 94) ; 외무성, 1899년 2월 2일, 솔즈베리가 맥도널드에게 보낸 전보 No. 17(FO 405-84-105) ; 외무성, 1899년 2월 6일, 솔즈베리가 스타일(M. de Staal)에게 보낸 서한(FO 405-84-129) ; 상트페테르부르크, 1899년 2월 8일, 스콧이 솔즈베리에게 보낸 급송공문 No. 40 기밀(FO 405-84-147) ; 외무성, 1899년 2월 19일 / 22일, 솔즈베리가 스콧에게 보낸 전보 Nos. 30 / 31(FO 405-84-178 / 199) ; 내각문서, 1899년 2월 15일, 중국철도(Chinese Railways) (CAB 37-49-14).

46) 외무성, 1899년 2월 27일, 솔즈베리가 맥도널드에게 보낸 전보 No. 36 ; 솔즈베리가 스콧에게 보낸 전보 No. 45(FO 405-84-238 / 239).

47) 북경, 1899년 2월 28일, 박스–아이언사이드가 솔즈베리에게 보낸 전보 Nos. 51 / 52(FO 405-84-242 / 243) ; 외무성, 1899년 3월 2일, 솔즈베리가 박스–아이언사이드에게 보낸 전보 No. 39(FO 405-84-252).

48) 상트페테르부르크, 1899년 3월 9일 / 15일, 스콧이 솔즈베리에게 보낸 급송공문 No. 68 / 전보 No. 36(FO 405-84-311 / 329) ; 외무성, 1899년 3월 15일 / 19일, 솔즈베리가 스콧에게 보낸 급송공문 No. 65 / 전보 No. 45(FO 405-84-332 / 369).

49) 상트페테르부르크, 1899년 3월 15일, 스콧이 솔즈베리에게 보낸 전보 No. 38(FO 405-84-330) ; 외무성, 1899년 3월 16일, 솔즈베리가 스콧에게 보낸 전보 No. 41(FO 405-84-341).

50) 북경, 1899년 1월 20일, 맥도널드가 솔즈베리에게 보낸 전보 No. 15(FO 405-84-57) ; 2월 18일, 영청회사가 외무성에 보낸 서한(FO 405-84-151).

51) 상트페테르부르크, 1899년 3월 29일 / 30일, 스콧이 솔즈베리에게 보낸 전보 Nos. 43 / 44(FO 405-84-418 / 422).

52) 외무성, 1899년 4월 7일, 솔즈베리가 스콧에게 보낸 전보 No. 55 (FO 405-85-18).

53) 상트페테르부르크, 1899년 4월 12일 / 28일, 스콧이 솔즈베리에게 보낸 전문 Nos. 46 / 55(FO 405-85-44 / 163) ; 4월 28일, 스콧이 무라비요프에게 보낸 각서(FO 405-85-192, 첨부별지 1, 2).

54) 伊藤正德 편, 《加藤高明—上卷》(加藤伯傳記編纂委員會, 1929), 280-302 ; 1898년 3월 18일, 영국 주재 가토 공사가 보낸 서신 기밀 제35호(外務省 편, 《日本外交文書》 제31권, 제1책, 제241문서—이하 《日外》 31-1, 241과 같이 줄임) ; I. H. Nish, *Anglo-Japanese Alliance, the Diplomacy of Two Island Empires, 1894~1907*, London, 1966, 63-66. 니시 교수도 지적한 바와 같이, 체임벌린과 가토 사이의 회담에 관해서는 일본 쪽 사료만 남아 있다. 그러나 이것이 당시 영국 정부가 비공식적으로도 영일동맹의 가능성을 검토하지 않았음을 뜻하는 것은 아니다. 예컨대 맥도널드는 1898년 3월 15일, 영국 추밀원으로부터 영일동맹이 적절한지 아닌지에 관한 의견 요청이 있었다고 솔즈베리에게 보고하였다(FO 405-76-297).

제2장
의화단사건과 러시아의 경봉철도 점령 문제

1. 문제 제기

이 장에서는 앞 장에 이어 1899년 4월의 영러철도협정 이후 의화단사건 시기의 경봉철도를 둘러싼 영·러 관계에 대해 다루고자 한다.

제1장에서는 영국이 러시아의 방해를 배제하고 영러철도협정에서 대폭 양보하면서도, 1898년 10월 경봉철도의 차관 계약을 유지하는 데 성공한 문제를 다루었다. 거기에는 영국이 경봉철도를 러시아에 대한 교차 권익으로 확립하는 한편, 일본도 다음 장에서 다루는 바와 같이, 러시아와의 교차권익인 경부철도에 대한 차관 계약을 1898년 9월에 성립시켰다는 상황 변화가 작용하고 있었다. 이러한 사실에 바탕을 두고 영일동맹 성립의 요인으로 영국의 경봉철도와 일본의 경부철도(한반도 종단철도) 보호라는 영·일 두 나라의 공통된 시각에 대해 서술했던 것이다. 즉 이 교차권익의 보호가 영일동맹 제1조에 서술된 동맹의 목적이 되었고, 러시아를 영일동맹의 공통 적국으로 인식하게 만든 원인이었기 때문이다.

그러나 영일동맹이 반(反)러시아 제휴 정책이기는 해도, 꼭 광범위한 반러 세력의 결집이라고는 말하기 어렵다. 바꾸어 말하면 20세기 초까지 동아시아에서 권익을 획득한 것은 영·러·일 3국만이 아니라, 독일·프랑스·벨기에 등 유럽 열강도 마찬가지였다. 러시아의 동아시아 진출에 따라 다른 열강들이 동아시아에서 갖고 있는 권익에 대한 압박을 경계하고자 했다면, 열강이 연합군을 조직하여 의화단에 맞서 자신들의 권익을 보호하려 했던 것처럼, 영·일 두 나라만이 아닌 더 많은 열강이 참가하는 반러 제휴 관계를 구축하는 편이 동맹의 효과라는 점에서는 더 유효했으리라고 생각된다. 이는 영일동맹이 성립한 계기가 독일의 제안에 따른 영·독·일 3국동맹 안(案)에서 출발한 데서도 명백하다. 그럼에도 불구하고 영·일 두 나라만의 동맹 관계가 성립한 것은, 독일이 영일동맹에 따른 반러 제휴 관계에 동조할 수 없는 이유가 있었기 때문으로 이해할 수 있다. 그 이유는 영일동맹이 반러 세력의 결집이라는 성격 외에도 다른 측면을 갖고 있었음을 말해 주며, 동시에 그것이 더욱 견고한 동맹 관계 성립의 조건이 되었음을 시사한다.

앞서 서술한 것처럼, 동맹 관계의 강도는 동맹국 각자의 교차권익 사이에서 공통성을 얼마나 찾아내느냐에 따라 정해진다. 말하자면 영국의 경봉철도 건설과 일본의 한반도 종단 철도 건설은 서로 직접적인 이해관계가 있었던 것은 아니다. 그러나 러시아의 시베리아철도·동청철도로부터 같은 형태로 위협받게 되면서, 두 나라는 같은 조건 아래 놓이게 되었다. 영국은 북경을 향한 러시아의 철도 부설 계획을 늘 경계했는데, 경봉철도 유지는 영국에게 러시아의 북경 진출을 막는 최대의 무기였다. 일본에게도 한반도에서 철도 부설권을 얻어내는 것은 러시아의 한반도 진출을 억제하는 유력한 방파제로 생각되었다. 이처럼 영·일 두 나라의 대러 교차권익의 공통성을 생각할 때, 영일동맹이 더 광범위한 반러 세력의 결집을 위해 다른 열강의 참가를 얻으려면, 열강으로 하여금 영·일 두 나라의 러시아에 대한 교차권익 유지를 지지하게 만드는 것이 그 참가의 자격 조건이어야 했다.

이상과 같은 시각에서 이 장에서는 의화단사건을 계기로 감행된 러시아의 경봉철도 점령을 둘러싼 영·러 관계를 다루고, 러시아의 점령과 영국의 반환 요구에 대해 다른 열강, 특히 독일이 어떻게 대응해 나갔는가를 밝히고자 한다. 독일의 대응은 동아시아에서 영·일 두 나라 및 다른 열강과 그 이해관계가 달랐음을 보여주며, 영일동맹에서 반러 제휴 정책 이외의 다른 측면을 드러내 준다. 본론으로 들어가기에 앞서, 영러철도협정 성립 직후 러시아의 북경을 향한 철도 건설 계획에 대해 말해두기로 한다. 이는 러시아의 경봉철도 점령이 의화단사건에 따른 일시적인 행동이 아니라, 러시아의 동아시아 진출에서 기본적인 과제였음을 보여주고 있기 때문이다.

영러철도협정이 성립한 직후인 1899년 5월 10일, 북경의 박스-아이언사이드 대리공사는 러시아가 만주에서 북경에 이르는 철도 부설권을 중국에 요구하고 있다고 런던에 전하였다. 러시아는 2년 전 킨더 사건 이래로 경봉철도 건설에서 영국을 배제하고자 했다. 러시아의 경봉철도에 대한 야심은 영국으로서는 경계해야 할 과제였다. 반면 영국은 영러철도협정을 체결함으로써 경봉철도 건설에 대한 러시아의 압력을 배제해 왔다. 그러나 동청철도와 북경을 연결하려는 러시아의 철도 구상은 영국의 경봉철도 건설에 대한 새로운 도전이었다. 5월 13일자 박스-아이언사이드의 보고에 따르면, 러청은행이 러시아의 이 새로운 철도 부설 계획을 이미 2개월 전에 중국에 제안했으나 받아들여지지 않았다고 한다. 그러므로 이번이 두 번째 제안이며, 러시아의 계획에는 동청철도의 지선으로서 봉천 북쪽과 북경을 광궤 철도로 연결할 예정이 들어 있다는 것이다.[1] 5

월 17일 러시아 주재 영국 대사 스콧이 무라비요프 외상을 방문하여 러시아의 새로운 철도 계획에 대해 확인을 요구하자, 무라비요프는 러시아가 경봉철도의 평행선 건설을 계획하고 있음을 인정했다. 뿐만 아니라, 무라비요프는 영러철도협정에서도 러시아는 경봉철도 부근에 자국이 철도를 건설하는 것을 포기하지 않고 있다고 덧붙였다.[2] 분명히 영국은 영러철도협정 교섭의 마지막 단계에서 산해관에서 신민둔까지 철도를 연장하는 것이 문제가 되었을 때(이 책 53~54쪽 참고), 러시아가 신민둔까지 철도 연장에 대한 홍콩상해은행은행의 차관을 인정했다고 해서, 그것이 러시아가 만주 남서부 지역에서 철도 부설 계획을 포기하는 것을 뜻하지는 않음을 알고 있었다.[3] 영국은 이 같은 사실을 양해함으로써 경봉철도 차관 계약에 대한 러시아의 최종적인 방해를 제거한 셈이었다.

그러나 영국은 러시아가 경봉철도와 평행선이 될 동청철도의 연장선을 건설하는 데는 반대하였다. 경봉철도의 평행선이 건설되면 경봉철도와 대립하게 될 것이 분명하며, 무엇보다도 시베리아철도·동청철도를 통해 북경에서 러시아의 영향력이 커질 것을 쉽게 상상할 수 있었기 때문이다. 영국으로서는 영러철도협정을 근거 삼아 러시아가 만주 남서부 지역에 철도를 건설하는 데 반대할 수는 없었지만, 적어도 이 철도가 만리장성을 넘어 북경까지 연장되는 것에는 반대하지 않을 수 없었다.[4] 러시아의 요구는 중국 정부에서 검토 중이었는데, 중국은 러시아의 요구를 거부하고자 영국에게 적극적인 지지를 구하였다. 5월 23일, 솔즈베리 수상(외상 겸임)은 러시아의 요구에 응하지 말도록 중국에 요청하라고 박스-아이언사이드에게 훈령하였다. 중국이 러시아의 요구를 거부하는 것만이 러시아의 야심을 막을 수 있었기 때문이다. 5월 24일, 북경에서는 영·러 두 나라의 중국 주재 공사들과 총리아문 사이에 회담이 열렸는데, 영국의 지지를 받은 중국은 러시아의 요구를 거부하였다.[5] 러시아는 영러철도협정에 관한 추가협정이 존재함을 중국에 진술하면서, 그에 따라 러시아 경봉철도 평행선 건설을 중국이 승인해야 한다고 주장하였다. 그러나 영국은 물론 그 같은 추가협정의 존재에 대해 부정했다. 6월 8일에 중국은 러시아의 요구를 최종적으로 거부할 태도를 분명히 했다.6)

러시아의 중국에 대한 이른바 동청철도 남서만주지선(南西滿洲支線)의 부설권 요구는 철도를 통한 동아시아 진출을 입안한 위떼 재무상의 구상에 따른 것이었으나, 5월 22일의 스콧의 보고가 말해 주는 것처럼, 경봉철도 차관 계약에 대항할 의도에서 이루어진 것임이 분명하다. 따라서 북경 주재 프랑스 공사 삐숑(Stephen Pichon)이 박스-아이언사이드에게 술회한 바와 같이, 러시아가 가까운 장래에 만주와 북경을 연결할 철도를 건설할 것이라는 예상은 영국이 충분히 고려해야 할 과제였다. 러시아는 중국의 거부로 이 요구를 다시 제기하지는 않았으나, 경봉철도 건설의 주임기사인 킨더의 해임을 중국에 거듭 요구하였다.7) 영러철도협정 성립 직후이기도 해서 러시아의 압력은 2년 전보다 강하지는 않았다. 그러나 킨더가 주임기사의 자리에 남아 있는 것이 홍콩상해은행으로서는 차관의 안전을 보증하는 것이었던 만큼, 영국은 경봉철도에 대한 러시아의 직접적인 방해에 대해서도 경계해야 했다. 요컨대 영러철도협정이 체결되었다고는 해도, 영국으로서는 경봉철도 건설의 모든 장애가 제거된 것은 아니었다. 영국이 경봉철도의 건설을 지속하려면 그 전제로 러시아가 영러철도협정을 준수해야 했다. 그러나 이것도 발포어 수상대리가 술회한 바와 같이, 모든 것은 러시아가 약속을 지키고자 하는 그 양심에 달려 있었다.8) 러시아의 영러철도협정 준수라고 하는 이 전제는 서서히 확대되고 있던 의화단사건이 경봉철도에 영향을 미치게 될 즈음에는 모두 무너지고 말았다.

2. 러시아의 경봉철도 점령

1899년 2월부터 홍콩상해은행으로부터 경봉철도에 차관이 제공되기 시작하면서, 중단되었던 산해관~금주 구간의 공사가 재개되어 그해 여름에 공사가 끝났다. 공사는 그뒤에도 계속되어 이듬해인 1900년 봄, 의화단이 경봉철도를 공격하기 시작했을 때는 구방자에서 우장까지 지선이 대체로 완성되었고, 본선 공사는 북쪽의 신민둔을 향해 이루어지고 있는 중이었다.9)

의화단사건은 '부청멸양(扶淸滅洋)'의 기치를 내건 배외 운동이다. 그 배외 사상은 중국에서 경제 권익을 분할한 열강에 대한 비판이나, 반(反)기독교 운동과 결부되어 있었기 때문에 중국 각지의 외국인 재산과 교회 등을 그 공격 목표로 하였음은 잘 알려진 사실이다. 철도 또한 의화단의 공격 목표에서 예외일 수 없었다. 철도야말로 열강의 중국 진출 기반이며 상징이었기 때문이다. 특히 경봉철도는 의화단의 공격 목표가 되어 각지에서 파괴되는 결과를 낳았다. 북경 주재 외국인에게 경봉철도 북경~천진 구간은 모국과의 연락을 위해서, 그리고 그들 자신의 안전 확보라는 측면에서 중요했다.10)

1900년 6월 16일, 의화단이 황하 하구의 오른쪽 기슭에 있는 태고[太沽, 경봉철도는 황하의 왼쪽 기슭을 지나므로 당고(塘沽)는 그 건너편이 된다]를 공격하자, 연합군이 이에 응전하였다. 전투는 다음날 끝났고, 연합군은 태고를 유지하는 데는 성공하였다. 그러나 의화단의 공격이 천진에서도 시작되면서 연합군은 천진으로 이동해야 했다. 6월 25일, 의화단과 연합군은 주로 경봉철도의 천진역 주변에서 전투를 시작했다. 천진역은 6월 17일에 의화단의 공격을 받은 이후 러시아군이 수비하고 있었는

데, 천진 시가지는 황하의 오른쪽 기슭에 있었으므로 치안은 자연히 계속 악화되었다.[11] 연합군이 천진을 의화단으로부터 탈환하는 데 성공한 것은 7월 14일에 이르러서였다. 그런데 이미 7월 8일에는 러시아인 철도 기사가 천진에 도착하여 킨더 등 경봉철도의 건설에 종사해 온 영국인 기사를 대신하여 당고~천진 구간을 복구하기 시작했다. 7월 16일, 의화단이 천진에서 일소된 뒤로, 연합군 사령부는 같은 구간의 복구와 군사적 관리를 러시아에 위임할 것을 결정하였다. 이 결정은 러시아의 경봉철도 점령을 사실상 추인한 것이었다.

영국은 물론 이 결정에 반대하였다. 경봉철도는 영국의 차관 철도이며, 영러철도협정에 따라 영국이 그 관리권을 포기했다고 해도 러시아가 영국을 대신하여 관리할 근거는 어디에도 없었기 때문이다. 그러나 철도 복구를 위한 기술 조건에서는 시베리아철도·동청철도의 기술자를 파견할 수 있는 러시아가 다른 열강에 견주어 우위에 있었기 때문에, 독·불을 중심으로 한 연합군 사령부는 미·영·일의 반대를 무릅쓰고 러시아의 군사적 관리를 승인하였다.[12] 동청철도도 경봉철도와 마찬가지로 파괴되었다. 얼마 안 되는 거리이긴 해도 천진~당고 구간이 러시아의 관리 아래 들어가는 것은, 경봉철도가 앞으로 러시아에 의해 동청철도와 연결될 가능성을 낳기 때문에 영국에게는 커다란 위협이었다. 그러나 영국으로서도 연합군 사령부의 결정에 따라야 했으며, 평시가 아닌 상황에서 그 결정을 임시 조치로 인정할 수밖에 없었다. 7월 25일에 솔즈베리는 이 결정에 반대하지는 않으나, 의화단으로 말미암은 혼란 상태가 끝난 뒤에는 조속히 본디 소유자인 청국철로총공사에 반환할 것을 러시아에 요구하라고 상트페테르부르크의 스콧 대사에게 명하였다. 8월 11일 러시아의 람스도르프(V. N. Lamsdorf) 외상은 솔즈베리의 요구에 응하겠다고 회답하면서, 동시에 경봉철도의 거의 전 구간이 파괴되었으므로 복구라기보다는 재건공사가 될 것임을 지적하였다.[13] 이는 경봉철도에 대한 러시아의 군사적 관리가 장차 러시아의 권익으로 바뀔 가능성을 시사하는 것이다. 그러므로 영국은 러시아의 군사적 관리가 지속되는 것을 거듭 경계하지 않을 수 없었다.

천진을 평정한 연합군은 8월 4일, 북경의 외교단을 구출하고자 북경으로 이동하기 시작했다. 8월 6일, 연합군은 양촌(楊村)에 도착하였고, 러시아는 천진~양촌 구간을 복구하기 시작했다.[14] 러시아는 7월 16일의 연합군 사령부 결정에 따라서 천진~양촌 구간도 자동적으로 자국의 군사적 관리 아래 편입되는 것으로 해석했기 때문이다. 이에 대해 연합군 사령부가 정식으로 결정을 내린 것은 아니었으나, 결국 묵인하는 결과가 되어 천진을 사이에 둔 양촌~당고 구간의 경봉철도는 러시아군의 보호 아래 들어가게 되었다. 8월 15일에 연합군이 북경을 점령하고 의화단운동이 중국 쪽의 패배로 끝나자, 러시아는 북경~천진 구간에 대해서도 7월 16일의 연합군 사령부의 결정에 따라 러시아군의 관리 아래 넘길 것을 연합군 사령부에 요구하였다.[15] 한편 8월 30일, 영국군이 북경 교외의 경봉철도 풍대(豊臺)역을 점령하고, 북경~양촌 구간에서 킨더를 중심으로 복구 작업을 시작하자, 9월 18일에 러시아는 영국에 항의하였다. 러시아의 요구는 북경~양촌 구간의 복구 작업을 중지하고, 7월 16일의 결정에 따라 그 관리를 러시아군에 맡기라는 것이었다. 그러나 영국은 이에 따르지 않고 일본의 원조를 받아 복구 작업을 계속했다. 영국으로서는 경봉철도 북경~천진의 전 구간이 러시아군의 관리 아래 들어가는 것을 막기 위해서라도 남아 있는 북경~양촌 구간에 대해 영국이 경봉철도 건설자였음을 과시하는 것이 중요했다. 9월 26일, 러시아는 거듭 영국에 항의했으나, 영국은 북경~양촌 구간의 관리에서 손을 뗄 수 없었다.[16]

한편 연합군이 북경을 점령한 뒤에도 당고 동쪽의 경봉철도는 파괴된

채로 방치되어 있었다. 당고~양촌 구간이 러시아군의 관리 아래 들어간
이상, 영국으로서는 당고~산해관 구간과 산해관에서부터 우장·신민둔
으로 향하는 만주 구간이 러시아의 손에 장악되는 것을 반드시 막아야
했다. 만일 이 구간이 러시아군의 관리 아래 들어가게 되면 만주와 이미
러시아의 관리 아래 들어간 당고~양촌 구간이 연결될 위험이 있었기 때
문이다. 9월 3일에 영국 해군은 산해관을 점령하는 것이 어떨지 솔즈베
리에게 타진하였다. 물론 이는 산해관이 러시아에게 점령당할 것을 우려
했기 때문이다. 이 같은 견해는 맥도널드 북경 주재 공사로부터도 전해
졌으나, 솔즈베리는 영국 단독의 군사행동에는 찬성하지 않았다. 솔즈베
리는 어디까지나 연합군으로서 공동 행동에 따라야 한다는 점을 기본 방
침으로 생각하고 있었기 때문이다.[17] 그러나 당산에는 영청회사가 경봉
철도 건설을 위해 준비한 자재가 보관되어 있었기 때문에 킨더 등의 기
술자들은 이 자재의 보호를 요청하였고, 맥도널드는 솔즈베리의 방침에
강한 불만을 느끼고 있었다. 맥도널드는 연합군으로서 공동으로 행동한
다는 방침으로 말미암아 경봉철도만이 아니라, 영국의 권익이 어느 정도
상실되었는지를 시찰해 볼 것을 상해의 시무어(E. Seymour) 해군 중장에
게 요구할 정도였다.[18] 더욱이 9월 13일에는 러시아가 진황도(秦皇島)에
군대를 파견하여 당고~산해관 구간에 대해서도 그 관리를 요구할 가능
성이 생겨나자, 중국은 영국에 당고~산해관 구간[19]의 보호를 요청해 왔
다. 한편 런던에서도 영청회사 사장인 케스윅(W. Keswick)이 솔즈베리에
게 당고~산해관 구간에 대한 보호를 요청했다. 이 때문에 9월 17일에 솔
즈베리는 중국 파견 영국군을 통할하는 인도성(India Office)에 대해 경봉
철도에 대한 러시아의 군사행동을 감시하라고 명령하였다.[20]

　한편 9월 하순, 연합군 사령관에 독일군 발더제(A. Waldersee)가 취임하
자, 29일에 연합군 사령부는 경봉철도를 보호하고자 산해관 점령을 결정

했다. 다음날 산해관역은 영국 해군에 의해 점령되었다. 러시아도 산해관 점령 작전에 참가하여 10월 1일에 러시아군은 이 작전과는 별도로 경봉철도를 따라 천진 방면으로부터 산해관에 도착, 그 길로 산해관~당고 구간을 점령하였다. 마침내 10월 6일에는 우장에 진입, 산해관에서 우장 및 신민둔까지 경봉철도 본선과 지선을 점령하고, 정복의 권리로 경봉철도 관리권을 연합군 사령부가 인정하도록 요구하기까지 했다.21) 이로써 영국의 차관 철도인 경봉철도는 북경~양촌 구간을 제외한 전 구간이 러시아군의 지배 아래 들어가고 말았다. 당연한 일이지만 영국은 러시아의 군사적 점령을 용인하지 않았다. 러시아의 행동은 연합군으로서 공동행동의 틀에서 벗어나는 것이며, 전년 4월에 체결한 영러철도협정을 어긴 것이기 때문이다. 더욱이 10월 4일에 맥도널드는 다음과 같은 발더제의 안을 런던에 타진하였다. 발더제의 안이란, 연합군 사령부가 7월 16일의 결정을 발전시켜 양촌~산해관 구간도 러시아군의 관리 아래 두고, 북경~양촌 구간은 독일을 중심으로 한 열강의 공동 관리 아래로 이관한다는 것이다. 이와 같이 연합군 내부에서 독·러가 접근하려는 움직임은 이미 8월 27일에 하야시 다다스(林董) 영국 주재 공사가 솔즈베리에게 진술한 것이지만, 러시아의 경봉철도 점령과 그에 대한 독일의 지지는 독·러 두 나라가 접근한 결과를 나타낸 것이다.22)

9월 말부터 10월에 걸쳐 사태가 급격하게 전개되면서 솔즈베리의 경봉철도에 대한 인식에도 비로소 변화가 생겨났다. 람스도르프의 8월 1일자 회답은 경봉철도에 대해 복구가 아닌 재건이라는 러시아의 사고방식을 드러냈을 뿐만 아니라, 10월 6일에는 점령이 아닌 정복권을 주장함으로써 영국의 경봉철도에 대한 권리를 부정했기 때문이다. 즉 람스도르프의 회답은 러시아의 경봉철도에 대한 군사적 관리가 반드시 그 옛 상태로 복귀한다는 보증이 될 수 없었던 것이다. 러시아가 이미 그 야심을 명백히 드러낸 바와 같이, 경봉철도는 북경과 만주를 연결하는 러시아의 철도로 다시 태어날 가능성이 있었다. 솔즈베리는 영국 단독으로 산해관을 점령하는 데 반대했지만, 연합군이 아닌 러시아 단독으로 경봉철도를 점거한 것에 대해서는 영러철도협정 위반으로 항의한다는 방침을 굳혔다. 러시아의 군사행동은 솔즈베리의 예상을 훨씬 넘어, 영국이 경봉철도의 권익에 대해 양보해 줄 수 있는 한계를 넘었다. 한편 이렇게 솔즈베리의 생각이 변화한 데는 러시아의 적극적 행동뿐만 아니라, 솔즈베리와 케스윅의 개인적 관계도 영향을 미쳤다. 케스윅은 영청회사 사장으로서 경봉철도 건설에 힘을 쏟았으며, 1899년 1월의 보궐선거에 나가 런던 교외인 에브샴(Ebsham)에서 솔즈베리와 마찬가지로 보수당의 하원의원에 선출되었다.23) 덧붙이자면, 솔즈베리 내각은 소수 여당으로서 랜즈다운(Lord Lansdowne) 국방상의 통솔 아래 있는 자유통일당(Liberal Unionist)과의 연립정권이었다. 그러므로 솔즈베리로서는 케스윅으로 대표되는 영청회사의 권익을 무시할 수 없었을 것이다.

3. 연합군 사령부의 결정

영국으로서는 10월 4일에 맥도널드가 전해 온 발더제의 방침을 승인할 수 없었다. 그것은 의화단사건을 마무리 짓기 위해 연합군이 내린 임시조치이긴 했지만, 경봉철도에 대한 영국의 권익을 부정하는 것이었기 때문이다. 이에 영국은 독·러 두 나라에 항의하게 되었다.

10월 8일, 베를린 주재 영국 대사 라셀즈(Frank Lascelles)가 독일의 리히트호펜(Baron Richthofen) 외상과 만나 경봉철도에 대한 영국의 실적을 강조하고, 발더제의 방침으로 말미암아 영국의 권익이 상실되었다고 이의를 제기하였다. 이에 리히트호펜 외상은 독일 정부가 영국의 항의를 검토하겠노라고 약속했다. 마침 영독협정에 대한 교섭이 마지막 단계에 들어간 상황이기도 했으므로, 12일에 라셀즈가 뷜로(Bernhard H. M. K. von Bülow)와 회담했을 때도 뷜로는 영독협정에서 나타난 우호 관계의 유지를 전제로 독일이 영국의 요망을 받아들이는 방향으로 검토할 것이며, 머지않아 회답이 갈 것이라고 전하였다. 이 보고는 솔즈베리에게 낭보였다. 발더제의 방침이 변경될 것으로 기대했기 때문이다.[24]

그러나 영독협정이 성립한 지 이틀 뒤인 10월 18일 연합군 사령관인 발더제는 영국의 기대에 반하는 방침을 명령하였다. 발더제는 연합군 사령관으로서 러시아군과 철도협정을 성립시켰고, 그 합의에 따라 명령을 내린 것이었다. 이에 따라 러시아는 연합군이 북경을 점령한 이래 요구해 왔던 북경~천진 구간의 군사적 관리를 단념하고, 그 대신에 양촌~산해관 구간만 관리, 복구하게 되었다. 뒤이은 그 다음날의 명령에서는 북경~양촌 구간을 영·독·일 3국의 관리에 맡겼다. 10월 22일, 영국 주재 독일 대사관의 일등서기관인 에카르트슈타인(H. F. Eckardstein)은 솔즈베리를 방문하여 발더제의 명령이 순전히 군사적 관점에 따른 것이며, 정치적·경제적 의미는 없음을 강조하였다. 그러나 그 다음날 맥도널드는 발더제와 회담한 결과에 대해 보고하며, 발더제의 18일 명령이 러시아의 압력에 따른 것이었음을 전해 왔다.[25] 만일 이 보고가 옳다면, 에카르트슈타인의 해명은 발더제의 결정을 변호한 것이 아니라, 오히려 독일에 대한 영국의 불신을 키우는 결과를 낳은 셈이다. 10월 25일, 라셀즈는 리히트호펜과 회동하였다. 그는 독일이 아직 회답을 하지 않고 있다고 항의하면서, 아울러 발더제의 명령에 대한 독일 정부의 잘못된 견해를 다시금 바로잡고자 했다. 리히트호펜은 에카르트슈타인과 마찬가지로 변명을 되풀이하며, 맥도널드의 보고 내용에 대해서는 답을 피하기만 했다. 독일은 11월 15일에 최종 회답을 영국에 송부하였으나 종전의 견해

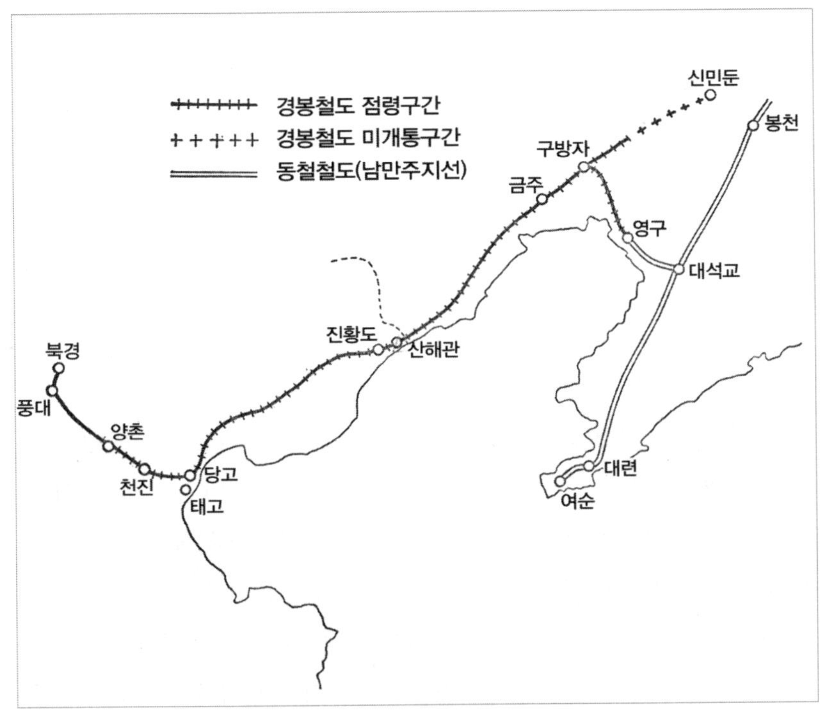

지도3 : 러시아의 경봉철도 점령 구간

와 다름이 없었다.[26]

　한편 솔즈베리는 러시아에게도 항의하였다. 10월 6일 러시아 주재 대리대사 하딘지(C. Hardinge)는 영·일 두 나라의 북경~양촌 구간의 복구에 대한 러시아의 항의를 의제로 삼으면서, 람스도르프의 8월 1일자 각서가 천진~당고 구간에 대해서만 언급하고, 북경~천진 구간에 대해서는 언급하지 않았음을 지적하며 러시아의 항의에는 근거가 없다는 의견을 제시하였다. 그러나 독일과 마찬가지로 러시아의 회답도 도착하지 않은 상태에서 발더제의 명령이 하달됨으로써, 양촌~산해관 구간은 러시아의 군사적 관리 아래 들어갔다. 10월 29일, 러시아 정부는 북경~천진 구간에 대해 러시아군이 그와 같은 요구를 한 사실을 몰랐다고 회답해 왔으나, 영국으로서는 만족할 수 없는 내용의 회답이었다.27) 10월 30일, 맥도널드를 대신하여 새토우(Ernest Satow)는 우장에서 영청회사가 보관하고 있던 철도 건설 자재를 러시아가 압수했다고 보고했다. 이에 영국은 11월 1일과 3일에 다시 러시아의 경봉철도 점령 문제 전반에 걸쳐 항의했다. 특히 영국의 산해관 점령이 연합군의 명령에 따른 것이었음에도 불구하고, 맥도널드는 러시아가 이를 무시하고 산해관에 진주하여 당고~우장 구간의 군사적 관리를 요구한 기록을 송부해 왔다. 이로써 러시아의 경봉철도 점령이 연합군의 승인을 얻은 것이 아님이 분명해졌다. 그러므로 솔즈베리는 이 위법적인 점거를 합법화한 발더제와 러시아군의 협정이 1899년 4월의 영러철도협정에 위반된다는 영국의 기본적 인식을 아울러 말했다.28)

그러나 11월 14일에 러시아는 영국의 견해를 완전히 부정하는 회답을 보내왔다. 러시아는 경봉철도가 중국이 소유하고 관리하는 철도여서 중국에 대한 차관의 담보가 될 수 없음은 영러철도협정에서 합의된 사항이라며 역습을 했다. 러시아의 회답 내용은 다음과 같다. 첫째, 영국의 차관 철도라는 이유로 영국이 경봉철도를 관리할 권리는 없다는 것, 둘째로 협정의 내용에 따르면 신민둔과 우장의 만주 구간에 대해서는 러시아가 본래 책임을 지기로 되어 있다는 것, 그리고 셋째로 경봉철도의 중국 반환은 중국이 경봉철도의 복구 비용을 지불한다는 조건부 반환이라는 것이었다. 다만 양촌~산해관 구간에 대해서는 러시아군이 화북(華北)에서 철퇴할 때 연합군에 반환할 것을 명확히 했고, 하딘지도 러시아가 철퇴한다는 소문을 전해 왔기 때문에 그 구간을 반환받을 희망이 생겨났다.29) 그러나 영국으로서는 러시아가 경봉철도를 반환할 때 그 복구 비용을 청구한다는 것에 대해서는 이해할 수 없었다. 이미 경봉철도 차관의 채권자는 손해를 입었으므로, 경봉철도 차관 계약이 영러철도협정에 따라 인정받은 점을 근거로 들어 11월 23일, 랜즈다운 신임 외상은 하딘지에게 거듭 러시아에 항의하라고 훈령하였다.[30]

이처럼 독일과 러시아의 교섭이 계속되는 한편, 북경에서는 경봉철도의 복구를 둘러싸고 영국과 독·러 두 나라 사이에 새로운 대립이 생겨났다. 10월 30일 발더제와 러시아군은 벨기에의 차관으로 건설 중인 경한(京漢)철도(북경~한구)의 기사를 북경~산해관 구간의 복구에 동참시킬 것과 더불어, 복구에 필요한 자재를 공급한다는 데 합의하였다. 솔즈베리(11월 12일까지 수상·외상 겸임, 13일 이후에는 랜즈다운이 외상에 취임)는 즉각 독일에 항의하였다. 즉 그는 경봉철도의 관리가 영국의 손을 떠나 있기는 하지만, 근원을 따지자면 영청회사의 차관 철도이므로 영국과 협의하지 않고 러시아와 합의에 따라 이 같은 결정을 내린 데 대한 해명을 요구하였으나, 이에 대해서도 독일은 발더제의 군사적 판단이라고 답할 뿐이었다.[31] 11월 20일 영청회사는 영국의 차권자(借權者) 보호라는 관점에서 독·러 제휴 관계에 반대할 것을 영국 정부에 요청하였다. 영국의 목적은 경봉철도를 러시아의 군사 관리로부터 영국으로 이관하여, 킨더 등 옛 기술자들의 손으로 경봉철도를 부흥시키는 데 있었다. 그러나 경봉철도에 대한 러시아군의 관리가 연합군 사령부의 명령으로 정당화되고 있는 한, 영국이 연합군의 일원으로 남으려면 독·러 제휴 앞에서 한 걸음 양보해야 했다. 11월 27일 랜즈다운은 다시 한번 독일에 항의하도록 명령하였으나, 독일 쪽의 견해를 바꾸도록 요구하지는 못했다.[32]

그러나 12월에 들어서면서 사태가 크게 바뀌기 시작했다. 북경~산해관 구간의 복구가 일단 끝나자, 발더제는 이듬해 1901년 1월 14일에 철도 관리를 러시아에서 연합군으로 이관할 것을 생각하게 되었기 때문이다.33) 12월 29일에는 발더제와 러시아군 사이에 새로운 협정이 성립되었다. 발더제에 따르면, 그것도 순전히 군사적 관점에 따른 것이었다. 러시아는 산해관 동쪽의 만주 구간에 대한 군사적 관리를 계속할 것을 요구하며, 북경~산해관 구간을 영국의 관리 아래 두는 것에 반대하였다. 더욱이 러시아는 그 대가로 천진역 주변의 경봉철도 부속지마저 양도할 것을 요구했다. 1901년 1월 2일, 영청회사는 산해관 동쪽의 경봉철도 만주 구간에서 러시아의 군사적 점령이 계속되는 상황에서 성립된 협정을 연합군 사령부가 러시아의 권익으로 승인하게 될까봐 우려하였다. 뿐만 아니라 영청회사는 자사의 철도 자재 가운데 반을 러시아가 접수하려는 데 대해서도 영국이 반대해 주기를 랜즈다운에게 요청하였다. 이를 받아들인 랜즈다운 외상은 1월 3일 스콧에게 러시아가 영러철도협정을 존중하도록 명하면서, 다음날 라셀즈와 새토우에게도 발더제가 이 협정에 조인하지 말도록 요구하라고 훈령하였다.34)

　1월 6일 러시아가 이미 화북에서 만주로 철퇴하고, 독일이 산해관까지 철도를 관리할 준비를 하고 있다고 전해졌지만, 랜즈다운은 협정 성립에 반대한다는 견해를 고수했다.35) 1월 9일에 새토우는 철도 자재의 5분의 2를 러시아가 접수한다는 데 합의가 이루어졌다고 전하면서, 협정 조인을 막는 것이 불가능하게 되었다고 보고해 왔다. 마침내 1월 13일에 발더제는 산해관 동쪽 신민둔까지 연결된 경봉철도 본선과 우장까지 연결된 지선에 대해서 그것이 연합군의 관할이 아니기 때문에 그 지선을 영국의 권익으로 보증할 수 없으나, 북경~산해관 구간에 대해서는 영국의 차관철도로 권리를 인정한다고 진술하였다.36) 그 전날 인도성도 경봉철도 전 구간의 군사적 보호가 어렵다는 이유에서 그 차선책으로 협정의 성립을 인정할 수밖에 없을 것으로 판단하였기 때문에, 영국으로서도 협정의 성립을 받아들일 수밖에 없게 되었다.37) 1월 17일에 발더제와 러시아군 사이에 두 번째 철도협정이 성립되어 연합군 사령부의 명령으로 공표되었다. 1월 25일, 북경~산해관 구간은 연합군 사령부로 이관되었다. 물론 연합군 사령부의 관리라고는 해도 실제로는 독일이 관리하였으나, 2월 15일에 북경~산해관 구간은 다시 영국군의 관리 아래로 넘어왔다.[38]

차선책이었다고는 해도 북경~산해관 구간에 대한 러시아의 관리를 끝낸 것은 영국으로서도 일보 전진이었다. 그러나 산해관 동쪽의 경봉철도 만주 구간에 대해서는 전과 다름없이 러시아의 점령이 계속되었다. 러시아의 만주 구간 점령은 연합군의 결정이 아니었기 때문에, 그리고 영러철도협정에서 경봉철도는 중국이 관리하고 소유하는 철도로 규정되었기 때문에 같은 구간의 반환 문제는 러·중 사이의 문제였으며 영국이 러시아와 직접 교섭할 처지는 아니었다. 이 반환 문제는, 북경~산해관 구간에 대한 러시아의 군사 점령 종료가 화북에서 만주로 철퇴한 것과 관계가 있었던 것처럼, 러시아의 만주 철수와 밀접한 관련이 있었다.

4. 경봉철도 반환 문제

여러 차례 서술한 바와 같이, 경봉철도는 영국의 차관 철도이기는 하지만, 중국의, 중국에 의한 철도였다. 경봉철도를 옛 상태로 복귀한다는 것은 그러한 상태로 되돌리는 것을 뜻했다. 의화단사건 처리의 일환으로 1901년 2월 15일에 북경~산해관 구간이 영국군의 관리 아래로 이관되었는데, 영국도 언젠가 그 군사적 관리를 끝내고 이를 중국에 반환해야 했다. 그렇다고 해서 이것이 결코 영국의 경봉철도에 관한 권익 포기를 뜻하는 것은 아니었다. 그것은 철도를 옛 상태로 복귀시킨다는 것을 뜻했으며, 다시 한번 영청회사의 차관 철도로서 지위를 회복하는 것이었다. 이는 러시아군이 계속 관리한 산해관 동쪽의 만주 구간에 대해서도 마찬가지라고 말할 수 있다. 러시아가 만주에서 북경까지 철도 건설을 노리고 있다는 점은 1897년 이래 영국의 경봉철도 건설을 방해해 온 데서도 명확히 드러난 바 있다. 그러므로 영국으로서도 러시아의 관리 아래 있는 경봉철도가 동청철도의 한 지선으로 되살아나는 것을 경계해야 했다. 그러나 러시아의 철도 건설에 대한 야심은 예상보다도 더 적극적으로 나타났다.

1901년 2월 25일, 한구(漢口)의 프레이저(D. Fraser) 총영사대리는 중국이 러시아와 교섭하면서 북경과 만주를 연결하는 철도 부설권을 인정하려 하고 있다고 전하였다. 중국과 러시아의 교섭이란 러시아가 1900년 11월 9일에 봉천 군벌 증기(增祺) 등과 맺은 알렉세예프밀약(이하 러청협정으로 표기)을 뜻하는데, 이를 러시아가 중국 중앙 정부에 승인시키려 하고 있다는 것이었다. 그러나 이 교섭에서 러시아가 북경과 만주를 연결하는 철도 부설권을 새로 추가하고 있음을 영국 쪽은 주목하였다.[39] 영국의 요구에 따라 북경~산해관 구간이 러시아로부터 영국의 관리로 넘어가자, 러시아가 그 상실한 철도를 보충하는 의미에서 그와 평행하는 철도의 건설을 중국에 요구한 것으로 영국은 이해하고 있었기 때문이다. 이 러청협정에 대해서 람스도르프는 1901년 2월 8일, 스콧에게 만주를 의화단사건 발발 이전의 상태로 되돌리는 것이 목적이라고 말했다. 이에 영국은 중국과 개별 협정을 맺어 의화단사건을 종결하는 데 반대한다는 이유로, 2월 15일에 일본과 함께 중국에 경고를 보내었다.[40] 그러는 가운데 2월 25일에 프레이저의 보고가 올라온 것이다. 러시아가 만주 철수의 대가로 북경까지 철도 부설권을 요구하고 있음이 명백해지자, 영국은 러시아의 철도 부설권 획득을 막기 위해서만이 아니라, 경봉철도 만주 구간을 중국에 반환시키기 위해서라도 이 협정의 성립을 막을 필요가 있었다.

　3월 4일, 랜즈다운은 상트페테르부르크 주재 스콧 대사에게 러시아가 이 협정 문안을 공표하도록 요구하라고 훈령하였다. 3월 7일 스콧과의 회담에서 람스도르프는 만주에서 러시아가 갖는 특수성을 강조할 뿐, 영국 쪽의 요구를 무시하였고, 9일 랜즈다운은 거듭 협정 문안을 공표하도록 스콧을 통해 러시아 쪽에 요청하였다. 그러나 람스도르프는 거부의 자세를 누그러뜨리지 않았다. 협정 성립 전에 협정안을 공표하는 것은 국제적 관행이 아니라는 것이 그 이유였다. 3월 13일에도 스콧은 람스도르프와 만나 협정 문안을 공표할 것을 요구하였지만 아무런 소득도 없었다.41) 2월 27일에는 중국 쪽의 정보를 통해 협정안의 일부가 런던에 전해졌는데, 그 제12조에서 러시아가 철도 부설권을 요구하고 있음이 분명해졌다. 허나 러시아가 협정안의 공표를 거부하였으므로 영국으로서는 정보의 진위에 대한 확증을 얻을 수가 없었다. 그렇지만 1899년 4월에 영러철도협정이 성립한 직후에도 러시아가 북경까지 철도 부설권을 요구하였던 사실을 생각하면, 러시아가 관리하고 있는 경봉철도 만주 구간을 동청철도의 일부로 개축하는 것은 충분히 예상할 수 있는 일이었다.42)

　러청협정에 대한 영국의 기본적 견해는, 의화단 진압을 위해 열강이 공동 출병 했음에도 불구하고 러시아가 단독으로 중국과 협정을 체결하려는 데 반대한다는 것이었다. 그러므로 다른 열강이 이 러청협정 교섭에 어떤 대응을 보이는가가 영국의 관심사였다. 영국은 특히 독일이 어떤 방침으로 나오는가를 주목하였다. 1901년 3월 7일 베를린에서는 라셀즈와 리히트호펜의 회담이 있었는데, 독일은 이 문제에 대해 영·독이 협의할 필요성을 인정하지 않았다.43) 마침내 3월 11일에는 에케르트슈타인이 랜즈다운을 방문하여, 독일은 만주 문제에 관심을 갖고 있지 않으며, 러청협정은 러·중 사이의 문제임을 강조하였다. 다시 3월 14일에 뷜로는 라셀즈를 불러들여 이 문제에 대한 독일의 견해는 중립이라고 표명했다.[44] 러시아의 만주 진출에 대한 영·독의 생각의 차이가 분명해진 것이다. 3월 16일에 《타임스》지가 독일이 영독협정을 만주에는 적용하지 않을 결의에 차 있다고 보도하자, 랜즈다운은 이 기사의 진위를 베를린에 확인하였다. 다음날 라셀즈가 이 보도에 잘못이 없다는 전신을 보내옴으로써, 만주 문제를 둘러싼 영·독의 협력은 불가능하게 되었다.[45] 독일과 영국의 만주 문제에 대한 대응의 차이는 러시아에 대한 교차권익을 만주에서 갖고 있느냐 아니냐의 차이이기도 했다.

이처럼 독일이 러청협정 문제에 대해 영국과 공동보조를 취하지 않음이 명백해졌음에도 불구하고, 영국은 러청협정에 반대하지 않을 수 없었다. 일본과 미국의 협력을 얻어 반대해 온 영국에게 이제 남은 방법은 중국이 협정에 조인하지 않도록 압력을 넣는 일뿐이었다. 3월 20일에 랜즈다운은 중국 공사에게 다시 한번 경고를 하면서, 의화단사건의 처리는 열강이 공동으로 맡아야 하며 단독협정의 성립에는 반대한다는 의견을 제시했다.[46] 이 같은 영·미·일 3국의 반대에 직면한 중국은 러시아와의 사이에 끼여 진퇴양난이 되었다. 중국은 3월 20일에서 22일까지 3일 연속으로 영국에게, 중국이 협정의 조인을 거부한다면 러시아가 만주를 점령할 가능성이 있으며, 조인을 단행한다면 열강이 중국을 분할 점령하여 강화조약을 체결할 수 없게 만들 우려가 있다고 하면서, 영국이 러시아에 대한 대항을 무릅쓰면서까지 중국을 지원해 줄 것인지를 물어왔다.[47] 3월 23일에 상해의 브레넌(Brenan) 총영사는 중국의 처지에 관해 언급하면서, 열강이 강화조약을 성립시키기 위한 교섭을 깨뜨리지 않고 중국으로부터 철병 이행을 보증한다면, 중국이 러청협정의 조인을 거부할 것이라고 설명했다. 그러나 영·독의 입장 차이는 이미 명백해졌고, 프랑스도 러시아 만주에서 갖는 특수성을 용인하고 있다고 전해졌다. 그러므로 러시아에 대한 열강의 보조를 맞추지 않는 한, 중국의 요청에 응답하기는 곤란했다.48) 그럼에도 불구하고 영국은 끈질기게 중국을 설득했다.

이처럼 영국의 반대가 계속되는 한편, 러시아도 중국의 동의를 얻고자 양보할 뜻을 비쳐왔다. 3월 17일에 새토우는 러시아의 양보 의사를 전해 왔으며, 3월 18일에는 스콧도 같은 보고를 랜즈다운에게 보냈다.49) 러시아 쪽의 양보란, 러시아가 요구한 철도 부설권 가운데 만리장성에서 북경까지의 구간을 포기하고, 동청철도에서 만리장성까지의 구간으로 축소한다는 것이었다. 이 양보에 따라 북경과 만주가 연결될 위험은 사라졌지만, 러시아의 관리가 계속되고 있는 경봉철도 만주 구간이 동청철도의 일부로 개축될 가능성은 여전히 남아 있었다. 3월 19일에 랜즈다운을 방문한 하야시 영국 주재 일본 공사가 전한 바에 따르면, 동청철도회사는 만리장성까지 지선 부설권을 획득하려 하고 있으며, 러청협정안 제12조에 대해서는 경봉철도의 건설이 1898년 5월의 관동주조차조약 추가협정에 위반된다고 주장하고 있다는 것이었다. 같은 날 새토우도 이 점에 관해 사실과 다르다고 지적하였다.50) 이야말로 영국이 오히려 러시아에게 항의해야 할 사항이었다. 경봉철도는 영러철도협정이 인정한 영국의 차관 철도였기 때문이다. 3월 25일 랜즈다운은 이 점에 대해 러시아에 항의하도록 지시하였다. 그러나 람스도르프는 이것이 러·중 사이의 문제임을 강조할 뿐이었다.51)

러·중 교섭의 경위가 공표되지 않아 영국은 교섭이 어떻게 진전되고 있는지 알 수 없었으나, 교섭이 마지막 단계에 들어간 것은 알고 있었다. 4월 1일, 랜즈다운은 프레이저에게 중국한테 협정에 조인하지 말도록 거듭 요구하라고 지시하였으나, 4월 3일에 프레이저는 러·중 교섭이 이미 결렬되었다고 전해 왔다.52) 4월 5일에 러시아는 영국에 각서를 보내왔다. 각서에서 러시아는 러청협정이 결국 성립하지 못한 것은 모두 영국의 반대 때문이며, 따라서 러시아는 앞으로 예비 교섭이든 비공식 교섭

이든 만주 문제에 대해 영국과 협의를 거부할 것이라고 진술했다.[53] 러
청협정을 성사시키지 못함으로써 러시아는 만주로부터 북경에 이르는
철도 부설권을 얻을 수 없었다. 이런 의미에서 영국의 반대는 결실을 본
것이다. 시베리아철도·동청철도를 통한 러시아의 위협이 곧바로 북경
까지 확대되는 것을 막았기 때문이다. 그러나 경봉철도 만주 구간은 전
과 다름없이 러시아의 관리 아래에 있었고, 옛 상태로 복귀시켜 영국의
권익으로 확립하지 않는 한, 영국은 러시아의 철도를 통한 북경 접근을
늘 경계해야 했다.

1901년 9월 7일 북경의정서가 성립함으로써 의화단사건에 법적인 매
듭이 지어졌다. 이홍장은 곧바로 영국에게 북경~산해관 구간을 청국철
로총공사에 반환할 것을 요구하였으나, 새토우는 이에 대해 시기상조라
며 따르지 않았다.[54] 영국의 군사적 관리를 끝내고 옛 상태로 복귀시키
는 일은 결코 권익의 포기가 아니라, 킨더 등의 기술자에 의한 철도 건설
의 재개를 뜻하였다. 그러나 영국이 반환하는 것은 경봉철도의 전 구간
이 아니라, 북경~산해관 구간뿐이었다. 러시아가 만주를 계속 점령하는
한, 산해관 동쪽의 만주 구간이 중국에 반환될 가능성은 없었다. 경봉철
도를 옛 상태로 복귀시키기 위해 영국은 북경의정서가 성립된 이후에도
러시아가 만주에서 철수할 때까지 기다려야 했다. 러·중 사이에서는 러
시아의 만주 철병 문제에 대한 협의가 시작되었지만, 이홍장의 죽음으로
교섭이 지연되었다. 다음해 4월 8일에 철병협정이 성립되어 러시아군이
관리하고 있던 경봉철도는 청국철로총공사에 반환되었다. 이를 이어 4
월 29일 영·중 사이에서도 합의가 이루어져 2년 3개월 만인 10월 8일에
경봉철도는 중국의 관리로 넘어갔다.[55] 그뒤 공사가 재개되어 본선이 신
민둔까지 개통된 것은 러일전쟁 직전인 1903년 가을이었다.

5. 맺음말

의화단사건을 계기로 러시아가 경봉철도를 점령한 것은 러시아가 이전부터 계속 품고 있던 야심을 실행에 옮긴 것이었다. 그러나 이는 영국이 생각할 때 영러철도협정의 위반이며, 자국의 권익에 대한 침해였다. 이 과정은 솔즈베리의 대러 타협 정책이 실패했음을 분명하게 보여줌으로써 영일동맹이 성립할 필요조건이 만들어진 셈이 되었다. 이와 동시에 러시아의 경봉철도 점령에 대한 독일의 대응도 영일동맹의 성격을 더 명확히 해 주었다고 생각된다.

1899년 9월 7일, 그리고 1900년 7월 3일에 미국은 두 번에 걸쳐 문호 개방선언을 발표하여 열강이 중국에서 얻는 권익에 관한 국제 질서를 요구하였다. 이어 10월 16일에는 이 문호 개방 정책에 바탕을 두어 영독협정이 성립하였고, 미·러·일을 포함한 6개국이 영독협정의 취지에 찬성을 표명했다. 영국에게 이 같은 일반 원칙의 확립은 환영할 일이었다. 그러나 이것만으로 러시아의 동아시아 진출에 대항하기에는 불충분했다. 연합군 사령부의 결정이 있었다고는 해도, 러시아의 경봉철도 점령은 이렇게 일반 원칙의 확립이 선언된 가운데 단행되었기 때문이다. 러시아가 영러철도협정을 무시해 온 것처럼, 문호 개방선언이나 영독협정에 대해 러시아의 지지를 얻고는 있어도 러시아가 이를 무시하는 한, 그러한 일반 원칙들(문호 개방선언, 영독협정)이 러시아의 동아시아 진출을 막는 유효한 정책이 될 수는 없었다. 대러 전략적 가치를 지닌 경봉철도가 러시아의 관리 아래 들어가 버릴 경우, 영국이 이를 회복하여 거듭 자국의 권익으로 확립하려면 일반 원칙의 형성만이 아니라 더 명확한 목적을 가진 반러 제휴 관계가 성립되어야 할 필요가 있었다.

1901년 4월 에케르트슈타인은 영·독·일에 의한 3국동맹 구상을 솔즈베리에게 제시하였다. 이 동맹안이 반러 동맹의 성격을 명확히 하여, 러시아의 압박으로부터 또다시 영·독·일 3국이 동아시아에서 갖는 권익을 보호하려는 의도를 가지는 한, 단순히 국제적 질서의 확립을 추구했던 미국의 문호 개방선언보다는 한 걸음 나아간 것이 될 수 있었다. 독일과 러시아는 1894년 러불동맹이 성립한 이래 유럽에서는 대립 관계였다. 중국에서도 독일이 러시아의 동아시아 진출에 위협을 느끼는 한, 영·독·일 3국은 반러시아의 관점에서 일치하는 동맹을 구축할 수 있는 같은 배경을 가지고 있었다.

그러나 반러 세력으로서 기본 자세는 같았지만, 중국에서 영·독 사이의 권익 관계가 반드시 좋았던 것은 아니다. 1898년 9월의 영독철도협정, 그리고 1899년(1900년으로 바로잡음. 아래 연표에서도 1900년으로 바로잡음—옮긴이) 10월의 영독협정에 따라 두 나라는 중국을 둘러싼 권익을 조정하고, 양자강 유역을 영국의 권익으로, 산동반도를 독일의 권익으로 상호 승인하여 왔다. 이런 면에서 중국에 대해서도 영·독의 이해관계는 일치하고 있었다고 볼 수 있다. 그러나 문제는 경봉철도로 상징되는 영국의 대러 교차권익에 대한 독일의 대응에 있었다. 즉 연합군 사령부 안에서 독일은 러시아가 경봉철도를 군사적으로 점령한 것을 승인하는 유력한 지지 세력이었기 때문이다. 연합군의 1900년 7월 16일자 결정이나, 10월 18일의 연합군 사령부 명령에서도 독일은 영국보다는 오히려 러시아에게 유리한 결정을 유도해 왔다. 1901년 2월에 북경~산해관 구간이 영국군의 관리로 되돌아갔다고는 해도, 독일은 러·중 사이의 만주에 관한 협정 교섭에서 영국의 처지와 같지 않음을 더욱 분명히 했다. 영국으로서는 북경을 향한 러시아 동청철도 연장 계획이 경봉철도에 커다란 영향을 줄 것으로 예상한 만큼, 러청협정의 성립을 막기 위해서라도 독일의 협력을 얻고자 했다. 그러나 독일로서는 중립, 불간섭이란 태도를 바꾸지 않은 채, 영독협정이 만주에는 적용될 수 없다는 해석조차 보이면서 끝내 영국에 협조하지 않았다. 이처럼 독일이 만주 문제에서 계속 친러 정책을 취하자, 영국으로서는 독일을 같은 반러시아 세력으로서 신용할 수가 없었다.

바로 이때 에케르트슈타인이 영·독·일 3국동맹을 제시해 왔다. 그러나 영국이 러시아에 대한 교차권익을 지키고자 반러시아 동맹을 만들려 할 때, 독일은 영국의 교차권익을 보호하는 세력이 될 수 없었다. 일본은 러시아에 대한 교차권익의 보호라는 점에서 한반도 종단철도라는 대러 교차권익을 갖고 있었고, 경봉철도 문제에서도 영국과 협조하여 러시아의 동아시아 진출에 대처해 온 점을 생각할 때, 독일이 영·일 두 나라와 처지를 달리하고 있음은 분명했다. 이는 영일동맹이 반러시아 제휴의 성격을 갖고 있기는 해도, 영·일 두 나라의 러시아에 대한 교차권익의 보호라는 점에서 독일이 동참할 수 없었음을 시사한다. 영일동맹이 갖는 강점은 한반도 종단철도나 경봉철도 등 일본과 영국의 러시아에 대한 교차권익이 러시아의 시베리아철도·동청철도가 일으키는 위협을 동시에 받게 된 데 있었다. 이로써 러시아는 일본과 영국에게 공통 적국이 된 셈이다. 그러나 독일이 그 공통 적국을 함께 떠맡을 만큼 러시아에 대한 교차권익을 가지고 있지 않았던 사실은, 독일이 영일동맹에 가담하기 위한 조건을 갖추지 못했음을 뜻한다고 보아야 할 것이다. 요컨대 영일동맹은 단순히 반러시아 제휴 정책이라는 성격만이 아니라, 대러 교차권익의 방위라는 더 구체적인 영·일 두 나라의 의도를 반영한 것이었다고 볼 필요가 있을 것이다.

[연표1] 러일전쟁 개전까지

연 월 일	주요 관련 사항	일반 관련 사항
1890.	이홍장의 경봉철도 노선 측량조사	영독협정 (7. 15), 영불협상 성립 (8.5)
1891. 5. 31	시베리아철도 건설 시작	오즈(大津)사건 (5.19)
1892. 4.	일본의 경부철도 노선 측량조사	
1893.		러불동맹 성립 (12. 31)
1894. 8. 20	한일잠정합동조관 성립	청일전쟁 발발 (7. 23)
1895. 4. 17	시모노세키 강화조약 조인	삼국간섭 (4. 23) 명성황후 시해 사건 (10. 8)
1896. 3. 29 6. 3 7. 3 9. 8	미국의 경인철도 부설권 획득 러청동맹 성립 프랑스의 경의철도 부설 계약 획득 동청철도 부설 계약 성립	한국에서의 반일 쿠데타 (2. 11) 웨베르-고무라 협정 (5. 14) 로바노프-야마가타 협정 (6. 8)
1897. 4. 8 5. 8	경인철도 인수조합 설립 경인철도 양도 계약 조인	미·하와이병합조약 (6. 16)
1898. 3. 27 4. 25 5. 5 9. 2 9. 8 10. 10	관동주조차조약 조인 로젠-니시 협정 성립 관동주조차조약 추가협정 조인 영독철도협정 성립 경부철도 부설 계약 성립 경봉철도 차관 계약 성립	독일의 교주만 조차 (3. 6) 러시아의 대련만 조차 (3. 27) 프랑스의 광주만 조차 (4. 5) 미·스페인전쟁 발발 (4. 25)
1899. 4. 28 5. 17 6. 17 7. 6	영러철도협정 성립 경인철도합자회사 설립 대한철도회사에 경원철도 부설권 인가 대한철도회사에 경의철도 부설권 인가	미국의 제1차 문호개방선언 (9. 6) 남아프리카전쟁 발발 (10. 11)
1900. 2. 6 2. 22 7. 16 10. 18	중의원의 경부철도 조기 완성 결의 경부철도 조기 완성에 관한 특례법 성립 연합국 군사령부의 결정 (당고~천진 구간 관리를 러시아에 위임) 연합국 군사령부의 결정 (양촌~산해관 구간 관리를 러시아에 위임)	의화단사건발발 (6. 12) 미국의 제2차 문호개방선언 (7. 3) 의화단사건 종료 (8. 15) 영독(양자강)협정 성립 (10. 16)
1901. 1. 17 6. 25	연합국 군사령부의 결정 (북경~산해관 구간 관리를 영국에 위임) 경부철도주식회사 설립	의화단사건 최종의정서 조인(9. 7)
1902. 1. 30 10. 8 12. 18	제1차 영일동맹 조인 경봉철도 청국철로총공사에게 반환 영남철도회사에 마삼선 부설권 인가	만주 철병에 관한 러청협정 성립 (4. 8)
1903. 9. 8 10. 30 12. 1 12. 28	경의철도 차관 계약 성립 경부철도회사의 경인철도 흡수병합 경부철도회사에 마삼선 부설권 양도 경부철도의 조기 완성 명령	러·일 교섭 시작 (8. 12)
1904.		러·일 개전 (2. 10)

*주 —————————————————————————————

1) 북경, 1899년 5월 10일 / 13일, 박스–아이언사이드가 솔즈베리에게 보낸 전보 Nos. 138 특급 기밀 / 142 기밀(FO 405-85-247 / 266).

2) 상트페테르부르크, 1899년 5월 17일, 스콧이 솔즈베리에게 보낸 전보 No. 62(FO 405-85-296).

3) 상트페테르부르크, 1899년 4월 12일, 스콧이 솔즈베리에게 보낸 전보 No. 46(FO 405-85-44) ; 외무성, 1899년 4월 15일, 솔즈베리가 스콧에게 보낸 전보 No. 58(FO 405-85-86).

4) 외무성, 1899년 5월 18일, 솔즈베리가 박스–아이언사이드에게 보낸 전보 No. 98(FO 405-85-314).

5) 북경, 1899년 5월 21일 / 25일, 박스–아이언사이드가 솔즈베리에게 보낸 전보 Nos. 155 / 158 기밀(FO 405-85-325 / 345) ; 외무성, 1899년 5월 23일, 솔즈베리가 박스–아이언사이드에게 보낸 전보 No. 104(FO 405-85-337).

6) 북경, 1899년 5월 29일 / 6월 8일, 박스–아이언사이드가 솔즈베리에게 보낸 전보 Nos. 164 / 172(FO 405-85-372 / 407) ; 외무성, 1899년 5월 30일, 솔즈베리가 박스–아이언사이드에게 보낸 전보 No. 109(FO 405-85-377).

7) 북경, 1899년 5월 18일 / 25일, 박스–아이언사이드가 솔즈베리에게 보낸 전보 Nos. 149 / 160 기밀(FO 405-85-313 / 347) ; 상트페테르부르크, 1899년 5월 22일, 스콧이 솔즈베리에게 보낸 전보 No. 63(FO 405-85-333).

8) 내각문서, 1898년 8월 15일, 우장철도(CAB 37-47-62).

9) Kent, 앞의 책 ; J. A. S. Grenville, *Lord Salisbury and Foreign Policy*, London, 1970 ; L. K. Young, *British Policy in China, 1895~1902*, Oxford, 1970.

10) 천진, 1900년 6월 7일, 칼즈(Carles) 영사가 솔즈베리에게 보낸 급송공문 Nos. 4 / 5(FO 405-93-199 / 200).

11) 천진, 1900년 6월 18일 / 27일, 칼즈 영사가 솔즈베리에게 보낸 전보 Nos. 16 / 17 / 18(FO 405-92-304 / 373 / 374) ; 해군성, 1900년 6월 19일, 해군성이 외무성에 보낸 서한(FO 405-92-288).

12) 천진, 1900년 6월 17일 / 20일, 칼즈 영사가 솔즈베리에게 보낸 전보 Nos. 33 / 34(FO 405-93-235 / 277) ; 1900년 7월 16일, 열강의 군함 지휘 장교들의 회동 각서(FO 405-96-62 첨부별지 2) ; 1900년 7월 16일, 당고~천진 철도에 대한 아다(J. Ardagh)의 비망록(FO 405-93-189).

13) 상트페테르부르크, 1900년 7월 14일 / 8월 2일, 스콧이 솔즈베리에게 보낸 전보 Nos. 68 /
    77(FO 405-93-168 / 94-19) ; 천진, 1900년 8월 6일, 칼즈 영사가 솔즈베리에게 보낸 급송
    공문 No. 40(FO 405-95-217) ; 외무성, 1900년 7월 25일, 솔즈베리가 스콧에게 보낸 전보
    No. 113(FO 405-93-296).

14) 천진, 1900년 8월 4일 / 7일 / 9일, 칼즈 영사가 솔즈베리에게 보낸 전보 Nos. 40 / 44 /
    47(FO 405-94-37 / 149 / 269) ; 해군성, 1900년 8월 11일, 해군성이 외무성에 보낸 서한(FO
    405-94-133).

15) 상해, 1900년 8월 19일, 시무어(E.Seymour) 해군 중장이 해군성에 보낸 전보(8월 19일,
    해군성의 통보)(FO 405-94-245) ; 해군성, 1900년 8월 19일, 해군성이 외무성에 보낸 서한
    (FO 405-94-247).

16) 북경, 1900년 9월 22일, 맥도널드가 솔즈베리에게 보낸 전보 No. 129(FO 405-95-180) ;
    북경, 1900년 9월 20일, 게즐리(A. Gaselee) 장군이 해밀튼(G. Hamilton) 경에게 보낸 전보
    (9월 23일, 인도성의 통보) No. 21(FO 405-95-186) ; 인도성, 1900년 10월 1일, 인도성이 외
    무성에 보낸 서한(FO 405-96-8).

17) 해군성, 1900년 9월 3일, 해군성이 외무성에 보낸 서한(FO 405-95-27) ; 외무성, 1900년
    9월 7일, 솔즈베리가 맥도널드에게 보낸 전보 No. 87(FO 405-95-64) ; 외무성, 1900년 9월
    7일, 외무성이 해군성에 보낸 기밀서한(FO 405-95-65).

18) 상해, 1900년 8월 16일, 워렌(Warren) 총영사대리가 솔즈베리에게 보낸 전보 No. 94(FO
    405-94-216) ; 북경, 1900년 10월 8일, 맥도널드가 솔즈베리에게 보낸 급송공문 No. 129
    기밀(FO 405-98-43).

19) 북경, 1900년 9월 13일, 맥도널드가 솔즈베리에게 보낸 전보 Nos. 124 / 125 특급기밀
    (FO 405-95-102 / 103) ; 상해, 1900년 9월 13일, 워렌 총영사대리가 솔즈베리에게 보낸 전
    보 No. 131(FO 405-95-107).

20) 1900년 9월 13일, 영청회사가 외무성에 보낸 서한(FO 405-95-120) ; 외무성, 1900년 9월
    17일, 외무성이 인도성에 보낸 서한(FO 405-98-146).

21) 해군성, 1900년 12월 8일, 해군성이 외무성에 보낸 서한(FO 405-98-87) ; 우장, 1900년
    10월 9일, 러시아제국 임시 민정(Impeiral Russian Provisional Civil Administration)이 우장
    주재 영국 영사에게 보낸 서한(FO 405-98-162 첨부별지 5).

22) 북경, 1900년 10월 4일, 맥도널드가 솔즈베리에게 보낸 전보 No. 143(FO 405-96-36) ; 외
    무성, 1900년 8월 31일, 솔즈베리가 화이트헤드(Whitehead)에게 보낸 급송공문 No.
    60(FO 405-94-388).

23) F. W. C. Craig, *British Parliamentary Election Results, 1885~1918*, London, 1974.

24) 베를린, 1900년 10월 8일 / 12일, 라셀즈가 솔즈베리에게 보낸 전보 No. 35 / 급송공문

Nos. 256 기밀 / 257 극비(FO 405-96-56 / 128 / 129) ; 외무성, 1900년 10월 15일, 솔즈베리가 맥도널드에게 보낸 전보 No. 128(FO 405-96-135).

25) 북경, 1900년 10월 20일 / 23일, 맥도널드가 솔즈베리에게 보낸 전보 Nos. 172 / 174 특급 기밀(FO 405-96-188 / 194) ; 외무성, 1900년 10월 22일, 솔즈베리가 라셀즈에게 보낸 급송공문 No. 236 기밀(FO 405-96-194).

26) 베를린, 1900년 10월 26일 / 11월 15일, 라셀즈가 솔즈베리에게 보낸 급송공문 Nos. 271 기밀 / 292(FO 405-96-250 / 97-138).

27) 상트페테르부르크, 1900년 10월 6일 / 29일, 하딘지가 솔즈베리에게 보낸 급송공문 No. 323 / 전보 No. 123(FO 405-96-61 / 254) ; 외무성, 1900년 10월 31일, 솔즈베리가 하딘지에게 보낸 전보 No. 222(FO 405-96-285).

28) 북경, 1900년 10월 18일 / 30일, 맥도널드와 새토우가 솔즈베리에게 보낸 전보 Nos. 166 / 183(FO 405-96-164 / 263) ; 상트페테르부르크, 1900년 11월 1일 / 3일, 하딘지가 솔즈베리에게 보낸 급송공문 Nos. 367 / 368(FO 405-97-39 / 49).

29) 상트페테르부르크, 1900년 11월 14일, 하딘지가 솔즈베리에게 보낸 전보 Nos. 131 / 132 기밀(FO 405-97-102 / 103).

30) 재무위원회(Treasury Chambers), 1900년 11월 6일, 재무성이 외무성에 보낸 서한(FO 405-97-56) ; 1900년 10월 1일 / 11월 20일, 영청회사가 외무성에 보낸 서한들(FO 405-96-14 / 97-140) ; 외무성, 1900년 11월 23일, 솔즈베리가 하딘지에게 보낸 급송공문 Nos. 284 / 285 기밀(FO 405-97-181 / 182).

31) 북경, 1900년 10월 30일, 새토우가 솔즈베리에게 보낸 전보 No. 187(FO 405-96-267) ; 외무성, 1900년 11월 2일, 솔즈베리가 라셀즈에게 보낸 전보 No. 244(FO 405-97-20) ; 베를린, 1900년 11월 6일, 라셀즈가 솔즈베리에게 보낸 전보 No. 40(FO 405-97-51).

32) 1900년 11월 20일, 영청회사가 외무성에 보낸 서한(FO 405-97-140) ; 외무성, 1900년 10월 25일 / 11월 27일, 솔즈베리와 랜즈다운이 라셀즈에게 보낸 급송공문 Nos. 274 / 281(FO 405-96-216, 97-207) ; 베를린, 1900년 12월 1일, 라셀즈가 랜즈다운에게 보낸 급송공문 No. 310(FO 405-98-9).

33) 인도성, 1900년 12월 12일 / 29일, 인도성이 외무성에 보낸 서한들(FO 405-98-70 / 182).

34) 1900년 12월 11일 / 1901년 1월 2일, 영청회사가 외무성에 보낸 서한들(FO 405-98-61 / 102-8) ; 외무성, 1901년 1월 3일 / 4일, 랜즈다운이 스콧에게 보낸 전보 No. 1 / 랜즈다운이 라셀즈에게 보낸 전보 No. 8, 랜즈다운이 새토우에게 보낸 전보 No. 5(FO 405-102-19 / 25 / 26).

35) 북경, 1901년 1월 6일, 새토우가 랜즈다운에게 보낸 전보 No. 11(FO 405-102-52) ; 외무성, 1901년 1월 8일, 외무성이 영청회사에 보낸 기밀 서한(FO 405-102-70).

36) 북경, 1901년 1월 9일, 새토우가 랜즈다운에게 보낸 전보 No. 120(FO 405-102-77) ; 북경, 1901년 1월 12일, 게즐리 육군 중장이 인도성에 보낸 전보(인도성의 통보, 1월 13일) No. 124(FO 405-102-100).

37) 인도성, 1901년 1월 10일, 인도성이 게즐리 육군 중장에게 보낸 전보 (인도성의 통보, 1월 12일), No. 63(FO 405-102-95).

38) 인도성, 1901년 1월 19일 / 30일, 인도성이 외무성에 보낸 서한들(FO 405-102-128 / 192) ; 1901년 2월 15일, 연합군 사령부가 영국군 당국자에게 보낸 산해관~북경 구간 철도 양도협정(FO 405-105-228 첨부별지 2).

39) 한구, 1901년 2월 25일, 프레이저 총영사대리가 랜즈다운에게 보낸 전보들(번호 없음)(FO 405-103-160) ; 북경, 1901년 1월 2일 / 2월 5일, 새토우가 랜즈다운에게 보낸 급송공문 No. 2 / 전보 No. 33(FO 405-103-97, 27) ; 외무성, 1901년 2월 13일, 랜즈다운이 새토우에게 보낸 전보 No. 35(FO 405-103-58).

40) 상트페테르부르크, 1901년 2월 8일, 스콧이 랜즈다운에게 보낸 전보 No. 17(FO 405-103-39) ; 외무성, 1901년 2월 15일, 랜즈다운이 새토우에게 보낸 전보 No. 34(FO 405-103-67).

41) 외무성, 1901년 3월 4일 / 9일, 랜즈다운이 스콧에게 보낸 전보 Nos. 54 / 59(FO 405-104-40, 80) ; 상트페테르부르크, 1901년 3월 7일 / 11일 / 13일, 스콧이 랜즈다운에게 보낸 전보 Nos. 27 / 31 / 33(FO 405-104-57 / 91 / 106).

42) 북경, 1901년 2월 27일, 새토우가 랜즈다운에게 보낸 전보 No. 56(FO 405-103-167) ; 인도성, 1901년 3월 8일, 인도성이 외무성에 보낸 서한(FO 405-104-69).

43) 외무성, 1901년 3월 4일, 랜즈다운이 라셀즈에게 보낸 전보 No. 59(FO 405-104-39) ; 베를린, 1901년 3월 8일, 라셀즈가 솔즈베리에게 보낸 급송공문 No. 59(FO 405-104-90).

44) 외무성, 1901년 3월 11일, 랜즈다운이 라셀즈에게 보낸 전보 No. 71(FO 405-104-94) ; 베를린, 1901년 3월 14일, 라셀즈가 랜즈다운에게 보낸 전보 No. 17(FO 405-104-115).

45) 외무성, 1901년 3월 16일, 랜즈다운이 라셀즈에게 보낸 전보 No. 79(FO 405-104-150) ; 베를린, 1901년 3월 17일, 라셀즈가 랜즈다운에게 보낸 전문 No. 18(FO 405-104-155).

46) 북경, 1901년 3월 6일, 새토우가 랜즈다운에게 보낸 전보 No. 66(FO 405-104-49) ; 외무성, 1901년 3월 20일, 랜즈다운이 새토우에게 보낸 전보 No. 76(FO 405-104-191) ; 외무성, 1901년 3월 21일, 랜즈다운이 프레이저 총영사대리에게 보낸 전보 No. 2(FO 405-104-211).

47) 1901년 3월 20일 / 21일 / 22일자 중국 황제 칙령, 로팡러(Chihchen Lofênglugh)의 통신, 3월 21일 / 23일 / 24일(FO 405-104-200 / 223 / 224).

48) 상해, 1901년 3월 23일, 브레넌 총영사가 외무성에 보낸 전보 No. 8(FO 405-104-232) ;

파리, 1901년 3월 9일, 먼슨이 랜즈다운에게 보낸 전보 No. 8(FO 405-104-76).

49) 북경, 1901년 3월 17일, 새토우가 랜즈다운에게 보낸 전보 No. 78(FO 405-104-156) ; 상트페테르부르크, 1901년 3월 18일, 스콧이 랜즈다운에게 보낸 전보 No. 39(FO 405-104-162).

50) 외무성, 1901년 3월 19일, 랜즈다운이 맥도널드에게 보낸 급송공문 No. 28(FO 405-104-179) ; 북경, 1901년 3월 19일, 새토우가 랜즈다운에게 보낸 전보 No. 84(FO 405-104-183).

51) 외무성, 1901년 3월 26일, 랜즈다운이 스콧에게 보낸 전보 No. 83(FO 405-104-260) ; 상트페테르부르크, 1901년 3월 19일, 스콧이 랜즈다운에게 보낸 전보 No. 45(FO 405-104-271).

52) 외무성, 1901년 4월 1일, 랜즈다운이 프레이저 총영사대리에게 보낸 전보 No. 3(FO 405-105-25) ; 한구, 1901년 4월 3일, 프레이저 총영사대리가 랜즈다운에게 보낸 전보 No. 9(FO 405-105-44).

53) 1901년 4월 5일, 러시아 대사관이 발송한 각서(FO 405-105-66).

54) 북경, 1901년 9월 24일, 새토우가 랜즈다운에게 보낸 급송공문 No. 364(FO 405-112-37).

55) 북경, 1902년 4월 8일, 30일, 새토우가 랜즈다운에게 보낸 전보 Nos. 83 / 97(FO 405-120-14 / 92).

제II부 영일동맹의 성립과 한반도 종단철도

두 체약국의 특별한 이익에 비추어, 즉 영국은 주로 중국에서, 일본은 중국
과 한국에서 정치적, 상업적, 공업적으로 특별한 이익을 가지고 있으므로,
두 체약국은 만일 그 이익이 열국의 침략적 행동으로 말미암아 …… 침해당
할 경우, 그 이익을 옹호하기 위해 필요한 조치를 취할 수 있음을 승인한다.

—제1차 영일동맹협약 제1조, 1902년 1월 30일—

제3장
경부철도 건설을 둘러싼 러·일 관계

1. 문제 제기

제1장과 제2장에서는 영국 쪽이 영일동맹의 성립 조건을 갖추게 된 과정을 살펴보았다. 그에 대응하여 이 장에서는 일본 쪽이 영일동맹의 성립 조건을 갖추어 간 과정을 밝히고자 한다.

앞서 제1장과 제2장에서는 북경에서 봉천에 이르는 경봉철도(실제로는 북경에서 신민둔까지 개통됨) 문제를 다루면서, 영국의 철도 건설과 그에 대한 러시아의 방해에 대해 논하였다. 영국에게 경봉철도는 러시아에 대한 교차권익으로서, 그 교차권익을 러시아로부터 지키는 것이 영일동맹 성립의 유인(誘因)이 된 동시에, 영일동맹의 성격도 규정하게 되었다고 보기 때문이다. 그러므로 영일동맹의 성립 배경과 그 성격에 대해, 영국 쪽의 요인과 견주어 일본 쪽도 같은 조건을 갖추고 있었음을 논할 필요가 있을 것이다.

그래서 영국의 경봉철도에 해당하는 일본 쪽의 권익인 한반도의 철도를 살펴보고자 한다. 영국의 경봉철도 건설을 둘러싼 영·러 관계와 한반도에서 일본의 철도 건설을 둘러싼 러·일 관계를 시기적으로나 국제 환경의 측면에서 대비함으로써, 영·일 두 나라의 대러시아 정책에서 비슷한 점을 발견하고자 하기 때문이다. 이러한 시각에서 이 장은 경부철도를 위주로 한반도 남부의 철도 건설 문제를 살펴보고, 이를 둘러싼 러·일 관계를 논함으로써 영일동맹 성립의 일본 쪽 요인을 밝히고자 한다. 그리고 한반도 북부의 철도 건설 문제는 다음 제4장에서 다룰 것이다.

본론에 들어가기에 앞서, 우선 러시아의 위협에 맞닥뜨린 경부철도의 존재 의의에 대해 그 역사적 경과를 밝혀두고자 한다. 러시아의 동아시아 진출은 일본이나 영국만이 아니라, 어떤 형태로든 동아시아에 이해관계를 가진 나라로서는 지대한 관심의 대상이었다. 특히 러시아의 군사력이 동아시아에까지 미치게 됨으로써 이 지역을 둘러싼 열강의 세력 관계에 커다란 영향을 끼칠 것으로 예상되었다. 그리고 무엇보다도 중요한 것은 시베리아철도가 준공됨에 따라 동아시아로 러시아 군사력의 수송이 가능해졌다는 점이었다.

1888년 1월, 육군 중장 야마가타 아리토모(山縣有朋)는 〈군사의견서〉에서 이미 시베리아철도의 건설 계획에 주목하면서, 시베리아철도의 완성이 동아시아의 영·러 관계에 크게 작용하리라고 예상한 바 있다. 1890년 3월, 수상이 된 야마가타는 이전의 〈군사의견서〉와 함께 〈외교정략론〉을 각료들에게 회람시켰다. 여기서 그는 시베리아철도의 개통이 한반도에서 러시아의 영향력을 키워 동아시아 국제 정치에 변동을 불러올 원인이 될 것이라는 견해를 폈다.[1] 시베리아철도 건설 공사는 이듬해인 1891년 5월에 시작되었다. 이 공사가 진행됨에 따라 야마가타가 러시아로부터 느끼는 위기감은 점점 더 강해졌다. 1895년 4월 15일, 시모노세키 강화조약이 조인되기 직전, 야마가타는 제2차 이토 히로부미(伊藤博文) 내각의 육군상으로서 〈군비확충의견서〉를 제출하였다. 몇 년 뒤 시베리아철도가 개통될 것으로 예상됨에 따라 러시아의 군사적 위협이 눈앞에 이르렀다는 사실을 보고한 것이다.[2] 곧이어 일어난 삼국간섭은 야마가타의 이 같은 위기감이 결코 잘못된 것이 아니었음을 보여주었다.

1896년 6월, 러시아는 러청동맹 조인에 성공하고, 9월에는 만주 북부를 횡단하는 동청철도 부설권을 따냈다. 시베리아철도의 아무르강 연안 구간 공사가 기술적으로 난항을 겪을 것으로 예상되고 있었던 만큼, 러시아의 군사력은 동청철도를 이용함으로써 더 빨리 태평양 연안에 이를 수 있게 되었다. 더욱이 중국이 동청철도의 궤폭을 시베리아철도와 같은 광궤로 할 것에 동의했기 때문에, 동청철도는 이를테면 시베리아철도의 한 지선이 되는 셈이었다. 그 결과 러시아는 자국의 군사력을 유럽에서 태평양까지 이어지는 철도로 더 짧은 시간에 수송할 수 있게 되었다. 또한 1898년 3월 27일에 러시아는 중국으로부터 요동반도를 조차하는 데 성공했고, 이어 5월 7일에는 관동주조차계약 추가협정에 따라 하얼빈에서 여순·대련에 이르는 동청철도 남만주지선의 부설권을 얻어냈다. 이로써 여순·대련은 시베리아철도의 종착점이 되었고, 동아시아에서 러시아의 군사적 위협은 그만큼 강해졌다. 이처럼 러시아가 시베리아철도를 이용한 동아시아 진출로를 확립한 것은 러시아의 위협에 대한 야마가타의 인식이 현실로 증명되었음을 말해 준다. 1901년 4월 야마가타는 〈동양동맹론〉을 이토 수상에게 전하였다. 여기서 그는 러시아와 충돌을 이미 피할 수 없게 되었다고 말하는 동시에 영일동맹 체결의 필요성을 논하였다.[3]

그런데 이 같은 철도를 통한 러시아의 동아시아 진출에 맞서서 야마가타는 1894년 1월 육군 대장으로서 〈조선정책〉을 보고하였고, 부산에서 서울과 평양을 거쳐 의주에 이르는 한반도 종단철도 건설을 제안한 바 있다.[4] 야마가타의 대러 위기론은 러시아가 부동항을 추구해 온 그 역사적 배경이나 시베리아철도 건설과도 결부되어 있었다. 시베리아철도의 준공을 러시아의 군사적 위협의 고조로 본 것은 야마가타의 국방 의식 밑바닥에 깔린 일관된 흐름이었다. 뿐만 아니라 야마가타는 한반도를 일본의 이익선(利益線) 안에 두고, 일본의 주권선(主權線)을 보장하려면 이익선의 방위가 필요하다고 생각했다.5) 이를 위해서는 시베리아에서 만주까지 진출한 러시아 철도가 압록강을 넘어 한반도까지 연장되는 것을 막을 필요가 있었다. 이것이 야마가타가 구상한 한반도 종단철도의 건설이 일본의 국방과 밀접하게 연관된 이유였다. 다시 말해, 러시아가 한반도에서 철도 부설권을 획득하여 이를 시베리아철도와 연결할 수 있을 것인가, 반대로 일본이 한반도에서 철도 부설권을 따내어 러시아의 한반도 진출을 막을 것인가, 이것이 한반도를 둘러싼 러·일 관계의 초점이었다고 할 수 있다. 한반도의 여러 철도가 일본과 러시아 사이의 교차권익이 되는 까닭이 여기에 있다.

이 장에서는 경부철도를 중심으로 경인철도와 경부철도의 지선으로 설정된 마삼선(馬三線, 마산포~삼랑진)에 대해 검토하면서, 이들 철도 건설을 둘러싼 일본과 열강, 특히 러시아와의 관계에 대해 논하고자 한다.

2. 경부·경인철도 건설 문제

러시아가 시베리아철도 건설에 착수한 다음해인 1892년 4월, 부산 주재 총영사 무로타 요시후미(室田義文)의 귀임을 기회로 가와카미 소로쿠(川上操六) 참모차장은 서울~부산 구간 철도 부설을 위해 측량조사를 의뢰하였다. 이에 무로타는 이노우에 마사루(井上勝) 철도국장이 추천한 철도기사 고노 아마미즈(河野天瑞)를 한국에 데려와 그해 10월에 측량을 마쳤다. 고노가 제출한 조사보고서는 외무성과 참모본부에서 회람되었다. 보고서에 따르면, 이 조사에서 선정된 노선은 뒤에 완공된 경부철도에 매우 근접한 것으로서 경부철도의 원형이라 할 만한 것이었다.[6] 이것이 일본이 구상한 최초의 경부철도였다. 이로써 러·일의 철도 건설 경쟁이 시작되었다고 보아도 좋을 것이다. 물론 이 구상은 중국에 대항하여 일본이 한반도에 세력을 확장하기 위한 것이었지, 시베리아철도의 위협에 대응하는 데 일차적인 목적이 있었던 것은 아니다. 그러나 이 구상은 철도 부설권을 획득함으로써 해외에 그 세력범위를 확대하고 경제 권익을 확충하려는 유럽 제국주의의 원리를 일본이 실현하기 시작한 것이라는 점에서 커다란 의미가 있었다.

그뒤 한반도를 둘러싼 청·일 관계가 악화되자 일본은 이 측량 결과를 바탕으로 한국에 경부철도 건설의 동의를 구하는 데까지는 이르지 못했다. 그러나 1894년 6월 22일, 무쓰 무네미쓰(陸奧宗光) 외상은 오토리 게이스케(大鳥圭介) 한국 주재 공사에게 한국에 내정 개혁을 요구하라고 훈령하였다. 6월 27일의 일본 각의는 그 내정 개혁 안에서 경부·경인철도 건설 문제를 제기하기로 결정했다.[7] 이 결정을 전해들은 오토리는 7월 3일 한국 정부에 일본의 요구를 전하였다. 7월 8일, 무쓰는 오토리에게 사전 교섭에서 특히 철도권익을 획득하는 데 주력하라고 훈령하였다. 뿐만 아니라 7월 10일에도 무쓰는, 동학 농민들이 파괴한 서울~부산 구간 전신선을 복구하는 문제와 더불어, 철도 문제를 최고 중점 사항으로 교섭하라고 훈령하였다. 그러나 중국의 배후 지원을 받은 한국의 저항이 거세어서, 한국 정부는 일본의 요구에 쉽게 따르려 하지 않았다. 이 때문에 오토리 공사는 7월 20일 한국 정부에 최후통첩을 보내어 한국이 내정 개혁에 관한 일본의 요구를 받아들일 것을 요구하였다.[8] 7월 23일에 한국은 일본에 회답을 보냈지만, 여기에 만족할 수 없었던 일본은 무력으로

왕궁을 점령하였는데, 이로써 청일전쟁이 시작되었다. 경부·경인철도 문제는 청·일 개전의 한 원인이었지만, 일본이 청일전쟁에 승리한 뒤 경부·경인철도는 중국에 대한 교차권익에서 러시아에 대한 그것으로 변화해 갔다.

8월 1일, 일본은 중국에 선전포고를 했다. 오토리는 그때까지 한국에 요구했던 내정 개혁의 이행 항목을 가(假)조약안으로 한국 정부에 제출하였다. 청일전쟁의 전황이 유리하게 전개되고 있음을 무기 삼아, 일본은 8월 20일에 그 가조약안을 한일잠정합동조관으로서 조인하는 데 성공했다.9) 잠정합동조관 제2항에서 일본은 경부·경인철도를 앞으로 자국이 건설할 것임을 인정받았다. 이는 예비 계약에 지나지 않았지만, 한국 정부가 한반도를 둘러싼 철도 건설을 승인한 최초의 일이었다. 이렇게 하여 일본은 경부·경인 두 철도의 건설에 대한 이른바 장래의 부설 우선권을 얻어냈다. 그러나 실제로 건설에 착수하려면 더 구체적인 계약을 체결할 필요가 있었다. 한편 육군 쪽으로서도 청일전쟁을 수행하기 위한 급선무로서 두 철도를 군용 철도로 건설하기 위해, 뒷날 만철(滿鐵) 총재·철도상이 된 센코쿠 미쓰구(仙石貢)에게 서울~부산과 서울~인천 사이의 철도 노선을 조사하도록 했다. 뿐만 아니라 오토리의 후임으로 온 이노우에 가오루(井上馨)는 다음해인 1895년 1월 17일, 두 철도의 정식 부설 허가를 일본에 주도록 한국 정부에 요구하면서 차관 계약안을 제시하였다.10) 4월 17일 시모노세키강화조약의 성립으로 한국에 대한 중국의 내정 간섭이 배제되고, 이로써 일본의 경부·경인 두 철도 부설을 위한 장애는 제거된 것처럼 보였다. 그러나 5월 4일(4월 23일로 수정함, 이 책 88쪽 연표의 삼국간섭 날짜도 마찬가지로 수정함―옮긴이) 러·독·불 3국의 대일 간섭은 청일전쟁의 승리에도 불구하고 한반도가 결코 일본의 세력권 안에 들어오지 않았음을 명확히 해 주었다. 그 결과 일본의 한국에 대한 철도 부설 허가 요구도 그 추진력을 잃게 되어, 한일잠정합동조관에 바탕을 둔 구체적인 차관 계약은 조인하지 못한 채 불발로 끝나고 말았다.11) 일본 쪽으로서는 이제 경부·경인 두 철도에 대한 장래의 부설 우선권만 갖게 되어, 그 정식 허가를 얻는 것이 그 다음 과제로 남게 되었다.

그러나 문제는 거기서 끝나지 않았다. 삼국간섭에 이어 그해 10월 8일의 명성황후 시해 사건으로 말미암아 한국 정부 안의 친일파 세력이 실각하고, 대신에 친러파가 대두하여 한국의 정치적 실권을 장악하게 되었다. 이 때문에 일본의 한반도에 대한 영향력은 점점 더 약해져 갔다. 일본은 한일잠정합동조관에 따라 경부·경인철도에 대한 장래의 부설 우선권을 얻어내기는 했지만, 이는 단지 앞으로의 철도 건설에 대한 예비 계약에 지나지 않아 한국에서 일본의 권익을 확립하는 데까지는 미치지 못했다. 그러므로 경부·경인철도만이 아니라, 한반도의 철도 건설 자체가 열강의 이권 획득의 경쟁 대상이 되어 버렸다. 1896년 3월 29일 일본이 부설 우선권을 확보하고 있었음에도, 미국인 모스(J. R. Morse)가 경인철도의 정식 부설 특허를 받았다.12) 또 7월 3일에는 프랑스의 피브릴 (Fives-Lille)사가 한반도 종단철도의 북쪽 절반에 해당하는 서울~의주 사이의 철도 부설권을 따냈다. 그 밖에도 피브릴사가 서울~공주 사이의 철도 부설권을 요구하고, 서울~원산 사이의 철도 부설권 획득을 목표로 활동을 벌이고 있다는 소문이 돌았다. 일본으로서도 다른 열강, 특히 러시아에게 경부철도 부설권이 돌아가지 못하게 막기 위해서라도 그 정식 특허를 서둘러 얻는 것이 급선무가 아닐 수 없었다.13) 이리하여 경부·경인철도를 비롯한 한반도의 여러 철도는 일본과 열강의 권익 획득 경쟁 한가운데 놓이게 되었다. 그 가운데서도 특히 경부철도는 러시아의 한국 내정에 대한 발언권이 커짐에 따라, 러시아에 대응하는 교차권익이 되었다.

　그런데 청일전쟁 중에 맺은 한일잠정합동조관에 따라 일본이 경인철도의 부설 우선권을 갖고 있었음에도, 미국이 그 정식 특허를 얻게 된 것은 일본에게 큰 충격이었다. 1896년 3월 31일 한국 주재 고무라 주타로(小村壽太郎) 공사는 그 대책 마련에 고심하면서도, 한 가지 해결책으로 경인철도 건설을 미·일 공동 사업으로 하자고 무쓰 외상에게 제안하였다. 4월 11일, 이에 대해 무쓰 외상은 모스가 따낸 부설 허가는 한일잠정합동조관 제2항에 위반되는 바, 일단 한국 정부에 항의만 하도록 고무라에게 명하였다. 그러나 무쓰도 일본의 경인철도 건설 착수가 이미 불가능해졌음을 인정하지 않을 수 없었다. 그의 의도는 오히려 한국 정부에 항의함으로써 일본이 경인철도 부설 우선권을 보유하고 있다는 사실을 미국 쪽에 알려, 고무라 공사가 제안한 대로 경인철도를 미·일 공동 사업으로 하기 위한 교섭을 시작하는 데 실마리로 삼을 생각이었다. 4월 17일, 고무라는 한국에 항의하고, 22일에는 미국 쪽에 대해 일본의 항의가 모스의 공사 착수를 방해하려는 것이 아님을 강조하며, 경인철도를 미·일 공동 사업으로 건설할 것을 제안하였다14). 특히 일본이 모스의 사업을 방해할 의사가 없음을 밝힌 까닭은, 서울과 그 외항인 인천을 철도로 연결하는 것이 한반도에서 열강의 경제 활동을 증진할 수 있을 것으로 생각했기 때문이었다. 뿐만 아니라 여기에는 인천에 머물고 있는 일본인들로부터 경인철도의 조기 준공을 바라는 요청이 있었던 점도 작용했다. 또 경인철도의 건설이 설령 미국에 의해 이루어진다고 해도, 공사용 자재의 공급 등에서 일본이 건설 공사에 참가할 가능성이 높을 것으로 전망되었다. 이같은 고무라의 제안을 받아들인 미국은 경인철도 부설권이 한일잠정합동조관에 따라 일본에 주어진 경과에 대해서도 이해를 표명했다.15)

　이처럼 미·일 사이에 기초적인 합의가 이루어짐에 따라 일본의 방해

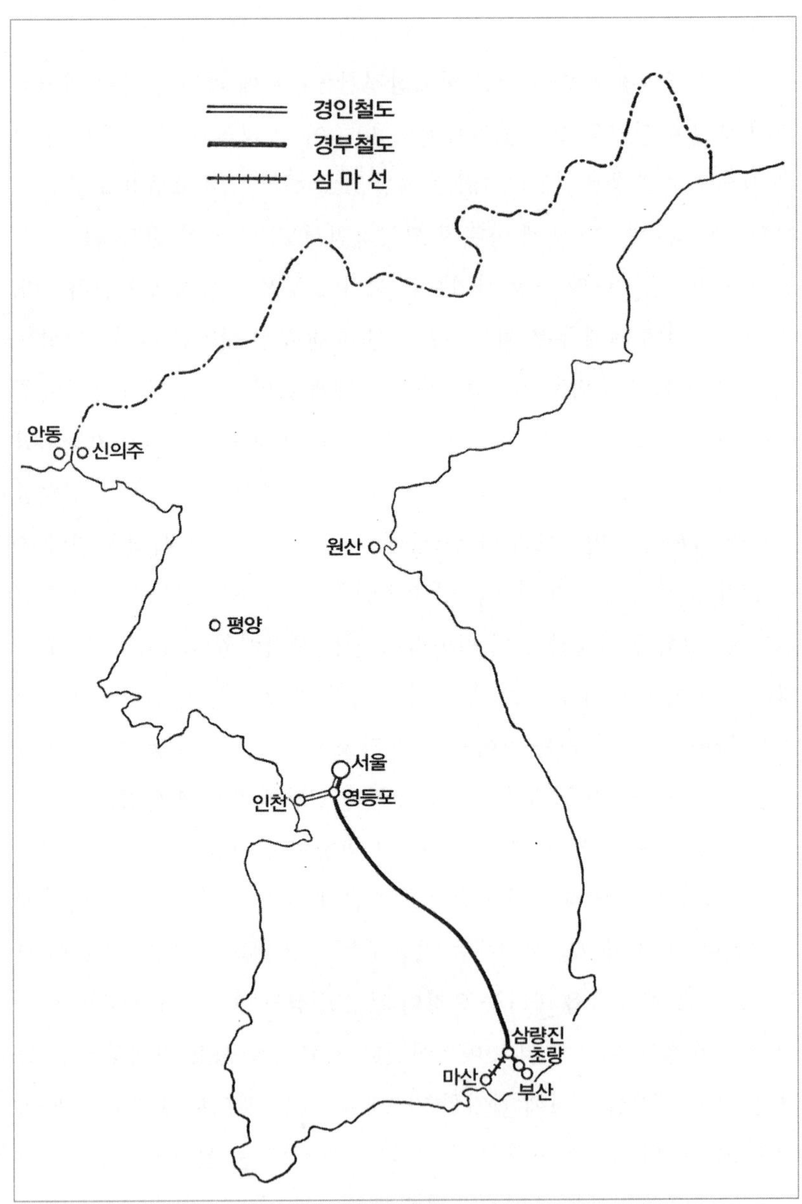

지도4 : 한반도 남부지방의 철도

를 받지 않게 된 모스는, 경인철도의 건설 자금을 마련하고자 뉴욕에 돌아와 철도회사를 설립하여 자금을 조달하기 시작했다. 그러나 모스는 자금 조달에 실패했고, 1896년 말 일본 쪽에 자본 참가 가능성을 타진하였다. 이에 대해 경부철도발기인회의 대표로서 경부철도 부설권 획득을 꾀하고 있던 시부자와 에이이치(澁澤榮一)는 단순한 자본금 지출에는 응하지 않고, 자본 참가의 조건으로 경인철도 건설 사업 전체를 일본에 넘길 것을 요구하였다.16) 그런데 한국 정부가 모스에게 준 부설 허가 조건에는 부설 허가를 받은 뒤 12개월 안에 공사를 시작하도록 되어 있어, 다음 해 3월 29일까지 공사에 착수해야 했다. 모스는 부설 허가 조건에 맞추고자 3월 22일에 우선 형식적이나마 기공식을 거행했다. 이로써 경인철도 부설 허가권이 소멸되는 것은 면했으나, 이미 자금 조달에 실패했기 때문에 건설 공사가 마무리되기를 기대하기란 불가능했다. 그러므로 모스로서도 시부자와의 요구에 따를 수밖에 없었다. 시부자와는 4월 8일 경인철도인수조합을 설립하고, 5월 8일 모스와 양도계약을 체결하였다.17) 이 계약에 따라 모스는 경인철도 건설 뒤에 그 모든 것을 인수조합에 매각해야 했다. 이렇게 하여 일본은 경인철도에 관해 잃었던 권리를 가까스로 되찾는 데 성공하였다.

인수조합은 양도계약 제2항의 규정에 따라 계약 보증금으로 공탁금을 지출하였다. 그러나 8월 6일 다시 자금 부족에 빠진 모스는 일방적으로 계약보증금을 증액할 것을 요구하며, 인수조합이 이에 따르지 않으면 계약을 파기할 수도 있다고 오쿠마 시게노부(大隈重信) 외상에게 통고하였다.18) 이에 대해 인수조합은 금융 사정이 나빠져 모스의 요구를 들어줄 수 없으며, 계약도 파기할 수 없다고 외상에게 통고하였다. 오쿠마는 모스와 인수조합의 계약이 파기되면, 모스가 러시아나 프랑스 등 열강의 자본가에게 자금 원조를 요청할까 걱정하여, 모스가 요구하는 증액분을 국고에서 빌려주도록 마쓰카타 마사요시(松方正義) 수상(재무상 겸임)에게 요청하였다. 당시는 이른바 마쓰카타 재정의 마지막 시기여서 긴축재정 아래 놓여 있었다. 그러나 10월 28일 재무성과 외무성은 인수조합에 대한 자금 대부를 허가했다.[19] 일본 정부가 이러한 결정을 내린 데는, 일본이 부설 우선권을 갖고 있던 경부·경인철도 가운데 경부철도는 아직 정식 부설 허가를 받지는 못한 상태였고, 경인철도에서만 모스와 맺은 양도계약으로 일본의 권익으로 만드는 데 성공했다는 사정이 있었다. 따라서 외무성 안에는 다시 이를 잃을지도 모른다는 위기감이 있었다고 생각된다. 그리고 오쿠마 외상의 우려가 결코 탁상공론이 아니었음은 나중에 판명되었다. 인수조합과 맺은 계약을 파기함에 따라 경인철도 준공에 지장이 올 것을 걱정한 모스가 러시아에게도 경인철도 매수를 타진하였기 때문이다. 러시아는 곧바로 이 제안에 응하지는 않았다. 그러나 1898년 2월에 경의철도를 건설할 프랑스인 기사로부터 경인철도를 사들이는 것에 이점이 있다는 사실을 알게 된 러시아가 이번에는 거꾸로 모스에게 양도를 제안하였다.[20] 물론 그 사이 일본 정부는 인수조합에 대한 자금 대여를 결정하였으므로, 모스와 맺은 계약에는 전혀 변경이 없었다. 그러나 만일 일본 정부가 인수조합에 특별 출자를 인정하지 않고 그 결과 모스와 양도계약이 파기되었다면, 오쿠마 외상의 걱정은 현실로 나타났을 가능성도 있었던 것이다.

1899년 1월 1일, 모스는 경인철도를 인수조합에 팔았다. 인수조합은 한강의 교량 공사를 벌이면서 동시에 일부 선로에 대한 보수 공사를 해나갔다. 그리하여 이듬해인 1900년 11월 12일, 서울에서 경인철도 개통식이 열렸다.[21] 이렇게 하여 경인철도는 일본의 손으로 완성되었다. 이것이 한반도에서 개통된 최초의 철도이자, 러·일 개전 때까지 전 노선이 완전히 개통된 유일한 철도였다.

3. 경부철도 부설 계약의 성립

1895년 10월 8일의 명성황후 시해 사건으로 말미암아 한국 정부 안의 친일파가 실각한 데다가, 그 다음해 2월 11일의 쿠데타(아관파천―옮긴이)로 러시아는 한국 국왕과 왕세자를 서울의 러시아 공사관으로 옮기게 했다. 이로 말미암아 한국 정부 안에는 친일파 대신 친러파가 발언권을 높이게 되었다. 청일전쟁에서 승리했음에도 일본은 한국 문제에서 조금도 유리한 입장이 되지 못한 채, 한반도를 둘러싼 러·일 관계마저 악화일로에 있었다. 이 같은 사태를 해결하려고 서울의 러·일 두 나라 공사가 교섭을 벌인 결과, 1896년 5월 14일 웨베르-고무라 협정이 성립되었다. 모스크바에서도 니콜라이 2세의 대관식에 참가한 야마가타가 로바노프 (A. B. Lobanov-Rostovskii)와 회담하여 6월 9일, 로바노프-야마가타 협정이 성립되었다. 이 두 협정으로 일본은 간신히 한국에서 러시아와 대등한 위치를 유지하는 데 성공하였다. 그러나 한일잠정협동조관에 따라 부설 우선권이 인정된 경부철도의 정식 부설 허가권을 얻어내는 데까지는 이르지 못했다. 그런 상황에서 로바노프는 야마가타와 한국 문제에 관해 회담하는 한편, 니콜라이 2세의 대관식에 참석한 이홍장과도 교섭을 병행하여, 6월 3일에 러청비밀동맹을 남몰래 성립시켰다. 그리하여 러시아에 의한 동청철도 건설을 중국으로부터 승인받는 데 성공하였다. 이보다 앞선 3월 29일에는 경인철도의 부설 특허가 미국에 주어짐에 따라 열강의 한반도를 둘러싼 철도권익 경쟁이 시작되었다. 특히 러시아가 시베리아 방면에서 원산 이북에 이르는 철도 부설권을 한국에 요구할 것이 예상되는 상황에서, 고무라는 경부철도의 정식 부설 허가권을 조속히 따낼 필요가 있다는 의견서를 무쓰 외상에게 올렸다. 그리고는 한국 정부에도 이를 요구하였다.22) 그러나 7월 3일에는 경의철도 부설권이 프랑스에게 주어져, 일본으로서도 경부철도 부설 계약을 따내는 데 점점 더 힘을 쏟아야 했다.

이 같은 상황에서 7월 6일, 시부자와 에이이치와 다케우치 쓰나(竹內綱) 등은 경부철도 발기인회를 조직하여 사이온지 긴모치(西園寺公望) 외상대리에게 경부철도 건설을 재촉하는 청원서를 보내고, 현지 시찰을 위한 발기위원으로 오미와 초베에(大三輪長兵衛) 등을 한국에 파견하였다.23) 그러나 한국 정부는 마침 전년 10월의 명성황후 시해 사건 관계자들의 처분 문제도 있고, 반일 감정이 고조되어 폭동의 위험마저 있다는 이유를 들어 신임 한국 주재 하라 다카시(原敬) 공사의 요구에 따르지 않았다. 8월 10일, 하라는 경인·경의철도의 부설 조건과 같은 내용의 경부철도 부설 계약안을 작성하여, 한국 정부에 경부철도의 부설 허가를 거듭 요구하였다. 그러나 한국 정부는 8월 15일 삼남(전라·경상·충청) 일대에 반일 폭동이 일어났다는 이유를 들어 하라의 요구를 다시 거절하였다. 하라 공사로서는 일본이 제출한 부설 조건이 모스의 경인철도나 피브릴사의 경의철도와 같은 조건인 만큼 한국 정부의 회답을 이해할 수 없었으나, 한국의 국내 사태가 진정되기를 기다려 교섭을 재개할 수밖에 없다고 생각하였다.24) 그러나 8월 24일에 경부철도발기인회로부터 또다시 건설을 재촉하는 청원이 들어오자, 8월 27일에 사이온지는 하라에게 착공은 폭동이 진압될 때까지 기다리더라도 부설 허가만은 당장 따놓으라고 명하였다. 이 훈령을 접수한 하라는 다음날 한국 정부에 조회문을 보내, 부설 계약만이라도 조인할 것을 요구하였다. 10월 3일 한국 정부는 일본과 경부철도에 관한 계약에 조인하는 것만으로도 폭동이 일어날지 모른다면서 폭동 진압 뒤에 교섭을 재개하자고 회답해 왔다. 그러나 이 회답에 대해 새 외상에 취임한 오쿠마는 거듭 교섭을 속개하라고 명하였다. 이에 하라는 10월 4일 다시 한번 한국 정부에 조회하여 부설 계약에 조인할 것을 재삼 요구하였다.[25]

이에 대해 한국 정부는 11월 17일, 앞으로 1년 동안 어떠한 철도에 대해서도 부설 허가를 내주지 않겠다는 내용의 칙령을 공포하여 일본의 강력한 요구를 거절하였다. 칙령 공포를 탐지한 한국 주재 가토 마스오(加藤增雄) 대리공사는 11월 16일과 20일 계속해서 한국 쪽에 항의문을 보냈다. 21일에도 그는 거듭 하라가 이미 제출했던 부설 계약안에 대해 한국이 조속히 조인할 것을 요구했다.[26] 그러나 한국은 이듬해 1월 27일 일본의 항의에 대한 회답으로서 전년 8월 10일에 하라가 제안한 계약 초안을 반송해 왔다. 가토는 2월 4일 한국 정부가 한일잠정합동조관에서 인정한 일본의 권리를 준수할 것을 거듭 요구하였다. 그러나 경부철도를 둘러싼 한일 교섭은 전년 11월 17일의 칙령으로 말미암아 중단될 수밖에 없었다.[27]

그런데 이 칙령이 나오게 된 까닭은, 웨베르-고무라 및 로바노프-야마가타 협정이 성립되었음에도, 한국 국왕이 여전히 러시아 공사관에 그대로 머무르고 있던 상황이 작용했기 때문이다. 이 때문에 일본의 경부철도 부설 요구에 대해 한국은 일일이 러시아와 상의하고 그 지시를 받았다. 이는 1896년 10월 4일, 하라가 오쿠마에게 보고한 바에 나와 있으며, 11월 19일에 서울에서 가토가 러시아의 주재무관 스트랠비츠키(Stelbitskii)와 회담했을 때도 이미 감지한 바였다.[28] 결국 일본의 경부철도 부설 허가 요구에 대해 한국이 한일잠정합동조관에서 일단 이를 인정했는데도 여전히 계속 거부하는 까닭은, 러시아가 한국 정부의 배후에서 일본의 요구에 따르지 말도록 압력을 넣었기 때문인 것으로 추측했다. 따라서 경부철도 문제는 이미 한일잠정합동조관을 이행한다는 한·일 관계의 법률적 문제가 아니라, 오히려 한반도의 지배권을 둘러싼 러·일 관계의 정치적 문제가 되었다. 그리고 이는 경부철도가 일본의 러시아에 대한 교차권익이 되었음을 시사하는 것이다. 경부철도 부설 문제의 해결은 한반도에서 러·일의 이해관계를 명확히 하는 가운데 조정해야 했다.

1896년 11월 17일의 칙령으로 말미암아 경부철도 부설 문제는 조금도 진전되지 못한 채 1898년에 이르렀다. 그러나 이 1년이라고 하는 냉각 기간이 반드시 일본에 불리한 것만은 아니었다. 1897년 11월에 독일이 교주만(膠州灣)을 군사 점령함에 따라 동아시아의 국제관계가 크게 동요하여, 러·일 사이에서도 한국 문제를 타개할 기회가 생겼기 때문이다. 변리공사가 된 가토는 1898년 1월 26일 부설 계약의 성립 가능성을 도쿄에 전해 왔다. 이 소식을 접한 경부철도발기인회는 오쿠마의 후임인 니시 도쿠지로(西德二郎) 외상에게 부설 촉진 청원서를 다시 제출하였다.29) 이리하여 부설 촉진의 움직임이 고조되었으나, 일본이 경부철도 부설에 착수할 수 있을지 어떨지는 한국 문제를 둘러싼 러·일 교섭의 결과에 달렸다는 사실에는 변함이 없었다. 특히 러시아는 3월 3일 중국에 대해 요동반도 조차 의사를 밝히며, 동청철도 남만주지선의 부설권을 요구하고 있었으므로, 한·만 국경에까지 이르는 러·일 철도 부설 경쟁은 러시아 쪽에 더욱더 유리해졌다. 일본은 청일전쟁 이래 한반도 종단철도의 부설 구상을 갖고는 있었지만, 경의철도는 더 말할 것도 없고 경부철도의 최종적인 부설 허가조차 아직 얻어내지 못했기 때문이다. 3월 21일, 니시 외상은 일본 주재 로젠(R. R. Rosen) 공사에게 '한만교환'으로 한국 문제를 해결하자고 제안하였고, 한반도에서 일본의 경제 활동에 대한 러시아의 불간섭을 요구하였다. 3월 29일에는 러·중 사이에 관동주조차조약이 성립되었지만, 4월 25일에 로젠은 니시 외상이 제안한 '한만교환'을 받아들임으로써 로젠–니시협정이 성사되었다.30) 이는 1896년의 웨베르–고무라 협정과 로바노프–야마가타 협정에 이어 한반도를 둘러싼 러·일의 세 번째 합의였다. 로젠–니시 협정 제3조에서, 러시아는 일본이 한반도에서 갖는 경제 활동의 우위를 인정하고, 그 활동을 방해하지 않을 것을 약속하였다. 일본은 원래 러시아의 동청철도 남만주지선의 부설에 반대할 정도의 힘을 갖지는 못했다. 그러나 일본이 러시아의 동청철도 부설을 승인함에 따라 러시아는 간접적이나마 일본의 경부철도 부설을 묵인하게 되었다.

일본은 '한만교환'으로 러시아의 방해를 배제하는 데 성공하여, 다시 경부철도의 부설 허가를 한국 정부에 요구하였다. 그러나 한국 쪽의 대일 불신감이 여전히 강하게 남아 있어, 7월에 들어서까지도 교섭이 계속되었다. 8월 1일에 가토는 한국과 교섭이 결렬되더라도 경부철도 부설을 밀고 나갈 생각이었으나, 외상에 재임명된 오쿠마는 바로 그 다음날, 이를 누르고 교섭 재개를 명하였다.[31] 그러나 교섭이 되려면 1897년(1895년으로 바로잡음—옮긴이)의 명성황후 시해 사건 이래 나빠진 한·일 관계를 새롭게 할 필요가 있었다. 이를 위해 수상을 지낸 바 있는 이토는 1898년 8월 25일, 중국 유람길에 서울에 들러, 고종과 회담하여 한·일 관계를 회복시켰다. 이로 말미암아 한국 정부는 일본의 경부철도 부설을 승인하게 되었다. 이토가 인천에서 중국을 향해 출발하는 날인 9월 8일, 한국 정부와 경부철도발기인회 사이에 경부철도 계약이 조인되었다.[32]

1894년 8월 한일잠정합동조관이 성립된 이래 약 4년에 이르는 교섭의 마지막 시점에서 일본은 러시아의 방해를 제거하고, 경부철도 부설 허가를 정식으로 얻어냈다. 그러나 러시아는 결코 일본의 경부철도 부설에 대한 관심을 버리지 않았다. 경부철도 계약이 조인될 무렵에 러시아가 경부철도의 궤폭을 광궤로 할 것을 요구해 왔기 때문이다.[33]

그런데 한국 정부는 1896년 7월 칙령 제31호로 국내 철도규칙을 만들어, 그 제2조에서 철도의 궤폭을 통일하기로 하고, 제3조에서 그 궤폭을 표준궤로 정한 바 있다. 궤폭을 표준궤로 선정한 까닭은 한국 최초의 철도인 경인철도가 표준궤를 채택하였기 때문이었다. 그러나 한국에 대한 러시아의 영향력이 커진 결과, 같은 해 11월에 제3조의 규정을 표준궤에서 광궤로 개정했다.[34] 이는 같은 해 9월의 동청철도 부설 계약에서 중국이 러시아의 동청철도 부설에 광궤 채용을 허용한 직후의 일이었는데, 광궤는 러시아의 시베리아철도와 같은 궤폭이다. 그러므로 경인철도는 표준궤로 착공되었으나, 프랑스가 부설권을 획득한 경의철도는—실제로 건설되지는 않았지만—광궤로 부설될 것으로 예상되었다. 더욱이 1898년 5월에는 러시아가 동청철도 남만주지선의 부설권을 획득함에 따라, 한반도의 철도는 시베리아철도의 연장선 위에 놓이게 되어 러시아의 세력 아래 들어갈 가능성이 생겨났다. 이 때문에 철도를 통한 러시아의 한반도 진출을 막기 위해서라도 일본은 러시아의 요구에 따를 수 없었다. 일본으로서는 오히려 일본 국내에서 채택하고 있던 협궤를 채용하려고 했으나, 경인철도가 이미 표준궤로 부설되어 있는 데다가, 경제 활동의 측면에서도 궤폭의 통일은 무시할 수 없었기 때문에 경부철도의 부설에 맞추어 표준궤를 채용하기로 했다.[35] 한국 정부도 경부철도 계약이 이루어질 무렵에 칙령 제31호 제3조의 지정 사항을 다시 표준궤로 개정하였고, 그뒤 한반도 철도의 궤폭은 모두 표준궤로 통일되었다.[36] 이는 한국의 철도가 러시아의 영향에서 벗어났음을 일러주는 것으로, 러·일의 철도 부설 경쟁에서 일본이 러시아의 철도가 한반도로 연장되는 것을 막는 첫걸음이 되었다. 이처럼 궤폭을 둘러싼 문제에도 한반도를 둘러싼 러·일 관계가 반영되어 있었던 것이다.

4. 경부철도회사 설립과 마삼선 문제

1898년 9월 8일, 경부철도 부설 계약의 성립으로 일본은 경부철도 부설권을 자국의 권익으로 만드는 데 성공함으로써 공사 시작을 위한 준비 작업에 들어갔다. 부설 계약 제1조에는 경부철도발기인위원회가 계약 조인 뒤 3년 안에 회사를 세워 착공하기로 되어 있었다. 그러므로 시부자와 등 발기인은 1901년 9월 8일까지 이를 위한 준비를 모두 마치지 않으면 안 되었다.

1899년 2월, 경부철도발기인회는 오에 다쿠(大江卓)와 함께 철도기사를 한국에 보내, 노선 선정을 위한 측량을 하도록 했다.[37] 이 측량 보고를 바탕으로 발기인회는 회사를 세우는 방향으로 움직이기 시작했다. 그러나 일본으로서는 국내에 철도를 건설하는 것과는 달리, 해외에서 철도를 건설하는 것은 처음 겪는 일이었다. 그러므로 한 사기업이 이를 수행하려면 많은 곤란한 문제, 특히 자본 조달 문제를 해결해 나가야 했다. 그래서 11월 7일 경부철도발기인회 대표인 시부자와 등은 경부철도회사 설립을 일본 정부가 특별히 보호해 달라는 요청의 청원서를 야마가타 수상에게 냈다. 그러나 야마가타는 한반도 종단철도 건설의 군사적 가치를 인정하면서도, 한국에 투자하는 위험성에 대한 비판이나 일본 국내 철도 건설에서 인정되지 않은 특례를 경부철도회사에만 적용하는 데 대한 비판에도 귀를 기울여야 했다.[38] 그러는 가운데 이듬해 1900년 1월 25일, 러시아 주재 스기무라 후카시(杉村濬) 대리공사는 일본의 경부철도 건설이 본국 정부로부터 이자를 조달받지 못해 실패할 것이라는 예상 기사가 러시아 신문에 실렸다고 보고해 왔다. 이어 스기무라는 시베리아철도·동청철도의 건설과, 러시아의 동아시아 진출에 대해서도 말한 뒤 경부철도를 빨리 완성할 필요가 있다고 보고했다.[39] 한편 2월 6일, 중의원에서는 호시 도오루(星亨) 등이 제출한 한국 경부철도의 조기 완성에 관한 건의안이 만장일치로 가결되었다. 귀족원에서도 2월 8일, 다니 간조(谷干城)의 반대가 있기는 했지만 같은 취지의 건의안이 가결되었다. 중의원과 귀족원에서 가결된 건의에 바탕을 두어, 2월 21일 중의원에서는 경부철도 건설 발기위원이기도 한 이노우에 가쿠고로(井上角五郎)의 의원입법에 따라 「제국신민의 외국에서의 철도 부설에 관한 법률안」이 제출되었다. 이 법률안은 그 자리에서 가부를 물은 결과, 다시 만장일치로 가결되어 귀족원으로 넘어 갔다. 다음날, 귀족원에서도 다니 간조의 반대가 있었으나 가결되어, 경부철도 건설을 특별히 보호한다는 법률이 만들어졌다. 다니 간조는 경부철도를 특별히 보호하면서까지 서둘러 건설하는 일에 반대한 것이지, 경부철도 건설 그 자체를 비판한 것은 아니었다.[40] 이처럼 채 2주도 안 되는 동안에 경부철도 건설을 촉진하는 건의안과 법률안이 중의원과 귀족원에서 가결된 것은 야마가타가 의회에 공작한 결과로서, 경부철도 건설에 대한 그의 열의를 보여준다고 할 수 있다.[41]

1900년 9월 14일, 이 법률에 바탕을 둔 칙령 제366호가 공포되어, 경부철도를 건설하는 회사에 특별 조치권이 주어졌다. 이어 9월 27일에는 경부철도발기인회에 대해 요시카와 아키마사(芳川顯正) 체신상, 마쓰카타(松方) 재무상, 아오키 슈조(青木周藏) 외상 세 사람이 연서한 경부철도 특별 보호명령을 내렸다. 이로써 경부철도회사 창립 이후의 주식이나 사채(社債) 이자는 국고에서 지급할 것이 정식 승인되었다.[42] 그날은 제2차 야마가타 내각이 총사직한 다음날이었다. 말하자면 야마가타 내각이 마지막으로 한 일이었다고 해도 좋을 것인데, 여기서도 야마가타의 경부철도 건설에 대한 열의를 읽을 수 있다. 특별보호명령을 얻은 발기인회는 주식을 모집하기 시작했다. 1901년 5월 13일, 제4차 이토 내각의 하라 체신상이 경부철도회사의 설립을 허가하여, 이로써 회사 설립을 위한 준비가 끝나게 되었다. 6월 25일에 열린 제1차 주주총회에서는 시부자와를 사장에 선임하여 경부철도회사가 발족하였다. 경부철도 계약에 따른 착공 기한을 눈앞에 두고, 8월 20일에 서울 영등포에서 기공식을 치름으로써 경부철도 건설이 가까스로 시작되었다.[43] 일본이 한일잠정합동조관에서 경부철도 부설 우선권을 따낸 뒤로 이를 실제 이루기까지 실로 7년이 걸린 셈이다.

이렇게 하여 경부철도 건설이 시작되었으나, 해결해야 할 문제가 한 가지 남아 있었다. 항만으로서 부산이 갖는 입지 조건이 그것이다. 경부철도는 언젠가는 경의철도와도 접속하여 한반도를 종단하는 동맥이 될 것이 예상되어, 장래 그 운송 기능이 늘어날 것으로 전망되었다. 이에 대해 부산항은 특히 수심이 낮을 뿐만 아니라, 항만 안이 협소해서 간선 철도의 종착점으로서나 일본과의 연결점으로서 그리 적당하지 않았기 때문이다.[44] 이 같은 관점에서, 1901년 11월에 마산포(馬山浦)의 사카타 주지로(坂田重次郎) 영사가 의견을 개진한 바와 같이, 부산보다는 오히려 그 서쪽에 위치한 마산포 쪽이 항만으로서 입지 조건이 훌륭하여, 간선 철도의 종착점으로 적당하다고 판단되었다. 이 때문에 서울의 일본 공사는 비밀리에 마산포와 경부철도선상의 삼랑진(三浪津)을 연결하는 철도 부설권의 획득 공작을 시작하였다. 그러나 이 같은 마삼선(馬三線) 부설 계획의 배경에는, 단순히 마산포가 항만으로서 유리했기 때문만이 아니라, 마산포 진주를 꾀하고 있던 러시아를 경계할 목적도 있었다고 볼 수 있다. 러시아는 1899년 5월 이래 마산포에 군함을 파견하고 있었다. 군함 파견의 의도는 석탄 저장소로서 해군 기지를 설치 운영하려는 데 있을 것으로 추측되었으나, 어쨌거나 한반도 남단에서 러시아가 군사 관련 시설을 세운 것은 1898년 4월 로젠-니시 협정에서 합의된 '한만교환'에 어긋났다. 1902년 2월, 러시아가 마산포 조차를 정식으로 한국에 제기함으로써 러·일 관계는 다시 긴장되었다(1902년 2월에 관동주 사령관 알렉쎄프 제독은 3주 동안 동계 훈련을 목적으로 러시아 태평양함대의 전함 파견 계획을 일본과 한국 주재 자국 공사들에게 통보하였다. 이에 앞서 러시아는 이미 1900년 3월에 마산포 불할양 및 토지 조차 협정을 한국 정부와 체결한 바 있다—옮긴이). 이러한 상황에서 육군은 군사적 관점에서 마삼선의 건설이 필요함을 인정하여, 같은 해 4월 12일, 데라우치(寺內) 육군상은 고무라 외상에게 마삼선의 부설권 획득을 한국에 신청할 것을 요망하였다.45) 마삼선은 형식적으로는 경부철도의 지선이지만, 한반도를 둘러싼 러·일의 긴장 관계를 반영하는 것으로, 대러 교차권익으로서 경부철도의 중요성을 다시 한번 보여주게 되었다.

다른 한편으로, 1902년 1월 이래 한국인 브로커 박기종(朴琪淙)이 마삼선의 부설권 획득을 꾀하는 중에 있었기 때문에 하야시 곤스케(林權助) 공사는 그에게 공작자금을 제공함으로써 부설권을 얻고자 하였다. 그러나 박기종이 공작에 성공할 가능성이 없다고 판단한 하야시 공사는 다른 한국인 브로커를 이용하기로 마음먹었다. 허나 이번에는 공작 자금의 액수를 놓고 합의점을 찾지 못해 한국인 브로커 이용을 중지시킬 수밖에 없었다. 고무라로서는 이미 경부철도 본선의 부설권을 얻었으므로 경부철도의 지선인 마삼선 부설권이 다른 열강에게 주어질 것이라는 불안감은 없었다. 그러나 경부철도의 수송 능력에 문제가 있어 마삼선의 부설권 획득을 서둘러야 했다.46) 그런데 하야시의 예상과는 달리, 1902년 9월이 되자 박기종은 영남철도회사를 만들고, 마삼선 부설권을 얻는 데 성공했다. 그는 이 특허를 얻어 한국에 체류하고 있는 일본인 실업가들에게 자금 원조를 요청하고 다녔다. 그러나 하야시 공사는 박기종이 따낸 특허로 마삼선 부설권이 일본에 양도될 수 있을지 없을지 신뢰하기 어려웠기 때문에, 한국에 체류하는 일본인들에게 영남철도회사에 자본을 투자하지 말도록 주의를 주었다. 그러나 12월 18일, 영남철도회사가 한국 정부로부터 정식으로 허가를 받게 되자, 박기종은 하기와라 슈이치(萩原 守一) 대리공사에게 출자 계약 조건을 제시해 왔다. 이 조건에 이의가 없던 하기와라는 다이이치(第一)은행 서울지점 지배인인 다카키 마사요시(高木正義)의 명의로 차관 계약을 조인토록 허가할 것을 고무라에게 요청하게 되었다.47) 하기와라가 일본 쪽 계약자 명의로 다카키를 지명한 것은, 다이이치은행장인 시부자와가 경부철도회사의 사장이기도 했기 때문이다. 그러므로 고무라도 이를 승인하여, 12월 30일에 다카키와 영남철도회사 사이에 차관 계약이 이루어졌다. 그리고 다카키는 다음해 12월 1일, 그 권리를 경부철도회사에 양도하여,48) 경부철도회사는 서울~부산 구간 경부철도 본선뿐만 아니라 마산포~삼랑진 구간 지선의 건설과 경영까지도 담당하게 되었다.

한편 1899년 1월 1일에 경인철도를 사들인 경인철도인수조합은 5월 17일, 경부철도회사보다 한발 앞서 경인철도합자회사로 탈바꿈하고, 사장에는 또한 시부자와가 취임하였다.49) 경인철도는 그 다음해인 1900년 11월부터 영업을 시작하였다. 1901년 8월에 영등포에서 경부철도 건설이 시작되면서, 경부·경인철도의 궤폭이 같은 표준궤이므로 서울~영등포 구간 경인철도 선로를 경부철도도 병용할 수 있는 편리함이 인정되었다. 이에 경부철도회사와 경인철도합자회사의 합병 문제가 제기되었다. 경인철도합자회사 안에서는 경부철도가 아직 미완성이므로 장래의 수지타산을 예상할 수 없다는 반대론도 강하게 일고 있었다. 그러나 시부자와는 양사 사장을 겸하고 있어 다음해 12월 30일에 양사의 합병에 관한 합의가 이루어졌고, 1903년 10월 30일에는 경인철도의 모든 것이 경인철도합자회사에서 경부철도회사로 매각되었다.50) 이로부터 1개월 뒤 마삼선 부설권을 얻은 경부철도회사는 서울 이남의 모든 철도 건설과 경영을 독점하게 되었다.

이처럼 한반도 남부를 둘러싼 일본의 철도권익을 모두 경부철도회사에 집중하여, 그 건설과 경영을 일원화하게 된 데는 물론 시부자와의 존재가 큰 영향을 끼쳤다고 보아야 할 것이다. 또, 일본 국내의 철도가 당시까지도 모두 민영이었음에도 경부철도회사가 한 민간 기업체로서 정부의 특별 보호를 받는 데 성공하여, 이른바 국책회사로서 성격을 갖게 된 결과이기도 했다. 어쨌든 경부철도회사로 일원화된 것은, 한반도를 둘러싼 일본 재벌들 사이의 권익 획득 경쟁을 잠재우고, 관민이 일치 협력하여 일본의 한국 경영 체제를 확립한 사례가 되었다. 여기에는 경부철도회사가 러일전쟁 뒤에 일본의 만주 경영을 맡은 남만주철도회사의 원형을 보여주었다는 의미도 있을 것이다.

1901년 8월 20일, 영등포에서 열린 기공식에 이어, 9월 21일에 부산 교외의 초량(草梁)에서도 기공식이 열림으로써,51) 경부철도는 남북 양쪽에서 공사가 시작되었다. 경부철도는 러시아에 대한 일본의 교차권익인 만큼 이 공사의 완성에는 일본의 국운이 걸려 있었다. 그러나 기공식 뒤 2년이 지나 러·일 개전을 앞둔 1903년 말까지도 개통한 부분은 북쪽의 영등포~진함(振咸) 구간과 남쪽의 초량~밀양 구간에 지나지 않았다. 북쪽의 진함~부강(芙江) 구간과 남쪽의 밀양~성현(省峴) 구간은 이제 막 착공되었고, 그 중간 부분인 부강~성현 사이는 아예 착공도 되지 않은 채였다.52) 이 공사가 지연된 것은 결국 자금 부족 때문이었다. 12월 28일, 가쓰라(桂) 내각은 경부철도의 조기 완성 명령을 내리고, 국고에서 미착공 구간의 건설에 대한 공사비를 지출키로 결정하였다.53) 그 결과, 경부철도는 그 지선인 마삼선을 포함하여 러일전쟁 수행을 위한 군용철도로 건설되게 되었다.

5. 맺음말

이 장에서 서술한 바와 같이, 경부철도를 중심으로 한반도 남부에서 이루어진 일본의 철도 건설은 한국의 지배권을 둘러싼 러·일 관계와 밀접한 관련이 있었다.

일본은 청일전쟁 중의 한일잠정합동조관에 따라 경부·경인철도의 부설 우선권을 얻었다. 그러나 그뒤 러시아가 한국 정부에 대한 영향력을 키워나갔으므로, 일본은 이들 철도에 대한 정식 부설권 허가를 획득하는 데까지는 이르지 못했다. 그 사이에 러시아는 중국으로부터 동청철도 부설권을 얻고, 나아가 동청철도 남만주지선의 부설권을 요구하여 점점 더 한반도에 접근하게 되었다. 야마가타의 시베리아철도에 대한 인식에서 나타난 바와 같이, 시베리아·동청철도 건설은 일본에게는 러시아의 위협이 현실화된 것이었다. 그런데 이러한 러시아의 위협은 일본만이 아니라 영국에게도 마찬가지였다. 시베리아에서 만주까지 뻗어 나온 러시아 철도는 한반도뿐만 아니라, 북경까지도 연장될 가능성이 있었기 때문이다. 이 때문에 영국이 건설하고 있던 경봉철도도 일본이 부설권 획득을 위한 공작을 벌이고 있던 경부철도와 마찬가지로, 러시아의 위협을 직접적으로 받을 수밖에 없었다. 그러므로 시베리아철도를 따라 실려 오는 러시아의 위협을 막으려면 시베리아철도에 접속되는 동청철도가 만주에서 화북까지 연장되지 못하도록 막을 필요가 있었다. 결국 북경에서 봉천에 이르는 철도가 러시아의 지배 아래 들어가는 것을 막는 것이 영국의 대러 전략상 과제였다고 할 수 있다. 그리고 그 과제는 일본이 한반도에서 얻어낸 경부철도에서도 똑같았다. 영국의 경봉철도 건설은 영국의 만주를 향한 경제적 진출을 넘어 러시아의 북경 진출을 막는 방파제가 되었다. 여기에 경봉철도와 경부철도가 시베리아철도와 동청철도에 대해서 같은 의미를 지닌, 러시아에 대한 영·일 두 나라의 교차권익이 되었던 국제 환경이 있었다.

이런 가운데 일본은 1898년 9월에 경부철도 차관 계약을 맺었으며, 영국도 한 달 뒤인 10월에 러시아의 방해를 물리치고 경봉철도 조차 계약을 맺었다. 이 두 개의 차관 계약의 배경에는 로젠―니시 협정과, 다음해인 1899년 4월의 영러철도협정이 있었다. 이와 같은 영·일 두 나라의 대러 정책의 공통점이 영일동맹 성립의 배경으로 자리잡고 있었다.

그런데 영일동맹이 체결될 즈음, 동아시아 해역에서 해군력의 저하라는 위기 의식을 갖고 있던 영국은, 그 보완 구실을 일본에서 찾으려고 생각하고 있었다.54) 분명 일본 해군이 영국의 동아시아 해군력과 합쳐질 경우, 동아시아 해역에서 전력상으로는 영·일 두 나라의 해군력이 러시아의 해군력보다 우세를 차지할 수 있었다. 영일동맹이 군사동맹으로서 기능할 소지가 여기에 있었다.

그러나 이 같은 해군력 우위를 유지하는 일이 반드시 영일동맹 성립의 첫 번째 요인이었다고 잘라 말할 수는 없다. 왜냐하면 영국에게 시베리아철도가 주는 위협은 그것이 영국 해군력이 미치지 않는 내륙부를 지나가고 있었기 때문이다. 19세기까지 유럽에서 동아시아로 가는 길은 해상 교통에 의존할 수밖에 없었으므로, 그 점에서 영국은 러시아와 다른 유럽 열강에 견주어 압도적인 우세를 유지해 왔다. 그러나 시베리아철도는 러시아 영토 안을 지나기 때문에 영국은 그에 대항할 수단을 갖지 못하였다. 즉 러시아의 군사적 위협은 영·일 두 나라의 해군력과는 무관하게 시베리아 대륙을 지나, 철도를 통해 만주로 진출하는 데 있었다. 그러므로 영일동맹에서 해군력 문제는 동맹의 군사적 효과라는 점에서는 논할 수 있는 문제였지만, 러시아의 동아시아 진출이 주는 위협에 대항할 수 있는 첫 번째 요소는 아니었다고 생각된다. 물론 영일동맹이 실제적 기능을 갖기 위한 동맹 성립의 기초로서 군사력의 존재를 부정할 수는 없다. 영·일 두 나라가 러시아에 대해 위력 있는 군사력을 지니지 않는 한, 무릇 일본의 한반도 진출도, 영국의 동아시아 진출도 이룰 수 없었기 때문이다. 이 해군력 문제는 일본과 한반도, 그리고 영국과 중국 대륙의 연결을 유지하는 데 의미가 있었다. 그렇지만 해군력이 한국에서 일본의 권익과, 중국에서 영국의 권익을 지탱해 준다고는 해도, 러시아의 위협으로부터 영·일 두 나라의 러시아에 대한 교차권익을 지키는 수단으로서는 오히려 부차적인 요소였다고 할 수 있다.

이처럼 시베리아철도와 동청철도를 이용한 러시아의 동아시아 진출에 대항하려면 그 광궤 철도의 확장을 어디선가 막는 것이 필요했다. 이런 뜻에서 시베리아철도와는 다른 궤폭으로 경부철도와 경봉철도를 건설하는 것은 영·일 두 나라에게는 러시아의 동아시아 진출을 막고, 동아시아에서 두 나라의 세력범위에까지 지대한 영향을 주는 것이었다.

이 장에서 서술한 바와 같이, 경부철도를 둘러싼 러·일 관계는 경봉철도를 둘러싼 영·러 관계와 대비해 볼 때, 영일동맹의 성립 요인이 동맹 관계의 군사 기능 문제만이 아니라, 교차권익의 유지와 옹호라는 관점에서 철도 문제에도 있었음을 일러준다. 경부철도가 경봉철도와 지리적으로 직접 연결되지는 않지만, 시베리아철도의 위협에 따라 연동할 수밖에 없었으므로, 일본 쪽에 영국과의 동맹 관계 진전에 필요한 조건을 만들어 온 셈이다.

＊주 ──

1) 大山梓 편,《山縣有朋意見書》(原書房, 1966), 174-182, 196-200.

2) 같은 책, 228-231.

3) 같은 책, 264-267.

4) 같은 책, 223-225.

5) 같은 책, 196-199. 야마가타의 '주권선', '이익선'에 대해서는 入江昭,《日本の外交—明治維新から現代まで》(中央公論社, 1966)를 참조.

6) 田谷廣吉 편,《室田義文翁譚》(常陽明治紀念會, 1938), 182-183 ; 1892년 10월 10일 / 11월 16일, 부산 주재 무로타 총영사의 서신 기밀 제14호 / 제19호《日外》29, 325 附記 1, 2) ; 田保橋潔,〈國際關係史上の鐵道利權〉,《歷史地理》제57편 제4호.

7) 1894년 6월 22일, 한국 주재 오토리 공사에게 보낸 서신 기밀 제25호 ; 6월 27일, 무쓰 외상이 이토 수상에게 보낸 친람(親覽) 서신 제76호(이상《日外》27-1, 370, 382).

8) 1894년 7월 3일 / 20일, 한국 주재 오토리 공사가 보낸 전보 제17호 / 제34호 ; 7월 8일 / 10일, 오토리 공사에게 보낸 전보 제33호 / 제34호 ; 7월 18일, 오토리공사가 보낸 서신 기밀 제130호(이상《日外》27-1, 393, 395, 399, 413, 416).

9) 1894년 8월 1일, 한국 주재 오토리 공사가 보낸 서신 기밀 제143호 ; 8월 21일, 오토리 공사가 보낸 전보 제56호(이상《日外》27-1, 428, 439) ; 外務省 편,《日本外交年表竝主要文書(上)》(原書房, 1965), 155.

10) 朝鮮鐵道史編纂委員會 편,《朝鮮鐵道史—第1卷(創始時代)》(朝鮮總督府鐵道局, 1937), 31-32, 36-37.

11) 1895년 6월 3일, 무쓰 외상이 이토 수상에게 보낸 서한(번호 없음)《日外》28-1, 298).

12) 1896년 3월 31일, 한국 주재 고무라 공사가 보낸 전보(번호 없음) ;〈경성~인천 구간 철도 부설권 청부 계약서〉(이상《日外》29, 342, 345 부속서 3).

13) 1896년 4월 13일 / 5월 1일 / 7월 10일, 한국 주재 고무라 공사가 보낸 전보(번호 없음)《日外》29, 324, 349, 350).

14) 1896년 3월 31일, 한국 주재 고무라 공사가 보낸 전보(번호 없음) ; 4월 11일, 고무라에게 보낸 서신 기밀 제24호 ; 4월 23일, 고무라가 보낸 서신 기밀 제26호(이상《日外》29, 342, 343, 345).

15) 1896년 4월 15일, 인천 주재 하기와라(萩原) 영사대리가 하라(原) 외무차관에게 보낸 서신 제78호 ; 4월 27일, 한국 주재 고무라 공사가 보낸 서신 기밀 제31호(이상《日外》29,

344, 346).

16) 1896년 12월 25일, 러시아 주재 모토노(本野) 공사가 보낸 전보(번호 없음) ; 1897년 1월 22일, 고무라 외무차관이 시부자와에게 보낸 조회 ; 같은 날, 시부자와가 고무라에게 보낸 회답 ; 1월 23일, 고무라가 시부자와에게 보낸 조회 ; 1월 24일, 시부자와가 고무라에게 보낸 회답(이상 〈外史〉 1·7·3·10).

17) 朝鮮鐵道史編纂委員會 편, 앞의 책, 197-202, 242-243 ; 〈경인철도인수조합과 미국인 모스가 체결한 계약서〉《日外》30, 198 부속서 1).

18) 〈모스가 제출한 각서〉《日外》30, 198 부속서2).

19) 1897년 10월 8일, 오쿠마 외상이 마쓰카타 수상에게 보낸 서신 기밀 제150호 ; 10월 28일, 오쿠마 외상·마쓰카타 재무상이 경인철도인수조합에 보낸 지령(이상 《日外》30, 199, 202).

20) 1898년 2월 25일, 한국 주재 가토 공사가 보낸 전보 제20호(〈外史〉 1·7·3·10).

21) 朝鮮鐵道史編纂委員會 편, 앞의 책, 245-252 ; 1899년 1월 14일, 한국 주재 가토 공사가 보낸 서신 제4호 ; 1900년 11월 15일, 서울 주재 미마스(三增) 총영사가 보낸 서신 제123호(이상 〈外史〉 1·7·3·10).

22) 1896년 4월 13일, 한국 주재 고무라 공사가 보낸 전보(번호 없음) ; 4월 26일, 고무라 공사가 한국 정부에 보낸 조회(이상 《日外》29, 324, 325 부속서 1).

23) 朝鮮鐵道史編纂委員會 편, 앞의 책, 65-67 ; 1896년 7월 8일, 〈경부철도 부설에 관한 청원서〉《日外》29, 327) ; 1896년 7월 15일, 한국 주재 하라 공사에게 보낸 전보(번호 없음)《外史》1·7·3·4).

24) 1896년 7월 30일 / 8월 15일 / 8월 16일, 한국 주재 하라 공사가 보낸 전보(번호 없음) ; 8월 6일 / 21일, 하라 공사가 보낸 서신 기밀 제55호 / 제61호(이상 《日外》29, 328, 332, 334, 329, 335) ; 1896년 8월 10일, 한국 주재 하라 공사가 한국 정부에 보낸 조회《日外》29, 335 부속서1) ; 原奎一郎 편, 《原敬日記―第2卷(官吏·新聞人·代議士時代)》(乾元社, 1950), 151-167.

25) 1896년 8월 24일, 〈경부철도 부설에 관한 재청원서〉《日外》29, 336) ; 1896년 8월 27일 / 8월 31일 / 10월 3일, 한국 주재 하라 공사가 보낸 전보(번호 없음) ; 8월 30일 / 9월 29일 / 10월 4일, 하라 공사가 보낸 서신 기밀 제64호 / 제77호 / 제80호 ; 10월 3일, 하라 공사가 보낸 전보(번호 없음)(이상 〈外史〉 1·7·3·4).

26) 1896년 11월 18일, 한국 주재 가토 대리공사가 보낸 전보(번호 없음)《外史》1·7·3·4) ; 1896년 11월 27일, 한국 주재 가토 대리공사가 보낸 서신 기밀 제94호《日外》29, 341).

27) 1897년 1월 27일, 한국 주재 가토 대리공사가 보낸 전보(번호 없음) ; 2월 6일, 가토 대리공사가 보낸 서신 기밀 제7호(이상 〈外史〉 1·7·3·4).

28) 1896년 10월 4일, 한국 주재 하라 공사가 보낸 서신 기밀 제80호《外史》1·7·3·4) ;
    1896년 11월 27일, 한국 주재 가토 대리공사가 보낸 서신 기밀 제94호《日外》29, 341).

29) 1898년 1월 26일, 한국 주재 가토 공사가 보낸 전보 제9호《外史》1·7·3·4) ; 1898년 2
    월, 〈경부철도 계약에 관한 신청서〉《日外》31-1, 95).

30) 外務省 편, 앞의 책, 186-187.

31) 1898년 5월 11일 / 8월 2일, 한국 주재 가토 공사가 보낸 전보 제28호 / 제45호 ; 7월 9일 /
    8월 1일, 가토 공사가 보낸 전보 제36호 / 제70호(이상 〈外史〉1·7·3·4).

32) 1898년 9월 20일, 한국 주재 가토 공사가 보낸 서신 기밀 제32호《日外》31-1, 98).

33) 같은 서신.

34) 朝鮮鐵道史編纂委員會 편, 앞의 책, 50-52.

35) 1898년 9월 12일, 한국 주재 가토 공사가 보낸 전보 제85호《外史》1·7·3·4).

36) 朝鮮鐵道史編纂委員會 편, 앞의 책, 52.

37) 1899년 2월 8일, 한국 주재 가토 공사가 보낸 전보 제3호《外史》1·7·3·4).

38) 朝鮮鐵道史編纂委員會 편, 앞의 책, 169-171.

39) 1900년 1월 25일, 러시아 주재 스기무라 대리공사가 보낸 전보 제10호《日外》33, 141).

40) 大日本帝國議會誌刊行會 편,《大日本帝國議會誌—第5卷》(三省堂, 1927), 171-178,
    342, 348-349, 609-611, 793.

41) 德富猪一郎 편,《公爵山縣有朋傳—下卷》(山縣有朋記念事業會, 1933), 386-395.

42) 朝鮮鐵道史編纂委員會 편, 앞의 책, 178-181 ; 1900년 9월 26일, 야마가타 내각 각의 결
    정 ; 9월 27일, 철도국장이 아오키 외상에게 보낸 비밀 서신 제2782호(이상 〈外史〉1·
    7·3·4) ; 〈경부철도주식회사에 대한 보급이자(補給利子) 교부 명령서〉《日外》33,
    141 付記 2).

43) 朝鮮鐵道史編纂委員會 편, 앞의 책, 193 ; 1901년 5월 13일, 하라 체신상이 가토 외상에
    게 보낸 서신 제754호 ; 8월 24일, 서울 주재 미마스 총영사대리가 보낸 서신 제110호(이
    상《日外》34, 463, 465).

44) 1901년 11월 1일, 한국 주재 하야시 공사가 보낸 서신 기밀 제118호《日外》34, 467).

45) 1901년 11월 25일, 마산 주재 사카타 영사가 보낸 서신 기밀 제2호 ; 1902년 1월 18일, 한
    국 주재 하기와라 대리공사가 보낸 서신 기밀 제18호 ; 1902년 4월 12일, 데라우치 육군상
    이 고무라 외상에게 보낸 서신 비밀발송 제50호(이상 〈外史〉1·7·3·27).

46) 1902년 8월 6일 / 25일, 한국 주재 하야시 공사가 보낸 전보 제97호 / 제103호 ; 8월 15일,
    하야시 공사가 보낸 전보 제45호(이상 〈外史〉1·7·3·27).

47) 1902년 9월 4일, 한국 주재 하야시 공사가 보낸 서신 기밀 제108호 ; 12월 23일, 하야시
    공사가 보낸 전보 제189호(이상 〈外史〉1·7·3·27).

48) 1903년 1월 4일 / 12월 3일, 한국 주재 하기와라 대리공사가 보낸 서신 기밀 제1호 / 제 189호(이상 〈外史〉 1·7·3·27).

49) 1899년 5월 26일, 시부자와가 아오키 외상에게 보낸 서간(《外史》 1·7·3·10). 시부자와가 철도에 관여한 데 대해서는 다음 참조 ; 澁澤靑淵記念財團 편, 《澁澤榮一傳記資料》(龍門社, 1966~1971).

50) 朝鮮鐵道史編纂委員會 편, 앞의 책, 218-227 ; 1903년 12월 3일, 한국 주재 하야시 공사에게 보낸 서신 제87호(《外史》 1·7·3·10).

51) 1901년 9월 25일, 부산 주재 노세(能勢) 영사가 보낸 서신 제134호(《日外》 34, 466).

52) 朝鮮鐵道史編纂委員會 편, 앞의 책, 305-308, 332-333.

53) 1903년 12월 28일, 가쓰라 내각 각의 결정(《日外》 36-1, 689).

54) Nish, *Anglo-Japanese Alliance*, 174-177.

제4장
경의철도 건설을 둘러싼 국제관계

1. 문제 제기

제4장에서는 앞 장에 이어 한반도 북부의 철도 건설 문제를 다루고자한다. 제3장에서는 경부철도 부설 문제를 중심으로 영일동맹 성립의 조건이 만들어지는 과정에 대해 논하였다. 즉 일본은 한반도 남부의 철도부설권을 둘러싸고 러시아의 방해를 물리치고 차관 계약을 얻어내어, 자국의 권익으로 확립함에 따라 이를 러시아로부터 지키려는 목적을 갖게되었다. 이것이 영일동맹 성립의 조건이 되었다. 일본은 대러 교차권익인 경부철도를 유지하고 방위하는 것이, 시베리아철도와 동청철도를 거쳐 동아시아로 진출해 오는 러시아의 위협에 맞서 자국의 한반도 진출을가능케 하는 기본적 과제라고 보았기 때문이다.

일본이 경부철도의 차관 계약을 얻어낸 1898년은 일본과 경부철도뿐만 아니라, 러시아와 동청철도, 그리고 영국과 경봉철도에도 중요한 해였다. 동청철도 본선의 부설권을 얻어낸 러시아는 그해에 하얼빈에서 여순, 대련에 이르는 남만주지선 및 이 지선과 압록강을 연결하는 철도 부설권을 따냈다. 한편 영국도 산해관에서 신민둔에 이르는 경봉철도 본선과 영구에 이르는 지선의 차관 계약을 1898년에 성립시켰다. 이처럼 철도 부설권의 귀추에 따라서 한반도 남부에서는 일본의 세력이 늘어나게 되고, 러시아는 만주 북부에서 남동부까지를 자신 세력 아래 두게 되었으며, 영국은 만주 남서부로 진출하게 되었다. 그 결과 한반도 북부는 열강의 세력범위의 귀속이 아직 결정되지 않은 지역으로 남게 되었다. 이 장에서 다루려고 하는 경의철도는 야마가타 아리토모가 1894년 11월에 〈조선정책〉을 상주하며 지적한 바와 같이, 서울과 한반도 북단의 신의주를 연결하는 간선철도이므로 그 부설권을 둘러싼 다툼은 한반도 북부의 지배 세력을 결정하는 관건이 되었다고 할 수 있다.[1] 경의철도 문제의 밑바닥에는 러시아가 북쪽에서부터 동청철도와 경의철도를 연결하여 만주에서 한반도로까지 세력권을 확장할 것인지, 아니면 일본이 한반도 남쪽에서부터 경부철도와 경의철도를 접속시켜 한반도 전역으로 세력을 넓힐 것인지의 문제가 가로놓여 있었다. 경의철도는 러·일 개전 이전 동아시아를 둘러싼 일본과 러시아의 세력범위를 결정하는 마지막 철도 권익이었다. 그런 만큼 경의철도에는 러·일 개전의 원인으로 고찰해 보아야 할 문제점이 포함되어 있다고 생각된다.

이상의 논점에 따라 이 장에서는 일본이 한반도 북부에서 경의철도와 경원철도(서울~원산) 부설권을 얻어낸 과정을 밝힘으로써, 러·일개전의 원인을 철도 문제라는 시각에서 논하고자 한다.

2. 경의·경원철도 문제

청일전쟁 중에 체결된 한일잠정합동조관에 따라 한국은 일본에 경부·경인철도 부설의 우선권을 인정했다. 그럼에도 한국은 1896년 3월에

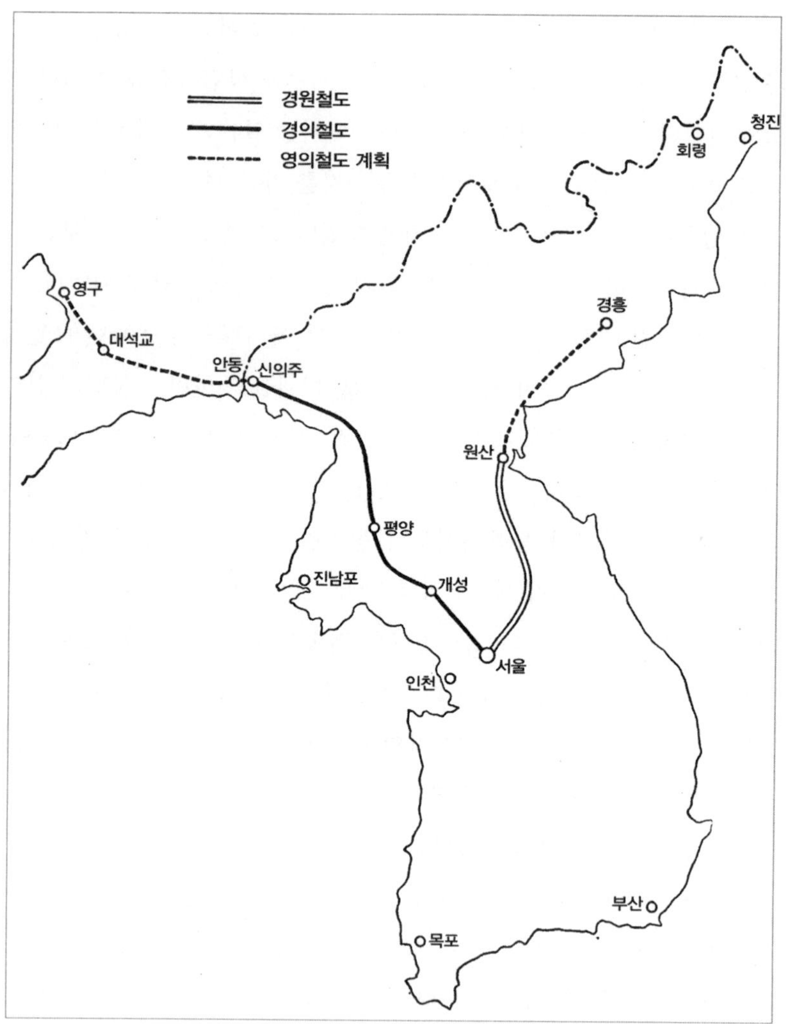

지도5 : 한반도 북부지방의 철도

는 경인철도의 정식 부설 특허를 미국인 모스에게 주었고, 이어 5월에는 프랑스의 피브릴사에 경의철도 부설권을 허용했다. 7월 3일, 피브릴사의 그릴이 따낸 경의철도 부설권의 조건은 모스의 경인철도와 거의 같은 것이었다.[2) 이를 전해들은 사이온지 수상(외상 겸임)은 1892년 이래 프랑스와 동맹 관계에 있는 러시아가 언젠가는 만주 횡단철도를 건설할 것을 예상하고, 그 철도로 말미암아 시베리아철도와 경의철도가 연결될지 모른다고 우려하게 되었다. 왜냐하면 당시에 이미 러청동맹이 이루어졌다는 소문이 있었고, 러시아가 비밀리에 만주에서 철도 건설을 위한 측량을 실시한 일도 전해졌기 때문이다. 또 시베리아철도 건설에 대한 프랑스의 원조를 고려할 때, 사이온지는 프랑스의 경의철도 부설권 획득의 배후에 있는 러시아를 강하게 의식하지 않을 수 없었다.[3) 1896년 9월 8일, 러·중 사이에 동청철도 부설 계약이 조인됨으로써, 러시아는 만주 북부를 횡단할 동청철도의 부설권을 얻었다. 사이온지가 걱정한 바와 같이, 러시아는 철도를 통해 만주 진출을 시작하였던 것이다. 그런데 한국은 경인철도와 경의철도 부설권을 각각 미국과 프랑스에 허용한 뒤, 7월 17일 칙령 제31호를 포고하여 「한국 철도규칙」을 제정, 그 제2조에서 한국 안의 철도 궤폭을 통일키로 하였고, 제3조에서는 철도 궤폭으로 표준궤를 적용하기로 정하였다. 그러나 전년 10월의 명성황후 시해 사건 이래 한국에 대한 러시아의 영향력이 커짐에 따라, 1896년 11월에는 칙령 제31호 제3조에서 규정했던 표준궤를 광궤로 바꿔야 했다.[4) 러시아가 건설 중인 시베리아철도는 광궤이고, 러시아가 새로 만주에 건설하려고 하는 동청철도도 그 부설 계약 제3조에 따라 시베리아철도와 같은 광궤를 쓰기로 되어 있었다. 따라서 시베리아철도와 경의철도가 동청철도로 연결될지도 모른다는 사이온지의 우려는 철도 건설의 기술적 측면에서도 더욱 구체적으로 현실성을 띠게 되었다.

또한 그릴은 경의철도의 부설권을 따내는 한편, 그해 9월 30일에는 서울~목포와 서울~원산 사이의 철도 부설권을 신청하였다. 그러나 10월 13일에 한국 정부는 피브릴사가 아직 경의철도도 공사를 시작하지 않았다는 이유를 들어 그릴의 요구를 거절하였다. 이것은 청일전쟁 이후 일본뿐만 아니라 유럽 열강까지 한반도에 진출하여 철도권익을 둘러싼 이권 획득 경쟁이 시작되었음을 나타낸다.5) 경의철도 부설권이 프랑스에 주어지고, 일본과 예비 계약을 맺었음에도 경인철도는 미국 쪽에 주어졌으며, 나아가 경부철도는 일본과 러시아의 대립 요인으로까지 되었기 때문이다. 특히 경부철도를 둘러싼 러·일 관계가 긴박해지자 두 나라 사이에 낀 한국 정부는 11월 17일, 앞으로 1년 동안은 어떤 나라에 대해서도 철도 부설권을 허용하지 않을 것을 선언하기에 이르렀다.6) 그 결과 이전에 철도 부설 허가를 따낸 경인철도와 경의철도 건설만이 인정되었다. 그리고 이듬해에는 경부철도뿐만 아니라 한반도에서의 새로운 철도 부설권을 따내려는 활동은 모두 중단되었다.

경의철도 건설은 그 칙령의 해당 사항은 아니었으나 피브릴사의 건설 자금 부족으로 착공이 지연되었고, 1898년 3월이 되어서야 겨우 측량을 시작하였다.7) 그러나 그릴이 따낸 부설 계약의 조건에는 조인일로부터 3년 안에, 즉 1899년 7월까지 착공해야 한다고 되어 있었다. 피브릴사가 경의철도의 건설에 필요한 자금 조달에 실패하자, 프랑스는 자연히 건설을 단념해야 했다. 프랑스는 계약 기간 만료가 다가온 1899년 5월 27일, 일본에게 부설권 양도를 타진해 왔다.8) 이는 일본으로서는 기대조차 하지 않았던 뜻밖의 제안이었다. 왜냐하면 시베리아철도의 건설에서 드러난 러·불의 협조관계 속에서, 프랑스로부터 경의철도 부설권을 매수한다면 한반도 북부로 일본의 진출이 가능해지고, 아울러 러시아 철도의 한반도 진입을 막을 수도 있기 때문이었다. 더욱이 프랑스가 러시아가 아니라 일본에 이를 양도하려고 한 사실의 의미는 크다. 러시아는 1898년 3월에 요동반도 조차를 중국으로부터 인정받아, 여순·대련과 하얼빈을 연결하는 동청철도 남만주지선과, 그 남만주지선에서부터 한·만 국경에 이르는 철도의 부설권을 얻어냈다. 그러므로 러시아로서도 경의철도 부설권을 얻어 두는 것이 장래 한반도를 향한 진출로를 확보하는 것임은 분명했다. 그럼에도 러시아가 프랑스로부터 경의철도를 사들이지 못한 까닭은, 프랑스의 자금 원조를 받은 시베리아철도도 미완성 상태에 있었고, 동청철도 본선과 남만주지선도 공사 중이어서 경의철도 부설권을 유지할 만큼 재정적 여유가 없었기 때문이라고 생각된다. 프랑스로서도 부설권 소멸에 따른 손해를 최소화하고, 피브릴사가 이미 쏟아 부은 자본을 회수하려면 일본에 매각하는 방안도 고려해야 했다.

이 같은 프랑스의 제안을 받은 아오키 외상은 이를 가쓰라 다로(桂太郎) 육군상과 오야마 이와오(大山巖) 참모총장에게도 알렸다.9) 이는 전년 9월에 가까스로 러시아의 방해를 물리치고 경부철도 부설권을 얻은 일본으로서는, 경의철도가 경부철도와 연결되어 야마가타가 구상해 온 한반도 종단철도를 이루게 되는 만큼, 육군에서도 경의철도 부설에 대한 관심이 높았음을 나타내 준다. 그럼에도 피브릴사의 계약 기간 만료를 앞두고 경의철도 부설권이 프랑스로부터 일본에 양도된다 해도, 한국 정부가 경의철도의 착공 기한 연장을 인정하지 않는 한, 일본이 경의철도 부설에 착수하기는 불가능했다. 이 때문에 5월 30일, 아오키는 이 점에 관해 한국 정부의 의향을 타진하라고 서울의 히오키 마스(日置益) 대리공사에게 명하였다. 그러나 한국은 경의철도의 부설권이 프랑스에서 일본으로 넘어가도 착공 기한 연장은 인정하지 않을 것임을 분명히 했다.10) 그러므로 경의철도 부설권은 같은 해 1월 1일에 일본이 미국으로부터 경인철도를 샀던 것처럼, 프랑스로부터 사들이는 것만으로 그것을 얻을 가능성은 전혀 없었다.

한국은 6월 26일, 피브릴사가 경의철도 부설 계약에 따라 기한 안에 착공하지 않았다는 이유를 들어 프랑스에 계약 폐기를 통고했다. 프랑스는 자국의 부설권이 소멸되는 것을 받아들이면서도, 피브릴사가 이미 측량 등을 위해 들인 비용이 있으므로 한국이 경의철도를 건설할 때 피브릴사 로부터 자재를 구입하고 기사를 고용할 것을 요구하였는데, 한국도 이를 약속했다.11) 이로써 프랑스는 법률적으로는 경의철도 부설권을 잃었으나, 경제적 측면에서는 경의철도에 대한 우선적 권리를 유지하는 데 성 공하였다. 그러나 7월 6일, 프랑스가 가지고 있던 부설권이 정식으로 소멸되자, 한국 정부는 5년의 기공 기한을 조건으로, 뒤에 서술하는 바와 같이 경원철도 부설권을 주었던 대한철도회사에 경의철도 부설도 인가했다. 한편 한국과 프랑스 사이에는 앞서 말한 바와 같이 양해 사항이 있기는 했지만, 경의철도 건설을 맡는 것은 한국 정부가 아니라 한국의 민간기업이었다. 그러므로 대한철도회사가 한국 정부와 프랑스가 양해한 사항에 따라 자사가 구속받을 필요는 없다고 하게 되면서, 프랑스는 경의철도에 대한 경제적 우위마저도 잃게 되었다.12) 더욱이 대한철도회사는 경의철도 부설권을 외국에 파는 것이 금지되어 있었기 때문에 일본도 표면적으로는 그것을 얻기가 곤란했다. 그렇지만 경의철도 부설권이 프랑스의 손을 떠난 것이 오히려 일본에게는 커다란 진전이었다.

그런데 1896년 9월에 그릴이 요구한 서울~원산 구간 철도의 부설권은 한국 정부의 거절로 진전이 없는 상태였으나, 1899년이 되자 러시아와 독일이 잇달아 그 부설권을 요구하였다. 이에 대해 한국은 스스로 경원 철도를 건설할 것을 밝힘으로써 두 나라의 요구를 다시 거부하였으나, 러시아와 독일의 경원철도 부설권 경쟁은 그뒤에도 계속되었다.13) 특히 독일은 황제 빌헬름 2세의 동생인 하인리히(Heinrich)의 서울 방문(6월)을 기회로 거듭 경원철도 부설 허가를 요청했다. 한반도에서 유럽 열강이 철도권익을 얻을까봐 우려한 일본은 독일의 이 같은 움직임을 경계해야 했다. 아오키는 6월 14일, 히오키에게 독일의 경원철도 부설권 획득을 방해하라고 명했고, 그 다음날 그 구체적인 방법으로서 일본도 경원철도 부설권을 한국에 요구하라고 훈령했다.[14] 그러나 한국 정부는 6월 17일에 한국인 브로커 박기종이 세운 대한철도회사에 서울에서 원산을 지나, 경흥까지 이르는 철도 부설권을 주었다. 그 결과 6월 19일에 한국은 일본에게 경원철도 부설 불허를 통고하였고, 독일 또한 이를 얻을 수 없게 되었다. 대한철도회사의 실체는 경부·경인철도 공사용 자재와 인부를 주선하는 용달회사로서, 철도를 건설할 자본도 기술도 갖고 있지 않았다. 그런데도 한국 정부가 이 같은 회사에 철도 부설권을 준 것은 열강의 철도권익 획득 경쟁을 억눌러 경원철도 부설권이 열강의 손에 넘어가는 것을 막기 위해서였다고 생각된다.[15]

그러나 독일은 한국이 하인리히의 요구마저 거부했음에도 경원철도의 부설권 획득을 포기하지 않았다. 그리하여 일본으로서도 자연 독일을 계속 경계하게 되었다. 8월 1일, 아오키 외상은 한국 주재 하야시 공사에게 독일의 부설권 획득을 방해하라고 명하였다. 8월 12일, 하야시 공사는 한국 정부에 조회한 결과를 보냈다. 그에 따르면, 한국 정부는 경의·경원 두 철도를 스스로 건설할 의사가 있으며, 두 철도의 건설을 포함하여 한반도의 철도 부설권을 외국에 허가하지 않을 것임을 거듭 확인하고 있다.[16] 이 조회는 한국 정부의 방침을 재확인한 것이었으나, 허가 불허 대상에 일본도 포함시킴으로써 독일에 대해 한국이 철도 부설권을 허가하지 않을 것임을 확약케 만들어, 독일의 경원철도 부설권 요구를 봉쇄하려는 것이었다. 그러나 8월 30일에 독일이 경원철도와는 별도로 서울~평양과 평양~원산 구간의 철도 부설권을 한국에 요구했다는 소식이 전해졌다. 그리고 9월 5일에는 독일의 이 같은 새 철도 부설권 요구가 진남포에서 평양을 거쳐, 원산에 이르는 한반도 북부 횡단철도라는 것이 판명되었다. 하야시 공사는 한국 정부에 대해 이를 독일에게 허가하지 말도록 강력하게 요청하였다. 일본의 이러한 요청 때문에 한국으로서도 독일의 요구에 응할 수 없어, 결국 9월 8일에 한국 정부는 독일에게 철도 부설을 불허한다고 회답하였다.[17]

이상과 같은 과정을 거쳐, 경의·경원 두 철도의 부설권은 결국 대한철도회사에 허가되었다. 이에 따라 한반도 북부에서 열강의 철도 부설권 획득 경쟁은 다시 한번 중단되었다. 이는 경부·경인철도 문제를 포함하여, 청일전쟁 이후에 한반도가 일본과 각 열강의 철도 건설 경쟁의 무대가 되면서, 한국 정부가 외압을 배제하며 스스로 철도를 건설할 것을 분명히 밝혔기 때문이다.

3. 경의철도 차관 계약의 성립

경의·경원철도를 둘러싸고 전개된 일본과 열강의 부설권 획득 경쟁은 1900년이 되면서 그 이전보다 훨씬 진정되어 갔다. 여기에는 의화단사건이 일어나 열강의 관심이 중국으로 향함으로써 한국에 대한 관심이 줄어들었다는 국제적 요인도 있으나, 무엇보다도 한국 정부가 스스로 경의·경인철도의 자력 건설 방침을 명확히 밝혔다는 요인이 크게 작용했다고 볼 수 있다.

한국 정부는 1899년 6월 경원철도 부설권을, 7월에는 경의철도 부설권을 잇달아 대한철도회사에 주었으나, 9월에는 서북철도국을 설치하여 경의철도를 스스로 부설하고자 하였다. 서북철도국은, 일본이 건설하는 경부·경인철도에 대한 감독 관청으로서 한국철도원이 그해 4월에 설립된 것처럼, 대한철도회사의 경의·경원철도 건설에 대한 감독권만을 가지고 있을 뿐 경의철도를 직접 건설할 처지는 아니었다. 그러나 대한철도회사는 경의철도 부설권을 따내기는 하였지만 그것을 실제로 건설할 기술도 자본도 없었기 때문에, 철도권익을 보호하려면 한국 정부가 스스로 건설에 착수해야 했다.[18] 그러므로 겉으로는 경의철도를 한국 정부와 민간회사가 따로 건설을 한다는 것이었으나, 대한철도회사는 사실상 착공이 불가능하였으므로 서북철도국이 공사를 시작하였다. 피브릴사의 부설권이 소멸할 무렵에 프랑스와 주고받은 약속에 따라 서북철도국은 프랑스인 기사를 고용하였으나, 해관 수입을 담보로 한 프랑스의 자재 매입은 거절했다. 프랑스로부터 기술 원조를 받은 서북철도국은 먼저 서울~개성 구간의 측량에 착수하여, 1901년 7월에 끝냈다.[19]

그러나 서북철도국이라 해도 경의철도 건설 자금을 조달하는 데는 커다란 어려움이 있었다. 그래서 서북철도국 감독 이용익(李容翊)은 한국 정부의 자금이 허용하는 한 건설을 추진할 예정이었다. 이에 대해 고무라는 1901년 10월 4일, 경의철도가 경부철도와 접속하여 한반도의 간선철도가 되고 앞으로 만주의 철도와도 연결될 것임을 거듭 강조하며, 경의철도 부설권의 매수 가능성을 보고하라고 하야시에게 명하였다. 10월 17일, 하야시는 먼저 이용익과 회담하여 경의철도 부설권 양도에 관한 의견을 구하였다. 이용익은 자력 건설의 결의를 드러내면서도, 일본이 한국에도 이익이 되는 차관 계약을 제안한다면 그에 응할 것이라는 의향을 보였다. 한편 프랑스에 대해서도 10월 19일, 하기와라 슈이치 서기관이 프랑스 공사관에 르 페브르(G. Lefèvre) 서기관(이용익과 더불어 서북철도국의 감독을 맡고 있었다)을 방문하여 일본이 건설 자금을 제공하는 데 대한 의견을 구하였다. 르 페브르는 경의철도 준공에는 외국으로부터 자금 도입이 필요함을 인정하며, 일반적으로 한국의 실정을 잘 모르는 열강의 자본가는 위험을 무릅쓰고 투자하지 않을 것이기 때문에 일본이 출자하는 것에 반대하지 않는다고 응답하였다. 그리고 그 결과 프랑스가 기득권을 잃게 되는 것은 상관하지 않겠다고 하면서도, 그에 대한 대가를 요구했다.[20] 이는 프랑스 쪽에도 경의철도 건설 자금이 부족했음을 나타내 주며, 서울~개성 구간은 말할 것도 없고 경의철도 전 구간의 준공이 자금 면에서도 불가능했음을 말해 주는 것이다. 그러나 일본으로서도 자금 부족으로 경부철도 착공이 늦추어져 8월이 되어서야 겨우 시작할 정도였다. 그리하여 하야시는 경의철도 전 구간을 사들일 자금의 여유는 없으니, 서울~개성 구간의 건설 자금만을 한국에 빌려주고, 한국 정부로부터 상환이 불가능해졌을 때 그 대상(代償)으로 경의철도 전 구간의 부설권을 얻어내자고 고무라에게 제안하였다. 고무라는 원칙적으로는 이에 찬성하면서도 한국에 대한 구체적인 대부 금액에 대해서는 승인하지 않았다.[21]

한반도에서 철도 건설 자금의 부족 현상은 경부·경인철도에서 그러했던 것처럼 경의철도에서도 뚜렷했다. 그래도 경부·경인철도의 경우에는 표준궤로 건설에 착수하였으나, 서북철도국의 설계에서는 경의철도에 협궤를 채용하기로 되어 있었다. 르 페브르는 장차 이를 표준궤로 변경할 예정임을 역설하였으나, 경부철도와 다른 궤폭으로 경의철도가 건설되는 것은 분명 야마가타가 구상하는 한반도 종단철도 건설에 부적절하였다. 그러나 서북철도국은 1902년 3월 14일 협궤로 경의철도 공사를 시작했다.[22] 그런데 한국의 철도 궤폭은 1896년 7월의 칙령 제31호에 따라 표준궤로 통일한다고 결정된 바 있다. 그리하여 4월 23일, 하야시는 이 칙령에도 불구하고 경의철도에 협궤가 채용된 모순을 한국 정부에 항의하였다. 고무라도 한반도 철도망에서 경부철도와 연결을 위해서라도 궤폭의 통일이 필요함을 인정하고 이 점에 관해 계속해서 한국과 교섭할 것을 하야시에게 명하였다.[23] 일본이 궤폭 통일이라는 문제에 집착한 이유는, 이 문제가 서북철도국과 프랑스에 의해 진척되고 있는 경의철도 건설에 대해 발언할 수 있는 유일한 문제였다는 점도 있으나, 장차 예정된 경의철도의 궤폭 변경이 표준궤가 아닌, 광궤로 바뀔 가능성도 남아 있었기 때문이었다. 또한 일본이 궤폭 통일에 집착한 것은 한반도 종단철도를 한국 경영의 동맥으로 삼기 위해서뿐만 아니라, 프랑스의 배후에 있는 러시아를 경계한다는 목적도 있었다. 당시 러시아는 의화단사건을 계기로 만주를 군사 점령한 채 그대로 주둔하고 있어 위협적이었기 때문이다.

서북철도국이 경의철도 공사를 시작했음에도 불구하고, 하야시는 공사가 준공되리라고는 생각하지 않았다. 처음부터 자금 부족이 명백한 이상 착공은 오히려 형식적이며, 서울~개성 구간이 예정대로 개통될 리가 없었기 때문이다. 5월 8일, 서북철도국은 하야시도 초빙하여 성대한 기공식을 거행했다. 그럼에도 하야시는 자금 부족으로 공사가 중단되고 최종적으로는 일본이 경의철도 부설권을 따내게 될 것으로 확신했다. 그리하여 하야시는 대한철도회사와 출자 계약 교섭을 벌였다. 그 결과 1902년에 계약의 초안이 잡혔고, 다이이치은행은 공사 자금의 대부 계획을 마련하였다.[24] 1903년 1월이 되자 하야시가 예상한 대로 서북철도국의 공사는 중단되었고, 대한철도회사를 통해 일본이 경의철도를 건설할 가능성은 더욱더 높아졌다. 그러나 문제는 경의철도 건설에 서북철도국이 관여해 온 한편, 대한철도회사도 서북철도국에 의한 공사와 관계없이 부설권 획득을 추진해 왔으므로, 대한철도회사가 착공하려면 먼저 서북철도국의 공사를 중지시킬 필요가 있었다. 더욱이 대한철도회사에 주어진 부설권의 유효 기간은 이듬해인 1904년 7월까지이므로, 남은 1년 반의 준비 기간에 공사를 시작하기란 불가능했다. 서북철도국이 존재하는 한, 대한철도회사에 주어진 기공 기한의 연장은 생각할 수 없었으므로, 서울의 하기와라 대리공사는 서북철도국의 폐지를 당면 과제로 삼아야 한다고 고무라에게 보고하였다. 이 같은 상황에서 고무라는 실제로 기공 기한의 연장을 인정하지 않는 한 어떤 계약도 효과가 없다고 지적하면서, 대한철도회사와 진행해 오던 교섭을 중지하라고 명하였다.[25)

그런데 2월 16일, 갑자기 러시아는 한국에게 경의철도 부설권을 요구하며 서북철도국과 교섭을 시작하였다. 서울에 귀임한 직후였던 하야시는 그 다음날 바로 한국 정부에 다음과 같은 문제를 정식으로 제기하였다. 즉 러시아에게 경의철도 부설권을 주는 것은 동아시아의 안전보장상 묵과할 수 없는 일이며, 러시아가 부설권을 요구한 이유로 일본의 경부철도 건설을 들고 있지만, 경부철도는 한일잠정합동조관 이래 일본의 정당한 권리임에 반해, 러시아는 경의철도에 관해 그와 같은 권리를 갖고 있지 않음을 지적한 것이다.[26) 이어 2월 18일에도 고무라는 다음과 같은 내용을 하야시에게 전하였다. 즉 경의철도 부설권이 오랫동안 일본의 현안이었으며, 경의철도와 경부철도의 연결을 긴밀히 할 필요가 있으므로 경영 모체는 같아야 한다는 점, 그리고 경의철도 부설권을 외국에 줄 경우 일본이 먼저 교섭 제의를 받을 입장에 있다는 점이 그것이다. 고무라는 그 다음날에도 러시아의 요구에 관해 하야시에게 주의를 주었다. 요컨대 러시아의 목적은 두 가지라는 것이다. 즉 러시아가 스스로 경의철도를 건설하기 위해서이거나, 아니면 일본이 독일의 경원철도 부설권 요구를 한국 정부를 통해 막았던 것처럼, 러시아의 요구를 한국이 거절함으로써 일본에 허가하는 것을 막기 위한 포석으로 삼는다는 것이다. 그러나 러시아의 요구는 어찌되었든 일본의 경의철도 부설권 획득에 커다란 영향을 미쳐, 경의철도가 러시아에 대한 교차권익임을 새삼 보여주게 되었다. 한편 대한철도회사도 2월 18일 한국 정부에게 러시아의 요구를 거절해 달라고 청원하였다. 대한철도회사는 서북철도국의 서울~개성 구간 공사를 본래 자신들이 해야 할 공사의 일부로서 묵인해 왔으나, 러시아에게 경의철도 부설권을 허가하면 자사가 이미 얻은 특허와 중복된다는 점을 그 이유로 들었다.27) 대한철도회사로서도 일본과 출자계약 교섭이 중단된 상태였고, 또 스스로 경의철도를 건설할 만한 자금도 기술도 없는 상태에서, 자사와는 관계없이 경의철도 부설권이 러시아에 주어지는 것에는 강하게 반대할 수밖에 없었다.

이 같은 일본의 반대에 부딪친 한국 정부는 2월 20일, 러시아의 요구를 거절하였다.28) 다음날 하야시는 서울 주재 러시아 공사와 회담하였다. 러시아 쪽은 한국이 러시아의 요구를 거부하고 있다고 밝히면서 일본의 경의철도에 관한 방침을 물었다. 이에 대해 하야시는 경의철도가 경부철도와 일원화되어 경영되어야 한다는 점과, 1896년 경의철도 부설권이 프랑스에 주어졌던 때와는 달리 일본의 관심이 경부철도에서 경의철도로 바뀌었음을 강조했다. 이 회의를 통해 중단된 상태였던 대한철도회사와의 출자 계약 교섭을 재개하여 간접적으로라도 경의철도 부설권을 따야 할 필요성을 감지한 하야시는 이 점도 함께 고무라에게 보고하였다. 2월 23일에 러시아는 경의철도 부설권 획득을 단념하고 그 요구를 철회하였다. 그럼에도 고무라는 러시아의 동향에 계속해서 주의를 기울이라고 하야시에게 명하였다.29) 이렇게 하여 러시아의 경의철도 부설권 획득은 실패로 끝났다. 그러나 러시아의 이 같은 돌연한 요구는 일본에게 경의철도 문제를 조속히 해결할 필요가 있음을 보여주었다.

1903년 3월 10일, 고무라는 전년 12월에 맺은 영남철도회사와의 출자계약 전례에 따라, 경부철도 지선이 되는 마삼선의 부설권을 사들일 때와 같은 방법으로 대한철도회사와 출자 계약을 성립시켰다. 이로써 경의철도 부설권을 따내려던 하야시의 방침이 받아들여졌으나, 고무라는 하야시에게 기공 기한의 연장 문제를 특히 유의하라고 명하였다.30) 2개월 전에 대한철도회사와의 교섭을 중단하게 만든 기공 기한의 연장 문제는 여전히 미해결인 채로 남아 있었다. 그러므로 출자 계약을 성립시키려면 서북철도국을 단지 경의철도 건설을 위한 감독 관청으로 남게 하고, 서북철도국과 프랑스 사이에 합의된 기술자 고용과 자재 구입에 관한 약속을 해제시키는 것도 필요했다.

서북철도국에 의한 서울~개성 구간 공사는 1월 이래 중단된 채로 남아 있었으나, 3월 23일에 서북철도국 총재에 임명된 이용익은 고종 황제에게 공사 재개를 상주하였다. 이로 말미암아 대한철도회사는 서북철도국을 감독 관청으로 하여 공사를 자사에 일임한다는 내용으로 한국 정부로부터 허가를 얻으려 했으나, 실패하고 말았다.[31] 6월이 되자 서북철도국은 공사 재개에 필요한 자재를 피브릴사로부터 구입한다고 결정하였다. 그 대금은 4년 동안 매년 나누어 지불하기로 하였는데, 경부철도회사가 시험적으로 계산한 것보다도 높은 금액이었다. 이는 경의철도에 대한 기득권이 소멸될 것을 예상한 피브릴사가 그때까지의 손해를 메우려고 수수료를 대폭 가산했기 때문으로 생각되었다.[32] 그러나 이는 프랑스가 경의철도의 기득권을 포기한다는 것을 뜻하며, 르 페브르도 경의철도 부설권이 일본에 주어지는 것에 반대하지는 않았다. 이에 프랑스는 1896년 이래 가지고 있던 경의철도에 관한 모든 특권을 잃게 되었고, 그뒤로는 경의철도 문제에 관여하지 않았다.

경의철도에 대한 프랑스의 특권이 완전히 사라지고, 서북철도국도 중단 상태에 있던 경의철도 공사를 재개할 전망을 보이지 않자, 7월 13일 칙령에 따라 대한철도회사에게 경의철도 건설을 인가한다는 결정이 내려졌다. 이에 따라 일본은 대한철도회사와 차관 계약을 성사시킴으로써 경의철도 부설권을 얻을 수 있게 되었다. 그러나 하야시는 오히려 일본의 출자금만 늘고 끝내 경의철도가 완성되지 못할까봐 우려하였다. 허나 러시아의 한반도 침입을 막는다는 일본의 대러시아 정책의 기본 과제에서 경의철도가 차지하는 중요성을 그도 충분히 인정하였다. 왜냐하면 자금 부족으로 경부철도의 공사가 지연되고 있는 상황에서, 일본으로서는 거기에 더해 경의철도까지 건설할 재정적 여유가 없었을 뿐만 아니라, 또한 무엇보다도 러시아가 경의철도 부설권을 한국에 요구해 왔기 때문이다. 더욱이 한국 내의 이 같은 움직임에 대응하여 러시아는 7월 16일, 거듭 경의철도 부설권을 한국에 요구하였다. 하야시는 한국이 러시아의 요구를 다시 거부하리라고 확신하였지만, 대한철도회사가 부설권을 허가받는 데 영향이 미치지 않을까 경계하였다. 하야시가 예상한 대로 7월 18일에 한국은 경의철도를 스스로 건설할 것임을 명확히 하며 거듭 러시아의 요구를 거부하였다.33) 러시아는 경의철도 문제에서 일본에 뒤쳐짐으로써 부설권 획득에 실패하게 된 것이다. 그러나 고종 황제가 서북철도국에 내린 칙령에 따르면, 대한철도회사에 인가한 공사는 경의철도의 전 구간이 아닌 서울~평양 구간에만 해당하며, 평양 이북은 여기에 포함되지 않았다. 더욱이 이는 공사만을 허가했을 뿐이며, 경영권까지 인정한 것은 아니었다. 칙령이 일본에게 불만족스러운 내용이 된 까닭은 고종 황제가 러시아의 압력을 두려워했기 때문이라고 관측되었다. 어쨌든 고무라가 하야시에게 명한 것처럼 일본으로서는 경의철도 문제를 빨리 매듭지을 필요가 있었다.34)

위의 칙령에 따라 서북철도국과 대한철도회사가 협의한 결과, 두 회사는 8월 19일에 먼저 서울~평양 구간의 공사 가운데 서울~개성 구간을 대한철도회사가 전담할 것과, 개성~의주 구간에 대해서는 나중에 결정한다는 데 합의하였다. 이에 대한철도회사는 전년도 12월의 마삼선에 관한 차관 조건에 준하여 경의철도에 대한 차관 계약안을 일본에 제시하였다. 9월 6일에 고무라가 이 계약 조건에 따른 조인을 허가함으로써 9월 8일에 경의철도의 차관 계약이 이루어졌다. 이 계약에서 주목할 것은, 서북철도국과 대한철도회사의 합의에 따르면 개성~의주 구간 건설이 장래의 문제로 남은 데 비해, 차관 계약에서는 이 구간도 장래의 차관 대상으로 넣고 있다는 점이다. 또 경의철도와 함께 대한철도회사에 부설권이 주어진 경원철도도 경의철도 차관 계약에 따른 약관 제2조에 따라 부설 우선권이 일본에 주어졌다.[35] 경의·경원철도 문제는 경부철도와 달리 프랑스를 비롯한 독일, 러시아와 경쟁을 거쳐 최종적으로 일본이 그 부설권을 따내게 되었다. 그만큼 경의·경원철도가 권익으로서 갖는 가치는 중요했다고 할 수 있다. 그 결과 일본은 이미 얻어낸 한반도 남부의 철도권익을 거점으로, 거기에 경의·경원철도를 연결함으로써 일본의 세력을 한반도 전역에 확대할 수 있게 되었다.

4. 경의철도 연장선 문제와 러·일 교섭

경의철도 건설 문제가 점차 일본에게 유리한 방향으로 움직이기 시작한 1903년 6월, 가쓰라 내각은 대러시아 정책 가운데 한·만 문제 처리에 고심하고 있었다. 그 처리에 고심하게 된 것은 러시아가 의화단사건 종결 뒤에 만주에서 철병을 중지하였을 뿐만 아니라, 로젠-니시 협정의 합의에도 불구하고 한반도 진출을 재차 활발히 해 왔기 때문이었다. 6월 23일, 고무라는 만주에서 러시아의 군사적 위협이 한국의 안전에 영향을 미치는 것을 방지하고자 '한만교환'을 기조로 한 러·일 협상안을 어전회의에 제출하였다.[36] 이 고무라 안(案)에서 특히 주목되는 것은, 제3조에서 경의철도를 신의주에서 만주 남부로 연장하여, 러시아가 건설하고 있는 동청철도 남만주지선을 가로질러 영구(營口)에서 영국의 경봉철도 우장지선과 접속하는 철도, 즉 영의(營義)철도를 일본이 건설하는 것을 러시아가 방해하지 못하도록 요구하기로 한 점이다. 그러나 러시아는 이미 1898년 5월의 관동주조차조약 추가협정에서 동청철도 남만주지선에서 압록강까지 철도 부설권을 얻은 바 있다. 러시아는 1903년에 이르러서도 이 철도 건설에 착수하지 않았으나, 러시아의 이 기득권과 고무라의 영의철도 건설 구상은 정면으로 충돌하는 것이었다. 그리하여 영의철도는 경의철도와 마찬가지로 러·일 사이에 대립하는 권익이 되었다.

이미 서술한 바와 같이, 7월이 되어 러시아의 경의철도 부설권 요구가 최종적으로 한국 정부로부터 거절된 뒤, 7월 28일에 고무라는 동아시아에서 러·일 두 나라의 권익을 획정하기 위한 교섭 시작을 러시아 정부에 개진하라고 구리노 신이치로(栗野愼一郎) 공사에게 명하였다. 7월 31일 구리노는 람스도르프 외상을 만나 이 제안을 전하였다. 구리노 공사가 람스도르프로부터 원칙적인 이해를 얻게 되자 고무라는 8월 3일에 러·일 협상안을 구리노에게 보냈다. 러시아 황제가 정식으로 교섭 시작을 승낙한 다음날인 8월 6일, 고무라는 러·일 협상안을 러시아에 제출하라고 구리노에게 훈령하였다. 고무라 안은 8월 12일에 람스도르프에게 전달되었다.37) 일본은 이에 관한 러시아의 회답을 기다렸다. 그뒤 러·일 사이에서는 교섭 장소의 선정을 둘러싼 교섭이 이어졌고, 러시아 쪽 대안(對案)이 제시된 것은 10월이 되어서였다.

그 사이 9월 8일, 서울에서는 경의철도 차관 계약이 조인되어 경의·경원 두 철도의 부설권이 일본에 주어졌다. 일본은 경부철도에 이어 한반도 남부에서 북부까지 철도권익을 확대하는 데 성공한 셈이다. 이 무렵 경부철도회사의 창립위원으로서 시부자와와 함께 한반도에서 일본의 철도 건설에 힘써 온 다케우치 쓰나는 경의·영의 두 철도회사의 설립취지서를 고무라에게 제출하였다.38) 이 계획은 그뒤 이어지는 러·일 교섭의 결렬과 전쟁의 발발로 말미암아 실행에 옮겨지지는 못했다. 그러나 이 취지서에 묘사된 철도 부설 계획에서 우리는 러일전쟁 동안과 전쟁 뒤에 이루어진 일본의 만주철도 건설의 원형을 찾아볼 수 있다. 이를테

면, 영의철도에 관해서는 이미 고무라가 러·일 교섭의 의제로 제기하였
는데 그 내용은 다음과 같다. 즉 신의주에서 압록강을 건너 만주로 들어
가서, 안동에서 대고산(大孤山)을 거쳐 대석교(大石橋)까지 뻗어나가, 그
곳에서 동청철도 남만주지선과 엇갈려 요하(遼河)의 왼쪽 기슭에 있는 영
구까지 연장, 영구에서 요하의 맞은 편 해안까지 건설되고 있는 경봉철
도 우장지선과 연결하려는 것이다. 다음 장에서 서술하는 바와 같이, 이
노선은 러일전쟁 중에 육군 철도감부(鐵道監部)가 군용 경편(輕便) 철도
로 건설하기 시작하였고, 전선(戰線)의 북상과 전개에 맞추어 부설 계획
도 안동~봉천 구간으로 바뀌어 뒤에 안봉철도가 되었다.[39] 한편 경원철
도에 관해서도 다케우치는 영의·경의 두 철도회사의 창립취지서에서
경원철도를 청진까지 연장하여 회령을 거쳐, 길림에 이르는 철도로 만들
필요성을 강조하였다. 이 노선은 뒤에 길회(吉會)철도로 건설된다. 이처
럼 경의철도 차관 계약의 성립은 한반도 북부에서 일본의 철도권익 확대
를 가져왔을 뿐만 아니라, 한반도에서 만주로 진출하는 철도 건설의 가
능성에도 눈을 뜨게 만들어, 일본이 만주에서의 철도권익을 희구하는 시
초가 되었다. 그렇지만 이같이 만주에서 철도를 부설한다는 계획은 일본
이 한반도에서 만주로 적극적인 진출을 하는 것이라기보다는, 오히려 만
주 남동부에 일본이 진출함으로써 러시아가 한반도에 쉽게 진입하는 것
을 막기 위한 것이어서, 반드시 적극적인 것이라고는 볼 수 없었다. 그럼
에도 이 같은 철도권익의 추구는 이미 서술한 바와 같이 러시아가 이미
갖고 있던 권익과 충돌했다. 따라서 고무라의 러·일 협상안에서 일본의
대러시아 요구항목이었던 영의철도 건설 문제는 당연히 러·일 교섭에서
주요한 대립 요인이 되었다.

8월 12일에 구리노가 람스도르프에게 러·일 협상안을 제출한 뒤, 러·
일 사이에는 교섭 장소 선정을 둘러싼 교섭이 계속되었다. 9월 7일 고무

라는 교섭 장소를 도쿄로 한다는 데 동의하며, 러시아 쪽에 대안 제출을 요구하라고 구리노에게 훈령하였다. 이를 받아들인 로젠 일본 주재 러시아 공사는 10월 3일, 러시아 쪽 대안을 고무라에 제시함으로써 러·일 교섭이 시작되었다.[40] 러시아는 대응안에서 한국의 독립과 영토 보전에 관해서는 일본의 주장에 동의하였다. 그러나 제6조에서 한반도 북부의 북위 39도 이북을 중립 지대로 하며, 제7조에서는 만주를 일본의 이익 범위 밖으로 할 것을 밝혔다. 이는 러시아가 일본의 영의철도 건설 계획을 거절한 것이며, 뿐만 아니라 일본의 경의철도 건설에도 반대하고 있음을 나타내는 것이었다. 즉 일본은 대한철도회사를 매개로 하여 경의철도 부설권을 얻어냈지만, 대한철도회사가 서북철도국으로부터 얻은 부설 허가는 서울~문성(門城) 구간뿐이었다. 그리고 개성(북위 38도, 평양은 북위 39도) 이북은 나중에 결정하기로 하였기 때문에, 러시아의 요구에 따라서 북위 39도 이북의 한반도를 중립 지대로 하는 것은 개성 이북의 경의철도 건설에 장해가 될 가능성이 있었기 때문이다. 이 때문에 고무라는 러시아의 대안에 전혀 동의할 수 없었다. 10월 6일과 8일, 이틀 동안 고무라는 로젠과 회담하였으나, 두 사람 사이에 타협의 여지는 없었다.[41] 10월 14일, 고무라는 로젠에게 러시아 안에 대한 일본 쪽 수정안을 제시했다. 여기에서 고무라의 주안점은 뭐니 뭐니 해도 제6조와 제7조였다. 제6조에서는 러시아가 말하는 중립 지대를 한반도 북부가 아닌 한·만 국경선 양쪽에 설정할 것, 제7조에서는 만주에서 중국의 주권을 존중하면서 러시아가 갖고 있는 만주의 특수 권익을 일본이 인정하는 대신, 러시아도 일본이 만주에서 갖는 상업의 자유를 승인할 것을 요구하며, 경의철도와 동청철도가 압록강까지 연장될 때는 두 철도의 연결을 방해하지 않을 것을 요구하였다.[42] 고무라의 이 수정안은 원안에 견주면 상당히 후퇴한 내용이었다. 이는 특히 영의철도의 건설을 단념할 수밖에 없었던 사실에서 분명히 확인할 수 있다. 경의철도 부설권을 일본이 얻어냈지만 현실적으로 착공도 하지 못한 상황에서, 경의철도의 연장선 위에 있는 영의철도를 일본이 건설하는 데 대해 러시아로부터 인정받으려는 고무라의 방침은 그 의도와는 상관없이 반드시 현실적인 것이었다고는 말할 수 없을 것이다.

10월 26일, 고무라와 로젠의 네 번째 회담에서 고무라의 수정안에 관한 논의가 이루어졌다. 이 논의에서 로젠은 개인적으로는 중립 지대 설정 문제에 관해 고무라의 수정안에 동의하였으나, 제7조와 관련한 만주 문제에 관해서는 찬성하지 않았다. 그러나 10월 30일, 고무라는 세 번째 회담에서 제출한 수정안에 추가해서 네 번째 회담 결과를 기초로 작성한 확정 수정안을 러시아에 통고한 뒤 그쪽의 회답을 기다렸다.[43] 11월 2일, 구리노는 오볼렌스키 외상대리와 회동하였는데, 오볼렌스키는 러·일 교섭이 난항을 겪는 이유로 한·만 철도의 접속 문제를 지적하였다. 마침내 11월 12일, 구리노는 오볼렌스키에게 한·만 철도의 접속 문제에 관해서는 이미 일본 쪽에서 양보했다고 반박하였으나, 람스도르프는 철도 문제를 포함한 만주 문제 전체에 관한 일본의 요구를 인정하려 하지 않았다. 11월 22일, 구리노와 람스도르프는 다시 회담하였으나 만주 문제를 둘러싸고 합의에 이르지는 못했다.[44]

그뒤 러시아로부터 회답이 늦어졌고, 12월 1일에 고무라는 회답을 독촉하라고 구리노에게 명하였다. 러시아의 회답은 12월 11일 로젠에 의해 고무라에게 제출되었다. 그러나 그 내용은 10월 5일에 로젠이 제시한 러시아 쪽 대안과 거의 차이가 없는 데다가 만주 문제에 대해서는 전혀 언급하지 않고 한국 문제만으로 한정하였다. 즉 한·만 철도 접속 문제는 빠져버렸고, 중립 지대 문제에 관한 일본의 수정안은 거부되었다. 12월 21일, 고무라는 한반도 북위 39도 이북을 중립 지대로 하는 항목을 삭제할 것을 다시 한번 로젠에게 요청하였다.[45] 이에 대해 그 다음해인 1904년 1월 6일 러시아는 일본이 실제로 만주 진출을 단념할 것을 대가로 요구함으로써 결정적으로 러·일 교섭은 결렬되었다. 고무라로서는 영의철도 건설 문제가 이미 철회되었기 때문에 일본의 만주 진출 가능성은 점점 줄어들었다고 생각했으나, 그렇다고 해서 러시아의 독점적인 만주 경영을 승인할 수는 없었다. 또 중립 지대 설정 문제도 그 배후에 경의철도 문제가 있었기 때문에 고무라로서도 양보한다는 것이 불가능했다. 1월 12일, 어전회의에서는 일본 쪽의 최종안이 논의되어, 이 두 가지 문제를 중심으로 거듭 러시아의 양보를 요구하기로 했으나, 러시아는 회답을 보내오지 않았다. 일본 정부는 2월 4일의 각의에서 교섭 중단과 개전을 결정하였다.[46]

이렇게 하여 1903년 8월 이래 약 반년에 걸쳐 이루어진 러·일 교섭이 결렬되고 말았다. 이는 동아시아에서 일본과 러시아의 세력 범위를 획정하는 과정이었다. 동시에 그것은 일본과 러시아가 한반도와 만주에서 각자가 갖고 있는 철도권익을 방어하려 함에 따라 충돌할 수밖에 없었던 과정이기도 했다.

5. 맺음말

경의철도 부설권이 일본의 손에 들어감에 따라 일본은 한반도 북부에서도 그 세력을 넓혀나갈 수 있게 되었다. 이는 동시에 1891년 이래 영·러·일 3국 사이에 만주와 한반도에서 계속 벌여 온 철도 건설 경쟁의 종식을 뜻했다. 즉 1891년이라고 하는 해는 중국에서 이홍장이 청국철로총공사를 설립하여 경봉철도의 원형을 구상하고 영국에 기술적·경제적 원조를 요청한 해였다. 러시아에서는 위떼 재무상이 시베리아철도 건설을 계획하여 거대한 철도 건설을 시작한 해이다. 그 다음해에는 일본도 한반도에서 철도 건설을 구상한 육군의 요구를 받아들여 무로타 부산 주재 총영사가 서울~부산 노선을 답사하였다. 이렇게 시작된 철도 건설 경쟁은 1898년이 되면 러시아가 동청철도 남만주지선의 부설권을 획득한 데 이어, 영국은 경봉철도의 산해관에서부터 신민둔까지의 구간과 영구까지의 지선에 대해, 그리고 일본은 경부철도에 대해 저마다 차관 계약을 성립시켰다. 이로써 만주와 한반도에서 간선철도 부설권은 한반도 북부, 즉 경의철도를 제외하고, 영·러·일 3국에 의해 분할되었다.

제2장에서 서술한 것처럼, 그뒤 1900년에 발발한 의화단사건에서는 경봉철도뿐만 아니라 동청철도도 파괴되었다. 경봉철도는 거의 전 구간이 러시아의 군사적 관리 아래 놓이게 되었으나, 사건이 수습되어 가면서 원 상태로 복귀되었다. 1903년 가을에는 신민둔~봉천 구간을 제외한 경봉철도 전 구간이 개통되었다. 또 경봉철도 개통을 앞뒤로 단선이긴 하지만 시베리아철도·동청철도도 준공됨으로써 유럽과 동아시아가 철도로 연결되었다. 한편 일본의 경부철도 건설은 자금 부족으로 공사가 지연되었으나, 경부철도 부설권을 따냄으로써 일본은 오랜 현안인 한반도 종단철도를 건설하게 되었다. 이렇게 하여 이 장에서 서술한 바와 같이 경의철도 문제를 끝으로 1892년 이래 한반도를 둘러싸고 전개된 철도 부설권 획득 경쟁은 끝을 보게 되었다.

철도 부설권을 둘러싼 획득 경쟁이 경의철도를 마지막으로 끝났다고는 하지만, 러시아가 가지고 있는 동청철도 남만주지선과 압록강을 연결하는 철도는 아직 착공조차 되지 않았다. 일본이 획득한 지 얼마 되지 않은 경의철도 또한 착공에 들어가지 않았으므로 압록강을 사이에 둔 남만주 동부와 한반도 북부는, 러·일 교섭에서 나타난 것처럼 일본의 영의철도 건설 요구를 낳고, 러시아의 한반도 북부의 중립화 요구를 낳아, 다시 한번 러·일의 세력권 확장의 무대가 되었다. 그러므로 이 장에서 서술한 바와 같이 러·일 교섭이 결렬된 원인에는 철도 문제가 있었으며, 한반도 북부에서 남만주 동부에 걸쳐 철도권익을 둘러싼 러·일의 대립이 개전의 배경이 되었음을 지적하고 싶다. 그리고 이로 말미암아 러일전쟁 때 지상전은 주로 두 나라의 철도권익이 교차하는 한반도 북부에서 남만주 동부에 걸친 지역에서 전개되었던 것이다.

이처럼 러일전쟁 개전에 이르는 국제관계를 철도 문제라는 관점에서 정리해 보면 또 하나의 명확한 사실을 발견할 수 있다. 그것은 철도 '궤폭'의 문제이다. 이미 서술한 것처럼, 동청철도의 궤폭은 동청철도부설 계약 제3조에 따라 시베리아철도와 같은 광궤가 사용되었다. 이에 견주어 영국의 경봉철도나 일본의 경부철도는 표준궤로 건설되었으므로 경의철도도 표준궤로 건설되는 것이 당연했다. 이에 1891년 이래 만주와 한반도에서 영·러·일 3국이 벌인 철도 건설 경쟁은 광궤와 표준궤라는 서로 다른 궤폭으로 철도권익을 확대하려는 항쟁이었다고 바꾸어 말할 수 있다. 왜냐하면 시베리아철도와 동청철도를 통한 러시아의 동아시아 진출 자체가 일본과 영국에게는 위협으로 인식되었기 때문에, 러시아의 광궤 철도가 화북지방과 한반도까지 진출하는 것을 막으려면 궤폭을 달리하여 경부·경의철도와 경봉철도를 건설할 필요가 있었기 때문이다. 이로부터 영일동맹(표준궤) 대러시아(광궤)라고 하는 도식이 성립된다. 결국 러일전쟁은 광궤와 표준궤에 따른 철도 항쟁이었으므로, 일본이 승전함으로써 남만주철도의 철도 궤폭은 광궤에서 표준궤로 통일될 수 있었던 것이다.

일본에게 시베리아철도와 동청철도의 개통은 바로 야마가타 아리토모의 우려가 현실이 된 것이었다. 야마가타는 이에 대항하고자 부산에서 신의주에 이르는 한반도 종단철도를 생각하였다. 시베리아철도와 동청철도가 모두 개통되어 동아시아로 러시아의 군사 수송이 늘어나면, 일본으로서는 러시아보다 군사적 대립에서 불리해질 것이 자명했기 때문이었다. 이 와중에, 1903년 5월에 천황을 알현한 오야마 이와오 참모총장은 시베리아철도와 동청철도가 개통되더라도 군사 수송이 충분히 그 기능을 발휘하기 전에 만주의 러시아군을 공격할 필요가 있음을 보고하며, 조기 개전을 주장하였다.[47] 이는 일본 쪽의 대러시아전 개전 동기에서도 철도 문제가 커다란 영향을 미쳤음을 나타내는 것이다.

이처럼 20세기 벽두의 만주와 한반도에서 철도 문제는 여러 측면에서 일본과 러시아가 충돌할 수밖에 없는 정세를 만들어내어 러·일 개전의 원인을 형성하였다.

---

*주 ————————————————————————————————

1) 大山梓 편, 《山縣有朋意見書》, 223-225 ; 田保橋潔, 앞의 논문.

2) 1896년 5월 7일, 서울 주재 고무라 공사가 보낸 전보(번호 없음)(《外史》 1·7·3·11) ; 〈경성~의주 구간 철도 부설에 관한 한국 정부 허가장〉《日外》 29, 350부속서).

3) 1896년 7월 9일, 북경 주재 하야시 공사에게 보낸 전보 제77호 ; 7월 20일, 하야시 공사에게 보낸 서신 기밀 제34호(이상 〈外史〉 1·7·3·35).

4) 朝鮮鐵道史編纂委員會 편, 《朝鮮鐵道史—第1卷(創始時代)》, 50-52.

5) 1896년 10월 16일, 서울 주재 가토 대리공사가 보낸 전보(번호 없음)(《外史》 1·7·3·11) ; 10월 20일, 가토 대리공사가 보낸 서신 기밀 제85호《日外》 29, 351).

6) 1896년 11월 18일, 서울 주재 가토 대리공사가 보낸 전보(번호 없음) (《外史》 1·7·3·4).

7) 1898년 3월 2일, 진남포 주재 오키(大木) 영사대리가 고무라 외무차관에게 보낸 서신 기밀 제6호《日外》 31-1, 94).

8) 1899년 5월 28일, 서울 주재 히오키 대리공사가 보낸 전보 제43호《外史》 1·7·3·11).

9) 1899년 5월 29일, 아오키 외상이 가쓰라 육군상에게 보낸 서신 기밀 제54호 ; 오야마참모총장에게 보낸 서신 기밀 제55호(이상 〈外史〉 1·7·3·11).

10) 1899년 5월 30일 / 6월 2일, 서울 주재 히오키(日置) 대리공사가 보낸 전보 제28호 / 제49

호(이상 〈外史〉 1 · 7 · 3 · 11).

11) 1899년 6월 28일, 서울 주재 히오키 대리공사가 보낸 서신 기밀 제54호《外史》 1 · 7 · 3 · 11).

12) 1899년 7월 14일, 서울 주재 하야시 공사가 보낸 서신 기밀 제63호(제2) 《外史》 1 · 7 · 3 · 23).

13) 1899년 4월 30일, 한국 주재 가토 공사가 보낸 전보 제25호《外史》 1 · 7 · 3 · 11).

14) 1899년 6월 6일, 한국 주재 히오키 대리공사가 보낸 전보 제42호《外史》 1 · 7 · 3 · 11) ; 6월 14일 / 15일, 히오키 대리공사에게 보낸 전보 제42호 / 제43호(이상 〈外史〉 1 · 7 · 3 · 23).

15) 1899년 6월 25일, 한국 주재 하야시 공사가 보낸 전보 제73호 ; 7월14일, 하야시 공사가 보낸 서신 기밀 제62호 ; 6월 20일, 한국 주재 히오키 대리공사가 보낸 전보 제70호 ; 6월 20일, 인천주재 이주인(伊集院) 영사가 보낸 서신 기밀 제13호(이상 〈外史〉 1 · 7 · 3 · 23).

16) 1899년 7월 14일, 한국 주재 하야시 공사가 보낸 서신 기밀 제63호(제1) ; 8월 1일, 하야시 공사에게 보낸 서신 기밀 제46호 ; 8월 15일, 하야시 공사가 보낸 서신 기밀 제76호(이상 〈外史〉 1 · 7 · 3 · 23).

17) 1899년 8월 30일 / 9월 5일 / 9월 8일, 한국 주재 하야시 공사가 보낸 전보 제121호 / 제123호 / 제126호 ; 9월 14일, 하야시 공사가 보낸 서신 기밀 제85호(이상 〈外史〉 1 · 7 · 3 · 23).

18) 朝鮮鐵道史編纂委員會 편, 앞의 책, 109-110; 〈서북철도국의 권한에 관한 이유서〉《日外》36-1, 659 부속서 1).

19) 1900년 11월 6일, 한국 주재 하야시 공사가 보낸 서신 기밀 제107호《日外》33, 147) ; 1901년 7월 4일, 하야시 공사가 보낸 서신 기밀 제71호《外史》 1 · 7 · 3 · 11).

20) 1901년 10월 4일 / 23일, 한국 주재 하야시 공사에게 보낸 서신 기밀 제66호 / 기밀 제111호(이상 《日外》 34, 469, 470).

21) 1901년 11월 18일, 한국 주재 하야시 공사가 보낸 전보 제36호 ; 11월 21일, 하야시 공사에게 보낸 전보 제111호(이상 〈外史〉 1 · 7 · 3 · 11).

22) 1902년 3월 22일, 한국 주재 하야시 공사가 보낸 서신 기밀 제48호《日外》 35, 261).

23) 朝鮮鐵道史編纂委員會 편, 앞의 책, 50-52 ; 1902년 5월 13일, 한국 주재 하야시 공사가 보낸 서신 기밀 제65호《日外》35, 262) ; 1902년 6월 3일, 하야시 공사에게 보낸 서신 기밀 제40호《外史》 1 · 7 · 3 · 11).

24) 1902년 3월 22일 / 5월 13일, 한국 주재 하야시 공사가 보낸 서신 기밀 제48호 / 제65호 (이상 《日外》35, 261, 262) ; 1903년 1월 12일, 한국 주재 하기와라 대리공사가 보낸 전보

제6호(이상 《日外》 36-1, 637).

25) 1903년 1월 15일, 한국 주재 하기와라 대리공사가 보낸 전보 제10호 ; 1월 29일, 하기와라 대리공사가 보낸 서신 기밀 제23호 ; 1월 13일 / 16일, 하기와라 대리공사에게 보낸 전보 제4호 / 제5호(이상 《日外》 36-1, 639, 641, 638, 640).

26) 1903년 2월 17일, 한국 주재 하기와라 대리공사가 보낸 전보 제62호; 〈하야시 공사가 이(李) 외부대신에게 보낸 러시아의 철도 특허 요구에 반대하는 통고서(通告書)〉(이상 《日外》 36-1, 643, 642 부속서).

27) 1903년 2월 18일 / 19일, 한국 주재 하야시 공사에게 보낸 전보 제28호 / 제31호(이상 《日外》 36-1, 646, 647); 〈러시아의 경의철도 요구는 대한철도회사의 특허와 충돌하므로 허용하지 말 것에 관한 청원 건〉(이상 《日外》 36-1, 652 부속서).

28) 〈러시아의 경의철도 요구에 대한 한국 정부의 회답〉《日外》 36-1, 654 부속서).

29) 1903년 2월 22일, 한국 주재 하야시 공사가 보낸 서신 기밀 제43호 ; 2월 23일, 러시아 주재 구리노(栗野) 공사에게 보낸 전보 제17호 ; 중국 주재 우치다(內田) 공사에게 보낸 전보 제24호(이상 《日外》 36-1, 652, 653) ; 2월 23일, 한국 주재 하야시 공사에게 보낸 전보 제32호(《外史》 1 · 7 · 3 · 11).

30) 1903년 3월 10일, 한국 주재 하야시 공사에게 보낸 서신 기밀 제13호(《日外》 36-1, 655).

31) 1903년 3월 28일, 한국 주재 하야시 공사가 보낸 서신 기밀 제59호(《日外》 36-1, 657).

32) 1903년 6월 19일, 한국 주재 하야시 공사가 보낸 서신 기밀 제105호(《外史》 1 · 7 · 3 · 11).

33) 1903년 7월 14일 / 18일 / 22일, 한국 주재 하야시 공사가 보낸 전보 제200호 / 제209호 / 제218호(이상 《日外》 36-1, 661, 662, 667).

34) 1903년 7월 20일, 한국 주재 하야시 공사가 보낸 전보 제211호 ; 하야시 공사가 보낸 서신 기밀 제123호 ; 하야시 공사에게 보낸 전보 제108호(이상 《日外》 36-1, 664, 666, 663).

35) 1903년 8월 24일 / 9월 3일, 한국 주재 하야시 공사가 보낸 전보 제261호 / 제289호 ; 9월 6일, 하야시 공사에게 보낸 전보 제139호 ; 9월 9일, 하야시 공사가 보낸 전보 제299호; 〈경의철도 부설에 관한 차관 계약서〉(이상 《日外》 36-1, 668, 675, 679, 680, 683). 경의철도 차관 계약을 조인할 무렵에 하야시는 다이이치은행 서울지점 지배인 다카키 마사요시를 일본 쪽 명의인으로 예정하였다. 계약 교섭도 다이이치은행과 대한철도회사 사이에서 이루어졌다. 이는 제3장에서 서술한 바와 같이, 1902년 12월에 성립한 다이이치은행과 영남철도회사 사이의 마삼선 차관 계약을 선례로 삼았기 때문인데, 다이이치은행의 은행장인 시부자와가 경부철도회사를 설립하는 등 한반도의 철도 건설에 적극적이었던 것도 관계가 있었다고 생각된다. 그럼에도 조인 직전에 명의인이 다카키에서 아미도 도쿠아(網戶得哉)로 변경된 이유는 아미도가 교섭을 성사시키는 이면공작에 힘써 온 데 대한 보상이라고 추측되고 있다. 그러나 그 활동상에 관해 보고한 기록은 발견할 수 없

다. 그밖에 시부자와와 경의철도에 관해서는 澁澤靑淵記念財團 편, 앞의 책 참조.

36) 1903년 6월 23일, 〈고무라 외상이 제출한 대러 교섭에 관한 건〉《日外》36-1, 1).

37) 1903년 7월 31일 / 8월 5일 / 8월 12일, 러시아 주재 구리노 공사가 보낸 전보 제81호 / 제 82호 / 제88호 ; 7월 28일 / 8월 3일 / 8월 6일, 구리노 공사에게 보낸 전보 제99호 / 제108호 / 제109호 / 제110호 / 제114호(이상 《日外》36-1, 8, 10, 12, 5, 9, 11).

38) 朝鮮鐵道史編纂委員會 편, 앞의 책, 147-152.

39) 南滿洲鐵道株式會社 편, 《滿洲鐵道建設誌》(南滿洲鐵道株式會社, 1939), 51-52.

40) 1903년 9월 7일, 러시아 주재 구리노 공사가 보낸 전보 제145호 ; 10월 5일, 구리노 공사에게 보낸 전보 제155호(이상 《日外》36-1, 22, 25).

41) 外務省 편, 《小村外交史》(原書房, 1966), 335-337.

42) 1903년 10월 16일, 러시아 주재 구리노 공사에게 보낸 전보 제161호《日外》36-1, 28).

43) 1903년 10월 29일 / 30일, 러시아 주재 구리노 공사에게 보낸 전보 제168호 / 제170호(이상 《日外》36-1, 30, 31).

44) 1903년 11월 3일 / 13일 / 22일, 러시아 주재 구리노 공사가 보낸 전보 제140호 / 제147호 / 제150호(이상 《日外》36-1, 33, 34, 36).

45) 1903년 12월 1일 / 12일 / 21일, 러시아 주재 구리노 공사에게 보낸 전보 제185호 / 제190호 / 제195호 / 제196호(이상 《日外》36-1, 39, 43, 44).

46) 1904년 1월 7일, 러시아 주재 구리노 공사에게 보낸 전보 제9호 ; 2월 1일 / 2일, 구리노 공사가 보낸 전보 제73호 / 제74호 / 제75호 ; 1월 12일, 〈만·한에서의 러·일 교섭에 관한 제국의 최종 제안 결정 건〉 ; 2월 4일, 가쓰라 내각 각의 결정(이상 《日外》37-1, 20, 109, 44, 117).

47) 1903년 6월, 오야마 참모총장의 상주 〈제국의 장래 방비획책에 관한 상주 부본(副本)〉(방위청 방위연구소 전사부 소장사료—이하 〈戰史〉로 줄임—參謀本部·雜·M 36-18).

제Ⅲ부 영일동맹의 변질과 일본의 군용철도

(1) 동아시아와 인도 지역에서 전반적인 평화를 확보한다

(2) 중국의 독립과 영토 보전, 중국에서 각국의 상공업에 대한 기회균
등주의를 분명히 함으로써 각국의 공통 이익을 유지한다

(3) 동아시아와 인도 지역에서 두 체맹국의 영토권을 유지하고, 해당
지역에서 두 체맹국의 특수 이익을 방호(防護)한다

—제2차 영일동맹협약 전문, 1905년 8월 12일—

제5장
러일전쟁기 일본의 군용철도 건설 문제

1. 문제 제기

1902년 1월에 체결된 영일동맹은 그 제6조의 규정에 따라 5년의 유효
기한을 갖고 있었으나, 3년 8개월이 지난 1905년 8월 12일, 포츠머스강화
회의가 개최될 무렵에 개정되었다. 그 이유는 말할 것도 없이 러일전쟁
뒤의 새로운 국제 환경에 맞는 동맹 관계를 다시 만들기 위해서였으며,
여기에는 러일전쟁에서 일본이 거둔 전과가 큰 영향을 미쳤다.

이 책의 제Ⅰ부와 제Ⅱ부에서는 제1차 영일동맹 성립의 배경으로 영·
일 두 나라의 철도 문제로 상징되는 대러 교차권익의 존재를 지적하였다.
즉 제1차 영일동맹 체결 때 한반도 남부에 놓일 일본의 경부철도와, 화북
에서 만주에 이르는 영국의 경봉철도는 시베리아·동청 두 철도를 통해
가해지는 러시아의 위협을 동시에, 그리고 동일하게 받고 있었던 것이다.
구체적으로는 여기에 만주와 한반도의 권익 보호라는 점에서 러시아의
위협에 맞서 일본과 영국이 같은 처지에 놓인 측면이 있으며, 이것이 영
일동맹을 성립시킨 배경이 되었다. 따라서 제1차 영일동맹 성립의 배경

을 형성한 철도 문제가 제2차 영일동맹의 성립에서 어떻게 전개되는지를 고찰하는 것은 매우 흥미 있는 문제이며, 이것이 제Ⅲ부의 기본 과제이다.

러시아가 건설한 시베리아철도와 동청철도의 궤폭이 5피트인 데 반해 경부철도와 경봉철도는 4피트 8.5인치의 표준궤였으나, 본래 이들 철도 사이에 접점이 있었던 것은 아니다. 제1차 영일동맹 체결 때 러시아에 대한 일본과 영국의 철도권익은 결코 서로 연결되지 않고, 따로따로 러시아와 접점을 가지는 별개의 독립된 존재였다. 그러나 러일전쟁 중에 일본군이 건설한 군용철도는 서울에서부터 한반도 북단까지 이르고, 나아가 전선(戰線)이 북상함에 따라 남만주에서도 철도 건설이 단행되어 마침내 경봉철도와 교차하는 데까지 확대되었다. 이는 일본이 러시아의 세력을 만주 남부에서 북부로 후퇴시키고, 러시아 대신에 남만주를 자신의 세력범위에 넣었음을 뜻한다. 그 결과 영국은 러시아를 대신한 일본의 새로운 세력범위와 직접 맞닥뜨리게 되었다.

러일전쟁 이후의 이러한 새로운 국제 환경의 성립은 분명 제1차 영일동맹을 성립시킨 배경과는 다르다. 따라서 제2차 영일동맹에는 이러한 새로운 국제 환경의 변화가 투영되어 있다고 봐야 할 것이다. 이 장에서는 이상과 같은 관점에서 러일전쟁 시기 일본의 군용철도 건설 문제를 다루어, 그 결과가 제2차 영일동맹에 어떤 문제를 제기했는가를 고찰하고자 한다.[1]

2. 한반도에서 군용철도의 건설

제Ⅱ부에서 기술한 바와 같이, 한반도의 간선철도로는 서울을 중심으로 경부철도, 서울의 외항인 인천을 연결하는 경인철도, 한반도 북단 압록강 하구 왼쪽 기슭의 신의주에 이르는 경의철도, 그리고 원산에 이르는 경원철도 등이 있다. 특히 경부철도와 경의철도는 한반도 종단철도를 구성하므로, 청일전쟁 당시부터 야마가타 아리토모 등 육군 수뇌가 그 전략적 가치를 인정해 군용철도로서 건설을 고안하였다. 그러나 이 네 노선 가운데 러일전쟁 개전 이전에 준공된 것은 경인철도뿐이었다. 전쟁이 시작되자 일본은 1904년 2월 23일, 한국과 한일의정서(韓日議定書)를 교환하여 전쟁 수행에 대한 협력을 약속받았다. 그뒤 일본군이 압록강을 건너 전선이 만주로 이동하자, 5월 31일 가쓰라 내각은 「대한시설강령(對韓施設綱領)」을 결정하고, 제4항에서 경인철도를 제외한 세 간선철도와 경부철도 지선에 해당되는 마산포~삼랑진 철도에 대해 저마다 그 부설 요령을 정하였다.[2] 이리하여 일본의 오랜 현안이었던 한반도의 철도 건설은 러일전쟁이 시작되면서 군용철도로서 착수되었다.

경부철도는 경인철도와 마찬가지로 청일전쟁 중의 한일잠정합동조관에 따라 일본이 그 부설권을 얻어냈으나, 일본이 경부철도 차관 계약을 손에 넣은 것은 1898년 9월의 일이다. 그러나 차관 계약은 이루어졌지만 건설 자금의 조달 문제가 해결되지 않아, 착공은 1901년 5월에 시부자와 에이이치 등이 경부철도주식회사를 설립한 뒤인 9월까지 기다려야 했다.[3]

경부철도 건설 공사는 부산 북쪽에 자리한 초량과, 경인철도와 분기점이 되는 서울 남단의 영등포에서 동시에 시작되었다. 그러나 러일전쟁 개전이 임박한 1903년 말, 남쪽에서는 초량~밀양 구간이 개통되었으나, 밀양~성현 구간은 막 공사에 착수한 상태였다. 북쪽에서도 영등포~진함 구간은 개통되었으나, 진함~부강 구간은 막 착공했을 따름이고, 중간 부분인 부강~성현 구간은 아예 착공도 하지 않은 상태였다. 이처럼 공사가 지연된 것은 일본 쪽이 처음부터 임시 철도가 아니라 제대로 된 철도를 건설하려고 했기 때문이기도 하지만, 기본적으로는 자금이 부족해서 였다. 이런 사태를 우려한 하야시 곤스케 한국 주재 공사는 기술적으로 가능한 한도 안에서 가설 공사로 대신하는 한이 있더라도, 될 수 있는 대로 빨리 초량~영등포 구간을 개통시켜야 한다고 고무라 주타로 외상에게 보고하였다.4) 가쓰라 내각에게도 이 자금 조달 문제는 난제였다. 가쓰라 내각은 해외 자금의 도입이나 공채 발행 등 여러 가지 해결책을 구체적으로 강구해 보기도 했지만, 경부철도주식회사가 한낱 민간기업이었기 때문에 그 어떤 방법도 폐해가 많아 실행 가능한 좋은 방책을 발견할 수 없었다. 결국 사채를 다량으로 발행해 건설 자금의 조달을 꾀하는 수밖에 없었으나, 이 방법을 택하더라도 경부철도의 개통은 1905년 말에나 가능한 형국이었다.5)

따라서 이러한 상황에서는 러일전쟁의 개전을 눈앞에 두고 경부철도를 전쟁 수행에 필요한 병참선(兵站線 : 작전 부대와 병참 기지를 잇는 도로·철도·수로·항로 등의 시설을 통틀어 이르는 말—옮긴이)으로서 이용하기란 불가능하였다. 그래서 1903년 12월 28일, 가쓰라 내각은 칙령으로 「경부철도 조기 완성 명령(京釜鐵道速成命令)」을 포고하고, 미착공된 성현~부강 구간의 공사비를 국고에서 지출하기로 결정하였다. 공사는 이듬해 3월, 성현과 부강 양쪽에서 시작되어, 초량~영등포 사이의 전 구간이 11월 10일에 개통되었다.6) 그러나 그때 일본군은 이미 요양(遼陽)·사하(沙河)를 점령하고, 봉천(奉天)을 목표로 남만주에서 북상하고 있었다.

이처럼 경부철도는 부산~초량 구간을 제외하고 공사가 진전되어 갔다. 그러나 부산~초량 구간을 완성하지 않으면 부산에서 서울로의 철도 수송에 장해가 일어날 것은 분명했다. 1903년 11월 부산 주재 시데하라 기주로(幣原喜重郎) 영사는 현지 일본인 거류민의 진정을 받아들여 부산~초량 구간의 조기 완성을 고무라 외상에게 촉구하였다. 그러나 부산 주재 영국 영사관 부지의 매수 등 철도 용지 수용 문제로 말미암아 경부 철도회사에 의한 착공이 늦어져, 1905년 3월이 되어서야 공사가 시작되었다.[7] 왜냐하면 본래의 계획에서는 부산보다는 부산 서쪽의 마산포가 군항으로서 더 적절하다는 판단 아래, 경부철도의 삼랑진과 마산포를 연결하는 지선을 건설하여 부산 대신 마산포를 경부철도의 종착점으로 삼도록 되어 있었기 때문이다. 마산포가 군항으로서 훌륭한 조건을 갖추었다는 점은 과거 1899년부터 그 이듬해에 걸쳐 러시아가 마산포를 해군기지로서 조차하려고 한 데서 증명된 바 있다.

마산포~삼랑진 철도는 제3장에서 말한 바와 같이 1902년 12월 30일, 영남철도회사와 다이이치은행 서울지점 지배인인 다카키 마사요시 사이에 차관 계약이 성립되었으나, 이듬해 12월 1일, 다카키가 그 권리를 경부철도회사에 넘겨줌으로써 명실상부하게 경부철도의 지선이 되었다.[8] 그러나 러일전쟁이 시작되고 발트함대가 동아시아에 파견된다는 소문이 전해지면서 군항으로서 마산포의 구실은 더욱 중요해졌다. 이에 일본은 1904년 8월 3일, 마산포~삼랑진 철도의 조기 완성을 결정하고, 임시군용철도감부(臨時軍用鐵道監部)가 그것을 건설하고자 영남철도회사와 맺은 차관 계약을 폐기하기로 하였다.[9] 공사는 9월 초순에 시작되었으나, 빨리 완성해야 할 사정도 있고 해서 경편(輕便)철도로 건설되었다. 그러나 마산포 주재 미우라 야고로(三浦彌正郞) 영사를 비롯해 마산포의 일본인 거류민은 이 철도가 표준궤로 건설되기를 희망하였다. 이로 말미암아 경편철도의 개통이 이듬해 1월로 예정되어 있었음에도 불구하고, 일본은 12월 15일에 경편철도 공사를 중지하고 표준궤로 공사를 변경하였다. 이 공사가 준공된 것은 1905년 5월 26일, 동해해전의 전날이었다.[10]

이상과 같이 한반도 남부에서 철도를 건설하는 것에 견주어 북부에서 철도를 건설하는 것은 턱없이 지연되었다. 앞 장에서 상술한 것처럼 일본은 경의철도 건설을 강력하게 한국에 설득하여, 1903년 9월 8일 가까스로 대한철도회사와 차관 계약을 성사시켰고, 그 부속계약 제2항에서 경원철도도 일본이 부설할 것을 인정받았다. 일본은 러시아와 개전을 눈앞에 둔 상태에서 경의철도의 부설권을 획득하고, 경부철도와 연결할 한반도 종단철도의 건설에 착수하게 되었던 것이다.

한편 러일전쟁이 시작되자 2월 21일, 육군은 경의철도의 조기 완성을 결정하는 동시에 임시군용철도감부에 그 건설을 명령하고, 3월 21일에는 그에 따라 대한철도회사와 차관 계약을 파기하였다.11) 공사는 서울 서부에서 경부철도와 분기점이 되는 용산에서 개성까지를 제1공구로 하고, 개성~평양 구간, 평양~신안주~신의주 구간을 각기 제2, 제3공구로 해서 거의 동시에 진행되었다. 5월 하순에 착공한 용산~개성 구간은 임진강 가교 공사를 제외하고 11월 상순에 그 공사가 끝났다. 또한 개성~평양 구간은 대동강 가교 공사를 제외하고 1905년 1월에 개통하였다. 임진강과 대동강의 가교 공사도 그해 1월과 3월에 각각 준공하여, 4월 3일에 용산~평양 구간에서 열차 운행이 시작되었다. 한편 평양~신의주 구간은 1904년 8월에 착공하여 이듬해 1월에 평양~신안주 구간까지 준공되었다. 신안주~신의주 구간은 결빙기로 말미암아 공사가 어려움에 부딪혔으나, 청천과 대령의 가교 공사를 제외하고 4월에 끝냈다.12) 평양~신안주 구간과 신안주~신의주 구간의 가교 공사가 끝난 것은 러일전쟁이 끝난 이후였지만, 경의철도의 거의 전 구간이 개통된 것은 이미 봉천 전투에서 결판이 나서 전쟁의 대세가 정해진 뒤였다.

또한 일본이 경의철도의 차관 계약을 파기한 단계에서 경원철도 부설권도 동시에 소멸되었다. 그러나 1904년 8월 27일, 육군은 임시군용철도감부에 경원철도의 부설을 명령하였고, 일본 정부는 경원철도 부설권이 타국으로 넘어가지 않도록 먼저 그 건설을 유보하라고 한국 정부에 통고하는 등의 조치를 취했다. 그러나 경원철도가 러일전쟁 동안 실제로 건설되지는 않았다.13)

이처럼 러일전쟁 이전에 러시아의 방해로 곤란을 겪고 있던 한반도 철도 건설은 그것이 대러 전략상 가치를 지녔는데도 완성을 보지 못하고, 전쟁이 시작되면서 비로소 착공되었다. 그 때문에 준공이 늦어진 한반도의 군용철도는 전쟁 수행을 위한 병참선으로서 기대만큼 제구실을 충분히 하지 못한 채 전쟁이 끝나 버렸다. 그럼에도 불구하고 전쟁 수행으로 여력이 없는 일본이 러일전쟁 중에 굳이 한반도에서 철도 공사를 속행한 배경에는 전쟁 종결 뒤에 일본의 한국 경영을 더 공고하게 하려는 의도가 있었다고 생각된다. 이는 1904년 5월 31일, 전선이 한반도에서 만주로 이동한 뒤에 「대한시설강령」이 각의에서 결정되고, 거기서 일본의 한국 경영 방침을 밝힌 데서도 드러나고 있다. 러일전쟁이 끝난 뒤인 1906년 2월 1일에 한국 통감부가 설립되면서, 육군 임시군용철도감부가 건설한 여러 철도는 통감부 철도감리국으로 이관되어 통감부에서 경영하게 되었다.14)

1906년 1월에 성립한 사이온지 내각은 한반도에서 철도 경영을 일원화하고자 했다. 즉 사이온지 내각은 제22회 제국의회에 철도국유화법안을 제출하여 일본 국내의 주요 간선철도를 국유화하는 동시에 경부철도매수법안도 제출하였다. 사이온지 내각은 이를 통해 조기 완성해야 할 대상에서 빠져 경부철도회사가 그때 건설하고 있던 구간과 경인철도를 통감부 철도감리국으로 이관함으로써 한반도의 철도 경영을 일원화하고자 한 것이다. 이때 가토 다카아키 외상은 철도국유화법안에 반대하여 외상을 사임했으나, 그런 가토조차도 경부철도의 매수에는 반대하지 않았다. 하라 다카시(原敬) 내무상은 가토의 태도에 대해 모순이라고 비판했으나,

그런 모순된 태도를 가진 이는 가토뿐만이 아니었다. 결국 철도국유화법 안에 대해서는 반대론도 있었지만, 경부철도매수법안은 만장일치로 귀족원과 중의원을 통과하였다.15) 이는 일본 국내에서도 한반도의 철도 일원화를 한국 경영 정책의 당연한 귀결로 인식하고 있었음을 보여준다.

일본의 한반도 철도 건설은 러일전쟁 기간 가운데 병참선으로서 그 기능을 충분히 발휘하지 못했으나, 한반도 거의 전역에 독점적으로 철도망을 확대함으로써 훗날 한국병합의 토대를 마련하였다. 러일전쟁에서 일본 쪽에 유리하게 전세가 전개되는 바람에 포츠머스강화조약에서 러시아가 일본의 한국 지배를 인정하지 않을 수 없게 되었는데, 그 배경으로 일본이 군용철도 건설을 통해 한반도의 지배권을 확립한 것도 무시할 수 없다. 이 점은 한국 주재 영국 공사 조단(J. N. Jordan)이 랜즈다운 외상에게 전하고 있는 내용에서 확인할 수 있는 바이다.16) 이는 동시에 제2차 영일동맹 제3조에서 한국이 일본의 세력권에 편입되는 것을 영국이 용인하는 한 원인이 되기도 하였다. 따라서 러일전쟁 기간 가운데 일본이 한반도에서 건설한 군용철도는 한국병합으로 가는 길을 열었다고 보아도 좋을 것이다.

3. 남만주에서 군용철도의 건설

러일전쟁 이전 만주의 간선 철도는 홍콩상해은행의 차관에 의한 경봉철도와, 러청은행에 의한 동청철도 등 이렇게 두 노선뿐이었다. 이 가운데 동청철도는 시베리아철도와 같은 광궤 철도로, 만주리(滿洲里)에서 뽀그라치나야에 이르는 본선과, 도중 하얼빈에서 갈라져 대련에 이르는 남만주지선과 그 부속선은 러일전쟁 개전 이전에 거의 완성되었다. 이에 견주어 경봉철도는 러일전쟁 시작 이전까지 산해관에서 신민둔에 이르는 본선과 영구까지의 지선이 개통되었다. 러시아의 세력이 만주에서 강화됨으로써 북경에 대한 러시아의 영향력이 커질 것을 두려워하는 영국으로서는 경봉철도를 유지하는 것이 전략적으로도 중요하였다.

그런데 일본은 러일전쟁 이전에 만주에서는 1마일의 철도 부설권도 갖고 있지 않았다. 이 점에서는 같은 일본의 군용철도 건설이라고 하더라도, 한반도의 경우와는 분명히 달랐다. 따라서 만주 지역에서 전투가 벌어진다면, 동청철도를 충분히 이용할 수 있는 러시아가 병참선을 갖고 있지 않은 일본에 견주어 명백히 유리한 상황에 있었다. 야마가타 아리토모가 지적한 바와 같이, 실제로 시베리아·동청 두 철도는 러일전쟁 동안에 러시아의 병참선으로서 군사 수송에 큰 구실을 했다. 따라서 일본으로서는 만주에서 벌어질 전투에 대비하여 병참선인 철도를 어떻게 부설할 것인가, 그리고 동청철도의 군사적 기능에 어떻게 대항할 것인가가 러일전쟁을 수행하는 데 커다란 과제였다.[17] 이 점은 앞 장에서 서술한 바와 같이, 러일전쟁 개전 이전 마지막 러·일 교섭에서, 경의철도 부설권을 손에 넣은 일본이 남만주를 가로질러 영구에 이르는 철도의 건설을 러시아가 승인하라고 계속 요구한 데서도 나타나고 있다.

대본영은 1904년 2월 21일 도쿄에서 임시군용철도감부를 편성하고, 나아가 만주 점령지 안의 동청철도에 대해서는 5피트의 궤폭을 3피트 6인치로 개축(改築)해서 이용할 것을 결정하였다. 그리고 이 개축 공사를 담당할 야전철도제리부(野戰鐵道提理部)를 설치한 뒤 곧장 만주로 파견하였다.[18] 철도제리부는 7월 5일에 대련에 상륙하였다. 당시의 전황은 5월 5일에 요동반도로 상륙한 오쿠 야스카타(奧保鞏) 대장이 이끄는 제2군이 26일에 금주(金州)를 점령하고, 6월 15일에는 와방점(瓦房店)으로 동청철도 남만주지선을 따라 승승장구했으며, 노기 마레스케(乃木希典) 대장의 제3군이 여순을 포위한 상태였다. 이런 가운데 철도제리부는 대련에서 동청철도의 궤도 개축에 착수하였다. 9월 4일, 요양전투가 벌어질 무렵에는 봉천 방면은 용왕묘(龍王廟)까지, 여순 방면은 장령자(長嶺子)까지 개축이 진행되었으니, 이로 말미암아 여순의 러시아군은 본국과 연락로가 완전히 차단을 당해 고립되었다.[19] 철도제리부는 그뒤에도 제2군이 북상함에 따라 개축을 진행했다. 10월 15일에 제2군이 사하를 점령했을 때는 요양에서 연대(煙臺)까지 진행하고, 대석교(大石橋)~영구 지선과 연대 탄갱 지선도 개축하였다.[20] 이듬해 1월 1일에 여순을 함락하자마자 곧바로 여순~장령자 구간의 개축에 착수하였다. 또 3월 10일의 봉천전투 직후에는 대련~혼하(渾河) 구간에서 열차를 운행하기 시작했으며, 혼하 가교 공사를 제외한 봉천 이북의 개축에도 착공하였다. 5월 7일에 철령(鐵嶺), 6월 5일에는 개원(開原), 그리고 7월 7일에 창도(昌圖)까지 개통하고 나서 8월 10일에 포츠머스강화회의를 맞게 된 것이다.[21]

한편 철도제리부의 남만주지선 개축과는 별도로, 임시군용철도감부가 훗날의 안봉(安奉)철도를 건설하고 있었다. 이미 서술한 바와 같이 철도감부는 한반도에서 군용철도 건설에 종사하고 있었으나, 1904년 5월 1일 구로키 다메모토(黑木爲楨) 대장의 제1군이 압록강을 건너 7일에 봉황성(鳳凰城)을 점령하자, 안동~봉황성 구간에 경편철도를 건설하기로 하고 철도감부 철도대대의 일부를 한반도에서 만주로 이동시켰다. 공사는 2피트 6인치 궤폭의 경편철도로서, 8월 중순에 시작하여 11월 상순까지 안동~봉황성 구간의 궤도 부설을 끝냈다. 이 시점에서는 제1군도 사하까지 전진하였고, 공사는 제1군의 뒤를 좇아 봉황성~하마당(下馬塘) 구간에서도 착수되어 이듬해 2월에 준공했다. 마침 봉천전투 직전이라 철도감부는 이를 하마당에서 요양으로 연장하고, 그곳에서 동청철도 남만주지선과 접속할 계획을 세웠다. 그러나 봉천전투에서 승리하자 철도감부는 하마당에서 직접 봉천을 향하도록 계획을 바꾸었다. 또한 새로이 봉천 서쪽의 신민둔과 봉천 사이에도 철도를 부설하기로 결정하였다. 이 것이 훗날의 신봉철도이다. 이 때문에 안봉철도를 건설하던 철도대대를 다시 이동시키고, 안봉철도 건설은 철도감부가 직접 지휘하게 되었다.[22] 이 무렵 육군 참모본부의 한 막료는 안봉철도와 신봉철도를 봉천에서 연 결하고, 이를 경봉철도까지 접속시킬 것을 주장하였다. 안동을 기점으로 하는 철도는 종래 대석교에서 남만주지선을 교차하여 영구에 이르고, 요 하(遼河)를 건너 경봉철도 우장지선에 연결할 계획이었다. 그러나 전황 의 변화로 말미암아 남만주지선과의 교차점은 대석교에서 요양으로 옮 겨지고, 요양에서 다시 봉천으로 수정되었던 것이다. 이 의견의 핵심은 만주에서 봉천의 지위를 높이 평가한 결과, 한반도에서 곧바로 봉천까지 이어지는 안봉철도의 가치를 높이 산 점에 있다. 이는 러일전쟁 이후 육 군의 만주 경영 방침, 예컨대 만철(남만주철도회사의 줄임말─옮긴이)의 대련중심주의에 대한 육군의 봉천중심주의를 나타내며, 이른바 만주사 변까지 이르는 육군의 대만주 정책의 기본을 구성하고 있다고 보아도 좋 을 것이다. 8월 10일, 하마당에서 중단되었던 공사가 재개되어, 12월 3일 에 하마당~봉천 구간이 준공되었다. 북경에서는 고무라가 일본의 새로 운 만주 권익을 놓고 중국과 계속 절충 교섭을 벌이고 있었다.[23]

또한 신민둔~봉천 구간에도 안봉철도를 건설하다가 이 구간으로 옮 겨 온 철도대대가 2피트 6인치의 경편 궤도를 부설하여, 포츠머스강화회 의가 개최될 즈음에는 준공되었다.[24]

고무라는 이렇게 남만주에서 건설된 군용철도를 배경으로 미국 대서 양 연안의 포츠머스에서 러시아 대표 위떼와 회담하였다. 일본이 하얼빈 이남의 동청철도 남만주지선 전 구간에 대해 러시아에게 양도를 요구한 것은, 대러 강화 조건을 결정한 6월 20일의 각의 결정에 포함된 '절대적 인 필요조건'의 하나로, 1904년 7월 야전철도제리부가 대련에 상륙하여

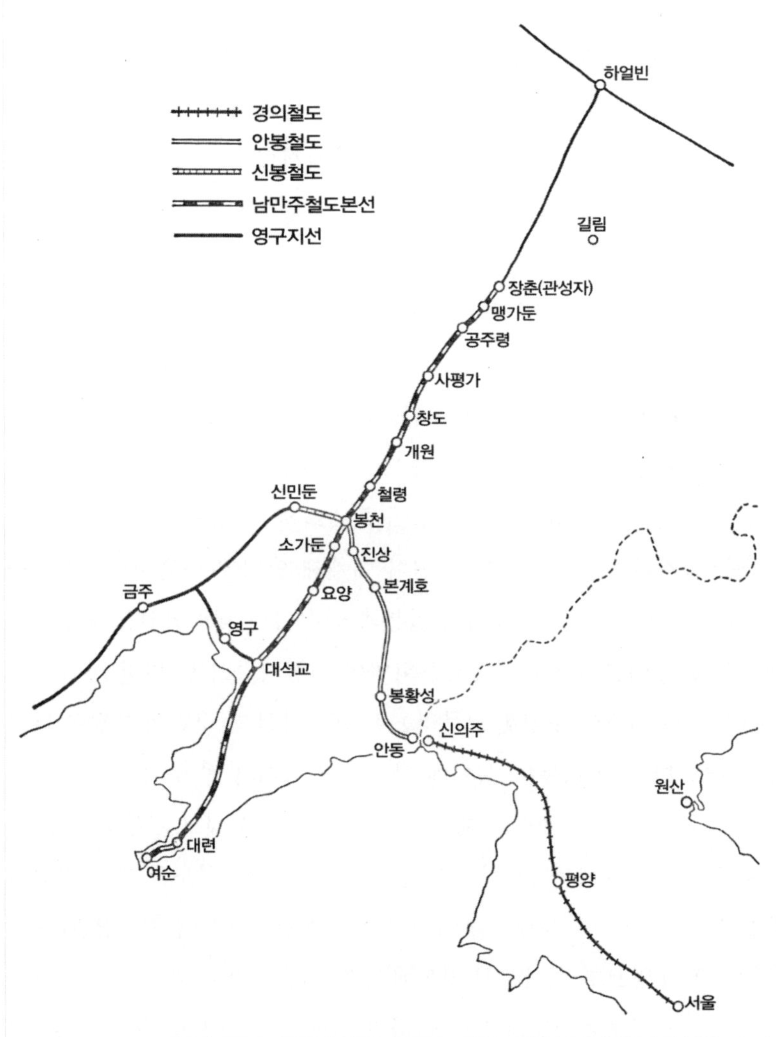

지도6 : 러일전쟁 중에 건설된 일본의 군용철도

궤폭의 개축을 시작한 그때부터 고무라가 강화 조건의 하나로 꼽고 있던
사항이다.25) 고무라의 요구에 대해 위떼는 일본이 요구할 수도 있는 사

안임을 인정했지만, 양도대상 구간에 대해서는 실제로 일본이 점령하고 있는 범위, 즉 야전철도제리부가 개축한 대련~창도 구간만이라고 반론함으로써, 고무라가 요구하는 대련~하얼빈 사이의 전 구간 양도는 거부하였다.[26] 러일전쟁 개전 당초부터 남만주지선의 할양에 집념을 보인 고무라와, 과거 재무상으로서 시베리아·동청 두 철도의 건설을 추진해 온 위떼가 철도의 양도 범위를 둘러싸고 대립하는 것은 당연했다.

이 철도 양도 문제에 관한 상세한 심의는 8월 16일에 이루어졌다. 이는 단순히 넘겨줄 철도의 수수(授受) 지점을 설정하는 교섭이 아니었다. 왜냐하면 여기에는 대련~하얼빈 구간의 철도를 러시아로부터 빼앗음으로써 북만주에 잔존해 있는 러시아가 남으로 진출할 가능성을 차단하려는 일본과, 일본이 점령하는 철도 구간을 최소화하고 되도록 일본에 넘겨줄 구간을 축소하려는 러시아의 대립이 내재해 있었기 때문이다. 이는 곧 평화를 회복한 이후 만주에서의 일본과 러시아의 세력범위를 획정하는 작업으로서, 이른바 포츠머스강화회의의 핵심이라고 할 만한 것이었다. 위떼의 강한 저항에 부딪힌 고무라는 남만주지선 전 구간의 할양을 단념하고, 하얼빈과 장춘(長春) 사이에 자연스런 경계가 될 수 있는 제2 송화강을 수수 지점으로 하자고 제안했으나, 위떼는 이것도 거부하였다. 결국 위떼의 주장대로 장춘[관성자(寬城子)]이 러·일 철도의 수수 지점이 되었고, 그 대신 러시아가 중국에게서 얻어낸 길장철도(길림~장춘) 부설권을 일본이 양보한 대가로서 일본에 넘겨주게 되었다.[27]

이리하여 포츠머스강화조약에 따라 10월 31일, 사평가(四平街)에서 「러·일 철도선로 인도 순서에 관한 의정서(日露鐵道線路引渡順序議定書)」가 조인되었다.[28] 이에 따라 1906년 5월부터 8월에 걸쳐 러시아는 창도~맹가둔(孟家屯) 구간의 동청철도 남만주지선을 일본에 건네주었다. 철도제리부는 이 구간에서도 광궤에서 협궤로 궤도 개축에 착수하여, 11

월 11일에 끝마쳤다. 11월 26일에는 만철이 설립되고, 이듬해 1907년 4월 1일에 만철이 영업을 시작하면서 남만주지선과 그 부속선이 야전철도제리부로부터 만철로 넘겨졌다.[29]

한편 임시군용철도감부가 건설해 오던 안봉·신봉 두 철도에 대해서는 제6장과 제7장에서 살펴보겠지만, 이 두 철도를 다루는 데는 동청철도 남만주지선(대련~관성자 구간)이나 길장철도 등과 함께 포츠머스강화조약 제6조의 규정에 따라 중국의 양해를 얻어야 했다. 1905년 10월 27일, 가쓰라 내각은 중국에게 요구할 항목을 결정했다.[30] 이 가운데 철도문제에 관해서는 제6항 제2에서 일본이 러시아로부터 대련~관성자 구간과 그 부속선을 인계받을 것, 또 제7항에는 신봉·안봉·길장 세 철도의 건축과 개축 및 경영권을 일본에 인정할 것이 포함되어 있었다. 고무라는 11월 중순 북경에 도착하여 중국과 교섭에 들어갔다. 교섭은 난항을 겪었으나, 12월 23일에 타결되어 「만주에 관한 청일조약(日淸滿洲善後條約)」 및 부속협정과 부속약속이 조인되었다. 그 결과 조약 제1조에서 동청철도 남만주지선을 러시아가 일본으로 양도하는 것이 승인되었고, 부속협정 제6조에서는 안봉철도의 개량과 경영이 승인되었다. 나아가 부속약속 제1조에서는 길장철도의 건설과 경영이 승인되고, 제3조에서는 남만주지선의 이익 보호를 위해 남만주지선과 평행하는 철도의 건설이 금지되었다. 그러나 신봉철도에 대해서는 부속약속 제2조에서 중국이 일본으로부터 사들이기로 하고, 표준궤로 개축하는 비용을 일본의 차관으로 충당키로 하였으나, 일본의 경영권은 인정받지 못하였다.[31] 이는 제7장에서 상술하는 바와 같이 신봉철도가 경봉철도의 최종 구간으로서, 원래 영국에 부설권이 주어져 있었던 사정으로 말미암아 중국이 일본의 요구에 응하려 들지 않았기 때문이다.

남만주에서 군용철도를 건설하는 것은 한반도의 경우에 견주어 육군의 작전 행동과 더 밀접하게 결부해서 실시되었다. 따라서 철도로 장악한 범위는 곧 일본군에 제압되어 일본의 세력권이 되었던 것이다. 특히 길장철도에 대해서 일본은 장래 이를 한반도 북서부의 회령까지 연장시키려는 구상(길회철도)을 가지고,[32] 이 지역으로 일본의 세력 진출을 꾀하였다. 이리하여 러시아가 온전하게 갖고 있던 동청철도 본선 구간과 평행선을 이루게 되는 길장철도 구상에는 동청철도에 대항하려는 전략적 가치가 덧붙여지게 되었다.

또 군용철도의 건설은—특히 안봉철도에서 뚜렷하듯이—모두가 임시 공사이며, 경편철도로 급조되었다. 게다가 러일전쟁이 끝난 이후의 시점에서 만주의 철도 궤폭은 네 종류나 있었다. 즉 러시아의 동청철도(5피트)와 영국의 경봉철도(4피트 8인치)에다, 일본의 군용철도인 3피트 6인치와 2피트 6인치의 두 종류가 더해진 것이다. 이 때문에 전쟁 뒤 일본의 만주 경영 첫 과제는 군용철도의 궤폭을 표준궤로 개축, 통일하는 것이었다. 만철의 설립과 더불어 만철에 주어졌던 최초의 명령이 표준궤에 따른 철도의 정비였듯이, 일본의 만주 경영의 출발은 철도를 통해 창출될 수 있는 만주 권익의 강화에 있었다.[33] 일본이 남만주에 건설한 군용철도는 러일전쟁 이후 만주에서 일본의 세력범위를 창출해 내었고, 전후 일본에 의한 만주 경영의 동맥이 되어 갔다.

4. 만철의 설립과 군용철도

일본은 포츠머스강화조약 및 「만주에 관한 청일조약」에 따라 러일전쟁 동안 건설한 군용철도를 일본의 만주 권익으로서 확립하고 경영하게 되었다. 그러나 문제는 그 경영의 주체를 어디에 둘 것인가에 있었다. 왜냐하면 군용철도는 육군이 건설해 왔던 만큼, 자산 면에서는 육군에 귀속되는 것이었기 때문이다. 따라서 군용철도의 운용 문제에 대해 육군의 발언력이 강하게 작용해도 어쩔 수 없는 일이었다. 그러나 일본은 만주 점령지의 행정을 군정에서 민정으로 바꾸도록 영·미 두 나라로부터 재촉받고 있었다. 만주의 문호 개방을 둘러싸고 1906년 3월 19일에 영국이 항의한 데 이어, 26일에는 미국도 같은 취지의 항의를 해 왔었다.[34] 영·미 두 나라가 요구하는 대로 군정을 끝낸다고 하면, 단순히 점령지 행정을 민정으로 옮길 뿐만 아니라 군용철도의 경영도 민간에 맡기지 않으면 안 되었다. 육군은 당연히 군정 유지를 주장하였다. 이에 영·미와 협조 유지, 만주의 문호 개방을 주장하는 외무성과 육군 사이에 대립이 생겨나게 되었다. 특히 사이온지 내각의 가토 외상이 내각의 만주 정책에 반대하여 외상을 사임하는 사태까지 발생해(이 책 221쪽 참조), 정부 안에서 이 대립을 어떻게 조정할 것인가가 러일전쟁 이후 만주 정책의 첫 과제가 되었다.[35]

1906년 5월 22일, 이토 한국통감은 수상 관저로 원로들과 정부 및 군부의 수뇌들을 소집하여 대만주 정책의 기본에 대해 토의했다. 만주문제협의회라고 불리는 것이 이것이다. 토의에서 이토는 영국의 맥도널드 대사로부터 받은 서신을 소개한 뒤, 일본이 만주에서 펴고 있는 군정은 이전 러시아의 지배와 다름이 없다고 지적하였다. 그리고 만주에서 영·미의 상업 활동을 제한하는 일본의 점령 정책은 러일전쟁에서 지지해 준 영·미 두 나라를 만주에서 배제하는 듯한 인상을 주고 있다며 군정의 폐지를 강력하게 요구하였다.[36] 이미 서술한 바와 같이 육군이 건설한 군용철도는 야전철도제리부에서 경영해 왔다. 야전철도제리부는 1905년 10월 31일에 야전철도 보통수송규정을 정하여, 민간인의 군용철도 이용을 인정했다. 이는 만주가 언젠가는 열강의 상업 활동에 따라 경쟁 무대가 될 것을 예상한 외무성이 9월 30일, 열강의 자본이 만주로 진출하기 전에 그에 대항할 수 있을 정도의 상업권을 확립해 놓고자 육군에게 일본 민간인에게도 군용철도의 이용을 개방하도록 요구한 것이 받아들여진 결과였다.37) 물론 이 규정은 외국인의 이용을 제외하는 것은 아니었다. 그렇지만 상업 활동에서 철도의 이용이 불가결하다고 한다면, 만주 각지의 개시(開市), 개항을 요구하는 영·미의 요구와 군용철도의 경영은 밀접한 관련이 있다고 할 수 있을 것이다. 만주문제협의회에서는 고다마 겐타로(兒玉源太郞) 참모총장의 반대를 물리치고, 이토의 주장에 따라 만주 점령지를 군정에서 민정으로 바꿀 것을 결정하였다.

만주문제협의회에서 이토가 낸 제안 가운데는 군용철도의 민간 이양에 관한 구체적인 항목은 보이지 않으나, 그 약 2주일 뒤인 6월 7일, 칙령 제142호로 만철의 설립이 결정되었다.38) 이는 제3장에서 이미 서술한 바와 같이, 1900년 9월 14일의 칙령 제366호로 경부철도회사의 설립이 결정된 것을 선례로 하고 있다. 만철의 설립은 일본이 만주에서 군정을 민정으로 전환해 가는 것을 나타내는 상징이며, 영·미의 만주 문호 개방 요구에 부응하는 것이었다고 할 수 있다. 7월 13일, 정부는 고다마 겐타로를 설립위원장으로, 그 아래 80명에 이르는 만철 설립위원을 임명하였다. 설립위원에는 시부자와 에이이치, 다케우치 쓰나(竹內綱) 등 경부철도회사의 설립에 관여한 재계인, 센고쿠 미쓰구(仙石貢)와 같은 기술자도 포함되었으며, 외무성에서는 야마자 엔지로(山座圓次郞) 정무국장, 이시이 기쿠지로(石井菊次郞) 통상국장, 구라치 데쓰키치(倉知鐵吉) 참사관이 가담한 것을 비롯해, 군부와 재무성·체신성 등 관계 관청의 수뇌부도 임명되었다.39) 이러한 설립위원의 면면은 경부철도회사와는 달리 만철이 순수한 민간회사라기보다는 국책회사로서의 성격이 매우 짙음을 보여준다. 이런 뜻에서 국책회사 만철을 설립한다는 생각은 군정의 계속인가 민정 전환인가 하는 선택 가운데, 말하자면 양자 타협의 산물이었다고 볼 수 있을 것이다.

1906년 7월 25일, 고다마의 돌연한 사망으로 만철 설립위원장에는 데라우치 마사타케(寺內正毅) 육군상이 임명되었다. 8월 1일에는 사카타니 요시로(阪谷芳郎) 재무상, 하야시 다다스(林董) 외상, 야마가타 이사부로(山縣伊三郞) 체신상의 연명으로 작성된 「만철의 업무에 관한 명령서」가 데라우치 설립위원장에게 전달되었다.40) 이 명령서에서 만철이 경영하는 철도는 대련~장춘 사이의 동청철도 남만주지선 본선과 그 부속선(여순~남관령, 대석교~영구, 연대 탄갱선, 무순 탄갱선 등), 안봉철도임이 밝혀졌다(이하 이 만철에서 경영하는 철도를 남만주철도로 이름──옮긴이). 신봉철도는 이미 말한 대로 「만주에 관한 청일조약」에서 중국에 넘겨질 것이 결정되었으므로, 만철이 경영하는 철도에는 포함되지 않았다. 또한 이 명령서에서 특기할 만한 점은, 만철이 관리하는 모든 철도를 개업일로부터 3년 이내에 표준궤로 바꾸고, 대련~소가둔(蘇家屯) 구간의 남만주철도 본선을 복선화한다는 사실이다.

1907년 4월 1일, 만철은 협궤철도인 상태로 개업하였으나, 5월부터는 열차의 운행을 중단하지 않은 채 이른바 삼선식(三線式)의 협궤·표준궤 병용으로 궤폭을 협궤에서 표준궤로 확장하는 공사를 시작하였다. 같은 해 12월 1일, 먼저 여순~대련 구간에서 표준궤에 의한 열차의 시운전을 시작으로, 이듬해 1월 22일에는 요양까지, 이어서 2월 13일에는 봉천까지 개축 공사가 진행되었다. 나아가 봉천 이북에 대해서도 4월 중에 공사가 진척되어, 4월 29일에는 관성자까지 개축이 끝났다. 5월 20일부터 29일에 걸쳐 순차적으로 협궤용 열차를 북에서 남으로 돌려보내고, 5월 30일에는 전 구간이 표준궤로 열차를 운행하게 되었으니, 이로써 안봉철도를 제외하고 군용철도는 모두 남만주철도에서 모습을 감추게 되었다.41) 5월 31일에 주수자(周水子)에서 열린 협궤 차량을 위한 고별식은 러일전쟁 이래 야전철도제리부와 만철이 해낸 궤도 개축 공사의 노고를 여실히 보여주며, 남만주철도가 '피와 돈으로 얻어낸 러일전쟁의 대가'임을 국내외에 드러낸 행사였다.[42]

이처럼 남만주의 철도를 표준궤로 통일해 간 것은 러일전쟁의 결과 러시아가 장춘 이북의 북만주로 철퇴하고, 러시아 대신 일본이 남만주로 진출한 실태를 보여준다. 또한 대련~소가둔 구간의 복선화 공사도 궤도 개축 공사와 병행해서 진행되어, 1909년 10월 27일에 준공되었다.[43] 이로써 다음 장에서 상술하는 안봉철도의 개축을 제외하면, 개업 뒤 3년 안에, 즉 1910년 3월 31일까지 앞서 말한 세 장관의 1906년 8월 1일자 명령이 실행된 셈이다.

이와 같은 궤폭 정비 외에 만철에게 더욱 중요한 문제는 포츠머스강화조약 제8조에서 합의된, 남만주철도 본선과 러시아의 손 안에 남아 있던 동청철도의 접속 문제였다. 이미 서술한 바와 같이 1905년 10월 31일 조인한 「러·일 철도선로 인도순서에 관한 의정서」에 따라 창도~맹가둔 구간은 여전히 러시아의 관리 아래 놓여 있었다. 그러나 1907년 6월 13일, 상트페테르부르크에서 러·일 사이에 만주에서의 철도접속업무가조약이 체결되었고, 7월 21일 관성자에서 남만주·동청철도접속협약이 체결됨으로써 관성자 이남의 동청철도 남만주지선은 모두 만철의 관리 아래 들어갔다.[44] 또한 이 협약에 따라 남만주철도와 동청철도 사이의 연결 업무가 시작되었다. 그 접속 업무는 매우 실무적인 성격이었는데, 이 실무협정의 성립은 그 직후인 7월 30일에 조인된 제1차 러일협약의 소산이었다. 관성자 정거장에는 북쪽에서 동청철도의 광궤가, 남쪽에서 남만주철도의 표준궤 철도가 들어와 있었다. 그래서 러일전쟁 이전부터 보여온 광궤와 표준궤 철도 세력의 경합이라는 시각에서 볼 때, 관성자는 러일전쟁 이후 러·일 두 나라 세력의 새로운 접점이 되었다. 따라서 일본의 남만주철도 정비는 러시아가 철도를 통해 관성자 이남으로 진출하는 것을 막는 데 중요하였다. 그런 점에서 이러한 접속 업무의 시작은 러일전쟁 이후 러·일 사이의 긴장 완화에 상징적인 의미를 갖고 있었다.

그런데 만철에 주어진 첫 번째 업무 명령이었던 궤도 개축을 위해서는 또한 거액의 자금이 필요했다. 만철의 정관은 만철의 주권(株券) 구입을 일본인이나 중국인으로 한정하고 있었기 때문에, 초대 만철 총재 고토 신페이(後藤新平)는 1906년 12월 8일, 사카타니 재무상과 협의한 끝에 부족액은 사채(社債) 발행을 통해 구미에서 자금을 조달하기로 했다.[45] 이듬해 7월 23일, 만철은 소에다 주이치(添田壽一) 니혼코교(日本興業)은행 총재를 만철의 대리인 자격으로 런던에 파견하여 대략 400만 파운드의 사채를 발행하였다. 그러나 예상과는 달리 생각만큼 자금이 조달되지 않아 목표의 반을 가까스로 넘기는 정도로 끝났다.[46] 영국 정부가 만철의 사채에 대해서 여러 가지 배려를 해 주었는데도 결과가 부진했던 주된 원인은 만철의 자재 주문의 태반이 미국을 상대로 이뤄지고 있었으며, 영국에 대한 주문은 그에 견주어 매우 적었다는 데 있다.[47] 실제로 1907년 만철의 외국에 대한 발주 총액 약 2천만 엔 가운데 약 90퍼센트가 미국에 대한 것인 데 반해, 영국에 대한 발주는 6퍼센트도 채 되지 않았다. 이로 말미암아 다음 연도는 총액 350만 엔 가운데 130만 엔을 영국에, 미국에는 96만 엔을 발주하였으며, 1909년도에는 총액 570만 엔 가운데 영국에 430만 엔, 미국에 64만 엔을 발주하는 등 영국을 위주로 한 발주로 바뀌었다. 그 결과 1911년 1월 3일에는 600만 파운드의 제4차 사채 모집이 가능하게 되었다.[48] 종전에 만철의 발주가 주로 미국을 상대로 이뤄졌던 까닭은, 러시아를 제외한 열강이 중국에서 건설한 철도의 궤폭이 모두 표준궤로 통일되어 있었지만, 같은 표준궤라도 플랫폼이 낮고 차체가 큰 미국식이 사용되고 있었으며, 일본이 한반도에서 건설한 철도도

이와 같은 형태였기 때문이다.[49]

이처럼 만철의 자금 조달도 많은 부분을 영국에 의존하고 있었다. 이는, 만철이 시베리아철도와 동청철도를 경유하는 러시아의 위협에 대한 방파제 구실을 했다고 한다면, 그런 만철을 지탱해 준 것은 단순히 궤폭만의 문제가 아니라 자금 면에서도 일본과 영국이었다는 사실을 말해 준다. 러일전쟁 이후 일본의 만주 경영은 만철을 통해 군사적으로나 경제적으로 영국과의 협조 관계, 즉 영일동맹에 바탕한 상호 의존 관계 위에서 성립해 있었던 것이다.

5. 맺음말

1900년대 초 영·일 두 나라에게 공통된 관심사는, 러시아의 위협이 시베리아·동청 두 철도를 통해 초래될 우려가 있는 한, 전략적으로나 권익 유지를 위해서 광궤 철도의 확장을 어디에서 끊을까 하는 데 있었다. 러일전쟁 이전에 영국은 러시아가 봉천에서 북경에 이르는 철도를 부설하는 것을 경계해야 했으며, 일본은 러시아의 철도가 한반도까지 미치지 못하도록 막아 왔다. 영일동맹은 이와 같은 일본과 영국의 개별적인 대러 방위책을 연계시킨 점에 그 의의가 있었다. 러일전쟁의 결과 일본은 러시아의 세력을 관성자 이북까지 후퇴시키는 데는 성공했으나, 동청철도 본선이 러시아의 손 안에 남아 있는 한 러시아의 재기를 경계해야 했다.[50] 이 때문에 일본이나 영국에게 남만주의 철도권익은 여전히 러시아에 대한 교차권익으로서 지위를 잃지 않았다. 즉 러일전쟁으로 말미암아 만주에서 세력범위에 변화가 생기기는 했으나, 한·만 지역에서 영일동맹 대 러시아라는 기본 구조에 변화가 생기는 일은 없었기 때문이다. 따라서 영일동맹의 존재 의의가 희석된 것은 아니었다. 다만 러일전쟁 이후 새로워진 변화라면, 만주에서 영일동맹 대 러시아라는 남북간 대립뿐만 아니라, 만주에서 러·일 사이에 남북 간 힘의 균형이 유지된 반면, 남만주에서는 영·일 사이에 철도권익의 충돌이 발생한 점을 들 수 있다.

특히 일본이 길장철도의 부설권과 경영권을 얻어냄으로써 남만주에서 일본의 세력범위는 이른바 길회철도의 남쪽, 그리고 동청철도 남만주지선의 동쪽에 이르게 되었다. 그 결과 신봉철도에 의해 분명히 드러난 것처럼, 남만주지선의 서쪽에서는 영국의 경봉철도와 충돌하는 새로운 사태가 일어나고 있었다. 그뒤의 신법(新法)철도 문제 또는 금애(錦愛)철도 문제라는, 영국과 대립하는 철도 문제는 남만주지선의 서쪽 지역에서 발생한다. 즉 러일전쟁 이후의 철도 문제는 남만주지선의 서쪽에서, 특히 영국과의 사이에서 전개된다. 이는 만주에서 남북 사이의 철도권익이 기본적으로는 영·일 두 나라의 대러 교차권익 상태에 있으면서도, 1907년 7월 21일 러·일 만주철도 접속업무조약의 조인으로[51] 남북 관계가 안정되어 가는 것과는 거꾸로, 남만주에서 영국의 철도권익이 러시아 대신 일본의 방해를 받는 방향으로 변화해 감을 나타내고 있다.

러일전쟁이 벌어지는 가운데 군용철도의 건설로 일본은 남만주에서 철도권익을 처음으로 손 안에 넣었다. 이로써 한반도가 일본의 지배 아래 들어간 것처럼, 남만주의 동부도 일본의 세력 아래 편입되었던 것이다. 영국은 영일동맹을 개정하면서 한반도를 일본의 세력 아래 편입하는 데는 동의했지만, 만주에 대해서는 여전히 문호 개방을 요구하고 있었다. 영국에게 러일전쟁의 가치는 만주, 특히 남만주에서 러시아의 권익 독점이 무너져 경봉철도에 대한 러시아의 위협을 약화시키는 데 있었다. 그러나 러시아 대신 일본이 남만주로 진출함으로써 만주의 문호 개방이 진전되지 않는다면, 설령 영일동맹을 계속 유지한다 하더라도 영국이 바라는 사태의 변화, 즉 남만주에서 영국에 대한 위협 요소의 제거는 기대할 수 없었다. 그래서 제2차 영일동맹을 체결했으면서도 1906년 3월 19일, 맥도널드 일본 주재 영국 대사는 사이온지 수상에게 만주의 문호 개방을 강력히 요구했던 것이다.

이러한 만주의 문호 개방을 둘러싼 일본과 영국의 균열은 안봉·신봉 두 철도의 개축 문제나 신법·금애 두 철도의 이른바 남만주철도 평행선 문제, 나아가서는 미국의 만주철도 중립화안 제의 가운데서 서서히 그 존재가 명확히 드러났다. 러일전쟁 동안에 이뤄진 일본의 군용철도 건설은 영일동맹의 개정에 영향을 주었으나, 동시에 러일전쟁이 끝난 뒤에 영일관계가 악화된 원인으로도 작용해 갔다. 그것은 영일동맹 성립의 배경을 무너뜨려 동맹을 변질시키는 출발점이 되었다.

*주 ────────────────────────────────

1) 러일전쟁 시기 일본의 군용철도 건설 문제에 대해서는 大江志乃夫, 《日露戰爭の軍事史的硏究》(岩波書店, 1976)에서도 다루고 있다.

2) 外務省 편, 《日本外交年表竝主要文書(上)》, 223-224, 226-227.

3) 1901년 9월 21일, 부산 주재 노세 영사가 보낸 전보 제192호(《外史》 1·7·3·4).

4) 朝鮮鐵道史編纂委員會 편, 《朝鮮鐵道史—第1卷(創始時代)》, 332-333 ; 1903년 5월 20일, 한국 주재 하야시 공사가 보낸 서신 기밀 제86호 (《外史》 1·7·3·4).

5) 1903년 9월 1일, 한국 주재 하야시 공사에게 보낸 서신 기밀 제67호(《外史》 1·7·3·4).

6) 朝鮮鐵道史編纂委員會 편, 앞의 책, 229-231 ; 1904년 11월 11일, 후루이치(古市) 경부철도회사 총재가 고무라 외상에게 보낸 서간문 제67호(《外史》 1·7·3·4).

7) 1903년 11월 16일, 부산 주재 시데하라 영사가 보낸 서신 제209호 ; 1905년 3월 7일, 한국 주재 하야시 공사에게 보낸 서신 기밀 제20호(이상 〈外史〉 1·7·3·42).

8) 1903년 1월 4일, 한국 주재 하기와라 대리공사가 보낸 서신 기밀 제1호 ; 12월 3일, 한국 주재 하야시 공사가 보낸 서신 기밀 제189호(이상 〈外史〉 1·7·3·27).

9) 1904년 8월 12일, 데라우치 육군상이 고무라 외상에게 보낸 서신 기밀 제1399호(이상 〈外史〉 1·7·3·39).

10) 1904년 10월 3일 / 10월 5일 / 12월 22일 및 1905년 5월 27일, 마산 주재 미우라 영사가
보낸 서신 기밀 제31호 / 제37호 / 제48호 / 제54호(이상 〈外史〉 1·7·3·39).

11) 1904년 2월 21일, 육군성 군무국, 〈명치 37·38(1904~1905)년 전쟁 업무상보(詳報)부
록(임시군용철도감부편성요령)〉《戰史》육군성 러일전쟁 M37-8) ; 1904년 4월 5일, 한
국 주재 하야시 공사가 보낸 서신 기밀 제30호(이상 〈外史〉 1·7·3·35).

12) 朝鮮鐵道史編纂委員會 편, 앞의 책, 385-389 ; 1905년 12월 25일, 서울 주재 미마스(三
增) 영사가 보낸 서신 제252호(《外史》 1·7·3·35).

13) 1904년 9월 1일 / 16일, 나가오카(長岡) 대본영 육군참모차장이 친타(珍田) 외무차관에
게 보낸 서신 副臨제1805호 제1 / 謀臨제2273호 제1(이상 〈外史〉 1·7·3·38 및 5·2·
2·18) ; 朝鮮鐵道史編纂委員會 편, 앞의 책, 158-159.

14) 〈명치41(1908)년도, 통감부 철도관리국 연보〉《外史》 1·7·3·69).

15) 原奎一郎, 《原敬日記—第2卷(政界進出)》, 170 ; 大日本帝國議會誌刊行會 편, 《大日
本帝國議會誌—제6권》, 992.

16) 서울, 1905년 6월 13일, 조단이 랜즈다운에게 보낸 급송공문 No. 83(FO 405-160-18).

17) 大山梓 편, 《山縣有朋意見書》, 272 ; 谷壽夫, 《機密日露戰史》(原書房, 1966), 355.

18) 1904년 5월 13일, 육군성 군무국, 〈명치 37·38(1904-1905)년 전쟁 업무상보부록〉《戰
史》육군성 러일전쟁 M37-8).

19) 〈육군성 만밀대일기(滿密大日記), 명치 37(1904)년 6·7월(동원편성 제3호)〉《戰史》
육군성 러일전쟁 M37-8).

20) 〈육군성 만밀대일기, 명치 37(1904)년 10~12월(요새·철도·선박 제2호, 제8호, 제10호,
제11호)〉《戰史》육군성 러일전쟁 M37-7) ; 南滿洲鐵道株式會社 편, 《滿洲鐵道建設
誌》(南滿洲鐵道株式會社, 1939), 60.

21) 〈육군성 만밀대일기, 명치 38(1905)년 12월(보고 제1호)〉, 〈육군성 만밀대일기, 명치
38(1905)년 3·4월(요새·철도·선박 제5호)〉(이상 〈戰史〉육군성 러일전쟁 M38-1, 2) ;
南滿洲鐵道株式會社 편, 앞의 책, 60.

22) 〈육군성 만밀대일기, 명치 37(1904)년 6·7월(동원편성 제19호)〉《戰史》육군성 러일
전쟁 M37-5) ; 南滿洲鐵道株式會社 편, 앞의 책, 51-52.

23) 〈육군성 만밀대일기, 명치 38(1905)년 7·8월(요새·철도·선박 제4호)〉《戰史》육군
성 러일전쟁 M38-4) ; 南滿洲鐵道株式會社 편, 앞의 책, 52.

24) 같은 책, 30-31.

25) 外務省 편, 앞의 책, 239 ; 1904년 7월, 〈러·일 강화 조건에 관한 고무라 외상의 의견
서〉《日外》 37·38 별책 《日露戰爭Ⅴ》, 55).

26) 1905년 8월 12일, 〈강화담판필기 제2회 본회의〉 ; 1905년 8월 15일, 가쓰라 겸임외상이

봉천 주재 고다마(兒玉) 총참모장에게 보낸 전보 제22호(이상 《日外》 37 · 38 별책 《日露戰爭 V 》, 294, 265).

27) 1905년 8월 16일, 〈강화담판필기 제5회 본회의〉; 1905년 8월 19일, 가쓰라 겸임외상이 봉천 주재 고다마 총참모장에게 보낸 전보 제25호(이상 《日外》 37 · 38 별책 《日露戰爭 V 》, 294, 268(3)).

28) 1905년 11월 13일, 〈사평가에서의 러 · 일 두 나라 관헌 담판필기〉《日外》 38-1, 154 부기2).

29) 1906년 10월 7일, 우장 주재 세가와(瀨川) 영사가 보낸 전보 제80호《外史》 1 · 7 · 3 · 40); 南滿洲鐵道株式會社 편, 앞의 책, 60; 南滿洲鐵道株式會社 편, 《南滿洲鐵道株式會社 10年史》(原書房, 1974) 42-60.

30) 外務省 편, 앞의 책, 251-252.

31) 같은 책, 253-256.

32) 1907년 3월 25일, 러시아 주재 모토노 공사에게 보낸 전보 제49호《日外》 40-1, 117).

33) 南滿洲鐵道株式會社 편, 앞의 책(1974), 22.

34) 外務省 편, 앞의 책, 258-259.

35) 伊藤正德 편, 《加藤高明》, 582-586.

36) 外務省 편, 앞의 책, 260-264. 또한 만주문제협의회에 대해서는 栗原健 편, 《對滿蒙政策史の一面》(原書房, 1966) 참조.

37) 1905년 9월 30일, 친타 외무차관이 이시모토(石本) 육군차관에게 보낸 서신 제779호《外史》 1 · 7 · 3 · 45).

38) 1906년 6월 7일, 칙령 제142호, 〈남만주철도주식회사 설립에 관한 칙령 공포 건〉《日外》 39-1, 581).

39) 南滿洲鐵道株式會社 편, 앞의 책(1974), 15-21.

40) 1906년 8월 1일, 외무 · 재무 · 체신 세 장관이 남만주철도회사 설립위원에게 보낸 서신 기밀 제14호《日外》 39-1, 583).

41) 南滿洲鐵道株式會社 편, 앞의 책(1974), 149-151.

42) 菊池寬, 《滿鐵外史》(原書房, 1979), 146-149.

43) 南滿洲鐵道株式會社 편, 앞의 책(1974), 151.

44) 같은 책, 270-272; 外務省政務局 편, 《日露交涉史》(原書房, 1969), 61-62; 〈러 · 일 만주철도 접속업무 가조약〉에 관한 외무성기록《外史》 2 · 1 · 1 · 14)은 전쟁으로 말미암아 모두 소실되었다. 또 가조약의 원본《外史》 조약서 R-16)은 소실을 면하기는 했지만, 1945년 이후에야 접수되었을 가능성도 있다. 현재로서는 행방불명 상태이다.

45) 南滿洲鐵道株式會社 편, 앞의 책(1974), 914.

46) 1907년 7월 24일, 런던 주재 사카타(坂田) 총영사가 보낸 서신 제93호《日外》40-2, 1128).

47) 도쿄, 1907년 9월 26일, 맥도널드가 그레이에게 보낸 급송공문 No. 209(FO 410-50-209).

48) 南滿洲鐵道株式會社 편, 앞의 책(1974), 935.

49) 朝鮮鐵道史編纂委員會 편, 《朝鮮鐵道史》, 478-479, 524.

50) 大山梓 편, 《山縣有朋意見書》, 278.

51) 外務省 편, 앞의 책, 258-259.

제6장
안봉철도를 둘러싼 중·일 교섭

1. 문제 제기

러일전쟁 때 일본의 군용철도 건설이 영일동맹의 갱신에 영향을 주었음은 이미 앞 장에서 지적하였다. 일본의 만주 진출은 포츠머스강화조약에 따라 처음으로 만주에서 철도권익을 얻고 나서의 일이지만, 그 결과 러일전쟁 이전과는 다른, 새로운 국제관계가 만주에서 생겨났다. 러시아가 만주의 철도를 지배한 반면 일본이 한반도의 철도를 지배한 사실에서 알 수 있듯이, 러일전쟁 이전의 러·일 두 나라의 세력범위는 한·만 국경을 흐르는 압록강에 따라 나뉜다고 보아도 좋을 것이다. 그러나 러일전쟁 이후에는 포츠머스강화조약에 따라 일본이 장춘 이남의 철도를 얻은 결과, 일본의 세력범위는 만주 중앙부까지 북상하여 장춘을 경계로 러시아와 만주를 남북으로 분할하는 형국이 되었다. 이처럼 새로 나타난 세력범위는 1902년 1월에 제1차 영일동맹을 체결할 때와는 달랐다. 바로 이러한 현실과 조화를 꾀한 것이 제2차 영일동맹이었다고 생각된다.

제2차 영일동맹이 제1차 영일동맹의 유효기한이 끝나기도 전인 포츠머스강화조약 성립 직전에 개정 조인되었으며, 그 성격이 러시아의 복수전에 대비하는 것에서 공수 동맹으로 강화된 점은 잘 알려진 사실이다. 이는 러시아의 군사력이 여전히 하얼빈을 중심으로 한 북만주에 남아 있고, 유럽의 병참선인 시베리아철도·동청철도 본선이 손상되지 않은 채 러시아의 지배 아래 있었기 때문이다. 그러나 동맹의 강화 이상으로 영일동맹의 개정에서 커다란 변화는 한반도의 처리였다. 즉 제1차 영일동맹에서는 한·중 두 나라에서 문호개방주의 유지를 원칙으로 했던 데 반해, 제2차 영일동맹에서는 한국과 중국을 분리하여 중국의 일부인 만주에 대해서는 제1차 동맹 때와 마찬가지로 문호개방주의 적용을 원칙으로 했으나, 한반도에 대해서는 일본의 정치적 지배의 우월성을 영국이 인정함으로써 일본이 한국병합으로 가는 길을 열게 되었기 때문이다. 이때 일본에게는 당연히 한반도에서 열강의 경제 활동에 대해 문호개방주의를 지킬 의무가 주어졌다. 영국은 미국과 마찬가지로 1906년 3월, 일본의 만주 점령지에 대해서 문호 개방을 강력히 요구했던 것이다.[1] 이로써 일본은 한반도 경영과 만주 경영 사이에 정책적으로도 명확한 차이를 두도록 요구받고 있음이 분명해졌다. 러일전쟁 기간 가운데 일본이 한반도 북부에서 남만주 동부에 걸쳐 건설한 군용철도를 한반도에서는 통감부 철도관리국이, 만주에서는 만철이 각기 경영하는 식으로 경영 주체를 달리 해야 했던 것은, 이러한 영국이나 미국의 문호 개방 요구에 답할 필요가 있었기 때문이다.

그러나 이미 1894년 11월, 청일전쟁이 한창일 때 야마가타 아리토모는 육군대장으로서 〈조선정책〉을 상주하여, 부산에서 의주에 이르는 한반도 종단철도를 건설하는 동시에 이 철도를 중국의 철도망과 접속할 것을 제의하였다.[2] 그로부터 10년이 지나 일본은 러일전쟁 동안 건설한 군용철도로 야마가타가 구상했던 한반도 종단철도와 중국 철도망의 접속을 구체화하였다. 안봉철도가 바로 그것이다. 군용 경편철도로서 안봉철도의 건설 경위에 대해서는 앞 장에서 상술한 바 있다. 안봉철도는 육군 임시군용철도감부가 압록강 오른쪽 기슭의 안동에서 봉황성과 하마당을 지나 봉천의 남단까지 건설한 궤폭 2피트 6인치의 군용 경편철도이다. 따라서 군용 경편철도의 궤폭을 한반도의 철도와 동일한 표준궤로 개축하고, 압록강에 철교를 가설하여 경의철도와 직접 연결하는 것은 한반도 남부의 부산과 남만주 중앙부의 봉천을 하나의 철도로 연결함을 뜻했다. 안봉철도의 개축 공사는 한반도와 남만주를 철도로 연결해서 만주와 한국을 하나로 묶는 한·만 일체화 루트를 형성하게 된다.

그러나 이러한 한·만 일체화 루트의 형성에는 군사적 필연성이 있었다. 일본은 포츠머스강화회의에서 하얼빈 이남의 동청철도 남만주지선 전 구간의 양도를 요구하였으나, 러시아는 실제로 장춘(관성자) 이남밖에 할양하지 않았고, 장춘 이북의 동청철도 본·지선은 그대로 러시아의 손에 남게 되었다. 따라서 러시아가 거듭 남하할 것을 경계하고 막으려면, 러시아의 배후에 시베리아철도가 있는 것처럼, 일본도 한반도 남부에서 만주에 이르는 철도를 이용한 최단 루트를 확립해 둘 필요가 있었다. 1911년 6월, 야마가타는 1908년 4월의 〈제2차 대청(對淸) 정책〉에 이어 〈만선(滿鮮)철도 경영 방책〉을 발표하였다. 여기서 그는 안봉철도와 한반도 종단철도의 연결에 따른 수송력 증강이야말로 러시아의 시베리아철도가 동아시아로 군사를 수송하는 것에 대항하고, 러시아가 북에서 남으로 침략해 오는 것에 대비할 수 있는 방법이라고 지적하였다.[3] 또한 안봉철도의 궤도 개축과 병행하여 러시아도 시베리아철도의 복선화 공사를 추진하였는데, 이것도 안봉철도의 군사적 가치를 더욱 높이는 효과를 낳았다.

이처럼 안봉철도를 표준궤로 개축하고 경의철도와 연결하는 것이 대러 정책상의 군사적 요청에 따른 것인 한, 일본의 안봉철도 경영은 영일동맹의 기본적 목표와 합치되는 것이라 보아도 좋을 것이다. 그러나 동시에 일본은 제2차 영일동맹으로 개정하면서 한반도에 대한 지배와 만주에 대한 그것을 명확히 분리하도록 요구받고 있었다. 그런데도 일본이 안봉철도의 개축을 통해 한·만 일체화를 추진해 나간다면, 일본의 만주 경영과 영일동맹 사이에는 모순이 발생하지 않을 수 없다. 따라서 이 장에서는 이러한 관점에서 일본이 안봉철도를 개축하고 압록강에 철교를 가설해 가는 과정을 밝히고, 일본 한·만 일체화 루트 완성이 영일동맹에 어떠한 영향을 주는가 하는 점에 대해서 고찰하고자 한다. 이를 통해 러일전쟁 이후 영일동맹이 어떤 요인으로 말미암아 변질되기 시작했는가를 밝힐 수 있을 것이다.

2. 안봉철도 문제

안봉철도는 육군 야전철도제리부가 궤도를 개축한 동청철도 남만주지선과는 달리, 임시 군용철도감부가 새로 건설한 군용철도였다. 따라서 안봉철도는 포츠머스강화회의에서 협의의 대상이 되지 못했지만, 그 장래에 관해서는 전후 처리의 하나로서 중국과 일본이 협의할 필요가 있었다. 포츠머스에서 귀국한 고무라는 강화조약 제6조에 덧붙인 조건에 따라, 러시아가 일본에게 넘긴 동청철도 남만주지선(관성자 이남과 그 부속선)에 대한 중국의 승인을 얻고자 북경으로 가기로 되어 있었다. 북경의 중·일 교섭에서는 동청철도 남만주지선과 마찬가지로, 안봉철도 또한 신봉철도(신민둔~봉천 구간)와 더불어 일본의 만주 권익으로 지위를 굳히려면 중국의 동의를 얻어야 했다.

1905년 10월 27일, 고무라가 북경으로 출발하기에 앞서 가쓰라 내각은 중국에 대한 일본 쪽의 요구 항목을 결정하였다. 즉 철도권익에 대해서는 안봉철도를 포함해 일본이 만주에서 갖는 모든 철도를 중·일 두 나라의 공동 사업으로 하고, 일본의 법률에 따라 조직되는 회사에 그 경영을 위임하도록 한다는 것이었다.4) 11월 12일에 북경에 도착한 고무라는 우치다 야스나리(內田康哉) 중국 주재 공사와 함께 17일부터 경친왕(慶親王)·구홍기(瞿鴻磯)·원세개(袁世凱) 등과 교섭을 시작하였다. 교섭에서는 우선 10월 27일의 각의 결정에 따른 일본 쪽의 요구를 제출하여, 동청철도 남만주지선을 러시아가 일본에 넘겨주는 것과 일본이 안봉철도를 유지, 경영하는 것에 대해 중국의 동의를 구했다.5) 그러나 중국은 11월 22일, 동청철도 남만주지선에 대해서는 대체로 일본의 요구를 수락했으나, 안봉철도에 대해서는 중·일 교섭이 성립된 뒤 5년 동안만 일본의 경영권을 인정하고, 그 뒤에는 철도를 철거하든가 중국에 매각하도록 요구했다. 일본은 물론 이러한 중국의 회답을 수락할 수 없었으므로, 안봉철도에 대해서도 동청철도 남만주지선과 같은 조건으로 일본이 경영할 수 있게 해 줄 것을 거듭 요구하기로 하였다.6) 11월 25일에 열린 제4차 교섭에서 고무라는 러일전쟁의 경험상 일본이 남만주에서 철도를 경영하는 것이 대러 전략상 불가결하다는 관점에서, 안봉철도를 동청철도 남만주지선과 똑같이 다루도록 역설하였다. 허나 원세개가 강력하게 반대했기 때문에 고무라는 앞으로 33년의 조차 기한이 남아 있는 동청철도 남만주지선과는 별도로, 안봉철도의 조차 기한을 25년으로 할 것을 제안하였다. 그러나 25년이라는 조차 기한은 원세개가 주장하는 5년과는 지나치게 격차가 컸다. 이에 대해 고무라는 원세개에게 다음과 같은 점을 지적하며 그를 설득하려 했다. 즉 첫째, 안봉철도를 상공업용으로도 이용하려면 개량 공사가 필요한데, 안봉철도의 영업 수지로써 개축에 투자한 비용을 회수하기까지는 상당한 햇수가 걸릴 것으로 예상된다는 점, 둘째로 안봉철도의 경영은 동청철도 남만주지선과 같은 회사에 위임하는 것이 마땅하므로 안봉철도의 수지만을 따로 분리할 수는 없다는 점 등이다. 그러나 끝내 원세개의 양보를 얻어내지는 못했다.[7]

이처럼 안봉철도를 둘러싼 중·일 사이의 대립은 일본이 안봉철도를 경영하는 조차 연한에 그 초점이 있었다. 중국 쪽은 이미 안봉철도를 일본이 경영하는 것에는 원칙적으로 동의하고 있었으므로, 문제는 쌍방이 주장하는 조차 햇수만 조정하면 되는 것이었다. 11월 26일의 제5차 교섭에서는 먼저 원세개가 양보하여 조차 기한을 10년으로 하고, 그뒤에 중국이 사들일 것을 제안했다. 그러나 고무라는 안봉철도의 조차 기한이 5년이나 10년이어서는 일본이 그것을 상공업용 철도로 개량하는 데 들인 비용을 회수하기가 불가능하다고 판단하여, 원세개의 새로운 제안에 동의할 수 없었다. 이에 고무라는 조차 기한에 대해 중·일 교섭 타결 뒤 20년, 또는 안봉철도의 개량 공사 종료 뒤 15년이라는 두 안을 제시하고, 원세개에게 그 가운데 하나를 선택하도록 요구했다. 이에 대해 원세개는 안봉철도를 대폭 개량해 놓으면 중국이 뒷날 그것을 사들이려 할 때 가격이 뛰어오를 것을 우려해, 안봉철도의 개량 정도에 대해 일본이 사전에 중국과 협의하도록 고무라에게 동의를 요구해 왔다. 허나 고무라는 이에 응하지 않아 양자는 합의에 이르지 못했다.[8]

그러나 11월 28일, 제6차 교섭에서 원세개는 일본이 안봉철도를 상공업용으로도 이용할 수 있게끔 개량한 뒤, 이를 계속해서 경영할 것을 인정하였다. 개량 공사는 일본군이 남만주에서 철병하기 위해 필요한 12개월, 즉 1년을 제외한 2년을 기한으로 하며, 그 이후 일본의 경영 연한을 15년으로 하는 선에서 합의를 보았다. 또한 일본의 조차 기한 종료 뒤에 안봉철도는 공정한 가격으로 중국에 팔기로 하고, 안봉철도의 개량 정도에 대해서는 중·일이 다시 협의하기로 하였다.[9] 그러나 여기에 제시된, 군용철도를 상공업용으로도 이용하기 위한 개량 공사에 대해서, 원세개가 교량 등의 불완전 부분을 개수하는 부분적 개량으로 이해한 데 반해, 고무라는 경편철도를 일반 철도로 전환하는 전면적 개조를 생각하고 있었다. 따라서 개량의 정도를 둘러싸고 결국 중·일 사이에는 이해의 차이가 그대로 남게 되었고, 이것이 뒤에 말하는 바와 같이 중·일 사이에 안봉철도 개축 문제를 거듭 일으키는 원인이 되었다. 이리하여 1905년 12월 22일에 「만주에 관한 청일조약」이 조인되고, 그 부속협정 제6조에서 중국은 일본에 의한 안봉철도 개량과 경영을 승인하게 되었다.10)

북경에서 귀국한 고무라는 1906년 1월 3일, 맥도널드 일본 주재 영국 대사와 만나 중·일 교섭의 전말을 전하는 동시에, 안봉철도가 경의철도의 연장선에 자리함으로써 일본에게 매우 가치가 높은 권익임을 강조하였다. 맥도널드는 실제로 안봉철도를 시찰하고 온 영국 군인으로부터 그 궤폭의 개축에는 거액의 비용이 들 전망이라는 보고를 받고, 「만주에 관한 청일조약」의 규정에 따라 중국이 이를 사들인다 해도 상당한 곤란이 따를 것으로 예상된다고 런던에 전하였다.11) 한편 일본으로서도, 안봉철도의 개량은 육군이 남만주에서 철퇴하는 데 필요한 12개월을 포함시킨다 해도 1908년 말까지는 끝나야 하며, 개량의 정도도 중·일 사이에 다시 협의해야 했기 때문에, 안봉철도의 경영 모체를 어디에 두는가 하는 문제, 나아가 그 개축 방침에 대해 시급히 결정할 필요가 있었다. 그러나 안봉철도의 경영은 단순히 안동~봉천 구간의 철도 경영 문제에 머무는 것이 아니라, 러일전쟁 이후 일본의 대만주 정책이나 남만주의 철도 경영 전체와 밀접히 연관되어 있었다. 따라서 1906년 6월 7일의 칙령 제142호로 만철의 설립이 결정되고, 이어서 8월 1일의 외무·재무·체신 세 장관의 명령에 따라 안봉철도도 만철이 경영한다는 원칙이 분명해지기까지, 경영 방침의 확립은 시일을 요했던 것이다.12) 이로 인해 1906년 4월 1일부터 군사 수송에 지장이 없는 범위 안에서 안봉철도로 일반 화물과 승객의 수송을 시작했던 임시군용철도감부는, 전년 10월에 야전철도제리부가 제정한 야전철도 보통수송규정을 본떠 7월 7일에 안봉철도 보통수송규정을 작성하여 군용 경편철도인 채로 일반의 이용을 인정하였다.13)

또한 앞에서 말한 8월 1일의 세 장관 연명의 명령은 만철이 경영하게 된 남만주의 모든 철도의 궤폭을 만철 개업 뒤 3년 이내에 표준궤로 개축하여 통일하도록 하였다. 따라서 안봉철도도 만철이 개업한 뒤 3년 이내에 군용 경편궤도를 표준궤로 바꾸어야 했다. 이로써 안봉철도의 개량공사에 관해서도 첫 방침이 제시되었다. 특히 남만주의 철도 궤폭을 표준궤로 통일하면, 일본이 한반도에서 건설해 온 철도의 궤폭도 표준궤라는 점에서 압록강 하구 양쪽 기슭의 안동과 신의주를 연결하는 철교를 가설함으로써 안봉철도는 경의철도에 직접 연결되고, 그 결과 한·만 연결 철도로서 기능이 더욱 강화된다. 1906년 9월 1일에 임시군용철도감부가 해산되면서 안봉철도의 관리는 야전철도제리부로 이관되고, 1907년 4월 1일 만철이 개업하면서 야전철도제리부에서 다시 만철로 그 관리가 넘어갔다.14) 그에 따라, 안봉철도는 만철이 궤도를 개축하고 경영하게 되었다.

만철은 개업과 더불어 야전철도제리부로부터 넘겨받은 군용철도의 정비를 시작했다. 정비는 주로 남만주지선 대련~장춘 구간의 궤도 개조와 대련~소가둔 구간의 복선화에 중점을 두고 있었기 때문에, 정작 안봉철도의 개축에는 착수하지 못했다. 그러나 그 사이 안봉철도 연변에서는 철도수비대의 배치나 본계호(本溪湖) 탄광의 채굴권을 둘러싼 문제가 일어나, 그 처리를 위한 중·일의 교섭이 계속되고 있었다. 그런데 철도수비대라는 것이 동청철도 남만주지선의 철도 부속지에서는 러시아의 지배 아래 있던 때부터 설정되었던 데 반해, 안봉철도에서는 아직 결정되어 있지 않았으므로, 중국은 일본의 안봉철도 수비대 파견을 인정하려 들지 않았다.15) 즉 철도수비대를 파병하려면 수비대가 주둔할 철도 부속지를 결정해야 했고, 그를 위해서는 안봉철도의 노선을 확정할 필요가 있었다. 한편 본계호를 비롯한 안봉철도 연변의 광산 채굴권에 대해서도, 중국은 「만주에 관한 청일조약」 부속각서에서 철도 부속지 안에서 일본의 채굴권을 인정하였으므로, 중국으로서는 안봉철도의 개량 공사를 하더라도 현 노선의 변경 불가를 전제로 하고 있었던 것이다.16) 이 두 가지 문제에서도 알 수 있듯이, 안봉철도의 개량 공사는 표준궤로 개조할 경우 노선에 변경이 생길지 어떨지가 문제였다.

1907년 7월 3일, 봉천의 안봉철도 연변 광산 문제를 둘러싼 중·일 교섭에서 중국은 하기와라 슈이치 봉천 주재 총영사에게 안봉철도를 개축하게 되면 그 결과 노선에 변화가 생기는지를 조회해 왔다. 이 보고를 받은 하야시 다다스 외상은 만철에서 안봉철도의 노선 변경에 대해 검토하고 있음을 밝히면서도, 일본 정부로서는 개축으로 말미암아 노선에 다소 변경이 생길지는 몰라도 전체적으로 변경할 생각이 없음을 전하라고 하기와라에게 명했다.17) 이러한 정부의 방침에 대해 8월 21일, 고토 신페이 만철 총재는 야마자 엔지로 외무성 정무국장에게 안봉철도 개축 뒤의 노선을 안동에서 봉천이 아니라 대석교까지로 하는 계획을 제시해 왔다. 또 9월 2일에도 관동도독으로부터 외무성에 고토의 계획안이 전달되었으나, 9월 6일에 하야시 외상은 오시마 요시아키(大島義昌) 관동도독에게 정부로서는 노선을 변경할 계획이 전혀 없음을 회답하였다.18) 하야시 외상은 안봉철도의 개축 때 기술적, 경제적 필요를 제외하고는 본계호 탄광의 채굴권을 획득하려고 노선에 변경을 가할 의사가 없음을 중국에도 분명히 밝히려 하였다. 그러나 그럼에도 만철은 여전히 안동에서 대석교까지로 노선을 변경할 것을 고집하였다.19)

반면 육군에서는 전략적 관점에서 안동 시발의 철도가 길림까지 연장되기를 희망하면서도, 현재의 안동~봉천 구간을 최소한도의 조건으로 생각하고 있었다. 즉 육군은 경의철도와 직접 연결되는 철도를 적어도 봉천보다 북쪽의 만주 중앙부까지 연결해 러시아의 잠재적인 위협에 맞서려고 생각했던 것이다. 따라서 안봉철도를 개축한 뒤의 노선에 대해서는 만철과 육군 사이에서 조정할 필요가 있었는데, 1908년 4월 9일 데라우치 육군상은 하야시 외상에게 안봉철도를 현행 노선으로 개축하기로 합의했음을 보고하였다.[20] 이러한 육군과 만철의 대립은 군정에서 민정으로 바뀐 뒤에 만주 경영의 중심을 봉천에 둘 것인가, 대련에 둘 것인가 하는 사고의 차이에서 말미암는다. 즉 육군에서는 안봉철도의 군사적 가치를 대러 전략의 일환으로 높이 평가하고 있었던 것이다.[21]

이상의 경위로 만철의 안봉철도 개축을 위한 준비가 늦어졌다. 1908년 3월 20일, 외무성은 중의원 가세 기이쓰(加瀨禧逸) 의원의 안봉철도 개축 문제에 관한 질문서에 대한 답변에서, 「만주에 관한 청일조약」 제6조에서 정한 기한 안에 이 철도의 개축 공사를 끝내기란 불가능하다고 인정했다.[22] 결국 1908년 말까지인 개축 기한은 착공조차 못한 채 넘기고 말았다. 그러나 정부로부터 만철에 주어진 안봉철도 개축 기한은 1910년 3월까지였으므로, 정부 명령의 기한 안에 개축 공사를 준공하려면 시급히 안봉철도의 개축 내용에 대해 중국의 동의를 얻어내야 할 필요가 있었다.

3. 안봉철도 개축 문제

1909년 1월 26일, 안봉철도 개축 공사를 위한 측량을 시작하려던 만철은 중국에 측량 기사의 파견을 요구했으나, 중국은 「만주에 관한 청일조약」에 규정된 개축 기한이 지났다는 이유로 측량 기사의 파견에 불응하였다.[23] 이미 서술한 바와 같이 만철로서는 이 조약 부속협정 제6조에 따라 일본이 만주로부터 철병하기 위해 필요한 12개월을 포함하더라도 조인 뒤 3년, 즉 1908년 말까지 개축 공사를 준공시켜야 했기 때문이다. 이에 제2차 가쓰라 내각에 다시 외상으로 취임한 고무라는 총 18년(철병 기간 1년, 개축 기간 2년, 조차 기간 15년)에 이르는 일본의 안봉철도 조차 기한을 변경하지 않고, 그 범위 안에서 개축 기한의 연장을 중국에 요구하도록 이주인 히코키치(伊集院彦吉) 중국 주재 공사에게 훈령했다. 이 제안에 만족한 중국은 2월 2일, 측량 기사 파견에 응하기로 하였다.[24] 중국으로서도 일본의 개축 기한 연기 요청과 대립해서 새로운 문제를 만들기보다는, 일본이 조차 기한 전체에 영향을 미치지 않는다는 것을 확약한다면 일본의 요구를 받아들이는 편이 나았기 때문이다.

3월 11일, 봉천에서는 중·일 두 나라의 철도 기사들이 동석한 자리에서 만철이 작성한 안봉철도 개축 계획을 놓고 처음으로 두 나라 사이에 협의가 이루어졌다. 그러나 이 자리에서 중국은 개축 뒤의 노선 가운데 봉천~진상(陳相) 구간이 소가둔 경유로 되어 있는 점을 지적하였다. 중국은 이것이 개축이라기보다는 노선의 변경에 해당되는 것으로, 조약이 인정한 개축의 범위를 넘고 있다며 반대 의견을 제시하였다. 본래 군용 경편철도로 건설된 안봉철도는 안동에서 진상에 이르는 노선이 혼하를 건너 봉천 남부에 이르고 있었다. 이에 대해 만철은 혼하 가교 공사에 대해서 기술적인(건설비가 비싸다는 뜻에서는 경제적인) 이유를 들어 난색을 드러내고, 대신 진상에서 남만주철도 본선의 소가둔까지 철도를 건설하고, 소가둔~봉천 구간은 현행 남만주철도를 복선화하여 같이 쓴다는 계획을 세우고 있었다.[25] 그래서 중국 쪽은 진상~봉천 구간이 개축이라기보다는 노선의 변경에 해당된다며 반대했던 것이다.

그뒤 만철은 자신이 계획한 안봉철도 개축안에 따라 중국 쪽 기사의 입회를 요구하여 측량을 실시하였다. 그러나 중국 쪽은 안동~진상 구간에 대해서는 만철의 개축계획에 동의하면서도, 진상~봉천 구간에 대해서는 여전히 반대 의사를 바꾸려 하지 않았다.26) 이렇듯 중국이 반대하는 배경에는 진상~봉천 구간의 노선 변경 문제도 그러하거니와, 15년 뒤 안봉철도 조차 기한이 만료되어 중국이 이 철도를 사들일 때 봉천~소가둔 구간을 남만주철도 본선과 같이 쓰고 있다면, 「만주에 관한 청일조약」에서 규정한 안동~봉천 사이의 전 구간을 사들일 수 없게 된다는 불만이 있었다.

여기에 더해 중국 쪽에는 진상~봉천 구간의 노선 변경 문제와는 별개로, 일본의 안봉철도에 대한 철도 부속지 설정과 철도수비대 파견을 인정하지 않으려는 의사가 뚜렷했다. 이 문제는 개축 문제와 직접 관계되는 것은 아니었으나, 앞서의 중·일 교섭에서 고무라가 안봉철도에 대한 일본의 권리를 동청철도 남만주지선과 마찬가지로 다루도록 고심해 왔던 만큼, 일본은 중국의 조회에 대해 「만주에 관한 청일조약」을 사실상 수정하게 되는 것이라며 강력히 반대하였다. 그러나 3월 20일, 중국은 「만주에 관한 청일조약」에서도 일본의 안봉철도 부속지 설정이나 수비대 파견을 인정한 조항은 없다고 반박하며, 중국이 안봉철도 연변에 새로이 철도경찰대를 두어 철도를 보호하겠다는 제안을 하였다. 이에 신임 고이케 초조(小池張造) 봉천 주재 총영사는 이 세 가지 문제에 대한 정부의 교섭 방침을 결정해 줄 것을 요청해 왔다.27) 4월 20일에 고무라는 대중국 교섭 방침과 관련해서, 이 세 가지 문제와 개축 문제는 분리해서 다룬다는 견해를 보이면서도, 중국 쪽이 이 모두를 일괄해서 토의하려고 하므로 어떤 경우라도 교섭에 응할 수 있도록 하라고 지시하였다. 그러나 어느 경우든 중국 쪽이 이미 동의하고 있는 안동~진상 구간에 대해서는 조속히 개축 공사에 착수할 것을 가장 먼저 요구하기로 하였다.28)

이러한 일본 쪽의 교섭 준비와는 달리 중국 쪽은 일본과의 교섭에 전혀 응하려 들지 않았다. 그 배경에는 이미 두 달 전부터 동삼성(東三省) 총독 서세창(徐世昌)의 교체가 예정되어 있기도 했지만, 안봉철도를 남만주철도의 일부로 여기는 일본과 독립적인 철도로 생각하는 중국 사이의 인식 차이도 있었다. 이 시기 봉천 주재 영국 총영사대리 로버트 윌스(Robert Wills)도 중·일 교섭은 조속히 타결되지 않을 것이라는 중국 쪽의 견해를 입수하고 있었다.29) 5월 18일, 북경으로부터 안봉철도에 관한 새로운 훈령이 봉천에 도달했지만, 안봉철도를 관할하는 현지의 동삼성 총독을 비롯하여 중앙정부의 안봉철도 주관 부서인 우전부(郵傳部)에 인사이동이 있어, 새로운 훈령이 곧바로 일본 쪽에 전달되지는 않았다. 그러나 일본 쪽이 탐지한 바에 따르면, 북경에서 보낸 훈령에는 노선의 변경 문제뿐만 아니라 표준궤로 궤폭을 바꾸는 데 대해서도 반대한다는 내용이 포함되어 있었다.

당연한 일이지만 이 보고는 고무라에게는 뜻밖이었다. 즉 안봉철도를 상공업용으로도 이용하기 위한 개량 공사는 철도의 연속성이라는 관점에서도 표준궤로 통일해야 한다고 고무라는 생각하고 있었기 때문이다. 따라서 고무라로서는 안봉철도의 궤폭을 표준궤로 개축하는 것을 거부당하는 것은 조약으로 인정받은 안봉철도의 개량 공사 자체를 거부당하는 것과 같았다.30) 일본은 이 점에 관해 중국 쪽의 의사를 확인하고자 6월 1일에 봉천에서, 또 4일에는 북경에서 중국 쪽의 회답을 재촉했으나, 중국으로부터 아무런 회답도 얻지 못했다. 6월 12일, 고무라는 이주인에게 중국이 「만주에 관한 청일조약」에 따라 일본의 안봉철도 개축에 응하도록 거듭 요구할 것을 명하고, 6월 22일의 각의에서 진상~봉천 구간의 노선 변경 문제는 뒷날의 교섭 과제로 남길지언정 먼저 안동~진상 구간을 표준궤로 개축하는 데 착수할 것을 결정하였다.31) 이 결정에서는 진상~봉천 구간을 제외하고는 있으나, 중국의 반대는 수용하지 않은 채 경의철도와 남만주철도 본선을 연결하는 안봉철도의 가치를 재확인하고 있다. 안봉철도의 개축은 일본으로서는 절대로 양보할 수 없는 조건이 되었던 것이다.

일본의 이러한 움직임에 대응하여 중국은 6월 24일, 봉천에서 일본의 안봉철도 개축 요구에 대한 회답을 제시하였다. 허나 그 내용은 노선 변경 문제와 궤폭 개축 문제 외에도 철도 부속지 설정 문제나 수비대 파견 문제 등 10개 항목에 이르렀으나, 이미 중국으로부터 일본에 전달되었던 것들로, 일본으로서는 만족할 만한 내용이 없었다. 이러한 중국의 회답을 들은 고이케는 안봉철도와 관련이 있더라도 개축 문제와 직접 관계가 없는 문제는 접어두고, 개축 문제에 관해서만 교섭에 응하도록 중국에 요구했으나, 중국은 이를 거부하였다. 또한 북경에서도 6월 26일, 중국 주재 공사 이주인은 표준궤로 개축하는 것을 거절한 데 대해 중국 쪽에 거듭 재검토를 요구했으나, 중국은 양보할 의사가 없었다.[32] 이와 같은 중국의 태도는 일본에게 마치 중국이 「만주에 관한 청일조약」을 준수할 의사조차 없고, 그저 일본의 안봉철도 개축을 방해하기 위한 것으로 여겨졌다. 그 때문에 고이케는 고무라에게 올린 보고에서 공사 지연 기간을 그대로 일본의 안봉철도 조차 기간에 가산하여 조차 기한을 연장하는 등 중국에 대해 강경한 자세를 보일 것을 요청하였다. 그러나 중국은 이러한 일본의 항의에도 아랑곳없이 교섭에 응할 기색조차 보이지 않았다. 이에 7월 12일, 고무라는 이주인과 고이케에게 6월 22일의 각의 결정에 따른 요구를 중국에 제출하라고 지시하였다. 이주인은 7월 13일, 중국에 대해 교섭에 응하라고 다시 한번 강력하게 요구하였다.[33]

이러한 일본의 강경 자세에 대해 중국은 7월 27일, 봉천 현지에서 중국이 제안했던 10개 항목에 대해 항목별로 승낙 여부를 밝히라고 요구해 왔다. 그러나 고무라는 이러한 세목을 둘러싼 교섭이 이루어지기 전에, 개축 문제 자체에 대한 중국의 동의를 얻는 것이 먼저라며 중국 쪽의 요구에 응하려 하지 않았다. 또 8월 4일에는 중국 쪽으로부터, 앞서 제시된 10개 항목을 개축 문제와 그 밖에 9개 항목으로 나누어 일본이 그 어느 쪽인가를 양보하면, 다른 남은 문제에 대해 중국 쪽이 양보한다는 타협안이 제시되었다. 그러나 고이케는 개축 문제에 대한 중국의 동의가 전제임을 강조하여 이 제안에도 응하지 않았다.34) 이리하여 봉천에서 교섭은 진척되지 않았다. 한편 북경에서도 7월 13일자 이주인의 조회에 대해, 그뒤 일본 쪽이 독촉을 했음에도 중국으로부터는 아무런 회답도 제시되지 않았다. 이에 8월 2일, 고무라는 중국의 동의를 기다릴 것 없이 안봉철도의 개축을 단행키로 하고, 이를 중국에 통고하라고 이주인에게 훈령하였다.35) 8월 6일, 이주인은 이를 중국에 통고하였고, 아울러 일본 정부는 만철에게 안봉철도의 개축 작업에 들어가라고 명하였다. 이에 만철은 그 이튿날부터 개축 공사를 시작하기로 하였다.36)

일본이 중국에 대해 안봉철도의 개축 단행을 통고함으로써 안봉철도 개축 문제가 열강에 알려지게 되었다. 이는 《타임스》 특파원인 치롤(Valentine Chirol)과 모리슨(George E. Morrison)에 힘입은 바 컸다. 7월 20일에 《타임스》는 치롤과 모리슨의 기사를 실어 안봉철도 개축 문제에 관한 중·일 교섭이 난항에 빠졌음을 보도하였다. 그런데 이날 런던에서는 우연히도 가토 다카아키 영국 주재 대사가 그레이(Edward Grey) 외상과 회담할 예정이었으므로, 안봉철도 문제의 해결에 대해서도 의견을 나누게 되었다. 8월 4일에도 《타임스》는 안봉철도에 관한 모리슨의 기사를 싣고 있는데, 이날도 가토는 그레이를 방문하여 8월 6일에 일본은 안봉철도의 개축 단행을 중국에 통고할 것임을 전하였다.37) 이 두 차례의 회담에서 그레이는 철도 건설에 관한 중국의 대응은 교섭 당사자로서 적극적이지 않으므로, 안봉철도 문제를 해결하려면 일본이 개축 단행이라는 강경 수단을 쓰는 것도 불가피하다며, 일본의 방침에 이해를 표시했다. 영국으로서는 안봉철도가 만주에서 유일한 철도권익인 경봉철도와는 완전히 떨어져 있어, 경봉철도의 마지막 구간인 신봉철도나 남만주철도의 평행선이 된 경봉철도의 연장선 격인 신법철도와는 달리 일본과 사이에 직접적인 이해관계가 없었기 때문이다.

이와 같은 영국에 견주어 러시아의 처지는 달랐다. 8월 8일, 러시아 주재 영국 대리대사 오베이른(Hugh O'Beirne)은 다음과 같이 그레이에게 보고하고 있다. 즉 러시아는 일본의 안봉철도 개축 목적이 상공업용이 아니라 군사 수송에 있으며, 중국이 일본의 요구에 저항할 만한 힘을 잃었다고 생각한다는 것, 그러나 러시아는 일본이 단행하려는 안봉철도의 개축을 바람직하다고는 생각하지 않지만 그에 반대할 근거를 갖고 있지 않다는 것이었다.38) 일본에게 안봉철도의 가치는 분명 1907년 4월의 「제국국방방침」에 따른 대러 전략에 있었다. 그러나 일본이 그런 취지에서 개축을 단행한다 해도 러시아로서는 같은 해 7월의 러일만주철도 접속업무조약과 제1차 러일협약에 따라 장춘을 경계로 일본과 러시아의 철도 관계를 조정하고, 그 위에서 정치적 관계를 안정시키고 있었던 만큼, 일본의 개축 단행에 굳이 반대할 수 없었을 것이다.

일본으로부터 개축을 단행한다는 통고를 받은 중국은 그 이튿날인 8월 7일에 이주인에게 안봉철도 연변에 철도수비병을 파견하는 데 대해서는 여전히 반대한다는 의사를 밝히면서도, 안봉철도가 상공업용으로도 이용되는 이점을 인정하여 안봉철도를 표준궤로 개축하는 것과 기술상 필요한 최소한의 노선 변경에 응한다고 회답하였다. 이 회답은 고무라에게 일단 만족할 만한 것이었다. 그러나 고무라는 이에 만족하지 않고, 안동~진상 구간은 이미 중·일 두 나라의 기사가 입회한 조사로 노선이 확정되었으므로 중국은 이 구간의 개축 공사를 즉각 승인할 것, 다른 세목에 대해서는 추후에 협의할 것, 그리고 수비병 문제에 대해서는 말하지 말고 무시하라고 이주인에게 다시 훈령하였다.39) 8월 11일에 중국은 봉천에서 일본의 요구에 응하는 것을 전제로 한 세목에 관한 협의를 시작했는데, 먼저 만철이 진행하고 있는 개축 공사를 중지하라고 고이케에게 요구했다. 그러나 고무라는 개축에 관한 각서의 조인을 먼저 관철하고, 세목에 관한 협의는 각서 성립 뒤에 시작할 것을 명령하는 한편, 만철의 개축 공사의 일시 중단에는 응하려 하지 않았다.40) 8월 13일, 고이케가 고무라의 훈령을 각서 안(案)으로 중국 쪽에 제시하자, 중국 쪽도 대체로 이를 받아들임으로써 8월 19일 봉천에서 안봉철도 개축에 관한 각서가 조인되었다.41)

위와 같은 경위로 안봉철도 개축에 관한 각서가 성립하였다. 일본은 1905년 12월의 「만주에 관한 청일조약」에서는 최종적 합의를 보지 못했던 안봉철도의 구체적인 개축 내용에 대해 중국의 동의를 얻어냄으로써, 만철이 이미 착수한 개축 공사에 법적 근거를 갖추게 되었다. 그러나 각서 제3조에서 개축 공사의 세목에 대해서는 중·일 두 나라가 봉천에서 계속 협의하도록 정하였으나, 이 배경에는 안봉철도를 남만주철도 본선과 똑같이 다루고 싶은 일본과 별개의 독립된 철도로 인정하는 중국 사이에 원칙상의 대립이 있어 쉽게 타결될 여지는 없었다. 더욱이 개축 단행에서 보여준 일본의 강경한 자세는 안봉철도 연변의 중국 주민에게 반발을 사는 바람에, 특히 용지 매수에서 드러난 것처럼 개축 공사에 많은 방해를 불러왔다.

4. 한·만 연결 철도의 성립

안봉철도 개축에 관한 각서가 성립하여 안동~진상 구간에 대한 노선도 확정되어, 만철이 개축 공사를 단행하였다. 그러나 안봉철도가 육군이 기대하는 한·만 연결 철도로서 기능을 수행하려면 남만주철도 본선과 연결하는 진상~봉천 구간의 노선을 확정해야 했다. 아울러 그것을 한반도 북부를 종으로 관통하는 경의철도와 연결하려면 한·만 국경을 흐르는 압록강 하구 양쪽 연안의 안동과 신의주 사이에 철교를 세울 필요가 있었다.

이 가운데 진상~봉천 구간 노선 문제는 이미 말한 대로 안봉철도 개축에 관한 각서에서는 빠졌다. 이는 꼭 노선 변경에 대한 중국의 강한 반대 때문만은 아니며, 일본 쪽에도 진상~봉천 구간을 최종적으로 확정하지 못한 사정이 있었기 때문이다. 실제로 개축 공사를 맡는 만철은 용지 매수나 건설 기술상의 견지에서 진상~봉천 구간을 소가둔 경유로 할 것을 계획하고 있었으나, 육군은 군용 경편철도의 노선에 따라 진상에서 봉천까지 직결되는 노선을 바라고 있었다.[42] 일본 정부는 당초 소가둔을 지나는 만철안을 지지하였으나, 중국의 노선 변경 반대로 각서 조인 전에는 봉천까지 직행 노선을 내정하고 있었던 것이다. 그러나 중국이 각서에 진상~봉천 노선은 소가둔을 지나지 않는다는 단서의 삽입을 요구해 온 데 대해, 고무라는 그것을 교환 공문에서 승인하는 것이라면 몰라도 단서로서 각서에 포함시키는 것은 허락하지 않았다. 왜냐하면 만철의 강력한 반대로 일본 정부 안에서 노선 문제에 대해 최종적인 결론을 내리지 못하고 있었기 때문이다. 각서 조인 직전에 만철이 진상에서 봉천까지 직접 연결하는 것이 기술적으로 불가능하다는 의견을 내고 있는 것은

이 사실을 보여주고 있다.[43]

이러한 진상~봉천 구간을 둘러싼 일본 정부 안의 의견 불일치 때문에라도 이 구간의 노선을 결정하는 데는 중국의 동의가 필요했다. 일본은 중국의 요청에 따라 조사를 위해 만철 기사를 현지에 파견키로 했다. 조사는 9월 14일부터 시작되었으나 거기서도 만철의 주장과 중국 쪽 기사의 의견은 일치를 보지 못해, 고이케는 만철이나 중국 어느 한쪽이 방침을 변경하지 않는 한, 진상~봉천 구간 노선은 확정할 수 없다고 고무라에게 보고하였다.[44]

그런데 만철은 1909년 8월 6일자로 중국에 개축 공사 단행을 통고한 뒤, 그 이튿날부터 안동~진상 구간 개축 공사에 들어갔다. 이때 만철은 공사용 자재의 수송을 위해 무순선(撫順線, 소가둔~무순탄갱 사이)을 이용하여 진상과 남만주지선의 혼하를 표준궤 철도로 연결하고, 진상과 혼하에서부터 무순선까지 각각 철도를 가설하고자 하였다. 이 선로는 만철이 계획하고 있던 진상~소가둔 구간의 철도가 아니며, 또한 진상에서 봉천까지 연결하는 직통 철로도 아닌, 단순히 공사를 위해 임시로 부설된 것이었다. 그러나 진상~봉천 구간 노선에 대해 중·일 사이에 합의가 성립될 전망이 보이지 않았으므로, 가설 선로의 부설이 끝난 뒤에도 만철은 이 가설 선로를 영업용으로 전용하여 사용키로 하였다.[45]

한편 1909년 8월 6일에 안봉철도 개축을 단행한 뒤로 만철은 안봉철도의 동서 양쪽 끝에서부터 개축 공사를 시작했다. 그 결과 이듬해 11월 3일에는 동쪽의 안동~계관산(鷄冠山) 구간이 준공되었고, 1911년 1월 15일에는 안봉철도와 무순선의 분기점이 되는 무안(撫安)과 본계호 구간이 개통되었으며, 11월 1일에 안동에서 안봉철도 무안~안동 구간 개통식을 올렸다. 일본 정부가 만철에게 준 개축 기한이 1910년 3월 말까지였으니 개축 공사는 1년 7개월 정도 늦어진 셈이다. 그러나 진상~봉천 구간에 대해서는 중·일 사이에 합의가 성립되지 않아, 무순과 혼하를 지나는 가설 선로가 그대로 사용되었다. 1914년 1월부터는 무순선에서 혼하로 가는 노선을 폐지하고, 무순선으로 소가둔까지 가서 소가둔에서 남만주철도 본선에 접속하여 봉천까지 가게 되었다. 그뒤 1918년이 되어서야 중국이 만철 안(案)의 채용을 승인하여, 진상에서 오가둔(吳家屯)을 경유하여 소가둔으로 연결하는 노선을 건설, 이듬해 12월에 이를 완성했다. 아울러 1909년 10월에 남만주철도·본선 대련~소가둔 구간 복선화 공사가 끝나나, 소가둔~봉천

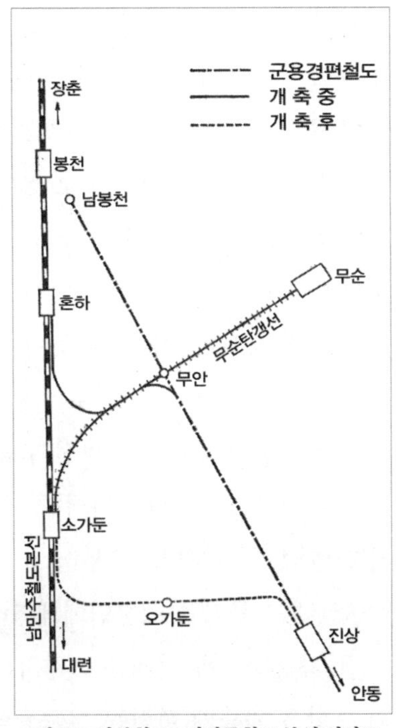

지도6 : 안봉철도 · 남만주철도 본선 연결도

구간의 복선화는 1920년 11월에[46] 준공한다. 이로써 안봉철도의 개축 공사가 끝나게 되었는데, 진상~봉천 구간 노선을 제외하면 육군의 구상에 가까운 노선이 채용되었다고 보아도 좋을 것이다. 그리고 뒤에 말하는 바와 같이 육군은 압록강 가교 공사에도 큰 관심을 갖고 있었다.

압록강 하구 오른쪽 기슭의 안동과 그 반대쪽 기슭의 신의주 사이에 철교를 건설하려는 계획은, 육군 임시군용철도감부가 러일전쟁 때부터 이를 한반도 북부를 종으로 관통하는 경의철도의 건설과 결부시켜 함께 검토하고 있었다. 1906년 2월 1일, 한국 통감부 설치로 경의철도를 비롯한 한반도의 각 철도가 통감부 철도관리국 아래로 편입되자, 압록강 가교 계획도 함께 넘겨받아 철도관리국이 건설하게 되었다.[47] 그러나 이

계획이 실행에 옮겨지자 영·미 두 나라는 지대한 관심을 보였다. 왜냐하면 철도관리국의 계획으로는 하천의 수면에서 다리까지 높이가 낮기 때문에 중국 범선의 통항이 불가능해지고, 그 결과 압록강을 이용한 통상 활동에 장해가 생기리라고 보았기 때문이다. 영·미 두 나라가 이러한 문제에 관심을 기울인 것은, 군용철도로서 건설된 신봉철도의 요하 철교 또한 다리의 높이가 낮아서 범선의 통항에 영향을 미쳤다는 전례가 러일전쟁 종결 직후에 있었기 때문이다.[48] 1909년 1월 1일, 미국은 이 점을 염두에 두고 영국에 각서를 보내 일본의 압록강 가교 계획에 대해 다리의 형태를 개폐식으로 하여 범선의 통항을 방해하는 일이 없도록 요구하는 데 대한 동의를 구했다. 이러한 미국의 제안에 대해서 영국도 이미 검토하고 있었고, 맥도널드로부터 고무라에게 그 의사가 전달되어 있었다. 1월 8일에 고무라는 이주인에게 압록강의 가교에 개폐식(실제로는 회전식)을 채용하도록 설계를 변경하라고 전했다.[49] 이 문제는 단순히 범선의 통항을 가능케 한다는 기술상의 문제이기는 했으나, 그 배경에는 만주의 문호 개방에 대한 일본의 대응을 시험하려는 영국의 의도가 있었다. 따라서 육군 쪽의 강한 반대에도 불구하고 고무라는 영국의 요구를 받아들이기로 하고, 일본이 만주의 문호 개방이라는 원칙에 반대하지 않음을 보여야 했던 것이다. 1월 14일, 그레이는 일본이 영국의 요구를 받아들인 것에 대해 만족한다는 뜻을 밝혔다.[50] 이로써 영국은 일본의 압록강 가교 공사를 승인하게 되었던 것이다. 그러나 일본의 이 가교 공사에 대해 영·미 두 나라가 공통의 관심을 가졌다는 사실은 주목할 필요가 있다.

그런데 압록강 가교 공사는 경의철도와 안봉철도를 직접 연결하여 한·만 연결 철도를 완성한다는 큰 계획이었음에도, 일본이 반드시 압록강 가교 공사 착수의 법적 근거를 갖고 있었던 것은 아니다. 8월 27일, 고무라는 이주인에게 보낸 전보에서 가교 공사 착공을 정당화할 근거가 일본 쪽에는 없음을 지적하고 있다. 그러나 고무라는 중국이 실제로 일본의 가교 계획을 알고 있다는 점, 용지는 만철의 소유지를 사용하기 때문에 토지 수용을 위해 중국과 협의할 필요가 없다는 점, 교량의 설계를 개폐식으로 변경함으로써 압록강의 선박 통항에 피해를 주지 않는다는 점을 들어 일본의 가교 공사 착공에 대해 중국에 반대할 근거를 주지 않도록 하라고 지시하였다.51)

그리고 고무라는 안봉철도 개축 문제에 관한 중·일 교섭에 나쁜 영향을 미칠 것을 우려하여, 가교 공사 착공에 대해서는 중국에 통고를 늦추고 우선 한국 쪽, 즉 압록강 왼쪽 기슭부터 가교 공사에 착수하기로 하였다.52) 그러나 9월 10일에 이주인은 일본이 가교 공사의 사정상 압록강 오른쪽 기슭 중국 쪽에 공사용 가교 목표물을 설치한 데 대해 중국이 항의해 왔다고 전하였다. 그 가교 목표물이란, 안봉철도 쪽(압록강 오른쪽 기슭) 가교 용지 안에 망루를 세워서 깃발을 내건 것에 지나지 않으며, 결코 중국 쪽 기슭에서 공사를 시작한 것을 뜻하는 것은 아니었으나, 중국은 이를 착공으로 오인하여 항의했던 것이다.53) 문제는 매우 사소한 것이었으나, 마침 중국 안에 안봉철도 문제의 해결에 반발하는 배일운동이 일어나고 있던 때라서 이주인은 문제의 해결에 고심하였다. 일본으로서는 중국에 가교 공사 착수에 관한 통고를 늦춰 온 만큼, 이번의 중국 쪽의 항의는 결국 일본이 중국에 통고할 기회를 놓치게 만들었다. 이로 말미암아 고무라는 설령 망루를 철거하는 한이 있더라도 이를 기회로 중국으로부터 가교 공사에 대한 동의를 얻어내도록 이주인에게 명령하였다. 이리하여 압록강 가교 공사에 관한 중·일 교섭이 시작되었다.54)

9월 14일에 이주인은 중국 외무부 상서(尙書) 양돈언(梁敦彦)과 만나 경과를 설명하였다. 양돈언은 일본 쪽의 사정을 양해하고, 일본의 가교 건설에 이의를 제기하지 않았다. 그래서 이주인은 중국 정부에 대해 정식으로 일본의 가교 공사에 동의를 구하는 공문을 발송하였다. 그러나 중국은 회답을 송부하지 않았고, 압록강이 결빙기에 들어가면서 공사는 일시 중단되었다. 공사는 압록강 중앙으로부터 한반도 쪽만 진행되고 있었을 뿐, 중국 쪽에서는 전혀 진행되고 있지 않았다. 이 상태로는 안봉철도 개축 공사가 끝날 예정 시기까지 가교를 완성하지 못할 것을 우려한 고무라는 거듭 중국의 동의를 얻으라고 이주인에게 지시하였다.55) 조여림(曹汝霖)이 비공식적으로 이주인에게 전한 바에 따르면 중국이 일본의 요구에 응하지 않은 이유는 다음과 같다. 즉 가교 공사 자체에는 반대할 수 없게 된 중국이 협의가 끝나지 않은 안봉철도 관련 문제, 곧 안봉철도 수비병과 경찰 문제의 해결과 관련지어, 가교 공사에 대해서는 중국이 양보하는 대신 봉천에서 열리고 있는 안봉철도 개축 세목에 관한 교섭에서는 일본의 양보를 얻어내려 했기 때문이라는 것이다. 이에 12월 17일, 고무라는 이주인에게 안봉철도 경찰 문제에서 양보할 수 없다는 것, 해빙을 기다려 공사를 재개하기 위해 중국의 동의를 시급히 얻을 필요가 있다는 것, 철교는 모두 경의철도 소속으로 할 것을 전제로 교섭을 진행하라고 지시하였다.56) 그뒤 1910년에 들어서도 교섭은 계속되어, 4월 4일 압록강 가교에 관한 중·일 각서가 성립하였다. 이 각서에 따라 철교의 중심에서부터 만주 쪽 부분은 안봉철도와 마찬가지로 15년을 기한으로 중국에 팔도록 되었다.57) 가교 공사 재개를 앞둔 일본으로서도 철교의 조기 완성을 위해 양보할 수밖에 없었던 것이다.

일본은 압록강의 가교 공사를 진행시켜, 1911년 11월 1일에 안봉철도의 전 구간이 표준궤로 개통됨과 동시에 그 준공을 보았다. 그 이튿날부터 드디어 서울~봉천 구간의 직통 열차가 운행되기 시작했고, 같은 날 봉천에서 중·일 사이에 압록강 열차 통과에 관한 협약이 조인되어 한·만 국경을 통과할 때의 통관 수속 등이 결정되었다.58) 일본은 안봉·경의 두 철도의 직통 열차가 국제 열차임을 인정하지 않을 수 없었던 것이다. 그러나 일본은 압록강 철교의 완성으로 비록 국제 열차이기는 하지만, 한·만 연결 철도를 손에 넣게 되었다. 이것을 이루는 데는 데라우치 마사타케 조선총독이 특별히 깊은 관심을 갖고 있었다고 알려진 바와 같이, 육군의 한·만 연결 철도에 대한 강한 요구가 있었다.[59] 그리고 그 배후에는 러시아의 시베리아철도 복선화를 경계하는 육군의 기본적인 대러 위협 의식이 있었던 것이다.

5. 맺음말

안봉철도 개축 공사의 준공으로 일본이 러일전쟁 동안 남만주에 건설한 군용 경편철도는 모두 사라지고, 표준궤로 통일된 철도망이 완성되었다. 그 결과 북만주에는 러시아가 지배하는 광궤 철도가, 남만주에는 영국의 경봉철도와 만철이 경영하는 표준궤의 철도가 달리게 되었다. 이미 제4장에서 지적한 바와 같이, 만주의 철도 건설 경쟁의 관점에서 러일전쟁을 러시아의 광궤와 영·일 두 나라의 표준궤가 벌인 세력 다툼이었다고 한다면, 광궤와 표준궤 철도가 만든 새로운 세력 구분은 포츠머스강화조약에서 합의된 러·일 사이의 새로운 세력 범위가 최종적으로 확정되었음을 나타낸다. 따라서 안봉철도의 완성은 러일전쟁에 따른 사후 처리가 끝났음을 뜻한다. 또한 한반도에서는 통감부 철도관리국이 한국의 간선 철도를 경영하고, 압록강에 철교를 가설함으로써 한반도 남단의 부산에서 봉천까지가 하나의 철로로 연결되었다. 안봉철도가 한반도의 간선 철도와 같은 표준궤로 개축된 것은 한·만 연결 철도의 완성을 나타낸다.

그런데 러일전쟁 뒤 만주에서 쓴 철도 궤폭에는 동청철도의 광궤를 비롯하여 경봉철도와 전시 동안에 일본이 개조한 남만주지선의 표준궤, 이 장에서 서술해 온 안봉철도 등의 경편 궤도가 섞여 있어, 만주의 개발과 발전을 위해서는 궤폭의 통일이 가장 절실했다. 그런 까닭에서 일본이 지배하는 남만주철도의 궤폭을 표준궤로 통일해 가는 것을, 러시아의 광궤에 맞선다는 대러 전략상의 관점에서 보자면 영국으로서도 반대할 이유가 없었다. 대러 전략상 군사적 가치가 높은 안봉철도의 개축은 영일동맹의 기본적 틀을 만족시키고 있었기 때문이다. 따라서 안봉철도의 개축에 관한 중·일 교섭에서 일본이 강경한 자세를 보였음에도 영국이 일본의 처지에 이해와 동정을 보인 까닭은, 적어도 안봉철도를 표준궤로 개축하는 것에 대해서만큼은 영국이 전적으로 일본의 방침을 지지하고 있었기 때문이다. 설사 일본이 궤폭의 개축을 단행하지 않는다 해도 중국이 이를 실행해야 할 형편이었다. 그러나 중국에 그것을 실행할 만큼의 기술과 자금이 없는 이상, 영국은 일본에 의한 개축 단행을 당연한 일로 생각하고 있었다.

그러나 영국으로서도 일본의 안봉철도 경영을 아무 조건 없이 승인한 것은 아니었다. 안봉철도의 완성으로 남만주 동부에 일본 세력이 침투해 온다 해도, 그것은 어디까지나 일본이 만주의 문호 개방 원칙을 지키는 것을 전제로 한 것이었다. 더욱이 안봉철도는 일본의 한국병합이 진전되고 있는 한반도의 경의철도와 연결하여 일본이 만주를 경영하는 데 동맥을 이루게 되므로, 영국은 일본의 만주 경영에 대해 러일전쟁 종결 직후부터 문호의 개방이라는 점에 의심을 품고 있었다. 이로 말미암아 일본은 안봉철도의 경영을 한반도의 철도와 명확히 구별할 필요가 있었다. 그것이 영국에게 일본이 만주의 문호 개방을 준수한다는 것을 보여줄 증거였다. 일본이 압록강 가교에 대한 영국의 요망을 받아들여 개폐식으로 하고, 한·만 연결 철도의 운행을 국제 열차로 규정하는 데 응한 것은, 영일동맹에 바탕한 만주의 문호 개방이라는 영국의 요구에 부응하려고 한 것으로 생각된다. 그러나 이러한 일본의 대응은 영국의 원칙적 요구에 대해서 어디까지나 표면적으로 대응한 것에 지나지 않았다. 실제로는 한·만 연결 철도의 완성으로 한·만 일체화가 확실하게 이루어지고 있었다. 뒤에 제기되는 이른바 3선 연결 운임 인하 문제는 안봉철도가 갖는 한·만 일체화의 가치를 경제적 측면에서 보여주게 될 것이다.

안봉철도 문제의 해결이 러시아의 위협에 대처한다는 영일동맹의 기본적 목적에 부합하면서도, 문호 개방이라는 영일동맹의 원칙에는 오히려 대립 요인이 되었음이 바로 여기에 나타나 있다. 즉 러시아에 대한 공수동맹으로서 영일동맹의 기능이 심화됨으로써, 안봉철도의 개축과 경영이야말로 일본에게는 러시아의 남하를 막을 수 있는 유력한 수단이 되었지만, 반면 영국에게는 안봉철도가 만주의 문호 개방이라는 관점에서 일본의 한·만 일체화 정책에 반대할 표적이 되었기 때문이다.

안봉철도 문제가 안고 있는 이 같은 모순에도 불구하고 영국이 일본의 안봉철도 경영에 반대할 수 없었던 까닭은, 안봉철도가「만주에 관한 청일조약」부속협정에서 중국이 만주에서 일본의 철도권익으로 승인한 것이었기 때문이다. 일본에게 안봉철도는 러일전쟁의 전과(戰果)였다. 영일동맹에 따라 일본의 대러 전쟁을 지원해 온 영국으로서는 안봉철도가 일본의 권익으로서 영국의 권익에 손해를 주지 않는 한, 일본의 안봉철도 유지·경영에 반대할 수가 없었다. 사실 영국은 일본에 대해 원칙적으로 만주의 문호 개방을 요구하고는 있었지만, 안봉철도나 그 연변, 즉 남만주지선의 동쪽 지역에서는 통상 활동을 제외하면 특별히 확립된 경제적 권익을 갖고 있지 않았다. 안봉철도가 다음 장에서 다룰 신봉철도와는 달리, 영·일 사이의 경제 권익으로서 경합하는 관계로까지 발전하지 않은 것은, 일본이 안봉철도를 통해 만주 남동부에 대한 지배력을 강화하더라도, 그것이 영국의 만주 권익을 침해하는 일은 없을 것이기 때문이었다.

영국은 1911년 7월 4일의 영일동맹 재개정에서 전년에 있었던 일본의 한국병합을 반영하여 한반도를 영일동맹의 적용 지역에서 제외하는 데 동의하였다. 안봉철도 개축 문제는 한국병합과 나란히 진행되고 있었던 만큼, 안봉철도에 의한 한·만 일체화는 만주의 문호 개방에 영향을 미치게 되었다고 보아도 좋을 것이다. 영국은 두 차례의 영일동맹 개정에서 만주와 한반도의 분리를 요구하면서도, 일본의 조약상 권익으로서 안봉철도의 경영을 인정하지 않을 수 없었다. 이 때문에 영국은 영일동맹 아래서 일본의 한·만 일체화 정책을 용인하고, 남만주철도 본선 동쪽까지의 남만주를 일본의 세력범위로 인정한 것이다. 즉 만주의 문호 개방과 일본의 한·만 일체화라는 모순 속에서 영일동맹은 변질되기 시작한다.

안봉철도의 개축은 일본의 한국병합과 나란히 진행되었고, 한·만 연결 철도가 완성됨으로써 영일동맹에 변질을 불러오는 요인이 되었던 것이다.

*주 ____

1) 外務省 편, 《日本外交年表竝主要文書(上)》, 258-259.
2) 大山梓 편, 《山縣有朋意見書》, 223-225.
3) 같은 책, 309, 323-333.
4) 1905년 10월 27일, 가쓰라 내각 각의 결정《日外》38-1, 88).
5) 1905년 11월 17일, 북경 주재 고무라 전권공사가 보낸 전보 제17호 / 제19호《日外》 38-1, 102).
6) 1905년 11월 22일, 북경 주재 고무라 전권공사가 보낸 전보 제31호 / 제33호《日外》 38-1, 105, 106).

7) 1905년 11월 26일, 북경 주재 고무라 전권공사가 보낸 전보 제41호 ; 〈청일교섭담판필기, 제4회 본회의〉(이상 《日外》 38-1, 110, 148).

8) 1905년 11월 26일, 북경 주재 고무라 전권공사가 보낸 전보 제43호 ; 〈청일교섭담판필기, 제5회 본회의〉(이상 《日外》 38-1, 111, 148).

9) 1905년 11월 29일, 북경 주재 고무라 전권공사가 보낸 전보 제46호 ; 〈청일교섭담판필기, 제6회 본회의〉(이상 《日外》 38-1, 112, 148).

10) 外務省 편, 《日本外交年表竝主要文書(上)》, 253-257.

11) 도쿄, 1906년 1월 3일, 맥도널드가 그레이에게 보낸 급송공문 No. 2(FO 410-47-2) ; 도쿄, 1906년 1월 12일, 맥도널드가 그레이에게 보낸 급송공문 No. 3(FO 410-47-3).

12) 1906년 6월 7일, 칙령 제142호, 〈남만주철도주식회사 설립에 관한 칙령 공포건〉; 1906년 8월 1일, 외무·재무·체신 세 장관이 데라우치 만철 설립위원장에게 보낸 서신 기밀 제14호(이상 《日外》 39-1, 581, 583).

13) 南滿洲鐵道株式會社 편, 《南滿洲鐵道建設誌》, 54 ; 1906년 7월 7일, 안동 주재 오카베(岡部) 영사가 보낸 서신 제24호(《外史》 1·7·3·50).

14) 南滿洲鐵道株式會社 편, 《南滿洲鐵道株式會社10年史》, 159.

15) 1907년 6월 3일, 봉천 주재 요시다(吉田) 총영사대리가 보낸 서신 기밀 제122호(《日外》 40-2, 1141).

16) 1907년 7월 1일, 봉천 주재 하기와라 총영사가 보낸 서신 기밀 제137호(《日外》 40-2, 1076).

17) 1907년 7월 3일, 봉천 주재 하기와라 총영사가 보낸 전보 기밀 제218호 ; 7월 4일, 하기와라 총영사에게 보낸 전보 제136호(이상 《日外》 40-2, 1080, 1081).

18) 1907년 8월 21일, 고토 만철 총재가 야마자 외무성 정무국장에게 보낸 서신(《日外》 40-2, 1144) ; 1907년 9월 6일, 하야시 외상이 오시마 관동도독에게 보낸 전보(《外史》 1·7·3·50).

19) 1907년 9월 20일, 봉천 주재 하기와라 총영사에게 보낸 전보 제180호; 9월 22일, 하기와라 총영사가 보낸 서신 기밀 제181호(《日外》 40-2, 1107, 1145) ; 1908년 1월 25일, 봉천 주재 가토 총영사가 보낸 전보 제10호(《外史》 1·7·3·50).

20) 1908년 4월 9일, 육군공병과(工兵課) 〈안동철도 개축 건〉(《戰史》 密大日記, M41-2) ; 1908년 4월 9일, 데라우치 육군상이 하야시 외상에게 보낸 서신 기밀 제54호(《外史》 1·7·3·50).

21) 1909년 8월 25일, 호시노(星野) 관동도독부 육군 참모장이 이시모토(石本) 육군차관에게 보낸 서신 關都陸部參發 제514호(《戰史》 密大日記, M42-3).

22) 1908년 3월 20일, 하야시 외상이 마쓰다(松田) 중의원 의장에게 보낸 서신 제6호(《外

史〉1·7·3·50).

23) 1909년 1월 26일, 봉천 주재 고이케(小池) 총영사가 보낸 전보 제4호(《日外》42-1, 559).

24) 1909년 1월 28일, 중국 주재 이주인 공사에게 보낸 전보 제32호 ; 2월 2일, 봉천 주재 고이케 총영사가 보낸 전보 제10호(이상 《日外》 42-1, 321, 560).

25) 1909년 3월 12일, 봉천 주재 고이케 총영사가 보낸 전보 제16호, 고이케 총영사가 보낸 서신 기밀 제11호(《日外》42-1, 561, 562).

26) 1909년 4월 7일, 11일, 봉천 주재 고이케 총영사가 보낸 전보 제25호 / 제32호(《日外》 42-1, 568, 569).

27) 1909년 3월 17일 / 24일, 봉천 주재 고이케 총영사가 보낸 전보 제17호 / 제19호 ; 고이케 총영사가 보낸 서신 기밀 제12호 ; 3월 19일, 고이케 총영사에게 보낸 전보 제18호(이상 《日外》42-1, 563, 566, 567, 565).

28) 1909년 4월 20일, 중국 주재 이주인 공사에게 보낸 서신 기밀 제45호 ; 봉천 주재 고이케 총영사에게 보낸 서신 기밀 제23호(이상 《日外》42-1, 323).

29) 봉천, 1909년 5월 14일, 윌스 총영사대리가 조단에게 보낸 급송공문 No. 14(FO 405-197-245, 첨부별지).

30) 1909년 5월 18일, 봉천 주재 고이케 총영사가 보낸 전보 제47호 ; 6월 3일, 중국 주재 이주인 공사에게 보낸 전보 제168호(이상 《日外》42-1, 571, 324).

31) 1909년 6월 1일, 봉천 주재 고이케 총영사가 보낸 전보 제53호(《日外》42-1, 572) ; 6월 5일, 중국 주재 이주인 공사가 보낸 전보 제124호 ; 6월 12일 / 22일, 이주인 공사에게 보낸 전보 제18호 ; 이주인 공사에게 보낸 서신 기밀 제75호(이상 《日外》42-1, 325, 326, 329).

32) 1909년 6월 24일 / 25일, 봉천 주재 고이케 총영사가 보낸 전보 제71호 / 제75호 ; 6월 26일, 중국 주재 이주인 공사가 보낸 전보 제153호(이상 《日外》42-1, 575, 576, 332).

33) 1909년 6월 28일, 봉천 주재 고이케 총영사가 보낸 전보 제77호 ; 7월 12일, 고이케 총영사에게 보낸 전보 제60호 ; 7월 12일, 중국 주재 이주인 공사에게 보낸 전보 제217호 ; 7월 16일, 이주인 공사가 보낸 서신 기밀 제95호(이상 《日外》42-1, 578, 333, 334, 335).

34) 1909년 7월 27일 / 8월 4일, 봉천 주재 고이케 총영사가 보낸 전보 제95호 / 제105호 ; 7월 29일, 고이케 총영사에게 보낸 전보 제64호(이상 《日外》42-1, 580, 587, 581).

35) 1909년 7월 28일, 중국 주재 이주인 공사가 보낸 서신 제107호 ; 8월 6일, 이주인 공사에게 보낸 전보 제251호(이상 《日外》42-1, 338, 339).

36) 1909년 8월 6일, 중국 주재 이주인 공사가 보낸 전보 제223호(《日外》42-1, 350) ; 8월 6일, 고무라 외상이 고토 철도원 총재에게 보낸 서신 기밀 제84호 ; 8월 8일, 나카무라(中村) 만철 총재가 구라치(倉知) 외무성 정무국장에게 보낸 서신 기밀 제44호(이상 〈外史〉1·7·3·50).

37) 1909년 7월 20일 / 7월 22일 / 8월 4일, 영국 주재 가토 대사가 보낸 전보 제128호 / 가토 대사가 보낸 서신 기밀 제41호 / 가토 대사가 보낸 서신 제103호(이상 《日外》 42-1, 336, 337, 269) ; 외무성, 1909년 7월 24일 / 8월 7일, 그레이가 럼볼트(Rumbold)에게 보낸 급송 공문 Nos. 123 / 128(FO 405-198-25 / 38) ; Hui-Min Lo, *The Correspondence of G.E. Morrison, Vol. I, 1895~1912*, Cambridge, 1976 ; F. H. Hinsley, *The British Foreign Policy under Sir. Edward Grey*, Oxford, 1977.

38) 상트페테르부르크, 1909년 8월 8일, 오베이른이 그레이에게 보낸 급송공문, No. 459(FO 405-198-55).

39) 1909년 8월 7일, 중국 주재 이주인 공사가 보낸 전보 제226호 ; 8월 9일, 이주인 공사에게 보낸 전보 제266호(이상 《日外》 42-1, 356, 363).

40) 1909년 8월 11일, 봉천 주재 고이케 총영사가 보낸 전보 제112호 ; 8월 12일, 고이케 총영사에게 보낸 전보 제70호(이상 《日外》 42-1, 596, 597).

41) 1909년 8월 13일, 봉천 주재 고이케 총영사가 보낸 전보 제116호(《外史》 1 · 7 · 3 · 50) ; 8월 19일, 고이케 총영사가 보낸 전보 제122호(《日外》 42-1, 605) ; 外務省 편, 《日本外交年表竝主要文書(上)》, 324.

42) 1909년 3월 12일, 봉천 주재 사토(佐藤)가 오쿠 참모총장, 데라우치 육군상에게 보낸 서신 기밀 제376호 제1(《戰史》 密大日記, M42-1).

43) 1909년 8월 16일, 봉천 주재 고이케 총영사가 보낸 전보 제119호 ; 8월 18일, 고이케 총영사에게 보낸 전보 제75호(이상 《日外》 42-1, 601, 603). 8월 18일, 나카무라 만철 총재가 구라치 외무성 정무국장에게 보낸 서신 기밀 제84호(《外史》 1 · 7 · 3 · 50).

44) 1909년 8월 28일, 봉천 주재 고이케 총영사에게 보낸 전보 제87호 ; 9월 14일, 나카무라 만철 총재가 도쿄의 기요노(淸野) 이사에게 보낸 전보(이상 〈外史〉 1 · 7 · 3 · 50) ; 10월 29일, 봉천 주재 고이케 총영사가 보낸 서신 기밀 제91호(《日外》 42-1, 617).

45) 1909년 8월 9일, 중국 주재 이주인 공사에게 보낸 전보 제265호(《日外》 42-1, 362) ; 9월 9일, 나카무라 만철 총재가 도쿄의 기요노 이사에게 보낸 전보(〈外史〉 1 · 7 · 3 · 50).

46) 南滿洲鐵道株式會社 편, 《南滿洲鐵道株式會社10年史》, 184-185, 190-191 ; 南滿洲鐵道株式會社 편, 《滿洲鐵道建設誌》, 51.

47) 參謀本部 편, 《滿洲の鐵道》, 4(《戰史》, 중앙·전반·철도3). 그런데 압록강 가교 문제에 관한 기록은 외무성에서 〈압록강 가교 1건〉(《外史》 3 · 13 ·3 · 3)으로 편찬되었으나, 1942년의 화재로 말미암아 관계 기록이 모두 소실되었다. 《日外》 42-1에 수록되어 있는 〈압록강 가교 문제 1건〉은 〈안봉철도 문제 1건〉(《外史》 1 · 7 · 3 · 50)과 〈선만(鮮滿)연락 철도 문제 1건〉(1 · 7 · 3 · 72)으로 편찬된 관계 문서의 사본으로 구성된 것으로, 원문서는 존재하지 않는다.

48) 外務省 편,《日本外交年表竝主要文書(上)》, 269.

49) 미국 대사관, 1909년 1월 1일, 레이드(W. Reid)가 보낸 각서(FO 405-190-1) ; 외무성, 1909년 1월 14일, 레이드에게 보낸 각서(FO 405-190-44) ; 1909년 1월 8일, 중국 주재 이주인 공사에게 보낸 전보 제8호《日外》42-1, 632).

50) 외무성, 1909년 1월 14일, 그레이가 맥도널드에게 보낸 급송공문 No. 9(FO 405-190-47).

51) 1909년 7월 26일, 중국 주재 이주인 공사가 보낸 전보 제203호 ; 8월 27일, 이주인 공사에게 보낸 전보 제309호(이상《日外》42-1, 633, 635).

52) 1909년 8월 30일, 고무라 외상이 소네 아라스케(曾禰荒助) 한국통감에게 보낸 전보 제104호《日外》42-1, 637).

53) 1909년 9월 10일, 중국 주재 이주인 공사가 보낸 전보 제329호 ; 9월 11일, 안동 주재 오카베 영사가 보낸 전보 제166호(이상《日外》42-1, 638, 641).

54) 1909년 9월 12일, 중국 주재 이주인 공사가 보낸 전보 제330호 ; 9월 13일, 이주인 공사에게 보낸 전보 제350호(이상《日外》42-1, 643, 647).

55) 1909년 9월 14일 / 20일, 중국 주재 이주인 공사가 보낸 전보 제336호 / 343호 ; 12월 9일, 이주인 공사에게 보낸 전보 제423호(이상《日外》42-1, 651, 653, 654).

56) 1909년 12월 14일, 중국 주재 이주인 공사가 보낸 전보 제401호 ; 12월 17일, 이주인 공사에게 보낸 전보 제426호(이상《日外》42-1, 655, 656).

57) 〈압록강 가교 공사에 관한 각서〉《外史》조약서, C-39).

58) 南滿洲鐵道株式會社 편,《南滿洲鐵道株式會社10年史》, 189;〈압록강 열차 직통에 관한 협약〉《日外》44-2, 535 부속서).

59) 黑田甲子郎 편,《元帥寺內伯爵傳》(元帥寺內伯爵傳記編纂所, 1920), 166-167, 430-433.

제7장
신봉철도를 둘러싼 중·일 교섭

1. 문제 제기

이 장에서는 제6장에 이어 육군 임시군용철도감부가 안봉철도와 더불어 건설한 또 하나의 군용철도, 즉 신봉철도를 둘러싼 중·일 교섭에 대해 논하고자 한다. 앞 장에서는 일본이 안봉철도 개축으로 한·만 연결 철도를 완성하였는데, 그것이 대러 공수동맹이라는 영일동맹이 갖는 성격에는 부합하지만, 만주의 문호 개방이라는 관점에서는 영일동맹을 변질시키는 요인이 되었음을 지적하였다. 일본의 한국병합과 병행한 한·만 연결 철도의 완성은, 표면적으로는 한반도와 만주의 경영을 구별한 것처럼 보이지만, 실제로는 한반도와 마찬가지로 남만주 동부까지를 일본의 세력 범위에 편입한 것으로 생각되기 때문이다.

제5장에서 말한 바와 같이 신봉철도는 2피트 6인치 궤폭의 안봉철도보다 더 소형인 2피트로 급조된 군용 경편철도였다.[1) 따라서 신봉철도의 궤도 개축은 안봉철도와 마찬가지로 러일전쟁 이후 일본의 만주 경영에서 해결해야 할 과제였다. 그러나 신민둔~봉천 구간은 60킬로미터에 지

나지 않는 짧은 거리지만, 경봉철도의 일부이자 그 마지막 구간에 해당되었다. 제1장에서 서술한 것처럼, 영국은 1898년 10월의 경봉철도 차관 계약 조인에 즈음하여 러시아의 방해를 물리쳐야 했고, 이 차관 계약을 유지하고자 이듬해 4월의 영러철도협정에서 신민둔 동쪽으로 철도를 연장하는 것을 단념해야 했다. 경봉철도는 영국이 만주에서 갖는 유일한 철도권익인 동시에 러시아에 대한 교차권익이기도 했다. 러시아의 방해를 받은 영국이 신민둔~봉천 구간의 철도 부설권을 정식으로 획득한 것은 아니었다. 그러나 경봉철도 차관 계약 제3조에 의해 장래 그 연장선이나 지선의 건설은 영청회사에 그 우선권이 주어지는 것으로 이해되었다. 그러므로 일본이 설령 러일전쟁 수행상의 군사적 필요에 의해 신민둔~봉천 구간에 군용철도를 건설했다 하더라도, 전쟁 뒤에 그 경영을 계속하려는 것은 영청회사에 주어진 우선권을 침해하는 결과가 되는 것이다. 이것이 영국에게는 신봉철도가 러시아에 대한 교차권익에서 일본에 대한 교차권익으로 바뀐 것을 뜻한다. 이 점에서 일본이 건설한 같은 군용철도라도 안봉철도와 신봉철도 사이에는 큰 차이가 있었다.

한편 야마가타 아리토모는 일찍이 1894년 11월에 상주한 〈조선정책〉에서 한반도의 철도를 중국의 철도망에 연결할 필요성을 지적한 바 있다.[2] 여기서 신봉철도는 안봉철도가 경의철도와 남만주철도 본선을 연결한 데 이어, 남만주철도 본선과 경봉철도를 연결함으로써 한반도 남부의 부산에서 봉천을 거쳐 북경에 이르는 간선을 이루므로, 권익으로서 높은 가치를 인정받았다. 그러나 1911년 6월에 야마가타가 제시한 〈만선(滿鮮)철도방책〉에서는, 대러 전략상의 관점에서 안봉철도의 중요성은 인정하나, 신봉철도에 대해서는 안봉철도만큼 그 전략적 가치를 인정하고 있지 않다.[3] 이는 야마가타가 신봉철도의 가치를 러시아의 남하 저지보다는, 오히려 경봉철도와 남만주철도의 연결이라는 점에 두고 있었음을 말해 주고 있다. 이것이 또한 신봉철도가 같은 군용철도이면서도 안봉철도와는 크게 다른 점이다. 안봉철도와 신봉철도의 이러한 차이는 안봉철도 문제와는 다른 측면에서 영일동맹의 변질을 불러오게 된다.

영일동맹은 러시아의 중국 침입을 막고, 중국에서 영·일 두 나라의 권익을 옹호하는 데 그 목적이 있었다. 만주의 철도에 대해서 말하자면, 영국이 영일동맹을 통해 보호를 요구했던 철도는 러일전쟁 이전이나 이후나 경봉철도뿐이었다. 이에 견주어 일본은 러일전쟁 이전에는 만주에서 철도권익을 전혀 얻지 못했지만, 전쟁 뒤에는 전시 동안 부설한 군용철도를 새로운 권익으로서 확립했으므로 이 군용철도 또한 영일동맹을 통해 보호받아야 할 대상이 되었다. 그러나 신봉철도는 경봉철도의 한 구간이라는 점에서, 그것을 제2차 영일동맹에 따라 영국의 경봉철도로서 보호해야 할지, 아니면 일본의 새로운 철도권익, 즉 신봉철도로서 승인해야 할지의 문제가 영·일 사이에 제기되었다. 바로 여기에 신봉철도가 영·일 사이의 교차권익으로 바뀐 이유가 있었다.

이상과 같은 관점에서 이 장에서는 신봉철도 문제에 관한 중·일 교섭을 다루고, 아울러 영국의 대응을 밝히고자 한다. 특히 안봉철도에 대한 영국의 대응과 차이를 드러냄으로써 신봉철도 문제가 안봉철도 문제와는 다른 각도에서 영일동맹에 영향을 준 점을 고찰하고, 그것이 영일동맹을 변질시킨 한 원인이 되었음을 논하고자 한다.

2. 신봉철도 양도 문제

신봉철도는 육군 야전철도제리부가 궤폭을 축소한 동청철도 남만주지선과는 달리, 안봉철도와 마찬가지로 철도대대가 급조한 군용 경편철도였다. 이런 사정으로 말미암아 신봉철도는 포츠머스강화회의에서 러·일 사이의 의제가 되지 않았으나, 그 장래의 지위는 안봉철도와 더불어 중·일 사이에 협의되어야 할 문제였다. 1905년 10월 27일, 가쓰라 내각은 포츠머스강화조약에 따른 대중국 요구 항목을 토의하고, 신봉철도에 대해서도 안봉철도 및 동청철도 남만주지선과 더불어 중·일 두 나라의 공동 사업으로서 일본의 법률로 만들어질 회사에 그 경영을 맡기기로 결정하였다.4) 그러나 이 결정은 일본이 신봉철도를 안봉철도와 똑같이 생각하고 있었음을 보여주는 반면, 신봉철도와 안봉철도의 큰 차이점, 즉 신봉철도가 경봉철도의 마지막 구간이며 경봉철도의 부설 우선권이 이미 영국에 주어져 있다는 사실을 전혀 배려하지 않은 것이었다. 11월 17일, 북경에서 고무라는 우치다 야스나리 중국 주재 공사 등과 함께 경친왕·구홍기·원세개와 교섭을 시작하여, 먼저 11개 항목에 걸친 일본 쪽 요구안을 제시하였다.

이에 대해 중국은 11월 22일에 안봉철도의 경영에 대해서는 원칙적으로 일본의 요구에 응할 의향을 보였으나, 신봉철도에 대해서는 매각을 요구해 왔다. 그러나 고무라는 각의 결정대로 신봉철도도 안봉철도와 마찬가지로 동청철도 남만주지선과 같은 조건으로 일본이 경영할 것을 요구할 작정이었다.5) 이처럼 중국이 신봉철도와 안봉철도를 구별하여 서로 다르게 다루어 왔음에도, 고무라는 신봉철도도 러일전쟁의 결과로 일본이 얻어낸 다른 만주 철도권익과 동등하게 생각하여 일본의 신봉철도 유지가 정당함을 주장하고자 했다. 이는 신봉철도가 일본의 동맹국인 영국의 잠재적 권익이었기 때문에, 고무라가 그 사실을 의식했는지의 여부와 상관없이, 영일동맹 아래서도 영·일 사이의 교차권익이 되었음을 말해 주고 있다.

신봉철도에 관한 개별적이고 구체적인 교섭은 안봉철도 문제가 합의에 이른 뒤, 11월 28일의 제6차 교섭에서부터 시작되었다. 이날 원세개는 먼저 신봉철도가 경봉철도의 마지막 구간임을 지적하고, 영국에게 이미 그 부설권을 준 경위에 대해 분명히 밝혔다. 그리고 1898년 산해관에서 신민둔에 이르는 경봉철도 차관 계약이 영·중 사이에 조인되었을 때, 제3조를 통해 신민둔에서 철도를 연장할 경우 그 건설의 우선권을 영국에게 준다고 약속한 이상, 신봉철도의 경영을 남만주의 다른 여러 철도와 마찬가지로 일본에게 인정할 수는 없다고 설명하였다. 이에 대해 고무라는 그 이듬해 맺어진 영러철도협정의 존재를 지적하고, 이 협정에서 영국은 신민둔 동쪽의 경봉철도 부설권을 포기했으므로, 영국에 대한 신봉철도의 부설 우선권은 이미 소멸했다고 말했다. 이로써 신봉철도를 둘러싼 중·일 사이의 대립점이 분명해졌다. 따라서 고무라는 군용 경편철도로 건설된 신봉철도를 요하를 경계로 둘로 나누어, 요하 동쪽 봉천까지의 구간에 대해서는 경영권을 일본에 인정하라고 제안하였다. 고무라가 이러한 양보를 한 것은, 신민둔~봉천의 전 구간이 경봉철도의 일부여서 영·중 사이의 경봉철도 차관 계약의 대상이 된다면, 그 전 구간이 아닌 요하 동쪽의 일부 구간을 경봉철도와는 다른 별개의 철도, 예컨대 동청철도 남만주지선의 한 지선으로 여겨 일본에 그 경영권을 위임하라고 요구하기 위해서였다. 동석한 우치다도 안봉철도와 신봉철도가 불가분의 관계에 있음을 주장하며 일본의 양보를 받아들이라고 요구했으나, 중국은 이에도 응하지 않았다.[6]

다음날 11월 29일의 제7차 교섭에서는 전날에 이어 영국이 신봉철도에 관해 얻어낸 권리에 대해서 고무라와 원세개 사이에 토의가 계속되었다. 그러나 영국이 영러철도협정에서 신민둔 동쪽의 경봉철도 부설 우선권을 포기했다고 보는 고무라와, 경봉철도 차관 계약 제3조의 규정은 여전히 살아 있다고 주장하는 원세개의 대립은 조금도 풀리지 않았다. 특히 고무라는 양보안인 봉천~요하 구간에 대해, 그 구간이 동청철도 남만주지선의 일부로서 경봉철도의 연장선에는 해당되지 않으며, 또한 영·중 사이의 차관 계약 대상도 되지 않는다고 주장함으로써, 신봉철도를 둘러싼 중·일 교섭은 타협점을 발견하지 못한 채 일시 중단되었다.[7] 그런데 이 두 차례에 걸친 교섭에서 주목할 점은, 고무라가 경봉철도 차관 계약과 영러철도협정에 관한 역사적 배경을 숙지한 다음에 일본의 신봉철도에 관한 요구를 중국에 통고한 사실이다. 즉 신봉철도 문제는 러일전쟁 이후 중·일 교섭에서 처음으로 거론되었지만, 그 뿌리 밑에서는 영·러 사이의 문제가 러·일 사이의 문제로 바뀌었음을 보여주고 있다. 여기에 신봉철도가 영·일 사이의 교차권익이 된 이유가 숨겨져 있다.

12월 8일의 제13차 교섭에서 신봉철도 문제가 거듭 토의되었다. 원세개는 이미 안봉철도 문제에서 중국 쪽이 양보했음을 지적하고, 신봉철도 문제에서는 일본 쪽이 양보하라고 요구하면서 그 대가로 요하 동쪽의 신봉철도의 개조 공사에 일본인 기사 두 명을 고용하겠다고 제안했다. 그러나 이 또한 안봉철도와 신봉철도의 관계를 불가분이라고 생각하여 두 철도를 남만주지선과 똑같이 경영하려는 고무라를 만족시킬 수는 없었다.[8] 중·일 교섭은 신봉·길장 두 철도 문제와 철도수비대 문제만을 남겨 놓은 상태였으므로, 12월 10일의 제15차 교섭에서 고무라는 일본이 철도수비대 문제를 양보하는 대신, 중국이 신봉·길장 두 철도 문제에서 일본의 요구에 응하라고 요구했으나, 원세개는 이를 거부하였다. 이 세 문제 때문에 중·일 교섭은 난항을 거듭하고, 조약의 성립조차도 위태롭게 되었다. 12월 13일에 가쓰라 수상은 고무라에게 신봉철도에 관한 요구를 철회하고, 길장철도에 관한 권익 획득을 먼저 하라고 지시하였다. 그러나 고무라는 교섭의 결렬을 각오하지 않는 한 가쓰라의 지시를 따를 수는 없다고 답하며, 일본으로서는 신봉철도 문제에 대해 양보 없이 교섭을 계속해 나갈 방침임을 밝혔다.[9] 12월 12일에 열린 제16차 교섭에서 중국 쪽은 남은 세 문제에 관해 더욱더 양보한 안을 제출했다. 그러나 거기서도 신봉철도 문제에 대해서는 일본인 기사 두 명의 고용과 신봉철도 개축 자금의 부족분을 일본에서 차입할 것을 제시했을 뿐, 일본의 경영권에 대해서는 여전히 인정하려 들지 않았다.[10] 그 다음날의 제17차 교섭에서도 신봉철도 문제가 토의되었으나, 중·일 두 나라의 주장은 합의에 이르지 못했다.[11]

그러나 12월 15일의 제18차 교섭에서 중국이 요하 동쪽의 신봉철도 경영에 일본의 철도 사무관을 참여시킬 것을 제안함으로써 사태는 타결의 방향으로 움직이기 시작했다. 물론 중국이 신봉철도 매수 원칙을 포기한 것은 아니며, 일본 또한 여전히 요하 동쪽의 구간에 대한 경영권을 요구하고 있었지만, 고무라는 일본에서 참여하는 철도 사무관의 직무 권한을 확대함으로써 경영의 실제 주도권을 획득하려고 생각했던 것이다.[12] 그리하여 12월 17일의 제19차 교섭에서 고무라는 신봉철도의 개축을 중·일 두 나라의 공동 사업으로 한다는 일본 쪽의 원칙적 요구를 단념하고, 신봉철도를 중국의 자체 부담 철도로 할 것을 인정하였다.[13] 이 제19차 교섭에서는 길장철도 문제와 철도수비대 문제에 대한 합의가 이루어졌으므로, 중·일 교섭이 이루어질지는 전적으로 신봉철도 문제의 결과에 달려 있었다. 따라서 고무라로서도 중·일 교섭을 이루려면 신봉철도 문제에 관해 양보가 불가피했던 것이다. 그 결과, 12월 18일의 제20차 교섭에서 신봉철도 문제에 관한 합의가 이루어지고, 이에 중·일 교섭은 타결을 보게 되었다. 12월 22일에 「만주에 관한 청일조약」과 그 부속협정 및 부속각서가 조인되었다. 신봉철도는 일본에서 중국으로 매각된 뒤 중국이 개축하여 경영하게 되었고, 요하 동쪽의 개축 자금은 그 반을 일본의 차관으로 충당하게 되었다.[14]

이처럼 고무라는 신봉철도에 대한 일본의 원칙적인 요구를 중국으로부터 승인받을 수 없었다. 중국이 경봉철도에 관해 영국과 맺은 차관 계약을 이유로 일본의 요구에 강력하게 반대했기 때문이다. 그러나 고무라의 양보는 포츠머스강화조약에 반대하는 일본 국내의 여론으로 말미암아 가쓰라 수상이 내각 총사직을 결의하기에 이른 국내 문제의 결과인 것이지, 결코 영국의 경봉철도에 대한 역사적 배경을 인정했기 때문은 아니었다.

한편 영국은 신봉철도를 둘러싼 중·일 교섭과 「만주에 관한 청일조약」에 대해서 어떻게 보고 있었을까. 특히 영국의 신봉철도에 대한 관심은 안봉철도에 견주어 더 강했으리라고 생각된다. 그러나 신봉철도 문제를 둘러싼 중국의 대응에 대해서조차 영국은 중국에 어떠한 요구도 제출한 흔적이 없다. 즉 일본의 신봉철도 건설에 대한 중국의 반대는 중국 자신의 판단이며, 영국의 지지를 받은 것은 아니었다. 영국으로서는 이 중·일 교섭이 포츠머스강화조약과 일체를 이루는 것이며, 그 조약에 따른 러일전쟁의 전후 처리가 진행되는 한, 일본과 맺은 동맹 관계에 비추어 중·일 교섭의 내용에 간섭할 수는 없었을 것이다.

「만주에 관한 청일조약」의 조인 전날인 1905년 12월 21일에 맥도널드 영국 대사는 가쓰라 수상으로부터 교섭이 타결되었다는 통지를 받았는데, 여기에는 신봉·길장 두 철도 문제가 해결되었기 때문이라는 설명도 곁들여 있었다. 이듬해 1월 3일에 맥도널드는 북경에서 막 귀국한 고무라와 회동했다. 고무라는 중·일 교섭에서 일본이 만족할 만한 성과를 거두었음을 말하고, 신봉철도에 대해서도 일본이 원조하게 되었음을 밝혔다.[15] 이 「만주에 관한 청일조약」이 정식으로 공표되기 전날인 1월 10일, 런던에서 하야시 다다스 대사가 그 사실을 그레이 외상에게 알렸다. 그것은 일본과 동맹 관계에 있는 영국에게 러일전쟁 이후 만주를 둘러싼 일본의 새로운 조약상 권리를 일반에 공표하기 전에 명시함으로써, 영·

일의 동맹 관계에 특별한 배려를 보이려는 일본 쪽의 시도였다고 할 수 있다. 그러나 하야시가 그레이에게 전달한 것은 「만주에 관한 청일조약」과 부속협정뿐이었고, 신봉철도에 관한 조항이 포함되어 있는 부속각서는 빠져 있었다.[16] 1월 12일, 맥도널드는 도쿄에서 공표된 조약의 전문을 입수했는데, 신봉철도에 대해 언급한 항목이 전혀 없음을 알아채고는 아직 공표되지 않은 비밀협정이 있을 것이라고 예상하였다.[17]

이렇듯 영국이 일본을 의심하게 된 것은 사안이 일본이 만주에서 새로 얻어낸 조약상의 권리, 그것도 그 구체적인 권익에 관한 것이었던 만큼 영국 쪽의 주의를 끌었기 때문이다. 영국이 이 비밀협정인 부속각서의 요지를 손에 넣은 것은, 3월 3일 사이온지 내각의 외상 가토 다카아키가 취임 2개월도 채 안 되어 사임하기 직전에 맥도널드에게 몰래 넘긴 메모를 통해서였다.[18] 이는 가토가 사이온지 내각의 만주 정책에 반대하여 사임한 배경을 설명해 주고 있는데, 영일동맹에서 강하게 요청되었던 문호 개방이라는 원칙을 무시하고, 러일전쟁 이후도 일본의 만주 경영이 여전히 군정을 유지하고 있는 상황과 맞물려, 3월 19일에 맥도널드가 일본의 현 만주 경영이 문호 폐쇄라는 경고를 사이온지 수상에게 제출하게 된 동기를 제공했다고 생각된다.

이처럼 영국 정부는 영청회사의 권익인 신봉철도의 지위 회복을 요구하려는 태도를 보이지 않았다. 따라서 신봉철도는 영·일 사이의 잠재적인 교차권익이기는 했으나, 그것이 수면 위로 떠오르지는 않았던 것이다. 오히려 영국 정부는 중·일이 신봉철도를 어떻게 다루는가를 냉정하게 주시함으로써 러일전쟁 이후 일본의 새로운 만주 정책에 주목하려 했다고 볼 수 있다.

3. 신봉철도 차관 계약의 성립

러일전쟁 기간 동안 육군의 철도대대가 건설한 신봉철도가 궤폭이 2
피트인 군용 경편철도였음은 이미 지적했다. 「만주에 관한 청일조약」이
이루어진 뒤, 1906년 1월이 되어 육군은 그 궤폭을 먼저 협궤로 확장하는
공사에 들어갔다. 그와 동시에 2월 5일부터는 군용 경편철도인 채로 승
객과 화물의 수송도 시작하였다. 그러나 「만주에 관한 청일조약」에서
일본이 신봉철도를 중국에 판다고 합의했으므로, 중국은 마땅히 그 합의
에 따라 신봉철도가 처리되어야 한다고 주장하며 궤폭 확장 공사를 그만
두라고 일본에 요구해 왔다. 2월 19일에 가토 외상은 다음 내용을 우치다
에게 전달하였다. 즉 중국의 항의에 대해, 현재의 공사는 남만주지선과
같은 궤폭으로 고침으로써 수송의 편리를 꾀하기 위함이며, 중국과의 매
각 협의는 일본군의 철병이 완료된 뒤에 시작할 예정이라는 것, 또한 일
반 화물과 승객의 수송은 군사 수송에 장해가 없는 한도 안에서 이뤄지
는 것으로, 신봉철도의 경영을 요구하는 것은 아니라는 것이었다.[19] 3월
2일, 우치다는 이 내용을 중국 외무부에 회답하였다. 그러나 중국은 3월
14일과 4월 17일에 계속해서 「만주에 관한 청일조약」에서는 신봉철도
의 양도 시기에 대해 일본군의 철병 이후라는 유보 조건을 달고 있지 않
으므로, 조약 발효 뒤 곧 양도 교섭을 시작해야 한다고 주장하며 거듭 일
본의 공사 중지를 요구해 왔다. 이에 대해 4월 21일, 우치다는 신봉철도
의 양도는 당연하지만, 그 교섭은 일본군 철병 뒤에 시작한다고 회답했
다.[20]

「만주에 관한 청일조약」 부속각서에서 신봉철도는 일본이 중국에게
넘겨주기로 합의하고, 개축 비용에 관한 차관에 대해서도 말했으나, 넘

겨주기를 위한 교섭의 시작 시기에 대해서는 명기하지 않았다. 즉「만주에 관한 청일조약」의 다른 결정과 마찬가지로, 예컨대 안봉철도 문제에 관해서는 일본군의 철병에 필요한 기간을 1년으로 따로 다룬 데 반해, 신봉철도 양도 교섭의 시작 시기에 대해서는 일본군의 철병과 연관짓고 있지 않았던 것이다. 따라서 중국은 일본 쪽의 회답을 결코 이해할 수 없었다. 5월 3일에 중국은 다시 일본에 공사의 중지와 양도 교섭의 시작을 요구해 왔다. 특히 중국은 조약의 대상이 된 것은 군용 경편철도인 신봉철도이며, 일본이 그 궤폭을 확장한 뒤에 그것을 사들인다면 사실상의 조약 개정이라고 지적하였다. 그리고 중국으로서는 궤폭 확장 비용을 매입 가격에 가산하는 것을 용인할 수 없다며, 일본은 공사를 그만두고 즉시 교섭에 응하라고 요구했다.

이에 일본은 양도 교섭 시작을 지연시킬 이유를 다시 모색해야 했다. 그러나 이미 영·미 두 나라로부터 일본의 만주 경영이 폐쇄적이라는 비판이 나오고 있는 상황에서, 일본은 이에 대응하여 만주에서 군정을 민정으로 바꿀 필요가 있었다. 5월 22일에 개최된 만주문제협의회에서는 군정의 폐지가 결정되었으나, 그에 덧붙여 신봉철도에 대해서도 중국으로 팔아넘기기 위한 교섭 시작이 결의되었다.21) 이러한 결정에도 불구하고 육군은 민정 이행에 소극적이었다. 육군은 신봉철도에서 진행되고 있던 협궤 개조 공사도 그대로 속행하여 8월 17일에는 협궤로 개축하는 공사를 끝내고, 26일부터는 새 궤도로 일반 화물과 승객의 수송을 시작하였다. 9월 2일, 중국은 이러한 일본의 일반 수송 시작에 대해 거듭 항의해 왔다.22)

한편 이러한 일본의 방침에 대해서는 일본 쪽에서도 비판이 일었다. 우치다의 후임으로 중국 주재 공사가 된 하야시 곤스케는 가토 다카아키의 사임 뒤 사이온지 내각의 외상에 취임한 하야시 다다스에게 8월 6일 다음과 같이 보고하였다. 즉 신봉철도를 넘겨줄 때는 협궤 개축 비용을 포함하지 말 것이며, 되도록 빠른 시기에 중국이 요구하는 교섭에 응하는 것이 만주의 다른 철도 경영에도 상책이라는 것이었다. 그리고 9월 2일에 있었던 중국의 항의에 대해서도 하야시 공사는 9월 12일에 회답을 보냈다. 즉 그는 일본에게 신봉철도의 군사적 가치가 높다는 원칙을 거듭 되풀이하고, 신봉철도에서 일반 화객의 수송을 시작한 것은 일본에 의한 철도 경영을 뜻하는 것이 아니므로 중국의 항의는 적절치 않다고 지적하였다. 또한 양도 교섭에 관해서는 일본군의 철수 문제에 언급하지 않은 채 「만주에 관한 청일조약」의 규정에 따라 교섭을 시작할 것을 표명하였다. 그러나 교섭의 시작 시기에 대해서는 육군이 강력하게 반대함으로써 교섭을 시작하라는 훈령이 북경에 이르지 못한 채 1906년을 넘겼다.23) 허나 이듬해 1월 10일에 사이온지 내각은 길장철도 문제와 신봉철도 문제를 동시에 해결한다는 방침을 결정하고, 1월 15일에 하야시 공사에게 다음과 같이 지시하였다. 즉 신봉철도의 인도 시기를 4월의 일본군 철병 완료 이후로 할 것, 중국에 의한 신봉철도 개축은 표준궤로 하여 봉천에서 남만주철도 본선과 접속할 것, 요하 동쪽의 구간에 대한 차관은 매수비 외에 개축비와 개축 뒤 운행 자금까지 포함한 총액의 반액으로 할 것, 신봉철도의 경영 실권을 얻어낼 것 등이었다.24) 이에 신봉철도의 양도에 관한 중·일 교섭이 시작되었다.

그러나 이와 같은 일본의 교섭 조건이 하야시 공사에게는 커다란 불만이었다. 특히 사이온지 내각이 결정한 매각 가격은 하야시의 예상을 훨씬 웃도는 것으로, 하야시에게는 가격 설정 문제가 교섭에서 최대의 난관으로까지 여겨졌기 때문이다. 하야시는 일본이 행한 개축 비용을 매각 가격에 포함해서는 안 된다고 진언하였으나, 332만 엔이라는 가격은 일본이 앞으로 건설하려는 길장철도의 총 건설비용보다도 많은 액수였다.

이 332만 엔이라는 양도 가격은 신봉철도를 건설한 것이 육군의 철도대대였기 때문에 육군에서 제시한 금액이었다. 하야시 외상은 3월 11일에 신봉·길장 두 철도에 대한 일본의 요구를 중국이 수용하는 조건으로 200만 엔까지 감액하는 것을 인정하기로 하였다.[25] 이에 대해 하야시 공사는 금액 면에서는 양해하였으나, 신봉철도가 중국에 넘겨진 이후에는 경봉철도로 통합 경영될 것이므로 설사 일본이 요하 동쪽의 구간에 차관을 공여한다 해도, 또한 표준궤 개축에 일본인 기사가 고용된다 하더라도, 신봉철도 경영상의 실권을 얻기 불가능한 일본으로서는 오히려 길장철도의 차관 성립에 전력을 기울여야 한다고 생각하고 있었다.[26] 이러한 하야시 공사의 인식은, 러일전쟁 동안 건설한 철도는 1마일도 잃고 싶지 않다는 육군에 견주면 경봉철도의 실제 사정에 뿌리를 둔 것으로, 군정을 계속하길 요구하는 군부의 생각과는 크게 다른 것이었다.

3월 20일에 하야시 공사는 나동(那桐), 구홍기, 당소의(唐紹儀)와 만나 신봉철도와 길장철도에 관한 차관 교섭을 시작했으나, 중국 쪽은 예상대로 양도 가격에 대해 강하게 반발하였다. 중국은 1877년 이래 경봉철도의 건설에 종사해 온 영국인 기사 킨더에게 1906년에 신봉철도를 실사하도록 한 바 있어, 양도 가격에 대해서 넉넉히 잡아 50만 엔이란 숫자를 산출해 놓고 있었기 때문이다. 따라서 하야시 외상으로서도 하야시 공사가 요구한 것처럼 양도 가격을 더욱더 감액한 150만 엔으로 할 것을 승낙하지 않을 수 없었다.[27] 3월 27일에 열린 제2차 회담에서 하야시 공사는 차관협정안을 제출하였고, 중국 쪽은 양도 가격에 대한 감액을 요구했다. 이에 하야시는 먼저 200만 엔을 제시했지만, 여전히 중국 쪽이 희망하는 가격과는 격차가 커서 가격의 결정은 다시 협의하기로 하였다.

3월 31일에 중국이 수정안을 제시함에 따라, 4월 1일에 그것을 기초로 협정안의 작성에 관해 교섭이 벌어졌다. 중국은 특히 차관 조건을 영국과 맺은 경봉철도 차관에 준할 것을 요구하였다. 제1장에서 서술한 바와 같이, 영국은 경봉철도 차관 계약을 체결할 때 러시아의 방해를 피하고 자 철도를 차관의 담보로 하는 것을 포기한 선례가 있기 때문에, 중국은 요하 동쪽의 구간을 일본의 차관에 대한 담보로 삼는 것에 대해서는 강하게 저항했다. 그러나 이를 이해할 수 없었던 하야시가 교섭의 결렬도 마다하지 않는다는 태도를 보이자, 중국은 하야시의 주장에 따라 요하 동쪽의 공간을 차관의 담보로 삼는 데 동의하지 않을 수 없었다.28) 또 현안이었던 양도 가격에 대해서도 4월 10일에 166만 엔으로 합의를 보았으니, 하야시가 예상한 150만 엔 정도에서 결정된 셈이다. 이 문제들은 「만주에 관한 청일조약」 부속각서에서 제시하고 있는 것처럼 신봉철도 차관 문제에서 골격을 이루는 문제였는데, 일본의 요구가 대체로 인정됨으로써 하야시로서는 일단 만족했다. 4월 15일에는 신봉철도와 길장철도에 관한 협약이 성립했다. 이 협약은 「만주에 관한 청일조약」에 바탕해서 체결된 최초의 협정이었다.29)

그런데 경봉철도의 건설을 담당해 왔던 영청회사는 이 차관 계약의 성립이 자신들의 기득 권익에 큰 영향을 미치지나 않을지 우려하지 않을 수 없었다. 차관 계약이 조인되기 직전인 4월 11일에 영청회사 회장 케스윅은 영국 외무성에 서한을 보내 경봉철도에 대한 영청회사의 권리를 잃을 지도 모르니 중국에 압력을 넣어서라도 계약의 성립을 막도록 요청하였다.30) 그러나 외상 그레이는 그간의 사정에 대해 북경 주재 조단 공사의 보고를 요구한 데 이어, 5월 2일에 영청회사에 회답을 보내, 일본이 신봉철도의 차관 계약을 얻어냈다고 해서 영청회사의 이익에 곧바로 손해를 입힌다고는 볼 수 없다는 견해를 분명히 밝혔다. 그는 또 이 차관 계약이 1898년의 경봉철도 차관 계약을 조금도 손상시키지 않으며, 영국 정부는 경봉철도를 신민둔 동쪽으로 연장하고 싶다는 의사를 러시아는 물

론 러시아의 권익을 넘겨받은 일본에게도 전달한 바 없다고 덧붙였다.[31)]

그러나 이에 대해 영청회사는 다음과 같이 반론을 제기했다. 즉 신봉철도가 경봉철도와 남만주철도를 같은 궤폭으로 연결하게 되므로 그것이 일본의 관리 아래 있는 한, 승객과 물자가 대련에서 선박을 통해 중국 각지나 세계 각지로 운반될 것이며, 킨더가 제안한 신민둔에서 철령에 이르는 연장 철도를 일본이 건설하기라도 한다면 만주의 농산물(주로 콩)은 경봉철도를 이용하지 않고도 만주 밖으로 수출될 것이라고 반론을 폈다. 나아가 영청회사는 1898년의 경봉철도 차관 계약 제3조에 따라 신민둔 동쪽의 연장에 대해 자본을 원조할 권리를 갖고 있는데, 신봉철도 차관 계약은 이를 침해한다고 지적하였다. 이에 대해 영국 외무성은 중국이 연장하는 것은 신민둔에서 요하 오른쪽 기슭까지이며, 일본의 관리는 요하 동쪽에서 봉천에 이르는 구간에 한정되어 있다고 지적하고, 신봉철도 차관 계약은 영청회사의 경봉철도 차관 계약을 침해할 정도의 것은 아니라는 견해를 거듭 밝혔다.[32)]

이러한 영청회사와 영국 외무성의 견해 차이는 영국이 남만주에서 일본의 세력범위를 요하 동쪽으로 생각하고 있었음을 말해 준다. 따라서 요하 동쪽 지역에서 일본이 문호 개방의 원칙을 지키는 한, 영국은 설사 영청회사가 신봉철도의 부설 우선권을 갖고 있다 하더라도 영청회사의 이익을 지키려고 일본과 대립하는 것 따위는 전혀 생각하고 있지 않았던 것이다. 제2장에서 말한 바와 같이 영청회사의 케스윅은 보수당의 하원의원이었다. 그러나 1905년 12월 발포어 보수당 내각이 관세개혁 문제로 분열하여 총사퇴한 뒤 내각은 자유당의 캠벨-배너먼(H. Campbell -Bannerman)이 조각하고, 이듬해의 총선거는 자유당의 대승으로 끝났다.[33)] 보수당의 역사적 패배 가운데서 케스윅도 재선되기는 했으나, 솔즈베리 내각 시대만큼 경봉철도의 권익 옹호를 의회 안에서 주장할 수는 없게 된 것이 아닌가 하고 생각된다.

신봉철도는 육군의 임시철도대대가 건설한 것이었으나, 1906년 9월 1일에 철도대대가 해산되었으므로 야전철도제리부가 넘겨받아 관리하였다. 그 이듬해 4월 1일에 만철이 설립되자 철도제리부가 관리하고 있던 철도는 모두 만철로 이관되었다. 그러나 신봉철도는 「만주에 관한 청일조약」에서 이미 중국에 넘기기로 합의했기 때문에 당장 일시적인 조치로서 만철의 관리에 맡겨졌을 뿐, 만철이 경영할 철도로서 인정받은 것은 아니었다.[34] 신봉철도와 길장철도에 관한 협약 제7조에 따라 중국이 양도 대금을 지불한 뒤 1개월 이내에 만철이 중국 철도국에게 넘겨주도록 되어 있었다. 따라서 중국이 4월 24일에 요코하마쇼킨(橫浜正金)은행 천진 지점에 대금을 입금했으므로, 인도 기한은 5월 24일이었다. 5월 9일, 고토 만철 총재는 만철 이사인 구보타 조슈(久保田情周) 등을 인도 위원으로 결정하였다. 중국 쪽도 5월 22일, 주장령(周長齡) 관내외철도총판(關內外鐵道總辦)을 파견키로 하고, 킨더 등 영국인 기사와 중국이 동의한 일본인 기사 마가오 다쓰지로(曲尾辰二郞)가 그를 수행할 것임을 밝혔다. 육군은 5월 16일에 신봉철도 재산 목록을 작성하여 중국에 넘겨줄 자산을 확정하였다. 인도 기한은 5월 24일이었으나, 중국 쪽 교섭원이 5월 26일에 대련에 도착했기 때문에 5월 27일에 대련의 만철 본사에서 인도 수속이 진행되어, 6월 1일로 신봉철도는 중국에 넘겨졌다.[35]

이렇게 양도가 이루어지는 동안에도 영청회사의 불만은 조금도 해소되지 않았다. 그레이는 6월 19일에 케스윅의 요청을 받아 북경의 조단 공사에게 킨더를 통해 신봉철도의 실태를 확인하도록 명하였다. 이에 대해 킨더는 요하 동쪽의 신봉철도에 관한 관리도 킨더 자신의 손안에 있으며, 마가오 기사는 4년이나 킨더 아래서 일했기 때문에 만철과의 협력관계도 순조롭다며, 영청회사의 우려는 기우에 지나지 않는다고 회답하였다.36) 이는 신봉철도의 일부가 일본의 차관 철도로 되어 있기는 해도, 실제로는 경봉철도의 일부로서 영국의 권익이라는 지위를 잃지 않았음을 말해 준다. 신봉철도는 일본의 군용철도로 건설되었으나, 궤도 개축 공사가 진전되면서 본래의 경봉철도로 다시 태어나 중국의 관리 아래서 경영되기에 이른 것이다.

4. 경봉·남만주철도 접속 문제

신봉철도는 1907년 6월 1일자로 건네져 중국 철로국이 경영하게 되었다. 그러나 궤폭은 여전히 협궤인 채로, 만철로부터 넘겨받은 차량이 그대로 운행되고 있는 상태였다. 이에 중국은 먼저 궤폭을 표준궤로 바꾸는 가공사를 하되, 요하 가교 공사까지 포함한 본격적인 표준궤 공사는 뒷날 다시 하기로 하였다. 이 공사는 6월 29일에 끝나, 남만주철도 봉천 정거장의 서쪽에 심양(瀋陽) 정거장〔뒤의 황고둔(皇姑屯) 정거장〕을 설치하여 신봉철도, 즉 경봉철도의 종점으로 삼았다. 이로써 북경에서 봉천까지 직통 열차가 운행되기에 이르렀다.37)

그러나 이렇게 경봉철도가 임시선로이면서도 봉천 교외까지 연장된 것을 기회로 중국은 새로운 요구를 일본에 제출해 왔다. 이것이 이른바 경봉철도 연장 문제이다. 이는 경봉철도를 봉천 정거장의 북쪽에서 남만주철도를 가로질러 봉천 시내까지 연장하려는 계획이었다. 1907년 7월 9일, 당소의의 명으로 일본인 기사 마가오는 구니자와 신베에(國澤新兵衛) 만철 이사에게 중국 내부의 계획을 은밀히 알리고, 일본 쪽의 의향을 타진하였다. 만철은 이 조회 내용을 관동도독에게 통보하는 동시에 외무성에도 보고하였다. 중국의 의도는 표면상으로는 봉천에서 화객(貨客)의 편의를 꾀한다는 데 있었다. 그러나 실제로는 남만주철도의 봉천 정거장

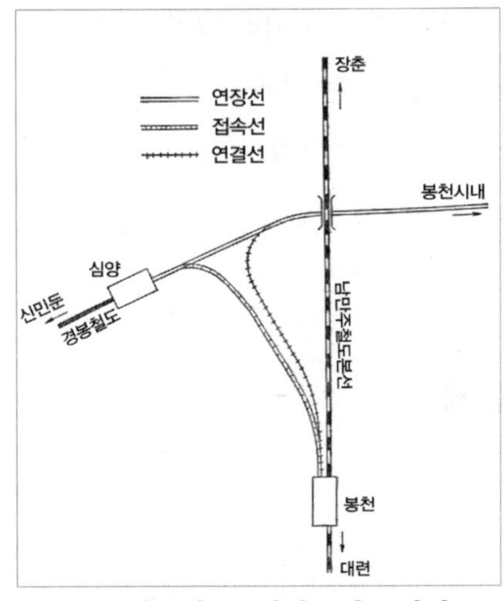

지도8 : 경봉철도·남만주철도 연결도

이 일본의 조차지 안에 있기 때문에, 그것을 경봉철도의 마지막 정거장으로 삼는다면 중국 쪽으로서는 여러 모로 불이익을 면치 못할 것이기 때문이었다.[38] 중국은 남만주철도의 봉천 정거장을 경봉철도가 사용하는 것을 기꺼워하지 않아, 경봉철도의 종착역을 독자적으로 봉천 시내에 설치하고 싶었던 것이다. 하야시 외상은 7월 10일, 오시마 관동도독과 하기와라 봉천 주재 총영사에게 중국이 희망하는 봉천 시내로의 경봉철도 연장은 남만주철도의 이익에 중대한 영향을 미칠 가능성이 있으니, 남만주철도의 이익을 해치는 철도 지선의 부설 금지를 규정한 「만주에 관한 청일조약」 부속각서 제3조에 따라 철도 연장을 거부토록 지시하였다. 하야시 외상은 남만주철도와 경봉철도가 봉천 정거장을 같이 사용함으로써 중국이 불이익을 받게 된다면, 일본이 그에 대해 최대한 편의를 제공하는 한이 있더라도 봉천에서 경봉·남만주 두 철도의 접속을 요구하려고 했던 것이다.[39] 즉 중국의 요구는 경봉철도의 연장이었던 데 반해, 일본은 경봉·남만주 두 철도의 접속을 요구했던 것이다. 이처럼 경봉철도 연장 문제는 연장 문제 외에도 경봉철도와 남만주철도 접속 문제라는 두 가지 측면을 지니고 있었다.

하기와라는 7월 22일, 중국에 다음과 같이 요구하였다. 즉 일본은 봉천에서 남만주철도와 경봉철도를 같은 정거장을 통해 서로 접속하기 위해 중국에 충분한 편의를 봐줄 용의가 있으니, 봉천 시내로 경봉철도를 연장하는 것은 장래의 계획으로 접어두고 이번에는 제의하지 말라고 요구했던 것이다. 그러나 중국은 9월 10일, 아베 모리타로(阿部守太郎) 대리공사에게 경봉철도의 연장에 관한 교섭을 시작하자고 요구해 왔다. 하야시 외상은 물론 이에 응하는 것을 허락하지 않았고, 아베는 이를 11월 7일에 중국에 전했다. 중국은 12월 11일과 이듬해 2월 14일에 거듭 교섭의 시작을 일본에 요구해 왔으나, 하야시 곤스케 공사는 그에 응하지 않았다.[40] 일본으로서는 「신봉철도와 길장철도에 관한 협약」 제5조에서 경봉·남만주 두 철도의 접속에 합의한 이상, 봉천 정거장의 분리는 있을 수 없는 일이었기 때문이다. 이와 같은 일본 쪽의 강경한 태도 때문에 1909년 봄부터 북경~봉천 사이에 직통 급행열차의 운행을 시작하려고 생각하고 있던 중국으로서는, 경봉·남만주 두 철도의 접속이라는 점에서 일본 쪽과 협의를 시작하지 않을 수 없었다. 1908년 7월 5일, 데라우치 수상(외상 겸임)은 두 철도 접속을 위한 교섭 시작을 오시마 관동도독과 고토 체신상에게 통고하였다.[41] 교섭은 봉천에서 만철 이사인 구니자와와 경봉철도의 운수과장인 영국인 폴리(G. E. Falley) 사이에서 이루어졌다. 교섭은 구체적으로는 경봉철도 심양 정거장과 남만주철도 봉천 정거장 사이의 접속 문제에 대한 것으로, 매우 기술적인 내용이었다. 그 결과 10월 5일에 양자 사이에 협약 초안이 이루어지게 되었다.[42]

그러나 이렇게 기술적 문제에 대한 합의가 이루어졌음에도, 그것이 곧 실행되지는 않았다. 왜냐하면 기술적인 문제에서 합의가 이루어짐으로써 경봉철도와 남만주철도의 접속이라는 문제는 일단 해결되었지만, 구니자와와 폴리의 교섭에 앞서 10월 2일에 중국이 다시 경봉철도의 남만주철도 횡단과 봉천 시내로의 연장을 요구하는 바람에, 연장 문제는 여전히 해결되지 않은 채로 남아 있었기 때문이다.[43] 이러한 중국의 요구에 대해 일본은 경봉철도 심양 정거장과 봉천 시내가 2마일이나 떨어져 있기 때문에 화물과 승객 모두에게 불편을 가져올 것이라고 생각했다. 그래서 일본은 중국이 요구하는 연장선을 대신하여, 경봉철도를 남만주철도 봉천 정거장을 거쳐 봉천 시내까지 연장하고, 남만주철도 봉천 정거장과 봉천 시내를 잇는 연결선은 남만주철도와 경봉철도 양쪽에서 같이 이용할 것을 생각하기 시작했다. 이로 말미암아 중·일 사이의 대립은 해소되지 않은 채, 「만주에 관한 청일조약」 이후 새로이 발생한 신법(新法)철도 문제 등과 함께 경봉철도 연장 문제는 이른바 만주 5안건의 하나로서 중·일 사이에 협의가 이루어지게 되었다.44)

10월 말 고무라는 미국으로 가는 도중 일본에 들른 당소의와 회담하고, 간도 문제와 만주 5안건에 대해 의견을 나누었다. 그때 당소의가 일본에 경봉철도의 연장을 인정하라고 거듭 요구하자, 고무라는 접속 문제는 기술적 문제라고 말할 뿐, 연장 문제에 대해서는 말하지 않았다. 그러나 12월 15일에 신임 이주인 공사는 교섭에 앞서 자신의 의견을 정리하여 고무라에게 보냈다. 그는 경봉철도의 연장선이 남만주철도 봉천 정거장을 거쳐 봉천 시내로 진입하는 것은 우회 노선이 되며, 반면 경봉철도가 심양 정거장에서 봉천 시내로 직접 연장되면 남만주철도는 이 연장선을 이용할 수 없게 되므로, 중·일 두 나라가 타협을 이루기가 좀처럼 곤란하다는 전망을 내놓았다.45) 12월 28일의 제1차 교섭에서 원세개는 경봉철도 연장 문제는 기술적 문제라며 경봉·남만주철도 둘 사이의 타협점을 찾고 싶다는 희망을 밝혔다. 그러나 이듬해 1월 11일의 제2차 회담에서도 경봉철도를 봉천 시내로 연장하길 요구하는 중국과, 남만주철도 봉천 정거장에서 경봉·남만주 두 철도를 접속하길 주장하는 일본의 대립이 계속되었다. 만주 5안건 교섭에서는 신법철도 문제가 주된 관심을 모아, 경봉철도 연장 문제는 결코 큰 문제가 되지 않았다. 이렇듯 중·일 두 나라의 대립은 사라지지 않은 채 되풀이되어, 결국 1909년 9월 4일의

「만주 5안건에 관한 청일협약」 제5조에서 일본은 경봉철도의 봉천 시내 연장을 인정키로 하고, 구체적인 문제는 경봉철도와 남만주철도 사이에서 결정하기로 했다.46)

1910년 1월 8일, 「만주 5안건 협약」 제5조에 바탕하여 경봉철도 연장 문제에 대해 중·일 두 나라의 기사가 교섭을 시작하였다. 그러나 남만주철도를 가로질러 직접 봉천 시내까지 연장할 것을 주장하는 중국 쪽 기사와, 남만주철도 봉천 정거장을 거쳐 봉천 시내로 연장하려는 만철 쪽 기사 사이의 대립은 전혀 해소되지 않았다. 이에 1월 13일, 고이케 봉천 주재 영사는 3개 조로 된 협약 초안을 제시했다. 그 내용은 첫째, 경봉철도 연장에 관한 일본의 동의를 밝히고, 둘째로 경봉철도가 봉천 시내에 세울 새 정거장의 위치에 대해서, 셋째로는 1908년 10월 5일에 구니자와와 폴리 사이에 합의된 두 철도의 접속에 대해 기술하고 있다.47) 즉 고이케의 초안은 중·일 두 나라의 대립하는 주장, 즉 연장선과 접속선을 모두 건설한다는 것으로, 중·일 두 나라를 모두 만족시키려는 것이었다. 중국 쪽은 이 제안에 동의할 의향을 밝혔다. 그러나 만철 쪽은 경봉철도 연장선의 건설에는 동의하면서, 접속선의 건설뿐만 아니라 남만주철도 봉천 정거장과 경봉철도 신설 봉천 정거장의 연결선 건설까지 요구하였다. 고이케의 초안에는 이 연결선에 대한 계획이 포함되어 있지 않았기 때문이다. 고무라도 이 연결선의 건설이 꼭 필요함을 인정하여 중국이 이 연결선의 건설에 동의하도록 다시 교섭을 지시하였다.48) 이 연결선은 경봉철도 연장 문제나 경봉철도 심양 정거장과 남만주철도 봉천 정거장의 접속 문제와는 별개의 새로운 문제였다. 이에 대해 중국은 이 연결선, 즉 남만주철도의 지선이 건설되면 경봉철도 연장선 건설의 가치도 반감하기 때문에 고무라의 요구에 응하려 하지 않았다. 그러나 고무라는 경봉철도 연장 문제의 해결이 늦어지는 한이 있더라도 이 연결선 문제에 대한 중국 쪽의 동의를 얻을 것을 강력히 주장하고, 이미 이루어진 협약안에 대한 조인을 허가하지 않았다. 이로 말미암아 봉천에서 경봉철도 연장 문제에 관한 교섭은 더 이상 진전을 보지 못한 채, 마침내 북경의 이주인 공사와 중국 우전부의 교섭으로 무대가 옮겨졌다.49)

그러나 북경에서 교섭도 결국은 진전을 보지 못하고 1911년을 맞이하였다. 1월 9일, 만철은 본국의 철도원에 다음의 의견서를 제출하였다. 즉 남만주철도 봉천 정거장과 경봉철도의 신설 봉천 정거장을 잇는 연결선은 남만주철도의 지선이 아니라 경봉철도의 지선으로 할 것, 화물열차는 남만주철도 봉천 정거장을 거치지 않고 경봉철도 연장선으로 직접 봉천 시내에 진입하는 것을 인정한다는 내용이었다. 다시 말해, 경봉철도 심양 정거장에서 남만주철도를 가로지르는 봉천 시내 연장선과 심양 정거장에서 봉천 정거장에 이르는 접속선에 더해, 봉천 정거장에서 봉천 시내의 연장선에 이르는 새로운 연결선을 경봉철도의 지선으로서 건설한다는 것이었다. 이를 들은 고무라는 3월 3일, 혼다 구마타로(本多熊太郎) 중국 주재 대리공사에게 만철의 제안을 중국에 전하도록 지시하고, 4월 7일에 혼다는 이를 중국에 조회하였다.50) 그러나 이에 대해서도 중국은 동의하지 않았다. 모든 객차가 봉천 정거장을 거쳐 봉천 시내까지 달린다면 연장선의 건설은 의미가 없기 때문이었다. 중국의 요구는 북경에서 봉천에 이르는 직통 열차의 운행에 있었고, 그 종점이 되는 봉천의 정거장은 남만주철도 봉천 정거장이 아니라, 경봉철도 전용의 봉천 정거장이어야 했다. 거꾸로 만철로서는 남만주철도와 북경을 잇는 철도의 분기점은 남만주철도 봉천 정거장이어야 한다고 생각하고 있었으니, 이 둘의 대립은 중국이 경봉철도 연장선 건설을 승인해 주길 요구해 왔던 때와 조금도 달라지지 않았다.

5월 4일에 중국은 원칙적으로 만철의 양보안을 양해할 수 없다는 회답을 보내왔다. 그러나 중국으로서도 교섭의 조기 타결을 희망했으므로, 만철이 제안한 화물 이외에 객차 가운데 일부라도 봉천 정거장을 거치지 않고 연장선을 통해 직접 봉천 시내에 이르는 것이 인정된다면, 만철이 주장하는 연결선의 건설에 응해도 좋다는 의향을 밝혔다. 이어서 6월 10일, 봉천에서 중국 쪽은 연결선의 건설 승인을 전제로 교섭 재개를 요구해 왔다.[51] 이에 1년여의 냉각 기간을 끝내고 교섭은 재개되었다. 경봉철도 연장선의 건설을 제의한 지 이미 4년이 지났고, 그로 말미암아 1909년부터 예정된 북경~봉천 직통 열차의 운행도 시작되지 못한 상태였으므로 중국으로서도 교섭의 타결을 요구하지 않을 수 없게 된 것이라 생각된다. 7월 4일부터 시작된 교섭은 9월 2일에 끝나, 「경봉철도 연장에 관한 협약」이 조인되었다. 이 협약에서 남만주철도와 경봉철도의 연결이 필요한 북경~봉천 구간 직통 급행열차는 남만주철도 봉천 정거장을 거쳐서 운행키로 하고, 그럴 필요가 없는 열차는 연장선을 이용하여 직접 봉천 시내까지 운행키로 했다.[52]

이리하여 일본은 사실상 남만주철도 봉천 정거장을 경봉철도의 종점으로 만드는 데 성공했다. 남만주철도 봉천 정거장은 단순한 경봉철도의 종점이 아니라, 부산에서 봉천까지 운행하는 직통 열차를 연결하면 부산에서 북경까지 가는 직통 열차의 중계점이 된다. 여기에는 물론 경봉철도와 남만주철도의 궤폭이 같은 표준궤라는 사실이 전제되어 있었다. 이로써 일본은 철도로 부산에서 북경까지 이르는 길을 얻게 되었다.

5. 맺음말

신봉철도와 안봉철도의 커다란 차이는 「만주에 관한 청일조약」에서 분명히 밝히고 있듯이, 안봉철도가 일본의 경영권이 인정된 일본의 만주

권익으로 인지된 데 반해, 신봉철도는 일본의 경영권이 인정되지 않았다는 점에 있다. 또한 요하 동쪽 구간을 개축하는 데 일본이 차관을 공여하게 되었다 해도 그것이 반드시 일본의 권익으로서 인정되는 것은 아니었다. 하지만 신봉철도는 1898년의 경봉철도 차관 계약에서 영청회사에 그 부설 우선권이 주어져 있었다. 따라서 일본의 신봉철도 건설은 영청회사의 우선권을 침해하는 결과가 되었다. 영청회사는 당연히 중·일 사이의 신봉철도 차관 계약에 반대했다. 경봉철도에 대한 영청회사의 기득 권익이 침해당할 것을 우려했기 때문이다. 그러나 영국 정부는 영청회사의 요망을 알면서도 요하 동쪽의 신봉철도에 대한 일본의 차관 공여에 반대하지 않았다. 영청회사가 주장하는 것처럼, 일본의 신봉철도에 대한 차관이 경봉철도에 대한 기득 권익을 침해하리라고는 인식하지 않았기 때문이다.

이는 신봉철도와 같은 군용철도인 안봉철도에 대한 영국의 대응과 비교했을 때 대단히 큰 차이가 있다. 영국은 안봉철도에 대해 전혀 권익 관계가 없는 처지에 있었다. 또 영국은 일본의 한·만 일체화 정책과 만주의 문호 개방이라는 원칙에 주의를 기울이고는 있었지만, 일본의 안봉철도 개축과 경영에 반대해야만 할 이해관계를 갖고 있던 것은 아니었다. 그러나 신봉철도에 관해서 영국은 경봉철도에 대한 영청회사의 권익이라는 명백하고 특수한 이해관계를 갖고 있었음에도, 일본의 신봉철도 차관 계약을 승인하고, 영청회사가 갖고 있던 부설 우선권을 옹호하지 않았다.

그러나 킨더의 보고에서도 분명히 드러났듯이, 신봉철도가 경봉철도의 일부였으므로 신봉철도의 개축에 즈음해서 영국인 기사가 수행한 역할은 컸다. 중·일 사이에는 차관 계약이 존재하고 있었지만, 일본에 차관을 요구하지 않고 개축 공사가 진행되고 있었다. 그러므로 일본은 1908년 11월 12일에 다시 중국에 신봉철도와 길장철도에 관한 계약을, 또한 이듬해 8월 18일에는 그 세목에 관한 계약의 조인을 요구하고, 차관 공여의 세목을 결정해야 했다.[53] 신봉철도의 개축 공사는 1909년 7월에 끝났고, 요하 동쪽의 신봉철도는 일본의 차관 철도가 되었으나, 그 건설에는 실제로 여전히 영국의 영향이 강하게 미치고 있었다고 보아도 좋을 것이다. 따라서 일본이 영청회사의 부설 우선권을 침해했음은 명백하더라도, 영국으로서는 그것이 실제로 영국의 권익에 악영향을 미친다는 인식에는 이르지 않았던 것이다. 영국은 영일동맹에 따라 일본의 대러 전쟁을 지지해 왔던 만큼, 러일전쟁 동안 일본이 건설한 군용철도는 영국으로서는 부인할 수 없는 일본의 기득 권익이었다. 따라서 영국의 입장에서는 안봉철도는 물론 신봉철도에 대해서도, 또한 기득 권익인 신민둔에 이르는 경봉철도에 대해서도 실제로 해를 미치지 않는 한, 굳이 일본의 차관 공여에 반대할 필요는 없었다고 할 수 있다.

그러나 짧은 거리이긴 해도 일본이 신봉철도의 개축에 차관을 공여하게 된 의의는 크다. 일본은 한·만 연결 철도를 경봉철도에 연결하고, 러일전쟁 이전 러시아조차도 얻어낼 수 없었던 철도를 통해 북경까지 이르는 루트를 완성했기 때문이다. 이 경봉철도·남만주철도 접속 문제는 철도 건설상의 매우 기술적인 문제로서, 영국은 이 문제에 특별한 관심을 보이지 않았다. 이는 영국 정부가 신민둔 동쪽으로 철도를 연장하는 데 그다지 관심을 갖지 않았고, 또한 요하 동쪽으로 진출을 계획하고 있지 않았기 때문이다. 이로써 일본은 안봉철도로 남만주철도 동쪽의 남만주를 일본의 세력범위로 만들었던 것처럼, 신봉철도를 일본의 차관 철도로 만듦으로써 남만주철도에서 요하에 이르는 지역까지 일본의 세력 아래 넣게 되었던 것이다.

이 책의 제Ⅰ부와 제Ⅱ부에서 논했던 바와 같이, 영일동맹은 러시아의 위협으로부터 한·만지역에서 영·일 두 나라의 대러 교차권익을 지킬 것을 목적으로 하고 있었다. 따라서 러일전쟁의 성과는 일본뿐 아니라 영국에게도 러시아 세력이 남만주에서 북만주로 후퇴한 점에 있었다. 전쟁 전에 견주어 장춘 이남의 동청철도가 동맹국 일본의 지배 아래 들어감으로써 러시아의 위협이 완전히 사라지지는 않았지만, 줄어들었음은 분명했기 때문이다. 그러나 북만주로 후퇴한 러시아를 대신해서 일본이 남만주로 진출하고, 더군다나 영국의 권익인 경봉철도를 사이에 두고 이해관계가 생기게 되었다면, 영국은 일본의 대러 전쟁 수행을 지지하는 것으로 경봉철도와 관련된 위협을 없앨 수 없었던 셈이 된다. 물론 일본의 남만주 진출은 영국에게 결코 러시아와 같은 위협의 대상이었던 것은 아니다. 그러나 신봉철도 문제에서 영국이 일본의 요하 동쪽 기슭 진출에 양보를 보인 것은, 영국이 영일동맹 아래서 두 나라가 다투는 권익에 대해서는 일본의 우월성을 인정한 셈이 되어, 다음 장에서 기술할 신법철도 문제의 해결에도 영향을 주게 되었다.

러일전쟁 이전에는 일본과 영국의 차관 철도가 서로 엇갈리는 일도 마주치는 일도 없었다. 따라서 일본과 영국의 각 세력범위는 러시아 세력을 그 사이에 두고 있었을 뿐이었다. 그러나 러일전쟁의 결과 러시아의 세력이 만주의 남부에서 북으로 후퇴하고, 일본이 러시아를 대신하여 남만주에 세력범위를 넓히게 됨에 따라, 영국의 세력범위는 러일전쟁 이전과 차이가 없는 상태에서 러시아를 대신한 일본의 세력과 마주치게 되었다. 신봉철도는 일본과 영국의 세력범위에서 접점이 되었던 것인데, 그 접점에서 일본이 영국에 양보를 요구한 것은 영일동맹협약 전문(前文)에서 약속한 문호 개방과 기회 균등이라는 영일동맹의 목적을 유명무실하게 만드는 것이었다고 할 수 있다.

이렇게 러일전쟁 이후 남만주에서 새로 만들어진 영·일 사이의 권익 관계는 영일동맹의 구조에 변질을 불러오는 요인이 되었다. 신봉철도 문

[연표2] 러일전쟁 개전 이후 ①

연월일	주요 관계 사항	일반 관계 사항
1904. 2. 21	임시군용철도감부 편성	러일전쟁 개전 (2. 10)
2. 23	한일의정서 체결	제1회 외채 모집 (5. 10)
5. 31	대한(對韓)시설강령 결정	제1차 한일협약 성립 (8. 22)
7. 5	야전철도제리부 대련 상륙, 동청철도 남	요양전투 (8. 28)
	만주지선 궤도 개축 공사 시작	제2회 외채 모집 (11. 10)
1905. 8. 10	포츠머스강화회의 개최	여순 함락 (1. 1)
8. 12	제2차 영일동맹 조인	러시아에 피의 일요일 사건 발생 (1. 16)
9. 5	포츠머스강화조약 조인	봉천전투 (3. 1)
10. 12	가쓰라·해리먼 각서(10. 23 파기)	동해해전 (5. 27)
10. 31	러·일 철도선로인도순서 의정서 조인	가쓰라·태프트 각서 (7. 29)
10. 31	야전철도 보통수송규정 제정	히비야(日比谷) 폭동사건 (9. 5)
11. 12	만주에 관한 중·일 교섭 시작	
12. 22	만주에 관한 청일조약 조인	제2차 한일협약 성립 (11. 17)
1906. 3. 19	영국의 만주 문호 개방에 관한 대일 항의	한국통감부 설치 (2. 1)
3. 26	미국의 만주 문호 개방에 관한 대일 항의	사이온지 내각, 가토 외상 사임 (3. 3)
5. 22	만주문제협의회의 개최	미국 캘리포니아의회 배일(排日)이민법
6. 7	만철 설립 결정(11. 26 만철 발족)	가결 (3. 7)
7. 7	안봉철도 보통수송규정 제정	철도국유화법·경부철도매수법 성립 (3.
8. 1	만철의 궤도 개축 등의 업무에 관한 명령	31) / 관동도독부 설립 (8.1)
1907. 3. 20	신봉철도 차관 교섭 시작	미국, 일본인이민제한법 성립 (2. 20)
4. 1	만철 개업	불일(佛日)협약 성립 (6. 10)
4. 15	신봉·길장철도 차관 계약 성립	헤이그만국평화회의 개최 (6. 15)
6. 1	중국에 신봉철도 반환	제1회 만철 사채 모집 (7. 23)
6. 13	러·일 만주철도접속업무 가조약 조인	제3차 한일협약 성립 (7. 24)
7. 21	러·일 남만주·동청철도 접속협약 체결	러일통상조약, 어업협약 조인 (7. 28)
11. 8	프렌치가 신법철도 부설권 획득	제1차 러일협약 조인 (7. 30)
1908. 1. 10	남만주철도 평행선 건설 금지 문제 교섭	이민에 관한 미·일 신사협약 (2. 18)
	개시	
7. 5	경봉철도 연장 문제 교섭 시작	
9. 26	프렌치 금제(錦齊)철도 부설권 획득	
10. 5	경봉·남만주철도 연결에 관한 협약 성립	
11. 12	신봉·길장철도 차관 계약(속약) 성립	다카히라·루트 협정 (11. 30)
1909. 1. 26	안봉철도 개축 교섭 시작	
7. 13	금제철도 건설 참가에 관한 각의 결정	영·독·불 3국 차관단의 호광(湖廣)철
8. 6	안봉철도 개축 공사 단행을 중국에 통고	도 부설권 획득(6. 6, 이튿날 미국이 참가
	(8.11 교섭 재개)	를 희망)
8. 18	신봉·길장철도 차관 계약(세목) 성립	
8. 19	안봉철도 개축각서 조인	
9. 4	만주 5안건 협약 성립	간도문제협약 조인 (9. 4)

제는 러일전쟁 이후 영·일 사이에 교차권익이 생김으로로써, 영일동맹이 유명무실화하고 변질되어 가는 과정을 보여주었다 할 수 있다.

*주 ───

1) 南滿洲鐵道株式會社 편, 《滿洲鐵道建設誌》, 30-31.

2) 大山梓 편, 《山縣有朋意見書》, 323-325.

3) 같은 책, 323-333.

4) 1905년 10월 27일, 가쓰라 내각 각의 결정 《日外》 38-1, 88).

5) 1905년 11월 17일 / 22일, 북경 주재 고무라 전권공사에게 보낸 전보 제17호 / 제18호 / 제19호 / 제31호 / 제32호 / 제33호 / 제34호(이상 《日外》 38-1, 102, 105, 106).

6) 1905년 11월 29일, 북경 주재 고무라 전권공사가 보낸 전보 제46호 ; 〈청일교섭담판필기 제6회 본회의〉(이상 《日外》 38-1, 112, 148).

7) 1905년 11월 29일, 북경 주재 고무라 전권공사가 보낸 전보 제47호 ; 〈청일교섭담판필기 제7회 본회의〉(이상 《日外》 38-1, 113, 148).

8) 1905년 12월 8일, 북경 주재 고무라 전권공사가 보낸 전보 제62호 ; 〈청일교섭담판필기 제13회 본회의〉(이상 《日外》 38-1, 124, 148).

9) 1905년 12월 10일 / 13일, 북경 주재 고무라 전권공사가 보낸 전보 제64호 / 제67호 ; 12월 12일, 고무라 전권공사에게 보낸 전보 제133호 ; 〈청일교섭담판필기 제15회 본회의〉(이상 《日外》 38-1, 126, 130, 129).

10) 1905년 12월 12일, 북경 주재 고무라 전권공사가 보낸 전보 제66호 ; 〈청일교섭담판필기 제16회 본회의〉(이상 《日外》 38-1, 128, 148).

11) 1905년 12월 13일, 북경 주재 고무라 전권공사가 보낸 전보 제68호 ; 〈청일교섭담판필기 제17회 본회의〉(이상 《日外》 38-1, 131, 148).

12) 1905년 12월 15일, 북경 주재 고무라 전권공사가 보낸 전보 제70호 / 제72호 ; 〈청일교섭담판필기 제18회 본회의〉(이상 《日外》 38-1, 134, 135, 148).

13) 1905년 12월 17일, 북경 주재 고무라 전권공사가 보낸 전보 제72호 ; 〈청일교섭담판필기 제19회 본회의〉(이상 《日外》 38-1, 137, 148).

14) 1905년 12월 18일, 북경 주재 고무라 전권공사가 보낸 전보 제73호 ; 〈청일교섭담판필기 제20회 본회의〉(이상 《日外》 38-1, 138, 148) ; 外務省 편, 《日本外交年表竝主要文書(上)》 253-257.

15) 도쿄, 1905년 12월 21일 / 1906년 1월 3일, 맥도널드가 그레이에게 보낸 급송공문 No.

293 기밀 / 전보 No. 2(FO 410-47-21/2).

16) 일본 대사관, 1906년 1월 10일, 하야시 영국 주재 대사가 그레이에게 보낸 서한(FO 410-47-10).

17) 도쿄, 1906년 1월 12일, 맥도널드가 그레이에게 보낸 급송공문 No. 3 기밀 / No. 4(FO 410-47-38/ 39).

18) 도쿄, 1906년 4월 10일, 맥도널드가 그레이에게 보낸 급송공문 No. 72 특급기밀(FO 410-47-69) ; 栗原健, 《對滿蒙政策の一面》 ; 中山治一, 《日露戰爭以後》(創元社, 1957).

19) 1906년 2월 15일, 북경 주재 우치다 공사가 보낸 전보 제29호 ; 2월 19일, 우치다 공사에게 보낸 전보 제32호 ; 2월 13일, 중국 관내철도총판(關內鐵道總辦)이 우치다 공사에게 보낸 서한(이상 《日外》 39-1, 617, 618, 619 부속서1).

20) 1906년 3월 2일, 북경 주재 우치다 공사가 경친왕에게 보낸 서한 제13호 ; 3월 17일, 우치다 공사가 보낸 서신 기밀 제28호 ; 4월 17일, 중국외무부가 우치다 공사에게 보낸 조회 ; 4월 14일, 우치다 공사에게 보낸 전보 제75호 ; 4월 21일, 우치다 공사가 경친왕에게 보낸 조회에 대한 회답 제34호(이상 《日外》 39-1, 619 부속서1, 620, 621, 622 부속서1·2).

21) 1906년 5월 19일, 북경 주재 우치다 공사가 보낸 서신 기밀 제56호《日外》 39-1, 623) ; 外務省 편, 《日本外交年表竝主要文書》, 260-269 ; 栗原健, 《對滿蒙政策の一面》 참조.

22) 1906년 8월 17일, 오사와(大澤) 참모본부 제3부장이 오쿠 참모총장에게 보낸 보고 참모본부臨제2024호〈戰史〉 참모본부 러일전쟁, M39-6) ; 8월 26일, 봉천 주재 오타(太田) 총영사대리가 보낸 전보 제107호〈外史〉 1·7·3·52) ; 9월 2일, 중국 외무부가 북경 주재 하야시 공사에게 보낸 조회(이상 《日外》 39-1, 626 부속서1).

23) 1906년 8월 6일, 북경 주재 하야시 공사가 보낸 전보 제183호 ; 9월 13일, 하야시 공사가 경친왕에게 보낸 조회에 대한 회답 제81호 ; 12월 22일, 이시모토 육군차관이 친타 외무차관에게 보낸 서신 육군성송달 滿密發제309호(이상 《日外》 39-1, 624, 626 부속서2, 628).

24) 1907년 1월 15일, 북경 주재 하야시 공사에게 보낸 전보 제8호《日外》 40-2, 1147).

25) 1906년 9월 13일, 데라우치 육군상이 사이온지 겸임외상에게 보낸 서신 滿發제3632호《外史》 1·7·3·52) ; 1907년 1월 19일, 북경 주재 하야시 공사가 보낸 서신 기밀 제4호 ; 3월 11일, 하야시 공사에게 보낸 전보 제44호 ; 3월 12일, 하야시 공사에게 보낸 서신 기밀 제15호《日外》 40-2, 1149, 1152, 1153).

26) 1907년 3월 13일, 북경 주재 하야시 공사가 보낸 전보 제84호《日外》 40-2, 1154).

27) 1907년 3월 21일, 북경 주재 하야시 공사가 보낸 전보 제91호 ; 3월 23일, 하야시 공사에게 보낸 전보 제58호(이상 《日外》 40-2, 1155, 1156).

28) 1907년 3월 28일 / 4월 2일 / 4월 4일, 북경 주재 하야시 공사가 보낸 전보 제97호 / 제104호 / 제109호(이상 《日外》 40-2, 1157, 1158, 1161).

29) 1907년 4월 11일, 북경 주재 하야시 공사가 보낸 전보 제119호 / 제120호(이상 《日外》 42-2, 1167, 1168) ; 外務省 편, 《日本外交年表竝主要文書(上)》, 269-271.

30) 1907년 4월 11일, 영청회사가 외무성에 보낸 서한(FO 405-180-72).

31) 외무성, 1907년 4월 13일, 그레이가 조단에게 보낸 전보 No. 39(FO 405-180-73) ; 북경, 1907년 4월 26일, 조단이 그레이에게 보낸 전보 No. 68(FO 405-180-82) ; 외무성, 1907년 5월 2일, 외무성에서 영청회사에 보낸 서한(FO 405-180-88).

32) 1907년 5월(일자 불명), 영청회사에서 외무성에 보낸 서한(FO 405-180-104) ; 외무성, 1907년 6월 4일, 외무성이 영청회사에 보낸 서한(FO 405-180-120*).

33) F. W. S. Craig, *British Electoral Facts, 1885~1975*, London, 1976.

34) 南滿洲鐵道株式會社 편, 《南滿洲鐵道株式會社10年史》, 21-22.

35) 1907년 4월 24일, 천진 주재 가토 총영사가 보낸 전보 제1호 ; 5월 17일, 이시모토 육군 차관이 친타 외무차관에게 보낸 서신 육군성송달 密發제82호 ; 5월 9일, 고토 만철 총재가 하야시 외상에게 보낸 전보 ; 5월 22일, 북경 주재 하야시 공사가 보낸 전보 제188호 ; 5월 23일, 영구 주재 무로타 영사가 보낸 전보(번호 없음)(이상 〈外史〉 1·7·3·52) ; 5월 9일, 천진 주재 가토 총영사가 보낸 전보 제11호 ; 6월 8일, 오시마 관동도독이 하야시 외상에게 보낸 서신 關官外제56호(이상 《日外》 40-2, 1176, 1179).

36) 1907년 6월 11일, 영청회사가 외무성에 보낸 서한(FO 405-180-131) ; 외무성, 1907년 6월 19일, 그레이가 조단에게 보낸 전보 No. 72(FO 405-180-143) ; 북경, 1907년 6월 24일 / 25일, 조단이 그레이에게 보낸 전보 Nos. 119 / 120, 급송공문 No. 305(FO 405-180-147 / 150 / 181-26).

37) 1907년 4월 20일, 북경 주재 하야시 공사가 보낸 전보 제141호 ; 6월 25일, 마가오 신봉 철도 기사가 야마자 외무성 정무국장에게 보낸 서한(이상 〈外史〉 1·7·3·52).

38) 1907년 7월 9일, 고토 만철 총재가 하야시 외상에게 보낸 전보 ; 7월 11일, 봉천 주재 하기와라 총영사가 보낸 전보 제231호(이상 《日外》 40-2, 1180, 1185).

39) 1907년 7월 10일, 하야시 외상이 오시마 관동도독에게 보낸 전보 제77호 ; 7월 11일 / 7월 17일, 봉천 주재 하기와라 총영사에게 보낸 전보 제139호 / 145호(이상 《日外》 40-2, 1183, 1184, 1187).

40) 1907년 7월 22일, 봉천 주재 하기와라 총영사가 보낸 전보 제241호 ; 9월 10일, 경친왕이 북경 주재 아베 대리공사에게 보낸 조회 ; 10월 15일, 북경 주재 아베 대리공사에게 보낸 서신 기밀 제65호(이상 《日外》 40-2, 1189, 1191 부속서1, 1192) ; 1907년 12월 21일 / 1908년 2월 20일, 북경 주재 하야시 공사가 보낸 서신 기밀 제145호 / 제16호(이상 《日

外》41-1, 624).

41) 1908년 7월 5일, 북경 주재 아베 대리공사가 보낸 서신 제54호 ; 7월 16일, 데라우치 겸
임외상이 오시마 관동도독에게 보낸 서신 기밀 제63호 ; 7월 22일, 데라우치 겸임외상이
고토 체신상에게 보낸 서신 기밀 제34호(이상 《日外》41-1, 625, 627, 628).

42) 1908년 9월 2일, 북경 주재 아베 대리공사가 보낸 전보 제228호 ; 9월 16일, 아베 대리공
사에게 보낸 전보 제185호 ; 9월 19일, 아베 대리공사가 보낸 전보 제239호 ; 10월 29일,
고토 체신상이 고무라 외상에게 보낸 서신 秘鐵제44호(이상 《日外》41-1, 632, 633 부기,
634, 639).

43) 1908년 10월 5일, 북경 주재 아베 대리공사가 보낸 서신 기밀 제108호《日外》41-1,
637).

44) 1908년 9월 25일, 가쓰라 내각 각의 결정《日外》41-1, 695 부속서1).

45) 1908년 10월 28일 / 30일, 북경 주재 이주인 공사에게 보낸 전보 제225호 / 제226호 ; 12
월 15일, 이주인 공사가 보낸 서신 기밀 제143호(이상 《日外》41-1, 698, 700, 703).

46) 1908년 12월 29일, 북경 주재 이주인 공사가 보낸 전보 제336호《日外》41-1, 706) ; 1909
년 1월 22일 / 9월 4일, 이주인 공사가 보낸 전보 제20호 / 제314호(이상 《日外》42-1,
201(2), 312) ; 外務省 편, 《日本外交年表竝主要文書(上)》, 325-326.

47) 1910년 1월 10일 / 13일, 봉천 주재 고이케 총영사가 보낸 전보 제8호 / 제9호(이상 《日
外》43-1, 401, 402).

48) 1910년 1월 16일, 봉천 주재 고이케 총영사가 보낸 전보 제12호 ; 1월 18일, 고이케 총영
사에게 보낸 전보 제6호(이상 《日外》43-1, 403, 404).

49) 1910년 1월 26일, 봉천 주재 고이케 총영사가 보낸 전보 제20호 ; 1월 28일, 고이케 총영
사에게 보낸 전보 제8호 ; 2월 2일, 고이케 총영사가 보낸 전보 제27호(이상 《日外》43-1,
407, 408, 409).

50) 1911년 1월 9일, 나카무라 만철 총재가 쓰보이(坪井) 철도원 부총재에게 보낸 서신 工甲
제1627호 ; 3월 3일, 북경 주재 혼다 대리공사에게 보낸 서신 기밀 제10호(이상 《日外》
44-2, 430 부속서 별지, 431).

51) 1911년 4월 12일, 북경 주재 혼다 대리공사가 보낸 서신 기밀 제32호 ; 5월 6일, 북경 주
재 이주인 공사가 보낸 서신 기밀 제45호 ; 6월 10일, 봉천 주재 고이케 총영사가 보낸 전
보 제223호(이상 《日外》44-2, 432, 433, 434).

52) 〈경봉철도에 관한 협약〉《日外》44-2, 455).

53) 〈신봉·길장 두 철도에 관한 속약(續約)〉《日外》41-1, 619); 〈신봉철도 요하 이동선
(以東線) 차관 세목 계약서〉《日外》42-1, 683 부속서2).

제Ⅳ부 영일동맹의 변질과 남만주철도 평행선

제8장
신법철도를 둘러싼 영·일 관계

1. 문제 제기

제2차 영일동맹의 주목적은 그 협약 전문과 제1조에서 제시하고 있는 것처럼, 중국의 영토 보전과 각 나라의 기회 균등을 지키고, 아울러 동아시아에서 영·일 두 나라의 권익을 옹호하는 데 있었다. 그리고 두루 아는 바와 같이 러시아의 복수전을 경계한다는 점에서 제2차 영일동맹의 효력은 공수동맹으로서 제1차 동맹의 그것을 웃도는 것이었다. 거듭 말한 바와 같이, 러일전쟁이 일본의 완전한 승리로 끝나지 않았기 때문에 시베리아철도와 동청철도 본선은 러시아의 손안에 남았고, 하얼빈을 중심으로 한 러시아의 위협은 여전히 북만주에서 사라지지 않았다. 1906년 10월에 야마가타 아리토모가 상주한 〈제국국방방침〉[1]에도 나타나 있는 것처럼, 일본은 이처럼 위협이 가시지 않은 러시아에 대해 첫 번째 가상 적국으로서 조금도 경계를 늦출 수 없었다. 그러나 1907년이 되면서 7월 30일에 제1차 러일협약이 이루어지고, 만주를 둘러싼 러·일 관계는 조금씩이나마 안정된 방향으로 움직이기 시작했다. 이는 이미 제5장에서도 말한 바와 같이, 장춘에서 동청철도와 남만주철도 사이의 철도 접속 업무가 시작되면서 러·일 관계가 개선되고 있었다는 점에도 잘 나타나 있다. 그러나 이러한 긴장 완화는 남만주철도와 동청철도의 연결이라는 실무적 문제를 위한 것에 지나지 않았고, 러일협약의 성립에도 불구하고 〈제국국방방침〉이 보여준 러일전쟁 이래 벗어나기 어려운 러·일의 대립 관계는 물밑에서 여전히 계속되었다. 따라서 대러 방위 정책인 영일동맹의 유효성에는 조금도 변화가 없었다고 할 수 있다.

영일동맹이 이러한 유효성을 유지할 수 있었던 것은 제1장에서 기술한 것처럼, 먼저 영·일 두 나라가 저마다 러시아에 대한 교차권익을 갖고 있었으며, 둘째 영·일 두 나라의 교차권익 사이에 이해관계가 얽히지 않았다는 사실에 바탕을 둔다. 이 점은 제1차 영일동맹이 성립했을 때 두 나라의 대러 교차권익을 살펴보면 알 수 있듯이, 러일전쟁 이전 영국은 경봉철도에서, 그리고 일본은 경부·경의 두 철도에서 저마다 러시아의 시베리아·동청 두 철도로부터 공통된 위협을 받고 있었다. 그러나 러일전쟁의 결과, 일본은 남만주에 군용철도를 건설하고, 한반도 남부의 부산에서 봉천을 거쳐 요하를 끼고 경봉철도에 접속하는 곳까지 그 세력범위를 넓혀 나갔다. 이 때문에 앞 장에서 논한 바와 같이, 남만주의 철도권익을 둘러싸고 영·일 사이에 경합 관계가 생겨났다. 두 나라의 이 같은 경합관계는 러일전쟁 이후 영일동맹 아래서 생겨난 새로운 문제이며, 1905년 8월의 영일동맹 갱신 때 상정된 문제는 아니었다. 이른바 남만주철도 평행선 문제로 알려진 신법(新法)철도[신민둔~법고문(法庫門)][2] 문제는 신봉철도 문제 이상으로 일본의 세력범위와 일본의 철도권익의 관계를 영국에 더 명확하게 보여주게 된다.

1880년 이래 영국으로부터 자금과 기술을 원조받아 건설된 경봉철도는 산해관에서 만주로 들어와 신민둔까지 가고, 나아가 요하를 넘어 봉천으로 진행 중이었다. 앞 장에서 기술했지만, 이 가운데 신민둔~봉천 구간은 신봉철도로 러일전쟁 중에 일본이 군용철도로서 건설했기 때문에, 설령 중국이 신민둔 동쪽의 경봉철도 연장선에 대해 신민둔에서 요하 서쪽 기슭을 북상하여 법고문에 이르는 철도를 계획했다 하더라도 그것을 그다지 부자연스런 일이라고 보기는 어렵다. 특히 요하 서쪽은 남만주철도나 동청철도와도 떨어져 있어 열강의 세력이 아직 침투하지 않은 지역이었기 때문이다. 앞 장에서 논한 바와 같이, 일본은 신봉철도 문제에서 일본이 남만주에서 갖는 세력범위가 요하 동쪽임을 분명히 해 왔으나, 신법철도는 짧기는 해도 이 세력범위의 서쪽 바깥에 계획되어 있었다. 그런 만큼 신법철도 계획을 둘러싼 영·일 두 나라의 대응에서는 영일동맹을 기초로 한 대러 정책과는 다른 측면에서, 그러면서도 일본과 영국이 동맹 관계에 있다는 사실에 바탕을 두고, 두 나라가 남만주에 갖고 있는 권익의 이해를 조정해야 했다.

영일동맹은 어디까지나 러시아를 공통의 적으로 삼아 그 침해로부터 영·일 두 나라의 권익을 보호하는 데 있었다. 따라서 이러한 영·일 사이에서 권익의 이해를 조정하는 것은 원래 동맹 관계에 따라 규율할 수 있는 문제는 아니었다. 영일동맹에서 이질적인 요인이 생긴다면, 비록 그것이 영일동맹이 대러 공수동맹으로서 갖는 기본적 구조와는 상관없다고 하더라도, 영·일 두 나라의 대러 교차권익 사이에 이해관계를 끼어들게 함으로써 영일동맹의 유효성을 떨어뜨릴 가능성이 있었다. 이 장에서는 이상과 같은 시각에서 신법철도 문제를 소재로 하여 그것을 둘러싼 중·일과 영·일의 교섭 과정이 영일동맹의 유효성에 어떤 영향을 미쳤는가 하는 점에 관해 고찰하기로 한다.

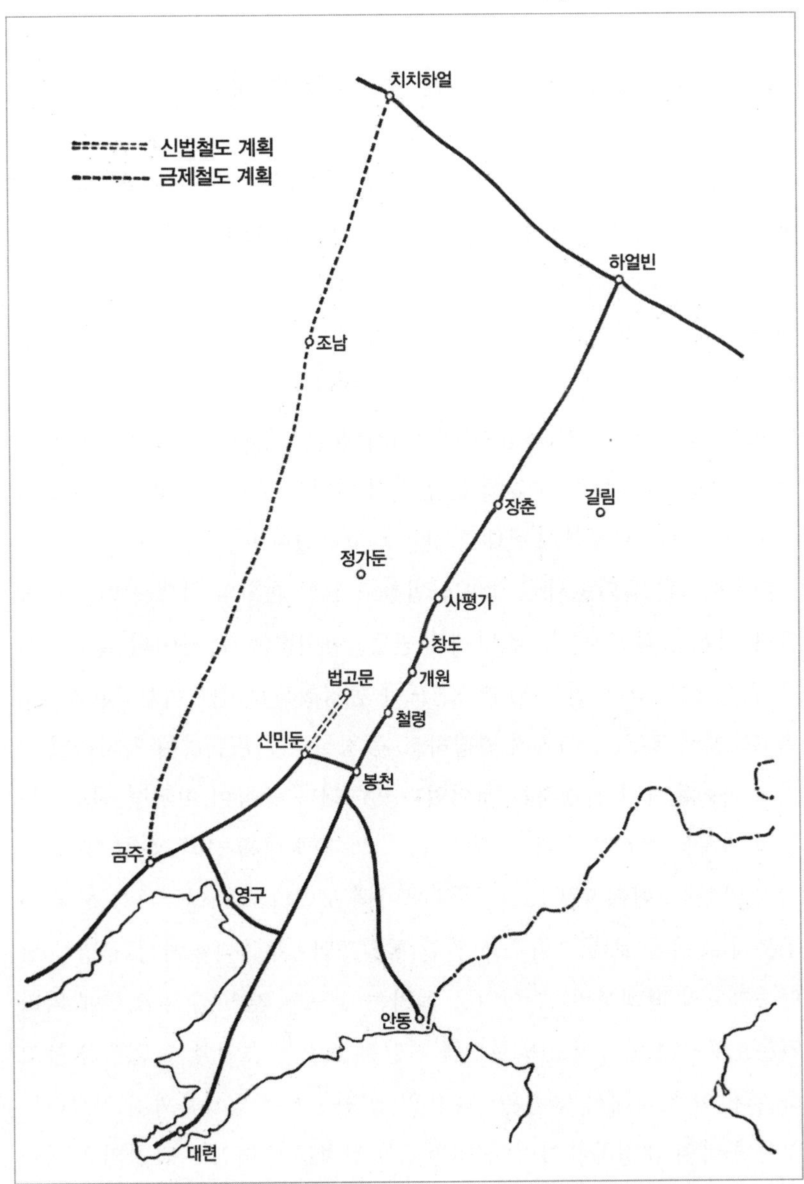

지도9 : 신법철도·금제철도 계획 노선도

2. 신법철도 문제와 영·일 두 나라의 대응

영국이 중국의 신법철도 부설 계획을 처음으로 탐지한 것은 1907년 1월의 일이었다. 이어서 법고문 지방에서는 중국 정부가 철도 건설을 시작한다는 소문이 떠돈다는 보고도 들어왔다. 신법철도의 부설 계획에 대해 봉천의 하기와라 총영사는 이 철도가 남만주철도에 의한 만주의 농산물 수송에 영향을 미치는 경쟁선이 될 것임을 지적하고, 또 실제로 신법철도가 건설되면 장래 북만주의 치치하얼(齊齊哈爾) 방면으로 연장되는 것도 예상되니 개업을 눈앞에 둔 만철의 이익을 보호하기 위해서라도 이 부설 계획에는 강력하게 반대할 것을 보고하였다.[3]

더욱이 6월이 되면서 중국의 신법철도 건설 계획의 개요는 더 선명해졌다. 특히 중국은 이미 4월 말에 신민둔~아이훈(愛琿) 사이의 철도 건설을 결정했다. 그 노선은 남만주철도나 동청철도로 접근하는 것을 피해 법고문에서 조남(洮南)까지 연장하고, 동청철도를 횡단하여 치치하얼 그리고 아이훈까지 진행하는 것이었다.[4] 그러나 중국이 이처럼 신법철도 부설 계획을 추진하면서도 일본에는 그 계획에 대해 전혀 공식적으로 밝히지 않았다. 이에 8월 12일, 북경의 아베 모리타로 대리공사는 중국 외무부에 조회를 보내,「만주에 관한 청일조약」부속각서에서 규정한 남만주철도의 평행선과 그 이익을 해치는 철도의 건설 금지 조항에 따라 일본으로서는 중국이 신법철도를 건설하는 것을 승인할 수 없음을 통고하였다. 이에 대해서 중국은 9월 10일, 신민둔에서 법고문까지 연장하는 것은 중국의 내정문제이며, 신법철도의 건설로 말미암아 만철의 이익이 침해받는 일은 없을 것이라고 회답하였다. 이로써 중국은 일본의 승인 불가 정책과 완전히 대립하게 되었다.[5]

말할 것도 없이 일본은 중국의 이러한 회답에 불만이었다. 하야시 다다스 외상은 9월 16일 신법철도는 명백히 남만주철도와 평행선을 이뤄 만철과 이해관계를 형성하게 될 것이므로, 일본은 그 건설을 절대로 용인할 수 없음을 다시 중국에 전하도록 아베 대리공사에게 지시하였다. 아베는 10월 12일에 이를 중국 외무부에 전달하였다. 그러나 10월 17일, 중국은 신법철도와 남만주철도는 구미에서 말하는 평행선에 대한 개념 이상의 거리를 사이에 두고 있으므로, 그것이 평행선을 이룬다고 볼 수는 없다는 회답을 해 왔다. 이에 11월 6일, 아베는 거듭 중국에 항의하며 일본의 승인 불가 방침을 전하였다.[6] 만철이 개업한 뒤 아직 반년밖에 지나지 않은 시점에서, 중국의 신법철도 계획은 일본의 만철 경영에 대한 위기감을 부채질했으며, 이로 말미암아 일본은 신법철도의 실현에 강력히 반대했던 것이다.

그런데 북경 주재 영국 공사 조단은 폴링상회(Pauling and Co.)가 중국에서 철도 부설권을 얻어내려 일을 꾸미고 있다는 사실은 알고 있었지만, 1907년 4월 17일에 북경 주재 러시아 공사가 이 소문에 대해 확인을 요구해 왔을 때도 폴링상회와 중국의 교섭에 대해서는 거의 아무 것도 들은 바가 없었다. 조단은 중국이 그와 같은 미답지에 철도를 부설하리라고는 생각할 수 없다며, 오히려 그 가능성이 적음을 그레이 외상에게 보고하였다. 신법철도 계획은 이처럼 영국 정부가 전혀 상황을 파악하지 못한 상태에서 중국과 폴링상회 사이에서 진행되었던 것이다. 조단은 이런 철도 계획은 합법적인 부설 계약을 얻어내더라도 1899년의 영러철도협정 때문에 일본이나 러시아가 반대하리라고 예상하며, 영러철도협정과의 관계에서 영국 정부가 어느 정도까지 이 철도 계획을 지원해야 하는지를 그레이에게 물었다.[7] 그러나 일본의 반대와는 상관없이, 영국의 상원의원 프렌치(Lord Ffrench)는 폴링상회의 대표로서 신민둔에서 치치하얼에 이르는 철도 노선을 조사하고, 11월 8일에 봉천총독 당소의와 신법철도 건설을 위한 예비 계약과 장래 그것을 치치하얼까지 연장할 것을 인정하는 각서에 조인하였다.8) 일본은 이러한 예비 계약의 조인조차 알지 못했다.

11월 11일에 조단은 위의 사실을 그레이 외상에게 보고하고, 신법철도 차관 예비 계약을 중국 정부가 비준하기까지는 일본의 반대가 예상되므로 폴링상회에 대한 지원을 해 줄 필요가 있음을 지적했다. 11월 14일의 보고에서 그는 신법철도와 그 연장선이 완성되면 봉천을 거쳐 동청철도 및 시베리아철도로 유럽과 연결되는 노선이 단축되므로, 일본은 이를 남만주철도의 경쟁선으로 보고 반대할 것이라고 예상하였다. 그런데도 조단은 폴링상회가 차관에 대해 신법철도의 관리와 담보를 필요로 하고 있지 않은 점, 또 만주를 둘러싼 국제관계가 1899년의 영러철도협정 체결 때와는 크게 달라졌다는 점을 들어, 중국 정부의 계약 승인을 얻는 데 필요한 원조를 폴링상회에 제공해 줄 것을 그레이에게 진언하였다.9) 그레이는 이러한 조단의 요청에 대해 다음의 견해를 밝혔다. 즉 영러철도협정은 남만주에서 러시아가 지배하고 있지 않은 지역에는 적용되지 않으므로 신법철도는 영러철도협정의 대상이 되지 않는다는 것, 따라서 신법철도에 관한 이 예비 계약은 영국 정부의 보호를 받을 수 있다는 것이었다. 그러나 일본의 항의가 전해지자 그레이는 곧바로 조단에게 중국이 최종 결정을 내리거나, 일본이 이 문제에 관해 영국에 협의를 요청해 올 때까지는 사태를 조용히 관망하라고 지시하였다.10)

12월 25일, 아베는 《타임스》지 특파원인 모리슨과 회견한 자리에서 처음으로 신법철도에 관한 예비 계약의 존재를 알았다. 모리슨이 만주의 문호 개방이라는 관점에서 일본의 반대를 비난하고, 그런 취지의 내용을 런던에 기사로 보냈음을 밝혔기 때문이다. 이로 말미암아 일본은 신법철도가 단순히 「만주에 관한 청일조약」 부속각서의 평행선 금지 규정의 해석을 둘러싼 중·일 사이의 문제가 아니라, 만주의 문호 개방이라는 영일동맹의 원칙 아래서 영·일 사이의 교차권익이 되고 있음을 깨닫게 되었다. 한편 영국 외무성도 일본의 반대 이유에 대해서는 정확한 정보를 얻고 있지 못했다. 영국 외무성도 12월 29일자 《타임스》에 실린 모리슨의 기사를 보고 일본의 반대가 「만주에 관한 청일조약」에 바탕을 둔 조약상의 권리라는 점에 근거해 있음을 처음으로 알았던 것이다.[11] 모리슨의 기사는 그때까지 숨겨져 왔던 국면을 한꺼번에 표면화시켜, 일본과 영국 두 나라 정부의 대응을 더 현실적으로 만들었다.

1908년 1월 10일, 하야시 외상은 가토 봉천 주재 총영사에게 중국이 신법철도의 건설을 강행하는 일이 없도록 주의를 촉구하는가 하면, 1월 15일에는 북경의 하야시 곤스케 공사에게 일본은 신법철도의 건설에 반대한다는 뜻을 전하도록 훈령했다. 일본으로서는 신법철도 개통이 남만주철도가 수송하던 요하 상류지역의 농산물을 뺏을 가능성이 있어, 남만주철도의 경영에 불리하다고 생각했다. 왜냐하면 한 예로 일본이 신봉철도를 중국에 양도한다는 전제 아래 봉천에서 영구까지 운임을 비교해 보면, 신민둔을 거치는 경봉철도를 이용한 중국 쪽의 요금이 남만주철도를 거칠 경우와 견주어 훨씬 저렴하므로 당연히 남만주철도 이용이 줄어들 것이 예상되었기 때문이다.[12]

그러나 이런 예상은 요하 상류 지역의 농산물 생산고나 유통 경로에 대한 실제 조사에 바탕을 둔 것은 아니었다. 그래서 1월 22일에 하야시 공사는 만철에서 뒷받침이 될 만한 조사를 해 줄 것을 요구하였고, 하야시 외상은 고토 만철 총재에게 그 조사를 의뢰하였다. 그 결과 만철의 조사에서도 요하 상류 유역의 농산물은 남만주 전체 생산량의 대략 절반에 해당하며, 그 농산물은 남만주철도의 철령·개원 내지 창도에 집하되어 있음이 판명되었다. 따라서 신법철도가 완성되면 이 농산물의 3할 정도가 남만주철도를 이용하지 않고 출하될 가능성이 높아, 남만주철도의 운임 수입에도 손실이 있을 것임이 구체적으로 밝혀졌다.[13]

이 조사 결과로 말미암아 일본은 신법철도 문제의 해결이 만철의 경영에 지대한 영향을 미칠 것임을 새삼 확인하게 된 셈이다. 따라서 일본의 만주 경영이라는 관점에서 신법철도의 건설에는 동의할 수 없게 되었다. 더욱이 신법철도는 장래 치치하얼까지 연장될 것이 예정되어 있었다. 신법철도가 그 치치하얼의 남쪽에서 동청철도 본선과 연결되면, 이는 러시아에게 러일전쟁으로 잃은 동청철도 남만주지선을 대신하여 남만주로 진출할 철도 노선을 제공해 주는 것이기도 했다. 이러한 사태는 포츠머스강화조약에 따라 만주를 남북으로 분할한 러·일 두 나라의 균형을 무너뜨리게 될 우려가 있었다. 그러므로 일본으로서는 만주 경영이라는 경제적 측면뿐만 아니라 군사적 측면에서도 신법철도의 건설을 인정할 수가 없었던 것이다.[14]

한편 런던에서도 일본의 반대 이유를 듣게 된 그레이는 1월 20일에 만일 신법철도가 만철의 이익을 해치는 것이 사실이라면 영국 정부로서는 그 건설을 지지할 수 없다고 조단에게 전하였다. 다음날 고무라 영국 주재 대사는 그레이 외상과 회견하고, 신법철도 문제에 대해 처음으로 의견을 나누었다. 예비 계약이라고는 해도 신법철도 건설을 위한 차관 계약이 조인된 상태이므로, 문제를 해결하려면 중국 정부의 승인을 막을 중·일 사이 교섭뿐만 아니라, 영·일 사이에서도 이를 협의할 필요가 있었기 때문이다. 이미 말한 바와 같이 고무라는, 일본이 신법철도의 건설에 반대하는 조약상의 근거로 삼고 있는 「만주에 관한 청일조약」을 조인한 당사자였던 만큼, 영국 쪽에 일본의 조약상 권리를 설명할 수 있는 최적임자였다. 그레이는 고무라의 주장을 인정하고, 영국 정부는 폴링상

회의 차관 계약에 원조하지 않을 것을 약속했다.[15] 고무라가 보낸 보고
는 일본에게 문제 해결의 낭보였다. 그레이는 고무라와 한 약속에 따라 1
월 24일에 조단에게 다음의 사항을 전하였다. 즉 첫째, 폴링상회는 일본
의 항의에도 예비 계약의 조인을 강행했으며, 둘째로 일본에게 남만주철
도는 러일전쟁의 결과로 얻어낸 것으로 이것의 경쟁선은 건설이 불가능
하며, 셋째로 따라서 영국은 신법철도가 남만주철도의 이익을 해치는 한
그 건설을 지지할 수 없다는 내용이었다. 또 1월 25일에는 맥도널드에게
도 같은 취지의 내용을 전달하였다.[16]

그러나 조단이 폴링상회에 대한 지원을 요청했음에도 불구하고, 그 기
대를 저버린 그레이의 결정은 영국 쪽, 특히 폴링상회에 파문을 불러일
으켰다. 1월 30일에 폴링상회는 영국 외무성에 서한을 보내, 영국 정부가
일본 정부의 방해를 용인함으로써 중국 정부는 영국과 거래할 의욕을 잃
을 것이며, 영국이 일본에 대해 강한 태도를 보이지 않는 한 일본은 방해
를 멈추지 않을 것이라며 대일 강경책의 채용을 주장했다. 또 영국 의회
에서도 2월 4일에 하원의원 존스(D. B. Jones)가 외무성에 서한을 보내 영
일동맹에서 영·일 두 나라가 중국의 독립과 영토보전에 대해 합의하고
있는 이상, 일본이 중국의 행위에 대해 제한을 요구하는 것은 영일동맹
에 어긋나므로, 영국은 일본에게 방해를 그만두도록 요구해야 한다고 주
장했다.[17] 2월 12일, 영국 외무성은 폴링상회에 회답을 보내, 다음과 같
이 일본의 방침에 대한 이해를 표명했다. 신법철도가 남만주철도의 이익
을 해치는지 아닌지는 일본 쪽이 판단할 사안이며, 같은 종류의 문제가
중국에서 영국이 가진 철도권익에 관해서 발생한다 해도 영국은 일본과
같은 대응을 할 것이라는 견해를 보인 것이다. 영국 외무성은 또 2월 14
일에는 존스에게도 회답을 보내 영일동맹에 관해서는 언급하지 않은 채,
중국이 계획한 철도가 영국의 차관 철도에 방해가 된다는 이유로 영국

정부가 항의한 선례가 있는 만큼, 신법철도에 대해 폴링상회를 지지할 수 없음을 분명히 밝혔다. 그러나 폴링상회는 영국 외무성에게 일본이 그 주장을 철회하도록 요구하라고 거듭 요청하였다. 이에 2월 27일에 그레이는 맥도널드 일본 주재 대사 앞으로 신법철도 문제에 관해 폴링상회가 계약을 유지하고자 계속 운동을 벌이고 있지만, 영국 정부는 그것을 지지할 수 없다고 전함으로써 영국의 태도를 다시 한번 분명히 했다.18)

이처럼 그레이는 신법철도의 건설이 일본의 조약상 권리인 남만주철도 평행선의 부설 금지 규정에 해당된다고 인정하였으나, 당사자인 프렌치로서는 이런 그레이의 결정을 이해할 수 없었다. 상해에 머물고 있던 프렌치는 3월 10일에 도쿄의 맥도널드에게 서한을 보내 일본의 방해는 만주의 문호 개방 원칙을 어긴 것으로, 마치 러일전쟁 이전의 러시아와 다를 바 없다고 지적하면서 일본 정부에 반대를 철회할 것을 요구하라고 요청했다. 맥도널드는 4월 4일, 프렌치에게 그의 요망을 일본 정부에 전달하기는 하겠지만, 일본이 폴링상회의 신법철도 건설에 동의할 가능성은 적다고 회답하였다. 왜냐하면 일본이 반대를 철회할 의사를 보이지 않고 있으며, 그레이 또한 일본의 방침에 이해를 표시하고 있기 때문이었다. 4월 9일에 맥도널드는 하야시 외상을 방문하여 프렌치의 요망을 전달하였으나, 하야시로서는 새삼스레 그에 변명할 필요가 없었다.19) 이미 그레이가 일본의 반대를 정당하다고 인정하였으므로 프렌치의 요구에 응할 필요는 없었던 것이다.

이처럼 영국이 일본의 방침을 지지하며 폴링상회를 원조하지 않을 것임을 밝혔으므로, 일본은 중국에 대해 거듭 신법철도 건설을 단념하라고 요구하였다. 신법철도는 폴링상회가 차관 계약을 얻어냈기 때문에 영·일 사이의 권익 문제가 되었다. 그러나 그레이는 폴링상회에게 그 건설을 단념시킴으로써, 그 문제가 영·일 사이의 교차권익으로 작용하여 두 나라의 대립을 일으키는 사태를 피했던 것이다. 이는 영국으로서는 신봉철도 문제에 이어 일본에 대한 두 번째 양보였다.

3. 신법철도를 둘러싼 중·일 교섭

신법철도 차관 계약이 성립되었음에도, 일본이 강하게 반대하고 영국 정부로부터 지지를 얻는 데 실패하자 폴링상회가 신법철도 건설에 착수할 가능성은 거의 없었다. 그러나 주로 구미인으로 구성된 우장 상업회의소는 1908년 3월 폴링상회의 신법철도 건설을 지지하는 입장에서 일본의 반대를 비난하는 결의를 채택하고, 북경의 외교단에 대일 비판을 강화하도록 요청했다.[20] 일본이 이런 결의에 구속당한 것은 아니었지만, 만주의 문호 개방을 지킨다는 자세를 분명히 할 필요도 있었고, 또한 문제의 신속한 해결을 위해서도 양보가 불가피했다. 4월 13일에 북경의 하야시 공사는 하야시 외상 앞으로 일본이 신법철도 건설에 반대하고 있어 법고문 지방의 개발이 방해를 받고 있다는 비판에 대처하고자, 다음과 같이 제안했다. 첫째로 일본이 남만주철도를 경영하는 한 법고문 북쪽으로 철도를 연장하지 않을 것, 둘째로 중국은 남만주철도가 만족할 만한 대체 이익을 공여할 것이라는 두 가지 조건이 충족된다면 신법철도 건설을 승인하는 것이 어떻겠는가 하는 의견이었다.[21] 하야시의 이러한 제안은 일본에 대한 구미의 불평을 개선하고, 문제의 해결을 꾀하려는 것이었다.

4월 23일에 하야시 외상은 맥도널드와 만나, 일본이 조약상의 권리를 고집하면서 법고문 지방의 개발을 방해할 생각은 없으므로 법고문과 남만주철도를 잇는 철도의 건설에는 반대하지 않는다고 통고하였다.[22] 한편 북경의 조단은 4월 25일, 일본의 이 새 제안을 일본의 반대 철회에 대한 대가로 이해하고 그 취지를 런던에 보고하였다. 이를 전해들은 하야시 외상은 5월 1일에 조단이 일본의 제안을 오해하고 있으니 일본의 진의를 그레이에게 설명하라고 고무라에게 지시하고, 북경의 하야시 공사에게도 바로잡으라고 명령하였다. 5월 5일에 고무라는 그레이를 방문해 일본으로서는 여전히 중국이 신법철도 건설을 단념하기를 요구하고 있다는 것, 그리고 법고문 지방을 중국의 희망대로 개발하고자 법고문과 남만주철도를 잇는 철도의 건설에는 반대하지 않는다고 다시 밝혔다. 그레이로서는 이 점에 관해 중·일 사이에 합의가 이뤄진다면 굳이 반대할 이유가 없었다.23) 영국에게 신법철도는 어디까지나 중·일 사이의 문제이므로, 영국 정부가 관여할 이유가 없었던 것이다.

5월 6일에 중국은 일본에 조회를 보냈다. 중국은 여기서 신법철도가 남만주철도와 상당히 떨어져 있으므로 평행선으로서 남만주철도의 이익을 해칠 일은 없다는 것, 특히 겨울에는 영구·천진의 두 항구가 결빙하므로 부동항인 대련으로 통하는 남만주철도의 이용은 감소하지 않는다는 점, 그리고 일본의 반대 때문에 법고문 지방의 개발이 방해되고 있다는 점을 지적하였다. 5월 10일, 귀국을 며칠 앞두고 하야시 공사는 원세개와 만나 일본은 중국의 그와 같은 지적을 기본적으로 용인할 수 없다고 밝히면서도, 한편으로는 중국이 신법철도 건설을 단념하는 대가로 법고문과 남만주철도를 잇는 철도를 폴링상회가 건설할 것을 제안했다.24) 그러나 원세개는 하야시의 이 제안에 대해 의견을 말하지 않고 문서로 회답할 것을 요구했다.

6월 4일, 하야시 외상은 아베 중국 주재 대리공사에게 중국에 대한 회답 요령을 제시하고, 아베는 6월 26일에 이를 중국에 제출했다. 거기서 일본은 신법철도가 남만주철도의 이익을 해친다는 점에 관해 북경 주재 영국 상무관의 보고를 예로 들어 그것이 객관적 사실임을 지적했다. 또한 평행선의 관계가 성립되는 남만주철도와의 거리에 대해서는, 중국이 1898년에 러청은행에 준 정태[정정(正定)~태원(太原) 구간]철도의 건설에서 철도의 양쪽 백 리(25마일)를 제한하여 경쟁선의 건설을 금지한 것에 비추어 볼 때, 신법철도와 남만주철도의 거리는 24마일에서 32마일이니 신법철도는 명백히 남만주철도의 평행선이 된다고 밝혔다. 그리고 마지막으로 겨울에는 영구·천진 두 항구가 얼어붙어 사용할 수 없다 해도 진황도(秦皇島)의 사용은 가능하다고 지적하고, 중국이 신법철도의 건설을 단념하는 대신에 법고문과 남만주철도의 연결선을 건설하기로 한다면 요서와 몽고 지방의 개발에도 이바지할 것이라고 주장했다.[25] 이처럼 일본은 중국의 조회에 대해 구체적으로 조목조목 회답하였다. 중국은 곧장 이에 반론하지 않았고, 신법철도 문제는 뒤에 말하듯이 만주 5안건의 하나로 처리된다.

6월 10일, 하야시 외상은 신법철도 문제에 관한 우장 상업회의소의 대일 비판 결의에 대한 반론을 국내외에 발표하였다. 맥도널드는 이로써 중국이 신법철도를 건설할 가능성은 사라졌다고 느꼈다. 다만 문제는 여전히 일본 정부 안에서 그 문제에 대한 검토가 이루어지고 있으며, 중국의 대응이 어떠한가에 따라서 사태가 달라질 수도 있다는 것이었다. 하지만 맥도널드는 자신이 외무성 고문 데니슨(H. W. Denison)을 만났을 때 받은 인상으로는 일본이 치치하얼까지 연장을 인정하는 일은 없을 것이라고 그레이에게 보고하였다.[26] 그러나 7월 13일에 맥도널드는 하야시 외상에게 신법철도에 관한 일본의 6월 10일자 성명에 반론하는 프렌치의 의견서를 제출해 왔다. 장문의 의견서 속에서 프렌치는 신봉철도 차관 계약에서 알 수 있듯이 일본의 세력범위는 요하까지로, 일본은 신법철도에 관해 독점적인 요구를 할 수 없다고 밝히고 있다. 프렌치의 관심은 기본적으로 「만주에 관한 청일조약」과 영일동맹의 관계에 있었다.

그는 일본이 만주에서 중국의 주권을 존중할 책무를 갖는다면, 「만주에 관한 청일조약」과 그 부속협정은 영일동맹의 원칙과 목적에 비추어 고려되어야 한다고 지적했다.

이는 영일동맹 아래서 영·일 사이에 이해관계가 대립했을 경우, 즉 교차권익이 발생했을 경우, 그것을 두 나라가 어떻게 조정할 것인가 하는 기본적인 명제였다. 그러나 하야시 외상은 이러한 일본의 만주 경영과 영일동맹의 관계에 대한 기본적인 물음에는 답하지 않고, 7월 24일에 고무라 영국 주재 대사에게 신법철도에 관한 영국인의 선동을 제지할 것을 요구하는 훈령을 보냈다. 그러나 고무라로서는 신법철도에 관해서 영국이 이미 일본에 대한 지지를 밝히고 있는 만큼, 영국인의 언동에 대한 단속을 거듭 영국에 요구할 수는 없는 노릇이었다.[27] 프렌치의 신법철도 건설 계획은 영국 정부의 지원을 받지 못하게 되었고, 또한 일본이 양보할 가능성도 거의 없었으므로 그것이 실현될 수 있는 전망은 완전히 사라졌다.

그러나 프렌치가 신법철도 문제에 대해 영일동맹의 관점에서 일본에 반론해 온 것은, 비록 일본의 반대가 영국 정부의 지지를 받고 있었다고는 해도, 일본으로서 고려해야 할 과제였다. 9월 25일, 제2차 가쓰라 내각은 간도 문제를 비롯해 당면한 만주 문제의 해결, 처리 방침을 각의에서 결정하고 대중국 교섭을 시작하기로 했는데, 여기서 신법철도 문제에 관해 처음으로 영국을 배려하고 있다.[28] 즉 일본으로서는 만주 경영에 없어서는 안 될 만철 사채(社債)를 모집하는 데 영국을 먼저 고려해야 할 사정이 있었기 때문에, 신법철도 문제에서 영국 쪽의 이익을 완전 무시할 수 없었던 것이다. 일본의 우려는 신법철도의 건설보다는 신법철도의 완성이 남만주철도의 경영에 어떤 영향을 미칠 것인가에 있었다. 따라서 만철이 입을 손해에 대한 대가가 주어진다면 신법철도의 건설 자체에 계속 반대하는 것은 무의미했다. 그러나 일본이 신법철도의 건설을 승인한다 하더라도, 일본으로서는 어디까지나 중국이 건설 승인을 요청한다는 형식이 필요했다. 중국에 의한 일방적 건설 강행을 묵인하는 것은 「만주에 관한 청일조약」의 사문화(死文化)를 일본 스스로가 인정하게 되는 셈이기 때문이었다. 그래서 일본은 신법철도 건설을 승인하는 대가로, 첫째 중국이 신법철도의 건설 승인을 요청할 것, 둘째로 일본의 승인 없이 법고문 북쪽과 동쪽으로 연장하는 것은 삼갈 것, 그리고 마지막으로 남만주철도 본선의 사평가(四平街)에서 서쪽의 정가둔(鄭家屯)에 이르는 남만주철도 지선[뒤에 사조(四洮)철도 사정선(四鄭線)]의 건설을 일본에 인정할 것을 요구했다. 이는 생산물의 전부는 아니더라도 상당 물량이 정가둔에 집적되어 남만주철도로 운반될 것으로 판단했기 때문이다. 그러나 일본의 목적은 이러한 남만주철도에 대한 대가의 획득보다는, 남만주철도 평행선 건설 금지라는 「만주에 관한 청일조약」의 규정에 비추어 중국이 일본에 그 건설 승인을 요청해 오도록 만드는 데 있었다.

10월 말 고무라 외상은 미국으로 가던 중인 당소의와 회견했다. 당소의는 하야시 곤스케 전 공사의 제안이라며, 신법철도 건설과 맞바꿔 만철이 남만주철도와 법고문을 연결하는 지선 건설을 담당하는 것에 대해 말했다. 이는 전술한 조단의 오해와 같은 것으로, 하야시 전 외상이 하야시 전 공사에게 바로잡으라고 지시한 바였으므로, 고무라는 그것이 오해임을 다시 설명해야 했다. 9월 25일에 있었던 각의 결정에도 불구하고, 고무라는 10월 30일 신법철도에 대한 대중국 교섭에 즈음하여 중국의 신법철도 건설을 단념시키고 그를 대신해 법고문과 남만주철도를 잇는 철도를 건설한다는 종래의 방침을 계속 유지하도록 신임 이주인 중국 주재 공사에게 지시했다.[29] 이는 중국이 일본의 종래의 제안을 오해하고 있는 상황에서, 앞서 각의에서 결정한 방침으로 새로이 교섭을 시작하는 것은,

중국에 일본 쪽이 일방적으로 양보한 듯한 인상을 주게 되어, 자칫 「만주에 관한 청일조약」의 사문화를 일본 스스로 인정하는 것이 될지도 모르기 때문이었다.

12월 28일에 이주인은 나동(那桐), 원세개와 회담하고 만주 5안건에 관한 중·일 교섭을 시작하였다. 그러나 고무라가 당소의에게 설명했음에도 불구하고, 중국 쪽은 신법철도의 연장선을 봉천 이북에서 남만주철도와 접속하는 것에 일본이 동의하고 있다고 당소의가 보고했다고 밝혔다. 이는 일본으로서는 매우 난감한 일이었다. 이에 이주인은 법고문과 남만주철도를 잇는 철도는 중국이 신법철도 건설을 단념하는 데 대한 대가임을 다시 설명해야 했다.[30] 1909년 1월 12일, 제2차 중·일 교섭이 이뤄졌다. 중국은 자신이 신법철도를 건설하고, 그에 대한 교환으로서 만철이 그 지선으로 법고문과 남만주철도를 연결하는 철도를 건설하면 어떻겠느냐며 역제안을 했다. 이주인은 만철에 의한 남만주철도 법고문 지선의 건설은 남만주철도의 노선망을 넓힘으로써 일본의 세력범위 확장으로 이어질 것이라고 생각했다. 또한 이주인은 중국의 신법철도 계획에는 그것을 정가둔에서 치치하얼이 아니라 서쪽의 몽고 지방으로 연장하려고 한다는 소문도 있는 만큼, 그럴 경우에는 만철이 남만주철도와 정가둔을 연결하는 철도의 부설권을 따내면 될 것이라고도 생각했다. 이에 대해 고무라는 1월 21일에 신법철도 건설을 승인하는 대가로 남만주철도의 한 지점에서 법고문을 지나 정가둔에 이르는 철도의 부설권을 요구하도록 이주인에게 지시하고, 만일 중국이 이 교환 조건을 받아들이지 않을 때는 신법철도를 법고문 북쪽으로 연장하지 않을 것, 혹시 연장을 계획할 경우라도 중·일의 협의를 거쳐 결정할 것을 조건으로 신법철도 건설을 승인하도록 훈령했다.[31] 고무라는 중국이 계획하는 신법철도 연장 예정 지역에 남만주철도의 지선을 건설하여, 요서·몽고 지방으로부터 나오는 농산물의 수송이 신법철도를 지나는 경봉철도로 흡수되는 일이 없도록 할 것을 생각하고 있었다. 중국이 폴링상회를 이용하여 신법철도뿐만 아니라 그 연장선의 건설에 열의를 보이는 데 반해, 일본은 신법철도의 건설은 어쩔 수 없다 해도 그 연장선의 건설에는 절대로 반대였다. 즉 중·일의 대립은, 일본이 남만주철도의 지선을 건설하여 그때까지 철도와는 멀리 떨어져 있던 요서와 몽고 지방으로 일본의 세력을 넓혀 가느냐, 아니면 중국이 영국의 원조를 받은 경봉철도의 한 지선을 연장하여 일본의 진출을 억제해 가는가에 있었다. 결국 문제는 신법철도를 법고문 이북으로 연장하는 데 있었다고 할 수 있다.

1월 27일의 제3차 교섭에서 이상과 같은 일본의 견해가 중국에 전달되었다. 그러나 중국은 특별히 반론을 펴지는 않았지만, 전체적인 분위기는 일본의 제안을 받아들일 수 없다는 것이었다. 그래서 이주인은 만주 5안건과 간도 문제에 관한 일본의 주장을 문서로 정리하여, 2월 6일에 중국 외무부의 양돈언에게 건네었다. 그 가운데서 이주인은 신법철도 문제의 해결을 위해 갑·을 두 안을 제시하였다.32) 갑안에서는 중국이 신법철도 건설을 단념하는 대가로, 법고문과 남만주철도선상의 철령을 잇는 중국의 철도 건설을 일본이 승인할 것을 제시하였다. 또한 을안에서는 고무라의 훈령대로 중국의 신법철도 건설에 대한 대가로서, 남만주철도선상의 한 지점에서 법고문을 거쳐 정가둔에 이르는 지선 건설을 만철이 담당하는 것을 중국이 승인할 것이 제시되었다. 그러나 2월 10일의 교섭에서 중국은 갑·을 두 안 모두 만족할 수 없다고 밝혀 신법철도를 둘러싼 중·일 교섭은 중단되었다. 중국은 3월 22일에 이주인에게 각서를 보내 갑·을 두 안을 모두 거부한다고 정식으로 회답하고, 신법철도가 남만주철도의 이익을 해치지 않음을 거듭 강조하며 일본 쪽의 재고를 요구했다.33) 중국 쪽에서 보면 갑·을 두 안은 모두 만철의 이익을 첫째로 고려한 것으로 여겨졌다. 가령 을안에 따라 중국이 신법철도를 건설한다 해도 법고문 이북에는 남만주철도가 들어가게 된다. 그렇게 되면 신법철도 건설의 가치는 상당히 낮아질 것이 예상되기 때문에 중국으로서는 갑·을 두 안에 모두 응할 수 없었던 것이다.

이리하여 신법철도 문제의 정체(停滯)는 간도 문제의 난항과 더불어 만주 5안건에 관한 중·일 교섭 자체를 중단시켰다. 더군다나 중·일 사이에는 안봉철도 개축 문제의 교섭도 난항을 겪고 있어, 문제 해결의 실마리가 좀처럼 보이지 않는 상태가 계속 되었다. 이처럼 중·일 사이의 협의가 교착 상태에 빠진 한편, 뒤에 말하는 바와 같이 프렌치는 신법철도의 건설을 단념하고, 그 대가로 경봉철도의 금주(錦州)에서 직접 치치하얼에 이르는 금제(錦齊)철도 건설을 고려하게 되었다.[34] 제6장에서 서술한 바와 같이, 7월 말 안봉철도 개축 문제를 둘러싼 중·일 교섭은 해결을 못 보고, 8월 6일에 일본은 중국에 대해 안봉철도의 개축 단행을 통고하였다. 이로써 안봉철도뿐만 아니라 만주 5안건 등의 현안에 대해서도 또다시 중·일 사이에 협의가 시작되게 되었다. 그 다음날 중국은 일본에 각서를 제출하여 신법철도 건설을 스스로 단념할 것을 밝혔다. 8월 13일에 이주인은 중국이 일본과 협의 없이 남만주철도의 평행선이나 경쟁선을 건설하지 않을 것임을 명시토록 요구하고, 신법철도에 관한 토의를 끝냈다. 이리하여 9월 4일, 만주 5안건에 관한 중일협약이 조인되고, 중국은 신법철도 계획의 단념을 정식으로 밝혔던 것이다.[35]

이상의 경과를 거쳐 당소의와 프렌치 사이에 맺어진 신법철도 건설 예비 계약은 영일동맹과 일본의 만주정책에 문제를 제기하면서도 일본의 강한 반대 때문에 실행되지 못했다. 그러나 결과적으로 영국 정부의 지원을 얻지 못한 프렌치는 신법철도 건설을 단념하긴 했지만, 새로이 금제철도 건설에 열의를 쏟게 되었다. 신법철도 문제가 소멸되었음에도 남

만주철도 평행선 문제는 계속해서 일본이 경계해야 할 문제가 되었던 것
이다.

4. 금제철도 문제

신법철도에 대해 일본이 반대한 이유는 그것이 만철에 대한 평행선으
로서 경쟁선이 되기 때문이었다. 앞서 말한 바와 같이 일본은 중국이 정
태(正太)철도를 부설할 때 금지한 경쟁선의 범위를 근거로 남만주철도와
신법철도가 경쟁선 관계에 있음을 주장했으나, 일본이 스스로 생각하는
남만주철도의 경쟁선이 되는 범위를 밝힌 것은 아니었다. 그래서 1909년
1월 12일의 만주 5안건에 관한 제2차 교섭에서, 중국은 다시 일본이 어느
정도의 범위를 남만주철도의 경쟁선으로 생각하고 있는지 조회해 왔다.
또 1월 20일에는 폴링상회의 신법철도 건설을 지원하는 영청회사도 같
은 조회를 해 왔다. 이에 대해 고무라는 1월 21일, 평행선인지 아닌지는
지리적, 경제적 상태나 물자의 유통 상태에 따라 판단할 문제이지 단순
히 남만주철도와의 거리에 따른 문제는 아니라는 견해를 보였다.[36] 그러
나 예상한 바이기는 했으나 앞서 말한대로 신법철도에 대한 일본의 반대
가 강해, 프렌치로서는 신법철도와 치치하얼까지 이르는 연장선에 대한
부설 우선권을 갖고 있으면서도 그것을 대신할 새로운 철도 부설 계획을
구상해야 했다. 그리고 그 계획에 대한 일본의 반대를 피하려면 남만주
철도와 사이에 일본도 승인할 만큼의 일정한 거리 설정이 필요했다. 이
처럼 중국과 영청회사가 일본에 조회한 배경에는 뒤에서 말하는 바와 같
이, 프렌치 쪽의 금제철도 계획에 대한 모색이 있었다. 실제로 한 해 전인
1908년 여름에 프렌치는 금주~조남(洮南) 사이의 철도 노선을 조사하였
고, 9월 26일에는 비밀리에 그 부설 계약을 따냈기 때문이다.[37]

1909년 5월 7일, 폴링상회는 그레이에게 서신을 보내, 금주~조남 철도는 남만주철도와 평행선을 이루지 않는다며 그 건설에 대한 협력을 요청했다. 그러나 5월 14일, 이에 대한 일본의 대응을 지켜볼 필요가 있다고 생각한 그레이는 폴링상회에 대한 협력을 약속할 수 없다고 회답했다. 이에 폴링(G. Pauling)은 6월 10일에 재차 그레이에게 서신을 보내, 폴링상회가 영국 정부의 지지를 받을 수 없다면 일본은 폴링상회의 철도 부설 계획에 반대할 것이라며 영국 정부의 지지를 요청했다.[38] 한편 조단은 금주~조남 구간 철도에 대해서는 아직 프렌치에게서 아무런 지지도 요청받지 않은 상태이나, 이 철도가 남만주철도의 이익을 해치는 일은 없을 것이라고 보고하였다. 그러나 영국 외무성은 폴링상회에 대한 지지에 관해서는 극히 신중한 대응을 보여, 적극적으로 옹호하려 들지 않았다.[39]

한편 북경에서는 신법철도 문제를 둘러싼 중·일 교섭이 교착 상태에 빠진 가운데, 1909년 6월 9일에 프렌치가 이주인을 방문했다. 그는 신법철도를 대신하는 것으로서 경봉철도선상의 금주에서 치치하얼로 가는 철도의 건설 계획을 전하고, 일본 쪽에 이의가 없다면 중국과 교섭을 시작하겠다는 희망을 밝혔다. 프렌치가 새로이 제안한 금제철도는 거리상으로도 남만주철도와 120마일이나 떨어져 있어 신법철도에 대해 반대한 것과 같은 이유로 반대하기에는 무리가 있었다. 고무라는 7월 3일, 금제철도 계획이 진행되는 상황에 주의하도록 이주인에게 명하는 동시에, 금제철도 계획은 러시아의 지배 아래 있는 동청철도에도 영향을 미칠 가능성이 있으니 북경 주재 러시아 공사와도 연락하라고 지시했다. 그러나 문제는 미묘했다. 왜냐하면 금제철도 계획은 아직 공표된 것이 아니어서, 이에 대해 일본이 러시아와 협의하는 것은 영국 쪽의 비밀을 러시아에 통보하는 결과가 될 우려가 있고, 또한 러시아가 일본과 함께 이 계획에 반대하리라는 보장도 없었기 때문이다.[40] 금제철도 계획은 신법철도와는 달리 일본의 세력범위 밖에서 이루어지는 철도 부설 계획이었다. 일본이 마구잡이로 반대만을 주장해서는 만주의 문호 개방이라는 기본 원칙을 저버릴 가능성이 있었던 것이다.

7월 13일에 가쓰라 내각은 금제철도에 관한 일본의 대응을 협의했다. 일본이 취할 방책은 금제철도도 남만주철도 평행선으로 여겨 「만주에 관한 청일조약」 부속각서의 규정에 따라 그 건설에 반대하든지, 아니면 금제철도의 건설을 시인하고 일본도 기술과 자본을 가지고 그 건설에 참가하든지 둘 가운데 하나였다. 그러나 이주인의 지적에도 있듯이, 금제철도를 신법철도처럼 남만주철도 평행선으로 여기는 데는 거리상으로 무리가 있었다. 거꾸로 금제철도 건설로 만주 서부와 몽고 지방의 개발이 진전된다고 한다면, 그 건설에 일본이 참가하는 것이 일본에도 큰 이익을 가져다 줄 것으로 예상되었다. 그래서 각의에서는 중국이 신법철도 건설을 단념하고 금제철도 건설에 외국의 기술과 자본의 도입을 꾀한다면, 일본도 이 계획에 참가할 것을 결정했다.[41] 이와 같은 일본의 판단 배경에는 전술한 각의 결정에도 나타나 있듯이, 만주는 철도에 의해 세 세력범위로 구분된다는 인식이 가로놓여 있었다. 즉 북만주는 동청철도에 의해 러시아가, 남만주 동부(요하 동쪽)는 남만주철도에 의해 일본이 각각 세력범위로 삼고 있고, 나머지 만주의 서부와 남서부는 영국의 경봉철도가 달리는 남서부를 제외하고는 아직 어느 세력에도 속하지 않은 지역이라 할 수 있다. 그리고 신법철도는 일본의 세력범위 서쪽 끝에 자리하는 한편, 금제철도는 만주 서부를 남북으로 종단한다. 곧 금제철도 부설권의 행방은 만주 서부에 어느 열강이 세력을 넓히느냐 하는 문제로 이어지는 것이었다. 그러나 일본이 금제철도 계획에 무관심할 수 없었던 그 이상의 이유는 그 지역이 러시아의 지배 아래 들어갈 것을 두려워했기 때문이다. 이는 《타임스》지 특파원인 치롤이 지적한 바이기도 하다.[42] 동청철도에서 남만주철도를 거치지 않고 금주로 진출이 가능해진다면, 그것은 러시아에게 러일전쟁으로 차단된 황해에 이르는 길을 회복해 주는 결과를 불러오기 때문이다. 그런 만큼 일본으로서는 금제철도 계획에 반대할 수 있는 정당한 근거를 갖지 않는 한, 이 계획에 참가하는 수밖에 없었다.

7월 19일, 북경에서 이주인은 프렌치와 회동했다. 이주인은 각의 결정에 바탕을 둔 금제철도 문제에 관한 일본의 방침을 전하고 일본과 협력할 것을 요청했다. 그러나 프렌치는 중·일 사이에 만주 문제의 논의가 난항을 거듭하고 있을 때, 일본이 영국과 함께 금제철도의 부설권 획득을 공작하는 것은 중국의 반발을 살 우려가 있으며, 그 결과 중국이 금제철도의 부설권에 대한 미국 신디케이트의 요구에 응하게 될지도 모른다고 지적했다. 그리고는 자신이 금제철도 부설권을 얻어냈을 때는 일본에 협력을 요청하겠다는 것만을 약속했다. 또 그 자리에서 프렌치는 미국과 제휴하는 것은 생각하고 있지 않음을 밝혔는데, 이는 주목할 필요가 있다. 프렌치는 이번에 이주인과 한 회동을 통해 일본이 금제철도의 건설에는 반대하지 않는다는 것을 확인하고 만족해했다.[43] 그러나 8월 17일, 런던에서 야마자 엔지로 참사관이 폴링상회의 폴링과 만나 금제철도 건설에 관한 영·일 협력 관계에 대해 협의했을 때, 폴링은 금제철도에 일본이 참가하는 데 이의가 없다고 하면서도, 이미 전년 9월에 당소의와 금주에서 조남까지 철도 부설 계약을 맺었으며, 거기에 일본의 금제철도 건설 참가는 조건으로 들어가 있지 않음을 밝혔다. 프렌치는 중국 정부의 요청이 없는 한, 폴링 쪽이 중국에 대해 일본의 참가를 승인하라고 요구할 수 없다는 견해를 갖고 있었다.[44] 그러나 그 점은 금제철도 문제에 관한 당사자가 아니었던 일본으로서도 마찬가지였다.

8월 20일, 가토 영국 주재 대사는 그레이 외상과 만나, 7월 13일의 각의 결정에 따른 일본의 방침을 설명하였다. 가토는 이 자리에서 금제철도 문제에 대해 일본의 참가를 일본 쪽에서 중국에 발의하기란 어렵다고 그레이에게 털어놓았다. 이에 그레이는 조단과 이주인의 협의를 통해 중국 쪽에서 발의하도록 하겠다고 약속했다. 또 같은 날 그레이는 폴링을 불러 금제철도 건설을 위해 영·일 두 나라의 제휴를 요구하고, 아울러 영국 정부는 그것을 지지한다고 전했다. 그레이의 지시에 따라 8월 27일에 조단은 이주인을 방문, 만주 5안건에 관한 중·일 교섭이 타결된 뒤 다시 영·일 사이에서 금제철도 문제를 협의하기로 의견의 일치를 보았다.[45] 8월 31일에는 조단이 서세창과도 만나 중국의 의향을 확인했으나, 중국은 금제철도 문제에 일본이 참가하는 것에 동의하지 않았다. 9월 7일에 그레이는 가토에게 중국이 금제철도 건설에 일본의 참가를 원치 않으며, 따라서 영국으로서는 더 이상 일본의 참가를 위해 중국에 중개를 할 수 없다고 전했다.[46] 이리하여 금제철도 건설 문제에 관한 영·일 제휴 관계는 성사를 보지 못한 채 끝났다.

그러나 이와 같은 영·일 협조의 배경에는 중대한 비밀이 감춰져 있었다. 미국의 신디케이트를 대표하는 스트레이트(W. D. Straight)의 움직임이 그것이다.

미국의 만주 지역 철도 문제에 대한 관여에 대해서는 다음 장에서 상세히 말할 것이나, 스트레이트는 프렌치가 금주~조남 구간 철도 부설권을 따낸 1908년 9월 말, 그 차관의 공여에 대해 중국의 동의를 얻었다. 그 정보는 이듬해 8월 27일, 조단이 그레이에게도 전했다. 프렌치는 여러 차례에 걸쳐 스트레이트와 제휴 관계를 협의하고 있었다. 한편 9월 3일에는 중국이 일본의 참가 반대를 명시하고, 영·미·중 3국이 설립한 회사에 그 관리를 맡기기로 한 사실도 그레이에게 전해졌다.[47] 그레이는 가토에게 이 사실을 숨기고 있었다. 그리하여 9월 7일에 가토가 중국은 금제철도의 건설에 일본의 참가를 원치 않는가, 아니면 금제철도의 건설 자체를 단념했는가 라고 질문한 데 대해 그레이는 확실히 알 수 없다고 답할 수밖에 없었던 것이다.

만주 5안건에 관한 중·일 교섭은 9월 4일에 타결되었으나, 일본이 모르는 새에 프렌치 그리고 스트레이트와 중국 사이의 협의가 진전되어 마침내 10월 2일에 금애철도 차관 계약이 조인되었다.[48] 신법철도 문제에서 시작된 남만주철도 평행선 문제는 금제철도 문제로 말미암아 금애철도 문제로 넘겨지고, 나아가 미국과 러시아 두 나라도 이 문제에 관계를 갖게 되면서 만주의 철도권익을 둘러싼 최초의 다국간 교섭의 장이 만들어진 것이다.

5. 맺음말

신법철도 문제에서 비롯된 이른바 남만주철도 평행선 문제는 러일전쟁 뒤에 발생한 만주의 철도권익을 둘러싼 문제로서는 최초의 것이었다. 앞의 두 장에서 다룬 안봉철도 문제와 신봉철도 문제는 러일전쟁 동안 일본 육군이 건설한 군용철도에서 발단되어 러일전쟁의 전후 처리와도 상관이 있었다. 이에 견주어 이 장과 다음 장에서 다루는 남만주철도 평행선 문제는 완전히 러일전쟁 이후의 문제이며, 러일전쟁의 결과로 생겨난 국제 환경 속에서 새로이 발생한 문제였다.

일본이 신법철도 건설에 대해 반대한 것은 개업한 지 얼마 안 되는 만철의 경영을 보호하기 위한 것으로, 「만주에 관한 청일조약」 부속각서에 규정된 조약상의 권리에 바탕을 두고 있었다. 일본의 세력범위가 요하 동쪽 기슭까지라면, 요하 서쪽 기슭을 달리는 신법철도는 일본의 세력범위 바깥쪽에 닿아 있기는 해도 그 범위 밖을 통과하는 철도였다. 그럼에도 일본이 「만주에 관한 청일조약」에 바탕을 둔 법적 권리로써 신법철도의 건설에 반대한 까닭은, 만철의 보호라는 관점에서 요하 동쪽은 물론 서쪽 유역에도 일본 이외의 철도 세력이 진출하는 것을 막아 만철의 경영 기반을 확고히 하는 데 있었다. 일본의 세력범위가 요하 동쪽 기슭까지임에도 「만주에 관한 청일조약」에 바탕을 두고 요하 서쪽의 철도 건설에 일본이 반대한 것은, 일본의 지배 지역을 요하 동쪽에서 서쪽으로까지 넓히는 것을 법적 권리라고 주장함을 뜻했다.

따라서 여기에 신법철도 문제가 영일동맹과 관련하여 논해질 접점이 생겨났다. 즉 프렌치가 지적한 바와 같이, 경봉철도의 연장선인 신법철도는 중국의 내정 문제로, 일본이 그 문제에 간섭하는 것은 영일동맹에서 중국의 문호 개방, 영토보전 원칙을 위반하는 것이었다. 이러한 논점은 일본에게 영일동맹의 원칙과 「만주에 관한 청일조약」의 규정 사이의 모순을 나타내며, 그 어느 쪽을 우선할 것인가 하는 문제를 제기했다. 우장상공회의소에서 대일 비판이 제기된 이래, 일본의 양보는 이 모순을 해소하고 영일동맹의 원칙과 「만주에 관한 청일조약」의 규정을 양립시키기 위한 타협이었다고 보아도 좋을 것이다. 사실 신법철도가 영·일 사이의 교차권익이 된다면, 영일동맹의 원칙에 충실하는 한 일본은 문제 해결의 방법으로 신법철도의 건설을 승인해야 했다. 반대로 「만주에 관한 청일조약」의 규정을 주장하는 한, 일본은 그 건설에 반대해야 했던 것이다. 1908년 9월 25일의 각의에서 가쓰라 내각이 만주 5안건 교섭의 하나로서 신법철도의 건설을 승인하고, 그 대가 조치를 요구하기로 결정한 것은 이러한 모순을 해소하기 위한 일본 쪽의 배려를 나타내는 것이다.

그러나 이런 모순에서 일본을 구한 것은 오히려 영국이었다. 그레이는 프렌치의 신법철도 건설을 지지하지 않고, 신법철도 문제가 영·일 동맹 관계에 영향을 주지 않도록 배려함으로써 러일전쟁으로 일본이 얻은 권익을 일본 스스로 보호하는 데 대한 정당성을 인정했다. 1908년 2월 3일에 고무라와 가진 회담에서 그레이는 영일동맹의 지속에 대해 말했다. 49) 중국 현지의 조단이 프렌치 쪽의 주장에 기운 자세를 보였던 데 반해, 그레이가 「만주에 관한 청일조약」에 바탕을 둔 일본의 법적 권리를 승인하여 명확히 일본의 방침을 지지한 것은 영일동맹의 유효성을 유지하기 위해서였다고 본다. 그레이는 러시아의 중동 방면 진출에 대처해야 한 것처럼, 동아시아에서도 — 예컨대 시베리아철도의 복선화에서 드러나듯이 — 시베리아철도를 통한 러시아의 위협이 여전히 남아 있는 한, 대러 방위 정책에서 영일동맹이 갖는 존재 가치를 높이 평가하고 있었다. 따라서 신법철도 문제로 영·일이 대립하게 됨으로써 그것이 영일동맹의 존재 기반에 영향을 미칠 것을 경계했던 것이다.

아울러 영국 국내의 정치 상황 변화에 대해서도 언급해 두기로 하자. 1906년의 하원의원 총선거에서 자유당은 압도적 다수를 획득했다. 이로써 제2장에서 언급한 바와 같이, 보수당 하원의원인 케스윅에게 솔즈베리 보수당 내각이 제시해야 했던 경봉철도에 대한 특별 보호를 배려할 필요가 사라졌다. 더욱이 1909년에는 로이드-조지(D. Lloyd-George)의 이른바 '인민예산문제'(1909년 로이드-조지는 독일과의 군함 건조 경쟁 등으로 급증하는 경비를 충당하기 위해 초과소득세와 토지세의 신설 등을 골자로 하는 예산안을 제출하였다. 이에는 로이드-조지의 '빈곤에 대한 전쟁을 위한 군비' 마련이라는 의도도 반영되어 있어, '인민예산안'이라는 명칭이 붙었다. 예산안은 하원을 통과했으나, 보수당이 다수를 차지하는 상원에서 부결됨으로써 상원의 법안부결권을 둘러싼 정치적 논란을 불러일으켰다──옮긴이)에 나타난 예산 수정권을 둘러싸고, 상원에 대한 하원의 우월권의 추구라는 영국 의회제도를 둘러싼 고도의 정치 문제가 발생했다. 그런 가운데 상원의원 프렌치 개인의 사적 이권을 영국 정부가 보호해 주는 것 등은 생각할 수도 없는 일이었으리라고 생각된다.

신법철도 문제에 대한 그레이의 이러한 방침은 결과적으로 일본이 영일동맹보다는 「만주에 관한 청일조약」의 규정을 우선하는 것을 인정한 것으로, 영국이 만주의 철도에 관해서는 신봉철도 문제에 이어 일본의 요구를 영국에 우선시킨 셈이 되었다. 즉 영일동맹은 일본과 영국의 권익을 지키는 데는 유효해도, 두 나라 사이에 이해를 조정하는 데는 기능할 수 없었던 것이다.

신법철도 문제는 러일전쟁 이후 만주 문제에서 영·일 사이에 제기된 최초의 본격적인 권익 조정 문제였으나, 신봉철도에 이어 영국의 양보로 일본의 주장이 관철되었다. 그러나 그 과정에서 영·일 두 나라의 대러 교차권익 사이에 대립이 생기고, 그만큼 영일동맹을 지속시켜 줄 두 나라의 공통 기반을 잃어 갔다. 여기서부터 영일동맹의 유명무실화가 시작되었다고 할 수 있다. 이는 다음 장에서 다룰 금애철도 문제에 의해 더 구체적으로 영일동맹의 변질 과정으로서 나타나게 된다.

*주 ───

1) 大山梓 편, 《山縣有朋意見書》, 290-301.

2) 옮긴이 주─저자는 '신법철도' 대신 '법고문철도'라는 명칭을 쓰고 있다. 이는 일본어 발음상 '신봉철도'와의 혼동을 우려한 것으로 보인다(일본어로 '신법'과 '신봉'은 같은 음이다). 그러나 저자도 주에서 밝히고 있듯이, 일본외교문서나 외교사료관 소장 기록에서 모두 '신법철도'라는 용어를 사용하고 있으며, 한국어로는 혼동의 소지가 없으므로 여기서는 본래의 용어인 '신법철도'로 옮기기로 한다.

3) 1907년 1월 17일, 봉천 주재 하기와라 총영사가 보낸 서신 기밀 제19호《日外》40-2, 1196) ; 2월 2일, 하기와라 총영사가 보낸 서신 기밀 제37호《外史》1·7·3·56의 1).

4) 1907년 6월 7일, 중국 주재 하야시 공사가 보낸 서신 기밀 제66호《日外》40-2, 1197).

5) 1907년 8월 13일 / 9월 11일, 중국 주재 아베 대리공사가 보낸 서신 기밀 제103호 / 아베 대리공사가 보낸 전보 제30호(이상 《日外》 40-2, 1198, 1200). 남만주철도 평행선 금지 규정은 「만주에 관한 청일조약」 부속각서에 포함되어 있으나, 이 각서는 공식적으로 그 존재가 알려져 있지 않았으므로 중국에 대해서라면 몰라도, 예컨대 영국에 대해서는 그 규정을 근거로 평행선의 건설 반대를 주장할 수는 없었다. 따라서 일본은 반대의 법적 근거를 부속각서가 아니라 청일교섭회의록에서 구해야 했다.

6) 1907년 9월 16일, 중국 주재 아베 대리공사에게 보낸 전보 제185호 ; 11월 6일, 아베 대리공사가 보낸 전보 제131호(이상 《日外》 40-2, 1201, 1203).

7) 북경, 1907년 4월 18일 / 10월 2일, 조단이 그레이에게 보낸 급송공문 Nos. 189 / 465(FO 405-180-117 / 181-66).

8) 폴링상회와 만주총독, 봉천도독 사이에 체결된 예비 계약(FO 405-181-91, 첨부별지).

9) 북경, 1907년 11월 11일 / 14일, 조단이 그레이에게 보낸 전보 No. 193 / 급송공문 No. 540 특급기밀(FO 405-181-62 / 91).

10) 외무성, 1907년 11월 27일 / 12월 6일, 그레이가 조단에게 보낸 급송공문 No. 478 / 전보 No. 132(FO 405-181-69 / 75) ; 북경, 1907년 12월 4일, 조단이 그레이에게 보낸 전보 No. 210(FO 405-181-73).

11) 1907년 12월 25일, 중국 주재 하야시 공사가 보낸 전보 제450호《日外》 40-2, 1204) ; 외무성, 1908년 1월 7일, 그레이가 조단에게 보낸 전보 No. 4(FO 405-188-3) ; Hui-Min Lo, 앞의 책.

12) 1908년 1월 10일, 봉천 주재 가토 총영사에게 보낸 전보 제4호(《外史》 1·7·3·56의 1) ; 1월 15일, 중국 주재 하야시 공사에게 보낸 전보 제9호 ; 〈신법철도 문제에 관한 신문 게재안〉(이상 《日外》 41-1, 652, 652 부기).

13) 1908년 1월 22일, 중국 주재 하야시 공사가 보낸 전보 제19호 ; 1월 27일, 대련 주재 만철 이사가 도쿄의 나카무라 부총재에게 보낸 전보 (이상 〈外史〉 1·7·3·56의 1) ; 〈신민둔~법고문 구간 철도가 남만주철도에 미치는 영향(남만주철도조사요령)〉《日外》 41-1, 657 부기).

14) 1908년 1월 23일, 중국 주재 하야시 공사가 보낸 전보 제2호《日外》 41-1, 656).

15) 외무성, 1908년 1월 20일, 그레이가 조단에게 보낸 전보 No. 13(FO 405-188-14) ; 1908년 1월 21일, 영국 주재 고무라 대사가 보낸 전보 제2호《日外》 41-1, 653).

16) 외무성, 1908년 1월 24일, 그레이가 조단에게 보낸 전보 No. 19(FO 405-188-17) ; 외무성, 1908년 1월 25일, 그레이가 맥도널드에게 보낸 급송공문 No. 12(FO 405-188-21).

17) 1908년 1월 30일, 폴링상회 회원들이 외무성에 보낸 서한(FO 405-188-23) ; 1908년 2월 4일, 존스 하원의원이 외무성에 보낸 서한(FO 405-188-25).

18) 외무성, 1908년 2월 12일, 외무성이 폴링상회 회원들에게 보낸 서한(FO 405-188-32) ; 외무성, 1908년 2월 14일, 외무성이 존스 하원의원에게 보낸 서한(FO 405-188-33) ; 1908년 2월 14일, 폴링상회 회원들이 외무성에 보낸 서한(FO 405-188-34) ; 외무성, 1908년 2월 27일, 그레이가 맥도널드에게 보낸 급송공문 No. 48(FO 405-188-46A).

19) 상해, 1908년 3월 10일, 프렌치가 맥도널드에게 보낸 서한(FO 405-188-8 첨부별지1) ; 도쿄, 1908년 4월 4일, 맥도널드가 프렌치에게 보낸 서한(FO 405-188-81 첨부별지2) ; 1908년 4월11일, 영국 주재 고무라 대사에게 보낸 전보 제28호, 중국 주재 하야시 공사에게 보낸 전보 제91호(이상 《日外》 41-1, 676).

20) 1908년 3월 21일, 우장 주재 다카하시(高橋) 영사대리가 보낸 전보 제19호《日外》 41-1, 671).

21) 1908년 4월 13일, 중국 주재 하야시 공사가 보낸 전보 제109호《日外》 41-1, 677).

22) 도쿄, 1908년 4월 23일, 맥도널드가 그레이에게 보낸 전보 No. 31(FO 405-188-69) ; 외무성, 1908년 4월 24일, 그레이가 맥도널드에게 보낸 전보 No. 27(FO 405-188-70).

23) 북경, 1908년 4월 25일, 조단이 그레이에게 보낸 전보 No. 86 기밀(FO 405-188-71) ; 외무성, 1908년 5월 9일, 그레이가 맥도널드에게 보낸 급송공문 No. 112(FO 405-181-80) ; 1908년 5월 1일, 영국 주재 고무라 대사에게 보낸 전보 제38호 ; 중국 주재 하야시 공사에게 보낸 전보 제115호 ; 5월 5일, 영국 주재 고무라 대사가 보낸 전보 제36호(이상 《日外》 41-1, 678, 679, 681).

24) 1908년 5월 11일, 중국 주재 하야시 공사가 보낸 전보 제141호《日外》 41-1, 683).

25) 1908년 6월 4일, 중국 주재 아베 대리공사에게 보낸 서신 기밀 제50호 ; 7월 3일, 아베 대리공사가 보낸 서신 기밀 제71호(이상 《日外》 41-1, 686, 687).

26) 〈신민둔~법고문 구간 철도 부설 계획에 관한 건〉《日外》 41-1, 686 부기) ; 도쿄, 1908년 6월 19일, 맥도널드가 그레이에게 보낸 급송공문 No. 163(FO 405-189-14).

27) 1908년 7월 13일, 일본 주재 영국 대사가 보낸 서신 ; 7월 24일, 영국 주재 고무라 대사에게 보낸 전보 제68호 ; 7월 25일, 고무라 대사가 보낸 전보 제65호(이상 《日外》 41-1, 688, 690, 691).

28) 1908년 9월 25일, 가쓰라 내각 각의 결정《日外》 41-1, 695 부속서1).

29) 1908년 10월 28일 / 30일, 중국 주재 이주인 공사에게 보낸 전보 제225호 / 제227호《日外》 41-1, 698, 701).

30) 1908년 12월 29일, 중국 주재 이주인 공사가 보낸 전보 제336호《日外》 41-1, 706의 (1)).

31) 1909년 1월 12일, 중국 주재 이주인 공사가 보낸 전보 제19호 ; 1월 21일, 이주인 공사에게 보낸 전보 제24호(이상 《日外》 42-1, 201의 (1), 205).

32) 1909년 1월 28일, 중국 주재 이주인 공사가 보낸 전보 제33호 ; 2월 6일, 〈이주인 공사가

외무부 상서서리 양돈언에게 수교한 만주 제(諸)안건 처리에 관한 각서〉(이상 《日外》
42-1, 206의 (2), 208 부속서).

33) 1909년 2월 11일 / 3월 22일, 중국 주재 이주인 공사가 보낸 전보 제50호 / 제76호 ; 〈만
주 현안에 관한 청국 정부 각서〉(이상 《日外》 42-1, 209의 (1), 218, 228 부속서).

34) 1909년 6월 9일, 중국 주재 이주인 공사가 보낸 서신 기밀 제71호(《日外》 42-1, 694).

35) 1909년 8월 8일, 중국 주재 이주인 공사가 보낸 전보 제230호 ; 〈만주 현안에 관해 청국
정부에 제출한 각서〉(이상 《日外》 42-1, 271, 278 부속서) ; 外務省 편, 《日本外交年表
竝主要文書(上)》, 325.

36) 1909년 1월 12일 / 20일, 중국 주재 이주인 공사가 보낸 전보 제19호 / 제27호 ; 1월 21일,
이주인 공사에게 보낸 전보 제24호(이상 《日外》 42-1, 201의 (1), 204, 205).

37) 북경, 1908년 8월 6일 / 9월 29일, 조단이 그레이에게 보낸 급송공문 No. 359 특급기밀 /
전보 No. 159(FO 405-189-38* / 59).

38) 1909년 5월 7일 / 6월 10일, 폴링상회 회원들이 외무성에 보낸 서한들(FO 405-197-192 /
242) ; 외무성, 1909년 5월 14일, 외무성이 폴링상회 회원들에게 보낸 서한(FO
405-197-205).

39) 북경, 1909년 6월 17일, 조단이 그레이에게 보낸 전보 No. 109(FO 405-197-257) ; 외무
성, 1909년 6월 23일, 외무성이 폴링상회 회원들에게 보낸 서한(FO 405-197-272).

40) 1909년 6월 9일, 중국 주재 이주인 공사가 보낸 서신 기밀 제71호 ; 7월 3일, 이주인 공사
에게 보낸 전보 제208호 ; 7월 5일, 이주인 공사가 보낸 전보 제165호(이상 《日外》 42-1,
694, 695, 696).

41) 1909년 7월 13일, 가쓰라 내각 각의 결정 《日外》 42-1, 700 부기).

42) 1909년 8월 12일, 영국 주재 가토 대사가 보낸 전보 제156호(《日外》 42-1, 709의 (2)).

43) 1909년 7월 21일, 중국 주재 이주인 공사가 보낸 서신 기밀 제101호(《日外》 42-1, 705) ;
북경, 1909년 7월 22일, 조단이 그레이에게 보낸 전보 No. 122(FO 405-198-20).

44) 런던, 1909년 8월 18일, 폴링이 야마자에게 보낸 서한(1909년 8월 26일, 폴링상회 회원
들이 외무성에 제출, FO 405-198-78) ; 1909년 8월 18일, 영국 주재 가토 대사가 보낸 전보
제161호(《日外》 42-1, 713).

45) 1909년 8월 23일, 영국 주재 가토 대사가 보낸 서신 기밀 제57호 ; 8월 25일, 가토 대사가
보낸 전보 제165호 ; 8월 27일, 중국 주재 이주인 공사가 보낸 전보 제288호의 3(이상 《日
外》 42-1, 717, 718, 720).

46) 북경, 1909년 8월 31일, 조단이 그레이에게 보낸 전보 No. 143(FO 405-198-91) ; 외무성,
1909년 9월 7일, 그레이가 조단에게 보낸 전보 No. 145(FO 405-198-109).

47) 북경, 1909년 8월 27일 / 9월 3일, 조단이 그레이에게 보낸 전보 No. 142 비밀 / No.

145(FO 405-198-83 / 101).

48) 북경, 1909년 9월 1일 / 25일, 조단이 그레이에게 보낸 급송공문 No. 309 비밀 / 전보 No. 158(FO 405-198-134 / 133) ; 금애철도 재정·건설과 운영을 위한 예비 계약(FO 405-198-185, 첨부별지).

49) 1908년 2월 3일, 영국 주재 고무라 대사가 보낸 전보 제5호《日外》 41-1, 663).

제9장
금애철도를 둘러싼 국제 관계

1. 문제제기

　1907년 7월 30일에 조인된 러일협약은 포츠머스강화조약에 이어 러일전쟁 뒤 만주를 둘러싼 두 나라의 세력범위를 새로이 확정하는 것으로, 영일동맹을 주축으로 한 일본 외교에 다원성을 부여하였다.

　그 배경에는 널리 알려진 바와 같이 이미 서술한 「러일 만주철도 접속업무조약」의 성립에서 보이는 러·일 두 나라의 실무 관계 개선이 큰 영향을 주었다. 또한 유럽에서 영·불·러 3국 협상 체제가 성립한 것이 러일협약의 성립을 촉진한 것도 부정할 수 없는 사실이다. 그러나 일본에게 러시아가 여전히 첫 번째 가상 적국임에는 변화가 없었다. 그런 뜻에서 영일동맹의 존재가 유효하다고 한다면, 러일협약의 진행은 러·일 관계의 긴장 완화를 보장하는 것 이상은 될 수 없었다. 즉 영일동맹에서는 러시아에 대한 교차권익인 남만주철도 또는 경봉철도가 존재한 데 반해, 러일협약에서는, 예를 들면 러·일 두 나라의 철도권익인 남만주철도와 동청철도가 제3국으로부터 공통된 위협을 받는 일이 없었기 때문이다.

따라서 같은 결합이라 해도 영일동맹과 러일협약 사이에는 그 결합의 강도에서 차이가 있는 게 당연하며, 일본 외교에서는 러일협약보다 영일동맹 쪽에 더 무게를 두고 있었다고 할 수 있다. 일본 외교에서 이런 중점의 차이를 뒤바꾼다고 하면, 거기에는 당연히 영일동맹의 변질이 일어나게 되는 것이다.

이미 말한 바와 같이 러일전쟁 이후 남만주의 철도는 전쟁 중에 일본이 건설한 군용철도까지 모두 표준궤로 통일되어, 만주의 남북에서 표준궤와 광궤 철도가 각기 달리는 상황을 낳게 되었다. 그러나 만주의 남북 사이 철도의 접점은 「러일 만주철도 접속업무조약」의 성립에도 나타나 있듯이 관성자에서 이루어지는 접속뿐이고, 그 밖에 광궤와 표준궤 철도 사이의 접점은 없었다. 이 책에서 다루어 온 바와 같이, 러일전쟁 뒤의 철도 문제는 모두 남만주의 철도 문제이고, 모두 영일동맹의 틀 속에서 전개되어 왔다. 앞 장에서 다룬 신법철도조차도 그것이 남만주철도의 평행선이라는 남만주 안의 철도 계획으로, 러시아의 동청철도에까지 영향을 미치는 것은 아니었다. 러일전쟁 뒤의 철도 문제에서 러시아가 영향력을 행사하지 않은 것은 이 점을 여실히 보여준다 하겠다.

그렇지만 러시아가 만주의 철도 문제에 대해 강한 관심을 갖지 않을 수 없었던 것은, 앞 장에서 말한 바와 같이 프렌치가 일본의 반대로 신법철도 계획을 단념하고, 그 대체 노선으로 금제철도 계획을 밝혔기 때문이다. 그 계획에 따르면 동청철도 본선 북쪽의 치치하얼까지 표준궤 철도가 연장되어, 관성자 이외에도 남북의 철도 사이에 접점이 생기게 된다. 그리고 이 장에서 다룰 금제철도가 나아가 금애철도 계획으로 발전함으로써 러시아는 비로소 만주의 철도 문제에 관여하게 된다. 더욱이 금애철도 계획에는 미국 자본이 참가하기로 되어 있어, 그때까지 영·러·일 3개국 사이에 전개되어 온 만주의 철도 문제가 영·미·러·일 4개국 사이의 이해관계로 새롭게 변화하게 되었다. 이러한 만주철도 문제에 대한 미국의 개입은 영일동맹과 러일협약에 바탕을 둔 만주의 안정을 변화시켜 가게 된다. 그리고 그것은 특히 만주에서 많은 철도권익을 갖고 있는 일본과 러시아에 큰 영향을 불러오게 된다.

이 장에서는 이상과 같은 시각에서 미국의 만주철도 문제에 대한 개입이 영일동맹과 러일협약에 어떠한 영향을 주게 되는가 하는 점에 관해 살펴보고자 한다. 그것을 통해 러일전쟁 뒤의 영일동맹의 변질이 지금까지 서술해 온 일본의 철도권익 확충과 그에 대한 영국의 대응 속에서 생겨난 사실을 확인하고, 아울러 국제 관계의 힘이 영일동맹에 어떠한 변질을 불러오게 되는지를 음미하고자 한다. 본론에 들어가기 앞서 러일전쟁 이후 미국의 만주철도에 대한 관심에 대해 간단히 서술하기로 한다.

만주철도에 대한 미국의 관심은 러일전쟁이 끝남과 함께 시작하는데, 그것은 미·스페인전쟁으로 필리핀까지 진출한 미국이 서서히 중국 대륙으로 관심을 넓혀간 것과 무관하지 않다. 미국의 동아시아 진출을 배경으로 유니온 퍼시픽 철도회사의 해리먼(E. H. Harriman)은 세계일주 철도 계획의 하나로 남만주 여러 철도의 미·일 공동 관리를 제안하고자, 1905년 8월 말 포츠머스강화회의의 조인을 전후로 하여 일본을 방문했다. 가쓰라 수상 이하 일본 정부 수뇌는 러시아의 복수전에 대비하려면 남만주 여러 철도의 정비와 관리가 필요하다는 점을 인정했다. 당시 일본은 포츠머스강화조약의 조인에 즈음하여 교섭의 결렬을 피하고자 배상금 획득을 단념해야 하는 상황에 있었다. 그렇기 때문에 일본은 미국의 원조를 받는 미·일 공동 관리로 남만주 여러 철도를 경영한다는 해리먼의 제안이 타당하다고 생각했다. 가쓰라는 포츠머스로부터 고무라가 귀국하기를 기다리지도 않고, 10월 12일에 해리먼과 각서를 교환하여 해리먼의 제안을 원칙적으로 받아들였다.[1]

그러나 해리먼이 떠난 뒤 귀국해서 이 사실을 알게 된 고무라는, 포츠머스강화조약 제6조의 규정에 따라 러시아가 남만주지선을 일본에 넘겨주는 것은 중국의 승낙을 필요로 하며, 그리고 제8조에서 일본은 러시아와 철도 접속업무협정을 체결할 책임을 지고 있으므로 동청철도 남만주지선의 미·일 공동 관리를 일본이 단독 결정하는 일은 조약상 허용되지 않는다며, 가쓰라·해리먼 각서의 정식 조인에 강력히 반대했다. 고무라로서는 강화조약에 대한 일본 국민의 불만이 높아지고 있는 가운데, 포츠머스강화조약에서 얻어낸 남만주지선의 단독 경영을 포기하는 것은 애당초 생각할 수도 없는 일이었다. 이에 고무라는 가쓰라 수상을 비롯하여 이토 등 원로를 설득하여 가쓰라·해리먼 각서의 폐기를 해리먼에게 통고하기로 했다. 10월 27일에 샌프란시스코에 도착한 해리먼에게 현지의 우에노 영사가 각서 중단의 의사를 전달했다. 이어 12월 22일에 조인된 「만주에 관한 청일조약」 제2조에 따라 제3국의 동청철도 남만주지선에 대한 자본 투자가 금지됨으로써, 해리먼의 계획은 완전히 실현 불가능해졌다.

그러나 그 이듬해 초대 봉천 주재 미국 총영사로 임명된 스트레이트는 이른바 녹스(P. C. Knox) 국무장관의 달러 외교를 배경으로, 해리먼의 사위로서 그 뜻을 이어 남만주철도를 대신할 금주~아이훈 구간 철도 부설 계획을 추진해 갔다. 그는 1907년에는 미국 경제의 불황으로 한때 계획을 단념하고 귀국했다. 그러나 이듬해 후반에 미국 은행단의 대표로서 거듭 중국으로 건너가 은밀히 활동을 재개하여 1909년 10월 2일, 금애철도 차관 예비 계약을 맺는 데 성공했던 것이다.[2] 스트레이트가 얻은 금애철도 차관 예비 계약은 미국에게 만주의 철도권익으로서는 최초의 권익이며, 이로써 영·러·일 3국에 더해 미국도 만주의 철도 건설 문제에 개입하게 되었다.

2. 만주철도 중립화 문제

앞서 밝힌 경위로 미국은 만주의 철도권익인 금애철도 부설권을 얻었다. 금애철도의 건설에는 국제 차관단을 형성하는 것이 전제로 되어 있었다. 따라서 당시 러·일 두 나라가 세력을 양분하고 있는 만주의 철도 상황 속에서 미국이 금애철도의 건설을 통해 어떻게 만주에 그 세력을 넓힐 수 있을까가 금애철도 문제에서 제일 큰 과제였다. 그래서 녹스는 만주의 모든 철도를 국제 관리 아래 둠으로써 일본과 러시아의 세력을 만주에서 철퇴시킬 것을 생각하고, 그 수단으로 금애철도 건설을 제기하려 했던 것이다.

1909년 11월 9일, 런던 주재 미국 대사 레이드(W. Reid)는 그레이 외상과 만나 녹스의 제안을 전했다. 이것이 이른바 최초의 만주철도 중립화안이다. 녹스의 제안은 첫째로, 만주의 문호 개방과 기회균등을 실현하기 위해 만주의 여러 철도에 관심을 갖는 열강의 출자금으로 국제 차관단을 조직한 뒤, 그 철도들의 소유권을 러·일 두 나라로부터 사들여 중국으로 옮기고, 차관단이 그 경영을 맡는 것이다. 둘째로, 만일 첫째 안이 실행 불가능할 경우에는 국제 차관단의 차관으로 먼저 금애철도와 장래에 건설할 철도들의 자금을 조달하고, 뒷날 서서히 기존 철도에 대해서도 매수를 진행한다는 것이었다. 녹스의 안에서는 어떤 경우라도 일본의 금애철도 건설 참가는 인정하나, 그 대가로 일본은 남만주철도에 대한 경영권을, 그리고 러시아는 동청철도에 대한 경영권을 포기해야 했다. 만주로부터 일본과 러시아의 세력을 철퇴시키려는 미국의 의도는 분명했다. 따라서 영일동맹 관계로 말미암아 일본의 남만주철도 경영을 옹호하려는 그레이에게 녹스의 중립화안은 결코 전적으로 동의할 수만은 없는 것이었다. 11월 25일에 그레이는 레이드에게 회답을 보내 원칙적으로 미국의 제안을 지지하지만, 제1안에 대해서는 국제 차관단의 성립이 가능할지를 판단하고자 현재 진행 중인 호광(湖廣)철도 차관 교섭의 결과를 기다릴 것, 그리고 제2안에 대해서는 영·미 두 나라가 금애철도 건설에 일본이 참가하는 것에 동의하도록 중국을 설득할 것, 그리고 기존 철도를 중국이 사들이는 문제는 뒷날 다시 협의할 것을 전했다.3)

이처럼 만주철도 중립화안에 대해서 영·미 두 나라가 의견의 일치를 보고 있었던 것은 아니지만, 그레이는 미국 쪽에 일본의 금애철도 참가를 거부할 이유가 없다고 보았고, 그런 뜻을 가토 영국 주재 대사에게도 전했다. 그러나 12월 17일에 레이드는 그레이에게 각서를 보내, 영국 정부도 원칙적으로 만주철도의 중립화를 지지하고 있다며, 중국을 비롯한 러·일·불 각국에 이를 제안한다고 통고해 왔다. 그러나 그레이는 녹스 제안의 원칙에 대해서는 동의했지만, 그 구체적인 내용까지 찬성한 것은 아니었다. 그런데도 미국이 이 점에 관해 영국의 의사를 충분히 확인하지 않고 행동에 착수한 것은 녹스의 중립화 제안을 실패로 돌아가게 만든 주요 원인이 되었다고 할 수 있다. 12월 18일에 오브라이언(T. J. O'Brien) 일본 주재 미국 대사는 고무라 외상에게 각서를 보내 금애철도의 차관 예비 계약이 중국과 프렌치·스트레이트 사이에 이루어진 것을 밝히고, 아울러 11월 9일에 영국에 제시한 것과 같은 내용의 두 안을 제시했다.4)

한편 미국은 그 전날 러시아에 대해서도 같은 내용을 통고했다. 이에 12월 18일, 러시아 외상 이즈볼스키(A. P. Izvol'skii)는 오치아이 겐타로(落合謙太郎) 대리대사를 불러, 미국의 제안에 가장 영향을 받는 것은 일본과 러시아라는 입장에서 미국에 보낼 회답에 관해 사전에 러·일 두 나라가 협의하자고 제안하였다. 고무라 외상으로서도 러시아의 이러한 제안

에 전혀 이의가 없었으므로, 12월 20일에 오치아이에게 러·일 두 나라의
이해는 일치하고 있으니 두 나라의 공통 이익을 보호할 방법에 관해 일
본 정부도 러시아와 협의를 희망한다고 전하였다.[5] 이런 일본과 러시아
의 대응에는 대단히 흥미로운 점이 있다. 일본과 러시아는 각기 남만주
철도와 동청철도라는 만주의 주요 철도권익을 갖고 있었기 때문에, 그것
이 미국의 제안으로 말미암아 저마다 미국에 대한 교차권익으로 바뀌게
되고, 그럼으로써 러·일 두 나라가 미국에 대해 공통 기반에 서게 되었다
는 사실이다. 일본과 러시아는 1907년의 러일협약으로 만주와 몽고 지방
의 세력범위를 확정하였다. 러일협약에서 일본이 러시아를 여전히 첫 번
째 가상 적국으로 삼고 있는 것만 제외하면, 이 도식은 영일동맹 성립 이
전 영·일 두 나라와 러시아의 관계와 비슷하다. 그러므로 러시아에 대해
영일동맹을 성립시킨 것처럼, 미국에 대해 러·일 협조관계를 구축하는
것은 그다지 곤란한 일은 아니었을 것이다.

12월 21일, 고무라는 가토 영국 주재 대사에게 일본으로서는 미국의
제의가 포츠머스강화조약에 따라 생겨난, 만주를 둘러싼 러·일 사이의
권익 관계를 근본적으로 뒤집는 것이므로 이에 동의할 수 없음을 전하라
고 지시했다. 가토는 12월 23일, 하원 총선거로 말미암아 부재 중인 그레
이를 대신해 캠벨 차관과 만나, 일본 정부로서는 남만주철도의 경영을
포기할 의사가 없음을 전하였다. 또한 금애철도 건설이 장래에 남만주철
도 경영에 큰 영향을 미칠 가능성이 있는 이상, 그에 대한 상당한 보장을
요구하고자 한다는 방침도 밝혔다.[6] 그때 캠벨은 일본이 남만주철도의
경영에 관해서는 유보한다고 하더라도, 미국의 제안에 대해 그 원칙에
찬성할 수는 없겠는가 하는 그레이의 말을 전하였다. 그러나 고무라는
12월 25일에 맥도널드 영국 대사를 불러 일본으로서는 남만주철도 외에
도 안봉철도·길장철도 등 계획 중인 철도도 있고, 앞으로 만주에 건설

될 철도는 금애철도를 제외하면 아무 것도 확정되지 않은 상태여서, 장래 만주에서 이루어질 철도 건설이 남만주철도의 경영에 어떠한 영향을 미칠 지 확실치 않은 가운데 이처럼 확정되지 않은 미국의 제안에 동의할 수는 없다고 회답했다.

한편 상트페테르부르크에서도 이즈볼스키는 니콜슨(A. Nicolson) 영국 대사에게 미국의 제안이 모호하므로 러시아 정부로서도 주의 깊게 검토해야 할 필요가 있다고 말하고, 일본이 어떠한 대응을 보이는가에 주목하고 있다고 덧붙였다. 그리하여 12월 29일, 영국은 미국에 회답을 보내 미국의 제안에 대해서는 러·일 두 나라의 의향을 확인하는 일이 필요하다고 지적하였다. 이어 그 회답에서 영국은 금애철도 건설에 일본을 참가시키는 문제에 대한 중국의 승인을 얻고자 북경의 조단 공사에게 플레처(H. P. Fletcher) 미국 대리대사와 협력해서 중국을 설득하라고 지시한 사실을 밝히는 데 그치고, 중립화안에 찬성 의사를 밝히지는 않았다.[7]

12월 30일, 고무라는 미국에 대한 일본 쪽 회답안을 오치아이에게 보내 러시아와 협의하라고 지시했다. 회답안의 내용은 다음과 같다. 먼저 금애철도 건설에 대해 일본은 원칙적으로 그 건설에 참가하나 건설 계획의 세부가 아직 불분명하므로 뒷날 그것을 협의할 것, 그러나 장래 건설될 확정되지 않은 계획에 지금부터 구속받을 수는 없다는 것, 이어서 만주철도의 중립화는 포츠머스강화조약의 규정에 어긋난다는 것, 만주의 철도에 관해서만 미국이 제안하는 특수한 경영 형태를 취할 이유가 없다는 것, 열강의 공동 관리에서 장점을 발견할 수 없다는 것, 일본은 이미 만주 개발을 위해 거액을 투자하고 있기 때문에 미국의 제안에는 응할 수 없다는 것 등이 그것이다. 12월 31일에 오치아이는 이즈볼스키와 만나 일본의 회답안에 대해 설명했다. 러시아 쪽은 철도 중립화안에 대해 일본과 마찬가지로 거부할 뜻을 표명했으나, 일본이 국제 차관단이 주도

하는 금애철도 건설에는 참가할 의향이 있음에도, 장래 이와 같은 방식으로 만주에 건설될 철도에는 찬동하지 않는 것은 모순이라고 지적했다.8) 이에 대해 이듬해 1월 4일에 고무라는 다시 금애철도 건설 참가는 이미 작년 7월 13일에 각의에서 결정한 일본의 기본 방침이라는 것, 그러나 장래 만주에 건설될 철도는 금애철도처럼 노선이 확정되어 현실적인 이해관계가 명확히 드러나 있는 것이 아니므로, 일본으로서는 장래에 국제 차관단이 금애철도 이외의 철도를 건설하는 데 동의할 수 없음을 러시아 쪽에 설명하도록 오치아이에게 지시하였다.9)

1910년 1월 13일에 러시아는 대미(對美) 회답안을 일본에 제시해 왔다. 러시아의 회답안은 대략 일본과 마찬가지로 미국의 제의를 거부하는 것이었으나, 금애철도 건설 참가에는 이의가 없다고 밝히는 한편, 장래 국제 차관단이 건설할 철도에 대해서는 일본과 달리 개개의 계획이 입안되었을 때 동청철도와 이해관계를 고려해서 그 찬반을 밝히겠다는 것이었다.10) 일본과 러시아는 저마다 만주의 남과 북에 큰 철도권익을 보유하고 있기 때문에 미국의 제의에 대한 공통의 기반에 섰던 것이다. 그러나 장래의 철도 건설에 대해 두 나라의 대응에 차이가 생긴 것은 러시아의 동청철도와 일본의 남만주철도가 놓여진 상황의 차이에서 비롯된 것으로 보인다. 즉 동청철도는 만주를 동서로 달리는 유일한 동맥으로, 거기에 맞설 수 있는 철도는 일본이 건설한 길장철도의 연장선인 길회(吉會)철도 밖에 없었다. 반면 남만주철도 본선은 남만주 동부를 남북으로 달리는 동맥으로서, 신법철도 문제에서 나타난 바와 같이 남만주 서부를 남북으로 달리는 경쟁선이 분명하게 존재했다. 금애철도가 바로 이 같은 사례가 되었던 것이다. 따라서 장래 건설될 철도가 남만주철도 본선과 금애철도 가운데 어느 쪽에 유리할 것인가는 어떤 철도가 계획되는가에 따라 결정될 문제였다. 이러한 남만주철도와 금애철도의 항쟁은 동청철도와 전혀 무관하며, 오히려 러시아는 러일전쟁으로 잃은 동청철도 남만 주지선의 대체로서 금애철도를 이용하는 것이 유리했다고 할 수 있다. 이러한 러시아의 의도는 그뒤 러시아가 제안한 금애철도 대체 노선에 의해 더 선명해지게 된다. 이에 대해서는 뒤에 말하기로 한다.

그 사이 영국에서는 로이드-조지의 자유당 내각이 '인민예산'의 찬반을 둘러싸고 총선거가 행해지고 있었다. 따라서 그레이도 1909년 12월 29일에 대미 회답을 송부한 뒤에는 만주철도 중립화 문제를 단지 예의주시하고 있었다. 그러나 미국 쪽의 녹스는 1월 6일에 성명을 발표하여 만주철도 중립화 구상에 대한 여론의 지지를 얻고자 했다.[11] 이에 워싱턴의 우치다 야스나리(內田康哉) 대사는 일본의 거부를 회답할 경우 미·일 관계에 악영향을 미칠 것을 우려해, 회답을 되도록 늦추어 사태의 추이를 살핀 뒤에 하면 어떻겠느냐고 본국 정부에 보고했다. 그러나 1월 18일에 가쓰라 내각은 앞서 말한 러시아에 제시한 대미 회답안을 승인하고, 1월 21일에 고무라 외상이 그것을 일본 주재 미국 대사에게 건네주었다.[12] 러시아도 일본의 회답과 시기를 맞추어 그 다음날 미국 쪽에 회답했다. 게다가 1월 26일에는 프랑스도 러시아 및 일본과 동맹, 협상 관계에 있었기 때문에 러·일 두 나라가 동의하지 않는 한 미국의 제의에 응할 수 없다고 회답했다. 2월 4일에 독일이 보낸 회답은 미국의 제의를 전면적으로 지지하는 유일한 회답이었으나, 독일도 미국과 마찬가지로 만주에는 전혀 철도권익을 갖고 있지 않았다.[13] 이리하여 녹스의 제의는 열강의 지지를 얻지 못한 채 실패로 끝났다.[14]

그러나 미국의 제안이 처음으로 러·일 두 나라에 공통 관심사가 된 데에는 큰 의의가 있었다. 전년 12월 30일에 고무라가 일본의 대미 회답안과 더불어 오치아이에게 준 훈령에는 만주철도 중립화 문제를 계기로 러·일 관계가 더욱 긴밀해지기를 희망한다고 적혀 있었다. 따라서 이 문제로 말미암아 러·일 관계의 긴밀화가 촉진된 것은 분명했다. 이 점은 특히 1월 20일, 이즈볼스키가 러시아의 대미 회답안을 오치아이에게 제시하는 자리에서 뒷날 러일협약 관계를 지속하길 바라면서 러일협약의 개정을 시사한 데서 잘 드러나 있다. 이는 제2차 러일협약 성립을 위한 첫 걸음이 되었던 것이다.15) 만주의 철도 문제에 관해 일본과 러시아는 미국에 대해 협력자의 자리에 서게 되었다. 그러나 뒤에 말하는 금애철도 문제나 그 대체 노선 문제에서는 대립하게 됨으로써, 만주철도 중립화 문제로 말미암아 생겨난 협조 관계도 결코 튼튼한 러·일 관계를 구축하기에는 이르지 못했음을 보여주게 된다.

3. 금애철도 차관 문제

1909년 10월 2일의 금애철도 차관 예비 계약의 조인은 두 가지 문제를 제기하였다. 첫 번째는 앞에 말한 만주철도 중립화 문제에서 볼 수 있는 미국의 만주철도 문제에 대한 개입이며, 둘째는 금제철도 문제에 이어 생겨난 일본의 금애철도 건설 참가 문제이다.

일본은 신법철도 문제 이래 남만주철도의 서쪽 지역에서 철도가 건설되는 데 많은 관심을 기울여 왔다. 이는 그것이 남만주철도의 경쟁선이 되어 남만주철도의 경영에 영향을 주리라고 생각했기 때문이다. 따라서 일본은 신법철도의 건설에는 강력히 반대하면서도 그 대체안인 금제철도 계획에 대해서는, 앞 장에서 서술한 바와 같이, 1909년 7월 13일의 각의 결정에서 중국의 신법철도 건설의 대가로서 그 건설을 승인하고, 거기에 일본의 자본과 기술을 참가시킬 것을 조건으로 들었다. 따라서 프렌치의 금제철도 계획이 스트레이트와 함께 한 금애철도 계획으로 바뀌어도 일본의 기본 방침에 변경을 불러오는 일은 없었다. 일본이 금애철도 차관 예비 계약의 성립을 확인한 것은 10월 21일 런던에서 야마자 대사관 참사관이 폴링과 만났을 때이다. 그때까지 일본은 금애철도에 관한 소문을 듣고는 있었으나, 당시는 금제철도에 참가하길 요구하고 있던 참이었다.16)

일본이 금제철도 건설에 참가하겠다는 희망은 이주인 중국 주재 공사에게도 전해졌고, 영국에도 여러 차례 그 요망이 전달되었다. 그레이 외상도 일본의 이런 희망에 대해서는 잘 알고 있었으며, 금제철도 계획이 금애철도로 바뀌어도 신법철도 문제와 마찬가지로 그것이 남만주철도의 이익을 해쳐서는 안 된다는 것을 기본 방침으로 삼고 있었다. 그레이는 금애철도 차관 예비 계약이 조인되었다는 보고를 받고도, 금애철도의 건설이 남만주철도에 영향을 미친다는 일본의 항의가 있으면 영국 정부는 일본을 지지하게 될 것이며, 또한 예비 계약의 존재에 영국 정부가 구속받을 필요도 없다고 조단에게 주의를 주었다. 더욱이 10월 20일에 그레이는 영국 주재 미국 대사 레이드를 불러, 영국은 일본이 만주의 문호 개방을 준수하면서 남만주철도의 이익을 유지하고자 그 이익을 해치는 철도 건설에 반대하는 것을 이해할 수 있다고 말함으로써, 일본이 금애철도 건설에 참가하려는 희망을 지지하고 있음을 분명히 밝혔다.17)

그러나 예비 계약은 영·미 두 나라의 민간 자본가와 중국 사이의 문제로, 금제철도 문제처럼 중국에 일본의 참가를 바라는 의사가 없는 한, 영국 정부로서도 중국에게 일본의 희망을 전달할 수는 없었다. 한편 일본도 당사자가 아니었기 때문에 직접 중국에 일본의 요망을 전하기란 불가능했다. 10월 26일, 조단은 일본의 금애철도 참가는 중국이 결정할 문제라고 보고하고, 미국의 플레처 대리공사도 중국은 일본의 참가를 승인하지 않을 것으로 예상한다고 보고해 왔다. 그럼에도 그레이는 거듭 중국에 일본의 참가를 설득하도록 지시하였다. 그러나 조단은 11월 7일에 일

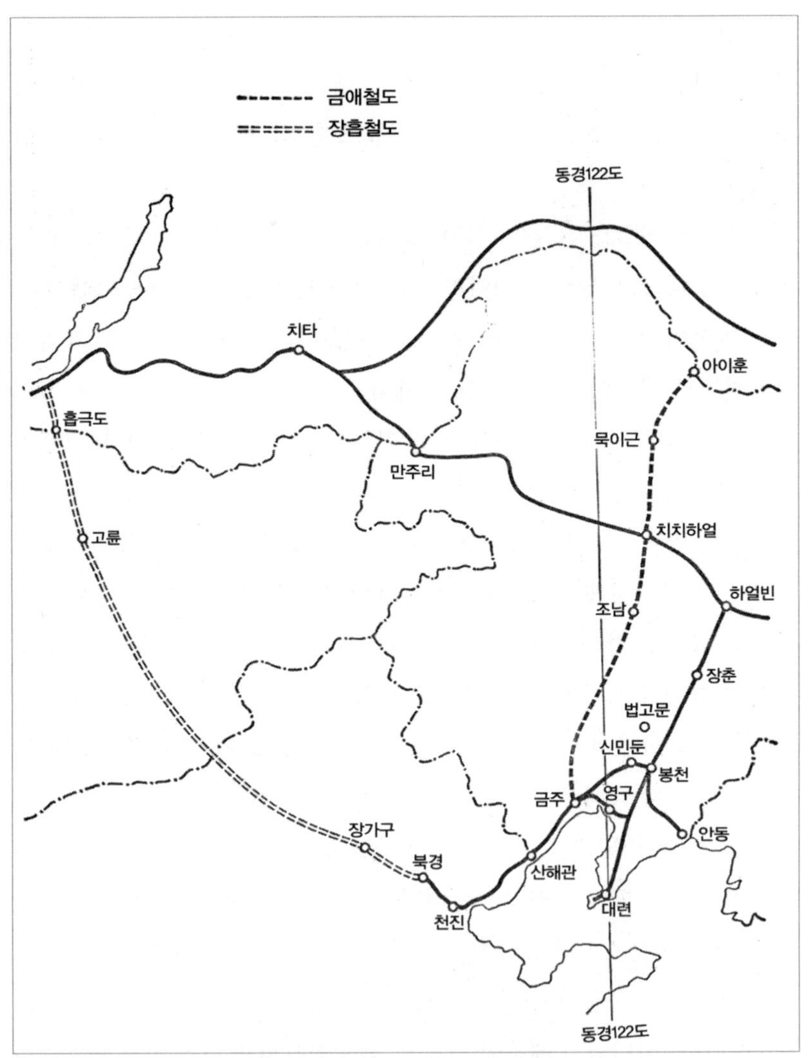

지도10 : 금애철도·장흡철도 계획도

본으로부터 참가에 대한 요청이 없었으며, 또한 차관 예비 계약이 중국 황제의 재가를 기다리고 있는 때에 일본의 참가를 제기하는 것은 상책이

아니라고 반론하였다.[18)

사실 이주인은 북경에서 일본의 금애철도에 대한 참가 희망을 밝힐 기회를 노리고 있었다. 그러나 이주인은 차관 예비 계약이 중국 황제의 비준을 받지 못할 것이라는 전망 아래, 지금은 일본의 참가를 밝힐 시기가 아니라고 판단하고 있었다. 따라서 조단이 지적한 바와 같이 이주인은 일본의 참가 문제에 대해 공식적으로 일본의 의사를 밝히고 있지 않았다. 심지어 그는 그 문제에 대해 일본은 수동적으로 대응해야 한다고 판단하여 영국과 미국이 일본의 의사를 확인하러 오기를 기다리고 있었던 것이다.[19) 일본은 금애철도 문제에 관해서는 직접 관계하고 있지 않았기 때문에 어떤 방법으로 참가 의사를 밝힐 것인가가 문제였다. 그러나 일본은 직접적으로든, 간접적으로든 그 방법을 찾을 수 없었다. 그런 뜻에서 앞서 말한 바와 같이, 12월 18일에 만주철도 중립화에 대해 미국이 일본의 동의를 요구한 것은 비록 일본이 중립화안에 반대하더라도 금애철도 건설에 참가할 뜻을 밝힐 기회가 되었던 것이다. 1910년 1월 4일에 고무라는 대미 회답안에 따라서 일본이 원칙적으로 금애철도 건설에 가담하는 것을 조건으로 금애철도 건설에 동의함을 북경 주재 영·미 각 공사에게 전달하도록 이주인에게 명하였다. 1월 8일, 이주인은 조단과 플레처를 방문하여 일본의 의향을 설명하였으나, 차관 액수나 노선 계획이 구체적으로 결정되어 있지 않은 상태여서 일본으로서도 참가 방법에 대해 구체적으로 대응할 수는 없었다.[20)

한편 러시아에서도 점차 금애철도에 대한 관심이 높아졌다. 그러나 일본과 마찬가지로 러시아도 직접적인 당사자가 아니었기 때문에 금애철도에 대한 방침을 명시할 기회가 없었다. 따라서 러시아에게도 미국의 만주철도 중립화 제의는 금애철도 건설에 대한 자국의 참가 의사를 밝힐 기회가 되었다. 1909년 12월 26일, 상트페테르부르크에서 이즈볼스키 외

상과 영국 대사 니콜슨이 회견하고 금애철도 문제에 대해 의견을 교환하
였으나, 러시아는 영국의 금애철도 건설 참가가 1899년에 맺은 영러철도
협정을 위반할 위험이 있다고 지적하였다. 제1장에서 상술한 바와 같이,
영러철도협정은 만주에서 러시아가 갖는 철도권익과 영국 양자강 유역
에서 갖는 그것을 서로 승인하고, 상호불간섭을 약속한 것이다. 따라서
만주 서부를 종단하는 금애철도 건설에 영국이 참가하는 것은 영러철도
협정에 어긋난다는 것이었다. 이튿날 영국 정부에 보낸 각서에서도 러시
아는 동청철도 부설 계약에 따라 만주의 철도 건설에 관한 한 중국이 우
선적으로 협의를 요구할 조약상의 권리를 갖고 있으며, 또한 영국의 금
애철도 건설 참가는 영러철도협정을 위반할 우려가 있다고 지적하였
다.21) 러일전쟁의 결과 만주의 철도를 둘러싼 이해관계는 크게 변화하고
있음에도 러시아가 러일전쟁 이전의 이해관계를 조정한 영러철도협정
의 규정을 들고 나온 까닭은, 만주의 철도 건설에 관한 러시아의 조약상
권리와 영국에 대한 조약상 규제를 지적함으로써 프렌치나 스트레이트
가 추진하고 있는 금애철도 계획에 러시아가 참가할 정당한 이유를 제시
하기 위해서였다. 12월 29일에 니콜슨은 다시 이즈볼스키와 회견하였는
데, 그 자리에서 이즈볼스키는 금애철도 계획에 대해 영국이 러시아에
한 번도 협조를 요청하지 않은 것에 불만의 뜻을 드러냈다.22)

　12월 30일에 그레이가 니콜슨에게 전한 바로는, 러시아의 항의에 대해
금애철도 문제는 영러철도협정의 대상이 될 만한 문제는 아니지만, 러시
아가 양자강 유역의 철도 차관에 참가하는 것을 영국이 인정하므로, 이
로써 영·러 모두에 영러철도협정은 동등하게 적용된다는 것과, 프렌치
의 행동은 영국 정부가 구속할 수 없다는 것이었다. 이에 대해 니콜슨은
영러철도협정을 어떻게 다룰 것인지도 어려운 문제이기는 하나, 영국이
일본의 금애철도 건설 참가를 중국에 설득하면서 러시아를 제외해 왔다

는 사실 쪽이 문제의 해결에 더 큰 장해가 된다고 지적하였다.23) 이듬해 1월 1일에 니콜슨은 이즈볼스키와 만났는데, 니콜슨의 예상대로 이즈볼스키는 영러철도협정 문제에 대해서는 일단 이해했으나, 일본의 참가에 대해 의문을 드러냈다. 그레이는 이러한 러시아의 의문에 대해 신법철도 이래 전개된 일본과의 관계에 대해 설명하며, 러시아의 참가는 고려할 만하다고 니콜슨에게 전하였다. 또한 런던에서도 벤켄도르프(Alexander Benckendorff) 대사에게 각서를 보내 만주의 문호 개방이라는 관점에서 일본과 러시아가 금애철도 건설에 참가하는 데 이의가 없다고 회답했다.24) 일본 쪽에서도 뒤에 말하는 바와 같이 만주철도 중립화 문제를 둘러싼 러·일 관계의 긴밀화를 위해, 러시아가 금애철도 건설에 참가하는 데는 이의가 없었다.25) 러일전쟁을 전후로 만주철도의 많은 부분이 일본의 대러 교차권익이 되었다. 그러나 금애철도에 관해서만은 일본과 러시아의 이해관계가 같아서 영·미 두 나라의 자본에 대한 일본과 러시아 두 나라의 교차권익이 되었던 것이다.

한편 이렇듯 일본과 러시아의 금애철도 건설 참가 문제가 토의되고 있었는데도, 프렌치와 스트레이트가 따낸 예비 계약은 여전히 중국 정부 안에서만 비준 수속이 진행되고 있는 상태로, 중국 황제의 칙허를 아직 받지 못하고 있었다. 1909년 12월 15일에 미국 국무성은 중국에게 만주철도의 중립화를 제의함과 아울러, 금애철도 차관 예비 계약을 중국이 최종적으로 빠른 시일 안에 비준하도록 플레처에게 지시했다. 그러나 중국에서는 신중한 검토를 거듭할 뿐 그것을 정식으로 비준하지는 않고 있었다. 이는 중국 내부에서 금애철도의 차관 조건과 다른 철도의 차관 조건을 비교 검토하는 데 시간이 걸렸기 때문이나, 이듬해 1월 20일에 중국 황제는 마침내 예비 계약을 비준했다.26) 그러나 차관의 조건이나 방법에 대해서는 정해져 있었지만, 구체적인 차관의 총액이나 제공 방법에 관해서는 차후에 협의하기로 되어 있었다. 따라서 그 건설에 일본과 러시아가 어떻게 참가하며, 어떻게 차관을 분담할 것인가 하는 문제가 떠오르게 되었다. 그리고 이들 조건에 대한 합의가 이루어지고서야 비로소 금애철도 차관 본계약이 조인될 수 있는 것이었다.

1910년 2월 7일에 고무라는 금애철도 건설에 대한 일본 쪽 조건을 밝혔다. 그 내용은 전년 7월 13일의 각의 결정에서 결정된 금제철도 문제에 대한 일본의 참가 조건에 따른 것으로, 첫째는 일본의 자본과 기술의 참가이고, 둘째는 남만주철도와 금애철도를 연결하는 철도의 건설을 중국이 승인하는 것이다. 이 가운데 일본은 특히 두 번째 조건을 중시하고 있었다. 2월 14일 이주인은 일본의 요구를 중국에 전달했다. 한편 2월 7일에 런던에서는 가토가 그레이와 만나고, 17일에는 워싱턴에서 우치다가 녹스와 만나 일본의 금애철도 건설 참가에 대해 설명하고, 저마다 상대의 양해를 얻는 데 성공했다.[27]

이리하여 일본은 현안이었던 금애철도 문제에 관해 가까스로 교섭의 실마리를 찾았다. 일본이 제시한 참가 조건에 대해서는 러시아도 사전에 양해하고 그 내용에 이의가 없음을 밝혔다. 그러나 러시아는 워싱턴에서 금애철도의 세부 정보를 입수하고 난 뒤에 대응책을 결정하겠다며, 자신의 참가 조건을 명확하게 밝히지 않았다. 이 점에 대해 고무라는 금애철도 문제에 관해서는 러·일이 공통 이해관계를 갖고 있으므로 러시아와 보조를 맞춰야 한다고 하면서도, 금애철도 문제에 대한 일본과 러시아의 관여에 정도의 차이가 생기는 것은 어쩔 수 없다고 하였다.[28] 이 단계에서는 러시아가 금애철도 건설에 어떤 조건을 제시해 올는지 알 수 없었지만, 만주철도 중립화 문제, 그리고 금애철도 문제 전반에서 일본과 러시아는 영·미 두 나라에 대해 같은 처지에 서 있었다. 그러나 금애철도 문제에 관한 구체적인 내용에서는 또한 일본과 러시아 사이에 일치된 공통 조건을 발견하기란 어려운 일이었다. 일본과 러시아의 차이는 다음에 서술하는 바와 같이 금애철도 대체 노선 계획의 세부 협의 과정에서 더 분명해진다.

4. 금애철도 대체 노선 문제

1910년 2월 20일, 상트페테르부르크에서 니콜슨은 코코프초프(V. N. Kokovtsov) 재무상과 만났다. 이때 코코프초프는 전략적 견지에서 러시아로서는 금애철도의 건설보다는 장가구(張家口)에서 고륜(庫倫; 지금의 울란바토르)을 거쳐 흡극도(恰克圖)에 이르는 철도(이하 장흡철도라고 한다)의 건설을 바라고 있다고 밝혔다. 러시아의 이러한 새 구상에 놀란 니콜슨은 다음날 이즈볼스키를 방문하여 그 진의를 확인했다. 그에 대해 이즈볼스키는 러시아는 금애철도 문제에 관한 미국의 회답에 불만이었고, 따라서 미국이 장흡철도 건설에 응하지 않는 한 러시아는 금애철도 건설에 반대할 것이며, 적어도 그 철도가 러시아 국경까지 연장되는 데는 반대한다는 의사를 밝혔다.[29] 러시아가 불만을 품은 미국의 회답이란, 2월 4일에 러시아가 자신의 차관 참가가 구체적으로 확정되지 않는 동안은 미국이 본계약에 조인하지 말도록 요구한 데 대해 2월 14일에 미국이 보낸 회답을 가리킨다. 이에 따르면, 미국은 러시아의 차관 참가를 인정하면서도 본계약은 어디까지나 예비 계약을 바탕으로 하는 것이며, 러시아에 협력을 구한다고 해서 러시아와 협의 없이는 아무것도 결정할 수 없다는 뜻은 아니라는 내용이었다.[30] 이는 미국이 금애철도 건설에 일본과 러시아의 참가를 인정한다 하더라도 그 주도권은 어디까지나 미국에 있음을 분명히 밝힌 것이다. 따라서 러시아는 그 대체 노선을 제안함으로써 미국이 진행하는 금애철도 계획 자체에 반대했던 것이다. 특히 금주~치치하얼 구간은 동청철도의 수익에 좋은 영향을 미치리라고 인정되지만, 치치하얼에서 아이훈까지 연장하는 것은 흑룡강 지방의 방위 문제와 결부되므로 전략적으로 인정할 수 없었던 것이다.[31]

2월 24일에 러시아는 이상의 관점에서 영·미 두 나라에 각서를 보내 금애철도 계획에 대한 반대 의견과, 그 대체 노선으로 장흡철도 계획을 제안하였다. 그리고 러시아는 시베리아철도와 흡극도를 연결하는 철도를 건설하는 동시에 고륜~흡극도 구간 건설 자금을 제공할 생각임을 밝혔다. 따라서 러시아의 장흡철도 계획에 참가하는 열강은 장가구~고륜 사이의 건설을 분담하게 되는 셈이다. 이러한 러시아의 제안이 일본에게 2월 26일에 상트페테르부르크에서, 중국에게는 3월 3일에 각각 통고되었다.[32] 이 장흡철도 계획은 실은 러일전쟁 직후부터 러시아에서 논의되고 있던 문제였다. 1906년 7월 15일, 베를린에서 육군 무관 아카시 모토지로(明石元二郎)는 러시아가 시베리아철도의 복선화에 따라 시베리아철도에서 갈라지는 철도를 고륜까지 연장하려는 계획을 세우고 있다는 정보를 도쿄에 전한 바 있다. 외무성은 북경의 하야시 공사에게 이 정보를 전하며, 이 철도의 건설이 러시아의 동아시아 진출에 유리하게 작용하여 일본의 방위 방침에 영향을 미칠 우려가 있으니, 중국이 러시아의 요청에 응하지 못하도록 주의를 기울이라고 촉구하였다.[33] 러시아의 철도 계획은 분명히 포츠머스강화조약으로 잃어버린 동아시아 진출로를 대체하고자 고안된 것으로서, 시베리아철도의 한 지선이 되는 전략 철도였다. 러시아가 제안한 장흡철도 계획은, 러시아 스스로 이를 장기간 검토해 온 것이라고 밝히고 있듯이, 만주의 여러 철도를 거치지 않고 시베리아철도에서 몽고 지방을 거쳐 직접 북경에 닿을 수 있는 지름길을 만드는 것이었다. 그런 만큼 전략적 관점에서도 러시아는 종래보다 더욱더 짧은 시간에 북경에 도달하는 것이 가능해지고, 수송 경제 면에서도 남만주철도에 만만치 않은 경쟁선이 될 가능성이 충분히 있었다.

이와 같은 러시아의 제안에 대해 영국은 3월 4일에, 미국은 3월 9일에 저마다 각서의 수령만을 의례적으로 통고하고 있는 상황에서, 일본은 3월 2일에 재빠르게 장흡철도에 대한 대응 방침을 결정했다.[34] 3월 2일의 각의 결정 사항은 다음과 같다. 즉 러시아의 장흡철도 계획으로 말미암아 금애철도 계획이 폐기되는 것은 열강의 만주 진출을 막게 되어 일본에는 나쁘지 않다는 것, 그 반면에 장흡철도의 완성으로 러시아가 만주를 거치지 않고 직접 북경으로 진출하는 것이 가능해진다는 것, 그러나 일본으로서는 러시아의 대체 노선 계획에 반대할 이유가 없다는 것, 이상과 같은 관점에서 영·미와 함께 장가구~고륜 구간 철도 건설에 참가해야 한다는 것이었다. 3월 4일에 고무라는 이를 도쿄 주재 러시아 대사에게 회답했다.[35] 게다가 육군은 금애철도 계획에 대한 일본의 중요 조건이었던 금애철도와 남만주철도의 연결 철도를 본떠, 장흡철도에 대해서도 그와 같은 연결선 건설을 부대 조건으로 하자고 요구했다. 육군은 이 연결 철도의 구체안에 관해서 남만주철도 본선의 장춘·사평가·철령 가운데 어느 곳이라도 그곳이 정가둔에서 남만주 서쪽 끝 지방을 거쳐 장가구에 이르는 철도의 출발점이 된다면, 길회철도를 사용함으로써 한반도 북부 해안에서 북경에 이르는 제2의 철도 루트(제1의 루트는 한·만 연결 철도와 경봉철도를 사용하는 루트를 가리킴)를 얻을 수 있다고 생각하고 있었다.[36] 이처럼 일본은 금애철도 계획이 러시아의 대체 노선에 의해 중지될 것을 기대하고, 장흡철도 계획에 적극적으로 대응해 가기로 했던 것이다.

3월 7일에 런던에서 가토는 그레이와 회견하고 일본 쪽의 대응책에 대해 설명하였다. 그레이는 일본이 금애철도보다는 장흡철도 쪽을 선호하는 것을 잘 알고 있었기 때문에 일본의 장흡철도 계획 참가에 굳이 반대하지 않았다.37) 또 3월 11일에 그레이는 미국 대사 레이드와 회견했다. 여기서 레이드는 금애철도 가운데 금주~치치하얼 구간은 곧 착공하고, 치치하얼~아이훈 구간에 대해서는 러시아에 맡기는 것이 어떻겠느냐는 개인적인 제안을 내놓았다. 이에 대해 그레이는 영국이 금애철도 건설을 외교적으로 보호해 줄 생각은 없으나, 폴링상회가 건설하는 것은 그들의 자유이므로 영국 정부로서는 그것을 구속할 수 없다며, 영국은 이 문제에 관여하고 싶지 않다는 의향을 전달했다. 3월 31일에는 워싱턴에서도 태프트(W. H. Taft) 대통령이 브라이스(C. P. Bryce) 영국 대리대사와 만난 자리에서 만주가 러·일 사이의 완충지대가 될 것을 바라며, 그를 위해서는 만주의 여러 철도가 국제화되어 어느 열강의 이권에도 속하지 않도록 하는 것이 바람직하다고 말했다. 그러나 이미 만주철도 중립화 문제에서 분명해졌듯이, 그로 말미암아 러·일 관계는 오히려 긴밀해지는 방향으로 나아갔으므로 만주를 러·일 사이의 완충지대로 만든다는 구상 자체는 실현 가능성이 없었다고 할 수 있다. 4월 18일에 미국은 러시아에 회답을 보내 스트레이트가 획득한 차관은 합법적이므로 러시아 쪽에는 이를 반대할 이유가 없다는 것과, 미국으로서는 본계약이 성립하는 대로 관계국들과 공동 차관을 성립시키겠다는 의향을 밝혔다.38) 그러나 미국으로서도 만주를 러·일 사이의 완충지대로 할 목적에서 벗어나, 금애철도 문제로 러시아와 대립한 채 건설을 강행할 정도의 의사는 없었다고 생각된다.

이에 대해 당사자인 스트레이트는 5월에서 6월에 걸쳐 상트페테르부르크에 가서 스스로 문제 해결을 시도하려 했다. 이는 스트레이트가 지금 상태로는 금애철도 계획이 실현될 가능성이 없으므로, 이를 금주~치치하얼 구간에 한해서라도 러시아의 동의를 확보하려고 한 행동이라고 예상되었다.39) 그러나 스트레이트는 코코프초프에게 자신이 갖고 있는 차관 계약은 정당한 것이며, 금애철도가 완성되더라도 그것이 경제적 측면에서 동청철도에 손해를 입히지는 않는다고 주장했다. 이에 대해 코코프초프는 금애철도는 철도 연변의 경제적 발전에는 아무런 유익한 점이 없을 뿐만 아니라, 전략적으로도 러시아에 유해하다고 답변하였다. 또한 코코프초프가 금애철도 계획의 대안으로 만주 또는 몽고 지방의 한 지점과 동청철도를 잇는 지선의 건설을 제안한 데 반해, 스트레이트는 러시아가 가까운 장래에 동청철도의 본선과 지선을 모두 중국에 팔 것을 교환 조건으로 제시했으므로 양자 사이에는 전혀 의견이 일치할 수 없었다.40) 따라서 러시아의 장흡철도 계획은 미국이 반대하고 있었으므로, 금애철도뿐만 아니라 장흡철도도 실제로 건설될 가능성은 점점 희박해졌다. 결국 미·러 두 나라가 모두 반대하지 않는 계획으로 수정할 필요가 있었다.

7월 22일, 런던 주재 미국 대사 레이드는 외무성으로 캠벨 차관을 방문하여 금애철도 가운데 먼저 금주~조남 구간만 건설하고, 조남에서 아이훈까지는 나중에 연장할 것을 제안하였다. 이는 금애철도가 동청철도를 가로질러 러시아와 만주의 국경까지 진출하기 때문에 러시아가 전략적 견지에서 그 건설에 반대하고 있는 현실을 고려하여, 당장은 동청철도 본선의 남쪽까지 건설하려는 것이었다. 그러나 그레이는 7월 30일, 금주~조남 구간에 한정된 건설일지라도 언젠가는 아이훈까지 연장할 것을 전제로 하는 한, 러·일 두 나라는 그것을 금애철도 건설로 여길 것이므로 영국으로서는 이 계획에 찬성할 수 없다고 회답했다.41) 같은 내용의 조회가 7월 29일에는 폴링상회로부터도 왔다. 그러나 그레이는 이 계획에 반대한다고 밝히고, 아울러 1899년의 영러철도협정에 따라 러시아가 금애철도 건설에 영국의 참가를 반대하고 있는 이상, 영국으로서도 이 계획을 지지할 수 없다고 답했다.42) 9월 22일에 그레이는 브라이스가 보낸 금애철도 문제에 관한 영·미 협조 관계의 유지라는 의견 보고에 대해, 미국의 만주철도 중립화 정책 자체가 실패하였으며, 그로 말미암아 러·일 관계가 긴밀해지고 만주의 문호 개방이라는 원칙을 실현하기가 어려워졌다고 지적했다. 따라서 영국으로서는 만주 문제에 관해서는 되도록 미국과 협조해 갈 방침이지만, 만주의 현상을 유지하는 데 깊은 관심을 갖고 있다고 전하였다. 그레이는 만주의 권익을 둘러싼 미국과 러시아의 분쟁에 영국이 연루되는 것을 경계하고 있었던 것이다.[43]

이렇듯 스트레이트의 교섭이 실패로 끝난 뒤, 1910년 가을 프렌치는 금주~조남 구간의 연장을 치치하얼이 아니라 하얼빈을 거쳐 아이훈에 이르도록 하는 금애철도 노선 변경을 러시아에 제안했다. 러시아 내부에서는 코코프초프 재무상이 하얼빈~조남 구간 철도를 동청철도의 보조선으로 삼으려 한다는 것이 일본에도 전해지고, 일본으로서도 이런 계획이 실현되면 남만주철도에 불이익을 불러올 것이 분명하니 러시아의 대응에 주목하지 않을 수 없게 되었다.[44] 이러한 프렌치의 대체 계획안에 대해 러시아 쪽도 비공식적으로 금주~조남~해랍이(海拉爾)와 하얼빈~아이훈 구간의 철도 계획을 제안하고 있었다. 이에 스트레이트는 금애철도의 대체 노선에 대해 점차 관계 열강이 만족하는 합의가 이루어질 것이라고 생각하였다. 그러나 1911년 3월에 프렌치가 상트페테르부르크를 방문하자, 코코프초프는 금애철도에 반대하는 전략적 이유로서 사변이 발생했을 때 금주에서 철도로 북상한 일본군이 동청철도를 치치하얼에서 차단할 가능성이 있다는 우려를 밝혔다. 따라서 그는 금주~해랍이 구간 건설에는 동의하지 않았으며, 아이훈은 러시아와 만주의 국경에 지나치게 가깝다는 이유로 그 도중의 묵이근(墨爾根)까지, 즉 제묵(齊墨)철도라면 동의하겠다고 하였다. 이로 말미암아 프렌치는 4월 21일에 북경~열하~조남~하얼빈 사이의 합북(哈北)철도와 제묵철도의 두 안을 러시

아에 제안하게 되었다.45)

　이처럼 만주 서부를 둘러싸고 여러 철도 계획이 생겨났다가는 사라져 갔다. 이는 신법철도 건설에 실패한 뒤, 그 대체 노선인 금애철도에도 실패한 프렌치가 또 다시 그 대체 노선을 계획하여 만주의 서부에 미국과 영국의 자본을 중심으로 한 철도를 건설하려고 했기 때문이다. 아울러 러시아도 프렌치나 스트레이트의 제안에서 조금이라도 러시아에 유리한 계획을 끌어내려고 했기 때문이었다. 따라서 프렌치가 제안한 합북철도·제묵철도에 대해서도 일본은 동의한 것이 아니라, 다시 그 옳고 그름에 대해 검토해야 했다. 더군다나 러시아로부터는 제묵철도의 궤폭을 동청철도와 같은 광궤로 하자는 요구가 나왔다는 정보도 전해졌다. 제묵철도의 궤폭을 동청철도와 같게 하고 싶다는 러시아의 요구는 그것이 동청철도의 보조선이 됨을 뜻하기 때문에, 합북철도에 대해서도 러시아가 같은 요구를 하는 것이 아닌가 하는 의구심은 충분히 있을 수 있었다. 9월 27일에 러시아는 9월 21일의 대영 회답과 같은 내용을 모토노 이치로(本野一郞) 러시아 주재 대사에게 제시하였으나, 러시아는 합북철도의 구체 사항이 아직 미정이라는 이유로 그 세부에 관해서는 명시하지 않았다. 그러나 합북철도가 어느 지방을 통과하는가에 대해 러시아가 강한 관심을 갖고 있음을 밝힌 것은 일본에게 중요했다. 즉 러일협약의 비밀협정에 따라 러·일 두 나라가 저마다 세력범위를 결정하고 있는 상태에서, 일본은 러시아가 합북철도 문제를 이용하여 세력범위의 확대를 생각하고 있음을 우려했기 때문이다.46) 금애철도 문제로 러·일 협조관계가 생겨났다고는 해도 그것은 어디까지나 동청철도와 남만주철도가 미국의 중립화 요구에 대해 공통의 이해관계를 갖고 있었기 때문이며, 밑바탕에서는 여전히 러일전쟁 이후에도 전쟁 전과 마찬가지로 러·일의 대립 관계가 계속되고 있었던 것이다.

그리하여 제묵·합북 두 철도 계획도 실행에 옮겨지지 못한 채 끝나고 말았다. 신법철도 문제에서 시작된 이른바 남만주철도 평행선 문제는 단 한 선도 구체화되지 못하고 끝났다. 일본으로서는 만주 서부에 남만주철도와 평행하는 철도가 건설되는 것을 우려해 소극적으로 금애철도의 건설에 응해 왔던 만큼, 결과적으로 금애철도가 건설되지 못하고 끝난 것은 오히려 만족할 만한 일이었다.

5. 맺음말

이 장에서 고찰해 온 바와 같이, 금애철도 문제로 유도된 만주철도 문제에 대한 미국의 개입은 영·미·일·러 4개국의 이해관계를 반영하여 만주를 둘러싼 이들 4개국의 복잡한 세력 관계를 보여 주었다. 이는 금애철도가 일본의 남만주철도를 거치지 않고 러시아의 동청철도와 영국의 경봉철도를 직접 연결하는 것이기 때문이었다. 금애철도의 완성으로 만주 서부 지방의 개발과 유통이 촉진되면, 그것이 경봉철도에는 많은 이익을 가져다주는 반면 남만주철도에는 손실로 이어진다고 판단되었다. 또한 북만주의 권익을 독점하고 있던 러시아로서도 금애철도로 영·미의 자본이 만주 북부까지 진출하는 것을 경계할 필요가 있었다. 이에 금애철도 문제가 만주의 현상(現狀)에 큰 변화를 불러올 요인이 되었음이 분명해졌다.

특히 미국의 만주철도 중립화 제의는 러시아의 동청철도와 일본의 남만주철도를 미국에 대한 교차권익으로 자리매김하게 되어, 러·일 두 나라는 만주의 철도 문제를 둘러싸고 미국에 대해 공통된 이해를 갖게 되었다. 1907년 7월 30일에 러일협약이 이루어지나, 러·일 사이에 그 분위기가 무르익은 것은 이미 지적한 대로 이러한 만주철도에 관한 상황의 변화가 크게 작용했다. 그러나 제1차 러일협약도 1910년 7월 4일에는 개정되어, 제2차 러일협약이 이루어졌다. 이 제2차 러일협약의 가장 중요한 의의는 제1차 협약에 견주어 만주의 남북을 러·일 두 나라의 단순한 세력범위에서 특수권익 지역으로 중요도를 높이고, 더 적극적인 만주의 분할에 따른 러·일 협조 관계를 확립한 데 있다. 특히 제1조에는 두 나라가 각자의 지역에서 경영하는 철도에 유해한 경쟁선을 건설하지 않을 것을 명시했다. 그리고 비밀협정에서 두 나라는 각자의 지역에서 권익을 옹호, 확충, 상호불가침, 공동 방위할 것을 약속하고 있다. 이는 포츠머스 강화조약과 제1차 러일협약의 비밀협정에서 설정된 두 나라의 세력범위를 고정화한 것으로, 겉으로는 열강의 기회균등을 명시하면서도 실제로는 문호 개방과 기회균등을 원칙으로 하는 영일동맹에 저촉되는 러·일 두 나라의 만주 분할 경영이었다.[47] 이로써 러시아는 동청철도를, 일본은 남만주철도를 저마다 권익의 중심으로 삼고, 상호 공존과 의사소통을 긴밀히 하여 미국의 만주철도 중립화안 제의에 공동으로 대응하게 되었던 것이다.

나아가 제2차 러일협약은 1912년 7월 8일에 다시 개정되어, 제3차 러일협약이 이루어졌다. 이는 제1차 협약에서 합의된, 만주를 남북으로 양분하는 러·일 세력범위의 경계를 동경 122도 이동(以東)에서 동경 122도 이서(以西)로 넓히기 위한 것이었다. 이는 만주에서 일본의 세력이 서진(西進)했기 때문이었으나, 금애철도 대체 노선 문제와도 밀접하게 연관되어 있었다. 동경 122도 선은 영구에서 조남의 서쪽을 지나고 있는데, 금애철도의 대체 노선이 그 서쪽 지역에서 계획되고 있었기 때문이었다. 따라서 대체 노선과 남만주철도를 잇는 연결 철도의 건설을 조건으로 하고 있던 일본으로서는 동경 122도 서쪽과 내몽고에 이르는 지역에 대해서도 남북으로 나누어서 그 남쪽을 일본의 특수권익 지역으로 만들 필요가 있었다. 제2차 러일협약에서는 이러한 러·일 사이의 경계에 대해 아무런 말이 없었으므로 2년 뒤에 그 경계에 대해 정할 필요가 생겨났던 것이다. 그러나 다른 한편으로는 제2차 러일협약이 조인된 1910년 7월 무렵부터 2년에 걸쳐 만주 서부에 전개된 금애철도 건설 문제가 경계 설정의 필요성을 크게 촉진한 측면이 있다. 사실 프렌치는 1911년 봄 러시아를 방문하여 코코프초프와 회견한 뒤 러시아로부터 받은 인상으로, 동경 122도 서쪽에 합북철도를 계획하면 일본도 이에 강력하게 반대하는 일은 없으리라고 예상했다.[48] 즉 만주철도 중립화 문제는 제2차 러일협약을, 그리고 금애철도 문제와 그 대체 노선 문제는 제3차 러일협약을 낳는 출발점이 되었던 것이다.

일본에게 러일전쟁 이후 러일협약의 성립과 협약의 개정, 강화는 영일동맹을 유지하는 것 이상으로 자국의 남만주 권익을 옹호하는 방편이었다. 따라서 만주를 경영하기 시작하면서 일본은 영일동맹에서 러일협약 쪽으로 역점을 옮기게 되었다. 거기서 러일협약이 강화되면 될수록 영일동맹이 유명무실화해 가는 원인을 찾을 수 있을 것이다. 그러나 러·일 두 나라의 금애철도에 관한 이해관계가 완전히 같았던 것은 아니다. 금애철도에 대해, 그리고 그 대체 노선의 건설에 대해 일본은 남만주철도의 연결선을 건설하는 것을 조건으로 그것을 승인하려 하였다. 그러나 러시아는 금애철도 계획을 전략적 관점에서 반대하여 다양한 대체 노선을 계획했으나, 기본적으로는 금애철도 건설이 만주에서 일본의 북진을 유도할 것을 두려워하고 있었던 것이다. 거꾸로 일본도 1911년 7월 30일의 제3차 영일동맹 성립 직후 야마가타 아리토모가 〈대러 경계론〉을 가쓰라 수상 이하 각료에 회람시킨 데서 나타나듯이, 러시아에 대한 경계를 조금도 늦출 수는 없었다.[49] 그 이면에서 시베리아철도의 복선화 공사가 진행되고 있었던 것은, 영일동맹에서 대러 제휴 정책만은 여전히 유효함을 나타내고 있기 때문이다.

1911년 7월 4일에 개정된 제3차 영일동맹은 영미중재재판조약의 성립을 전제로 하였으므로, 사실상 미국이 더 이상 영일동맹의 대상이 되는 일은 없게 되었다. 그때까지 미국은 만주에는 전혀 철도권익을 갖고 있지 않았으며, 영국의 권익도 러일전쟁 이전과 다름없이 경봉철도뿐이었다. 따라서 영·미 두 나라와 러·일 두 나라 사이에서 이해의 일치를 발견하기란 불가능했다. 그러나 일본과 영국은 동맹 관계에 있고, 따라서 영일동맹에서 미국이 그 대상에서 제외된 배경에는 금애철도 문제에서도 볼 수 있었던 영·미 협조주의의 흐름이 있었다. 그럼에도 영국 정부가 금애철도 문제를 어디까지나 폴링상회의 상업 활동으로 여겨 그를 옹호할 필요성을 인정하지 않은 까닭은, 시베리아철도를 통해 러시아로부터 오는 변함 없는 위협에 대해서는 영일동맹만이 유효했기 때문이다. 그러나 일본은 러일협약으로 러시아의 위협을 없애려 했고, 이에 영일동맹의 원칙은 유명무실해져 갔다. 신법철도 문제, 금애철도 문제를 통해 대러 교차권익 사이에 이해 대립이 생겨난 결과, 영일동맹은 더 이상 영·일 두 나라의 강력한 대러 제휴 정책이 될 수 없음이 분명해졌다. 영일동맹의 지속은 단지 러시아의 시베리아철도가 주는 위협에 대항하는 수단에 지나지 않는다는 것을 보여주게 되었던 것이다.

***주**

1) 外務省 편, 《日本外交年表竝主要文書(上)》, 249 ; 해리먼에 관한 외무성 기록으로는 〈남만주철도 경영에 관한 해리먼과의 교섭 1건(극비)〉《外史》 1·7·3·48)이 있었으나, 1942년에 소실되었다. 이 관련 기록은 이른바 마쓰모토(松本) 기록에도 필사되어 있지 않으므로, 현재로는 뒤에 인용할 《日米外交史》 이상으로 상세한 것은 없다 ; 角田順,

《滿洲問題と國防方針》(原書房, 1967) ; 中山治, 《日露戰爭以後》 ; Herbert Croly, *Willard Straight*, New York : Macmillan, 1925 ; F. H. Hinsley, 앞의 책 등 참조.

2) 外務省調査部 편, 《日米外交史》(1939) 《外史》A・1・3・1・5), 101-104 ; 外務省 편, 《小村外交史》, 662-673.

3) 워싱턴, 1909년 11월 6일, 미국 국무장관이 레이드 대사에게 보낸 전보(Foreign Relations of the United States, 이하 F.R.로 줄임, 1910, 234-235) ; 외무성, 1909년 11월 25일, 그레이가 레이드에게 보낸 서한(FO 405-198-225).

4) 외무성, 1909년 11월 30일, 그레이가 맥도널드에게 보낸 급송공문 No. 197(FO 405-198-233) ; 미국 대사관, 런던, 1909년 12월 16일, 레이드의 각서, 1909년 12월 17일 (FO 405-198-233) ; 1909년 12월 18일, 일본 주재 미국 대사가 보낸 서한《日外》42-1, 749).

5) 1909년 12월 18일, 러시아 주재 오치아이 대리대사가 보낸 전보 제152호 ; 12월 20일, 오치아이 대리대사에게 보낸 전보 제90호(이상 《日外》42-1, 750, 752).

6) 1909년 12월 21일, 영국 주재 가토대사에게 보낸 전보 제135호 ; 12월 23일, 가토 대사가 보낸 전보 제220호(이상 《日外》42-1, 754, 760).

7) 1909년 12월 25일, 영국 주재 가토대사에게 보낸 전보 제137호《日外》42-1, 762) ; 상트 페테르부르크, 1909년 12월 25일, 니콜슨이 그레이에게 보낸 전보 No. 513(FO 405-198-271) ; 외무성, 런던, 1909년 12월 29일, 외상이 레이드대사에게 (F.R. 1910, 242).

8) 1909년 12월 30일, 러시아 주재 오치아이 대리대사에게 보낸 전보 제97호 ; 12월 31일, 오치아이 대리대사가 보낸 전보 제162호(이상 《日外》42-1, 765 別電, 768).

9) 1909년 7월 13일, 가쓰라 내각 각의 결정《日外》42-1, 700 부기) ; 1910년 1월 4일, 러시아 주재 오치아이 대리대사에게 보낸 전보 제1호《日外》43-1, 222).

10) 1910년 1월 14일, 러시아 주재 오치아이 대리대사 전보 제6호《日外》43-1, 245).

11) 외무성, 1910년 1월 11일, 그레이가 조단에게 보낸 전보 No. 6(FO 405-202-21) ; 국무성, 워싱턴, 1910년 1월 6일, 대(對)언론 성명서(F.R., 1910, 243-245).

12) 1910년 1월 8일, 미국 주재 우치다 대사가 보낸 전보 제4호 ; 1월 18일, 가쓰라 내각 각의 결정(이상 《日外》43-1, 229, 249) ; 외무성, 도쿄, 1910년 1월 21일, 외상이 오브라이언 미국 대사에게(F.R., 1910, 251-252).

13) 미국 대사관, 상트페테르부르크, 1910년 1월 22일, 록힐(Rockhill) 대사가 국무장관에게 (F.R., 1910, 248-249) ; 미국 대사관, 파리, 1910년 2월 4일, 베이컨(Bacon) 대사가 국무장 관에게(F.R., 1910, 256-257) ; 미국 대사관, 베를린, 1910년 2월 23일, 힐(Hill) 대사가 국무 장관에게(F.R., 1910, 261).

14) 1910년 6월 9일, 스위스 주재 스기무라 공사가 보낸 서신 기밀 제9호《日外》43-1, 295).

15) 도쿄, 1910년 1월 29일, 맥도널드가 그레이에게 보낸 전보 No. 11 기밀(FO 405-202-56) ;
1910년 1월 20일 / 21일, 러시아 주재 오치아이 대리대사가 보낸 전보 제8호 / 제9호《日
外》43-1, 259).

16) 1909년 10월 11일 / 21일, 영국 주재 가토 대사가 보낸 전보 제188호《日外》42-1, 732,
735).

17) 외무성, 1909년 9월 27일 / 10월 6일, 그레이가 조단에게 보낸 전보 Nos. 160 / 164(FO
405-198-140 / 155) ; 외무성, 1909년 10월 26일, 그레이가 브라이스에게 보낸 급송공문
No. 282(FO 405-198-186).

18) 북경, 1909년 10월 26일 / 11월 7일, 조단이 그레이에게 보낸 전보 Nos. 170 / 178(FO
405-198-189 / 199) ; 외무성, 1909년 11월 5일, 그레이가 조단에게 보낸 전보 No. 178(FO
405-198-198).

19) 1909년 12월 7일 / 20일, 중국 주재 이주인 공사가 보낸 전보 제396호 / 제402호《日外》
42-1, 742, 745).

20) 1910년 1월 4일, 중국 주재 이주인 공사에게 보낸 전보 제2호 ; 1월 8일, 이주인 공사가
보낸 전보 제3호(이상 《日外》43-1, 297, 301).

21) 상트페테르부르크, 1909년 12월 27일, 니콜슨이 그레이에게 보낸 전보 No. 518(FO
405-198-274) ; 러시아 대사관, 1909년 12월 28일, 에떼르(M. de Etter)의 각서(FO
405-198-277).

22) 상트페테르부르크, 1909년 12월 29일, 니콜슨이 그레이에게 보낸 전보 No. 520(FO
405-198-281).

23) 외무성, 1909년 12월 30일, 그레이가 니콜슨에게 보낸 전보 No. 1375(FO 405-198-283) ;
상트페테르부르크, 1909년 12월 31일, 니콜슨이 그레이에게 보낸 전보 No. 521(FO
405-198-284).

24) 상트페테르부르크, 1910년 1월 1일, 니콜슨이 그레이에게 보낸 전보 No. 1(FO
405-202-1) ; 외무성, 1910년 1월 3일, 그레이가 니콜슨에게 보낸 전보 No. 2(FO
405-202-10) ; 외무성, 1910년 1월 3일, 그레이가 벤켄도르프에게 보낸 서한(FO
405-202-12).

25) 1910년 1월 5일, 중국 주재 이주인 공사가 보낸 전보 제2호 ; 1월 6일, 이주인 공사에게
보낸 전보 제3호(이상 《日外》43-1, 298, 299).

26) 국무성, 워싱턴, 1909년 12월 15일, 국무차관이 플레처 대리공사에게 (F.R., 1910, 237) ;
미국 공사관, 북경, 1910년 1월 2일 / 21일, 플레처 대리공사가 국무장관에게(F.R., 1910,
243-247).

27) 1910년 2월 7일, 중국 주재 이주인 공사에게 보낸 전보 제45호 ; 2월 14일, 이주인 공사

가 보낸 전보 제42호 ; 2월 15일, 영국 주재 가토 대사가 보낸 서신 기밀 제16호 ; 2월 19일, 미국 주재 우치다 대사가 보낸 전보 제21호(이상 《日外》 43-1, 315, 323, 325, 327).

28) 1910년 2월 7일, 중국 주재 이주인 공사에게 보낸 전보 제46호 ; 2월 8일, 영국 주재 가토 대사에게 보낸 전보 제18호(이상 《日外》 43-1, 316, 317).

29) 상트페테르부르크, 1910년 2월 20일 / 21일, 니콜슨이 그레이에게 보낸 전보 No. 63 기밀 / 급송공문 No. 102(FO 405-202-106 / 112).

30) 러시아 대사관, 워싱턴, 1910년 2월 4일, 러시아 대사관에서 보낸 각서(F.R.,1910, 255-256) ; 국무성, 워싱턴, 1910년 2월 14일, 러시아 대사관에 보낸 각서(F.R., 1910, 260).

31) 상트페테르부르크, 1910년 2월 21일, 니콜슨이 그레이에게 보낸 급송공문 No. 98(FO 405-202-111).

32) 러시아 대사관, 1910년 2월 24일, 러시아 대사관에서 보낸 각서(FO 405-202-108) ; 러시아 대사관, 1910년 2월 24일, 러시아 대사관에서 보낸 각서(F.R., 1910, 261-262) ; 1910년 2월 16일, 일본 주재 러시아 대사가 보낸 서한(《日外》 43-1, 333) ; 북경, 1910년 3월 4일, 밀러(M. Müller)가 그레이에게 보낸 전보 No. 40(FO 405-202-119).

33) 1906년 9월 7일, 중국 주재 하야시 공사에게 보낸 전보 제64호(《外史》 1·7·3·56).

34) 1910년 3월 2일, 가쓰라 내각 각의 결정(《日外》 43-1, 334) ; 외무성, 1910년 3월 4일, 그레이가 벤켄도르프에게 보낸 기밀 서한(FO 405-202-122) ; 국무성, 워싱턴, 1910년 3월 9일, 미 국무장관이 러시아 대사에게(F.R., 1910, 264).

35) 1910년 3월 4일, 일본 주재 러시아 대사에게 보낸 서한(《日外》 43-1, 338).

36) 1910년 3월 3일자 데라우치 육군상 의견서, 3월 23일자 육군 의견(이상 《日外》 43-1, 334 부기1, 2).

37) 1910년 3월 7일, 영국 주재 가토 대사가 보낸 서신 기밀 제28호(《日外》 43-1, 342) ; 외무성, 1910년 3월 7일, 그레이가 맥도널드에게 보낸 급송공문 No. 57(FO 405-202-128).

38) 외무성, 1910년 3월 11일, 그레이가 브라이스에게 보낸 급송공문 No. 95(FO 405-202-134) ; 워싱턴, 1910년 3월 31일, 브라이스가 그레이에게 보낸 급송공문 No. 72 기밀(FO 405-202-157) ; 국무성, 워싱턴, 1910년 4월 18일, 러시아 대사관에 보낸 각서(F.R., 1910, 264-266).

39) 1910년 4월 30일, 중국 주재 이주인 공사가 보낸 전보 제117호(《日外》 43-1, 351).

40) 1910년 7월 8일, 러시아 주재 모토노 대사가 보낸 서신 기밀 제35호(《日外》 43-1, 362) ; 상트페테르부르크, 1910년 6월 28일 / 7월 2일, 오베이른이 그레이에게 보낸 급송공문 Nos. 289 / 297 기밀(FO 405-203-4 / 10).

41) 외무성, 1910년 7월 22일, 금애철도에 관한 캠벨의 각서(FO 405-203-18) ; 외무성, 1910년 7월 30일, 그레이가 레이드에게 보낸 서한(FO 405-203-23).

42) 1910년 7월 29일, 폴링상회 회원들이 외무성에 보낸 서한(FO 405-203-22) ; 외무성, 1910년 8월 16일, 외무성이 폴링상회 회원들에게 보낸 서한(FO 405-203-31).

43) 1910년 8월 24일, 브라이스가 그레이에게 보낸 급송공문 No. 183 특급기밀(FO 405-203-67) ; 외무성, 1910년 9월 22일, 그레이가 브라이스에게 보낸 급송공문 No. 288 기밀(FO 405-203-76) ; 외무성, 1910년 9월 27일, 그레이가 뮐러에게 보낸 급송공문 No. 340(FO 405-203-78).

44) 1910년 10월 14일, 중국 주재 이주인 공사가 보낸 전보 제218호《日外》43-1, 365).

45) 1910년 11월 9일, 금애철도에 관한 스트레이트의 각서〔1910년 11월 11일, 애디스(Addis)가 송부〕(FO 405-203-58) ; 상트페테르부르크, 1911년 4월 5일, 부케넌(G. Buchanan)이 그레이에게 보낸 급송공문 No. 89 비밀(FO 405-204-191) ; 1911년 4월 21일, 직예와 몽고에서 중국 철도 계획안에 관한 프렌치의 각서(FO 405-206-45 첨부별지).

46) 1911년 8월 12일, 영국 주재 가토 대사가 보낸 전보 제170호 ; 8월 21일, 가토 대사에게 보낸 전보 제113호 ; 9월 15일, 러시아 주재 모토노 대사가 보낸 전보 제115호 ; 9월 27일, 모토노 대사에게 보낸 전보 제126호(이상 〈外史〉 1 ·7 ·3 ·67 〈松本記錄〉).

47) 1910년 6월 28일, 영국 주재 가토 대사가 보낸 전보 제126호 ; 7월 1일, 가토 대사에게 보낸 전보 제96호(이상 《日外》43-1, 60, 62).

48) 1911년 4월 5일, 상트페테르부르크 주재 영국 대사관 이등서기관 키드스턴(Kidston)의 각서(FO 405-204-191 첨부별지).

49) 大山梓 편, 《山縣有朋意見書》, 334-336.

결 론

두 체맹국 가운데 어느 한 나라가 제3국과 총괄적 중재재판조약을 체결했을 경우,

본 협약은 그 중재재판조약이 유효한 한

상기 제3국과 교전할 의무를 체맹국에 지우지 않는다.

—제3차 영일동맹협약 제4조, 1911년 7월 13일—

제10장
신해혁명기 일본의 경봉철도 보호 점령 문제

이상에서 살펴본 바와 같이 영·일·러 3국이 동아시아에서 펼친 철도 건설 경쟁은 북쪽에서 광궤 철도가, 남쪽에서 표준궤 철도가 저마다 세력범위를 넓힘으로써 러일전쟁 개전의 배경을 이루었다. 또한 일본은 러일전쟁 동안 건설한 군용철도의 궤도를 표준궤로 통일하고, 이를 만철이 경영함으로써 남만주에서 정치적 영향력을 높여 갔다. 일본은 러시아의 남만주 진출을 막는 동시에, 남만주에서 영국의 영향력도 억제해 왔다. 일본은 러일전쟁 이후에도 기본적으로는 영일동맹에 바탕을 두어 러시아의 남하를 막는다는 방침을 취하면서, 다른 한편으로는 러시아와도 협조 관계를 진전시켜 만주의 안정을 꾀했다. 일본의 만주 경영은 이런 바탕 위에 성립해 있었으며, 그 중심에 만철이 있었다.

그러나 일본의 만주 경영은 이미 1906년 봄에 영·미 두 나라로부터 항의를 받은 것에서도 알 수 있듯이, 처음부터 열강의 문호 개방 요구에 어떻게 대응할 것인가라는 문제를 안고 있었다. 일본에게 만주는 러일전쟁에서 입은 막대한 피해에 대한 대가로, 열강의 문호 개방 요구 때문에 자신의 만주 권익을 포기한다는 것은 있을 수 없는 일이었다. 따라서 일본은 대원칙에서는 만주의 문호 개방에 응할 자세를 보여 개개 권익에 대해서 각기 양보하면서도, 실제로는 만주 권익을 옹호하려 했던 것이다. 이 책에서 다룬 안봉철도·신봉철도·신법철도 문제는 이러한 일본의 대만주 정책의 성격을 잘 드러내고 있다. 따라서 문호 개방을 원칙으로 하는 영일동맹은 일본이 만주에서 갖는 특수권익의 옹호를 인정하고는 있었지만, 일본의 이러한 실질적인 만주 권익의 확충에 따라 유명무실해지고, 그 효력을 잃게 되었다. 특히 영국의 대러 교차권익인 경봉철도와 남만주철도 사이에 이해관계의 충돌이 일어난 것은 러일전쟁 이후 영·일 관계의 한 특징이며, 이는 또한 영일동맹의 유효성을 감소시키는 요인이 되기도 하였다.

이처럼 러일전쟁 이후 변질하기 시작한 제2차 영일동맹은 1911년 7월에 또다시 개정되어 제3차 영일동맹을 이루어냈다. 그러나 그것이 이미 러일전쟁 이전의 제1차 영일동맹과 같은 강고한 영·일 관계에서 멀어져 있는 것은 분명했다. 제2차 영일동맹도 10년의 유효 기한이 있었으나, 최초의 개정은 러일전쟁으로 생겨난 새로운 국제 정세에 대응하기 위한 전면적 개정이었다. 이에 견주어 두 번째 개정은 일본의 한국병합을 위해, 또한 금애철도 문제를 통해 드러난 이민 문제에서 비롯된 미·일 사이의 대립 관계로 말미암아, 문구의 수정이나 영미중재재판조약 규정(제4조)의 추가라는 부분적 개정에 머무는 것이었다. 그런 만큼 이 개정에 따라 이 책 제III부와 제IV부에서 지적한, 만주의 철도 문제에서 일어난 영일동맹의 변질을 복구하기란 이미 불가능한 상태였다고 할 수 있다.

다음에 말하려는 신해혁명기 일본의 경봉철도 보호를 위한 점령 문제는, 제2장에서 서술한 의화단사건기 러시아에 의한 경봉철도 점령 문제와 견주어 볼 때, 러일전쟁 이후 일본이 얼마나 남만주에서 철도권익의 확충에 노력해 왔는가를 잘 보여주고 있다.

1911년 10월 10일, 무창(武昌)에서 시작된 신해혁명은 순식간에 중국 전역으로 퍼져 나갔다. 사이온지 내각은 10월 24일에 중국의 혼란을 기화로 만주 문제의 근본적인 해결책을 찾겠다는 방침 아래, 만주에서 일본의 우위 확립을 도모하기로 결정했다. 그러나 의화단사건과는 달리 혁명군이 배외주의를 취하지 않고 중국 정체(政體)의 변혁만을 요구하고 있는 한, 일본의 부주의한 행동은 중국에 대한 내정 간섭으로 이어질 위험이 있었다. 그래서 우치다 야스나리 외상은, 10월 27일에 북경의 이주인 공사가 영국의 조단 공사에게 의화단사건의 선례를 따라 경봉철도 북경~산해관 구간을 열강이 공동 점령할 것을 제언한 데 대해서도 이를 허가하지 않고, 오히려 자중하라고 주의를 줄 정도였다.[1] 그러나 11월 5일이 되어 조단은 이주인에게 직예총독으로부터 만주에 반란이 일어났을 때는 경봉철도를 파괴하라는 명령이 경봉철도 총판(總辦)에게 내려졌음을 전하고, 의화단사건의 선례를 따라 열강에 의한 경봉철도의 보전을 제안해 왔다. 우치다는 이를 런던의 야마자 대리대사에게 전하고, 사전에 영국 정부와 협의하라고 명했다. 그리고 협의에는 다음과 같은 방침으로 임할 것을 지시했다. 즉 북경~산해관 구간(산해관철도라고도 함)뿐 아니라 산해관 동쪽의 만주 구간[관외(關外)철도라고도 함]에 대해서는 의화단사건 때의 러시아를 본떠 일본이 단독으로 그 보호를 담당한다는 것, 그리고 철도 수비를 위해 군대를 증파하는 것에 관해 영국 쪽의 견해는 어떠한지를 물어보라는 것이었다.[2]

11월 6일, 야마자는 그레이 외상에게 회견을 요청했으나, 의회 출석으로 부재중이라 먼저 캠벨 차관에게 일본의 바람을 전하고 영국의 견해를 물었다. 캠벨은 산해관 동쪽으로 출병할 뜻은 없으며, 군대 증파에 대해서도 현재로는 그럴 필요가 없다고 판단하고 있음을 밝혔다. 캠벨의 이런 설명은 영국이 일본의 관외철도 관리를 인정한다는 뜻으로 이해될 수 있는 것이었다. 그러나 다음날 캠벨은 그레이의 지시로 영국은 산해관철도만을 대상으로 하며, 산해관 동쪽 관외철도로 파병을 제의하는 것은 아니라고 말해 일본의 관외철도 출병을 시인한 앞의 견해를 정정했다.[3)]

11월 9일, 우치다는 야마자에게 다음과 같이 지시했다. 즉 일본으로서는 러일전쟁 이후 남만주에서 러시아의 권익을 계승하였고, 관외철도의 보전이 만주와 북경을 연결하는 데 불가결하므로, 영국의 제의에 관외철도가 포함되느냐 아니냐와 상관없이, 영국이 사전에 관외철도에 대한 일본의 단독 관리를 승인하도록 거듭 요구하라는 것이었다. 다음날인 11월 10일에 야마자는 그레이와 만나 우치다의 훈령에 따라 일본의 사정을 설명했다. 이에 대해 그레이는 그간 아가디르 사건, 트리폴리전쟁 등 유럽의 문제 때문에 동아시아 문제에까지 관심을 기울일 수 없었다고 변명하면서, 일본의 관외철도 단독 관리 문제에 관해서는 조속히 협의한 뒤에 회답하겠다고 답했다.[4)]

11월 11일에 캠벨은 일본 대사관으로 야마자를 방문해서 다음 견해를 전달했다. 즉 영국은 일본이 만주에서 갖고 있는 특수한 이해관계를 고려하여 산해관철도와 마찬가지로 관외철도를 보호할 필요가 생길 때는 일본이 단독으로 그 일을 맡을 것을 승인하겠지만 현재로서는 그럴 필요를 인정할 수 없다는 것이었다. 어쨌든 조건부이기는 하나 영국이 일본의 관외철도 단독 관리를 양해한 것은 일본에게는 일보 전진이었다. 그러나 그레이는 일본이 관외철도를 단독 관리했을 경우, 현재 러·일 사이에 협조 관계가 진전되고 있다고는 해도, 그에 대응하여 러시아가 북만주에서 군사행동을 일으킬 가능성이 있어 분쟁이 커질 우려가 있다고 지적했다. 이에 우치다는 영국에 대해 실제로 관외철도의 보호가 필요하다

고 인정되는 사태가 일어나기까지는 실행하지 않을 것임을 약속해야만 했다.5)

한편 우치다 외상은 11월 9일에 이주인에게도 경봉철도의 보전과 관련해 조단과 교섭을 진행하고, 필요하다면 각 열강 주재 공사와도 협의하도록 지시했다.6) 그날 조단과 프랑스의 대리공사는 이주인을 방문하여, 산해관철도에 대해서는 점령이 아니라 보호에 필요한 수단을 취하기로 하고, 천진의 각국 주둔군 사령관과 협의하여 그 구체책을 마련하기로 의견의 일치를 보았다. 같은 날 천진에서는 각국 주재 사령군 사이에서 협의가 이루어졌다. 여기서 영국은 영·불·일 3개국이 북경~천진 사이를 세 영역으로 나누어 각국이 그 수비를 맡자는 안을 제의하였다. 이에 대해 우치다 외상은 그에 응하라고 허가하며, 덧붙여 천진~산해관에 대해서도 협의해 두도록 지시했다. 그리고 관외철도의 관리는 어디까지나 일본이 단독으로 할 것을 조건으로 미국의 산해관철도 수비 분담 참가를 승인했다. 이리하여 1912년 1월 4일, 러시아까지 포함한 영·미·일·불·러 5개국이 산해관철도 수비 분담 구간을 결정하고, 일본은 난주(灤州)~산해관 구간의 보호를 맡게 되었다.7) 이 결정에서 관외철도의 관리에 대해서는 아무런 말이 없었으므로, 영국의 조건부 동의는 그대로 살아 있었다.

그런데 만주에서도 혁명파의 활동이 활발해지고, 북벌군이 해로로 만주에 상륙할 가능성까지 생겼다. 이에 따라 우치다 외상은 남만주의 질서 유지를 목적으로 관외철도의 보호를 수행할 일본군 파병을 고려하지 않을 수 없게 되었다. 1월 17일, 우치다는 이런 취지를 상트페테르부르크의 모토노 대사에게 전하고, 향후 사태의 변화에 따라서는 러시아 정부에게 일본의 관외철도 단독 관리에 대한 양해를 구하도록 지시했다. 이는 일본이 남만주에서 관외철도 보호를 위해 점령을 하면 러시아가 이에

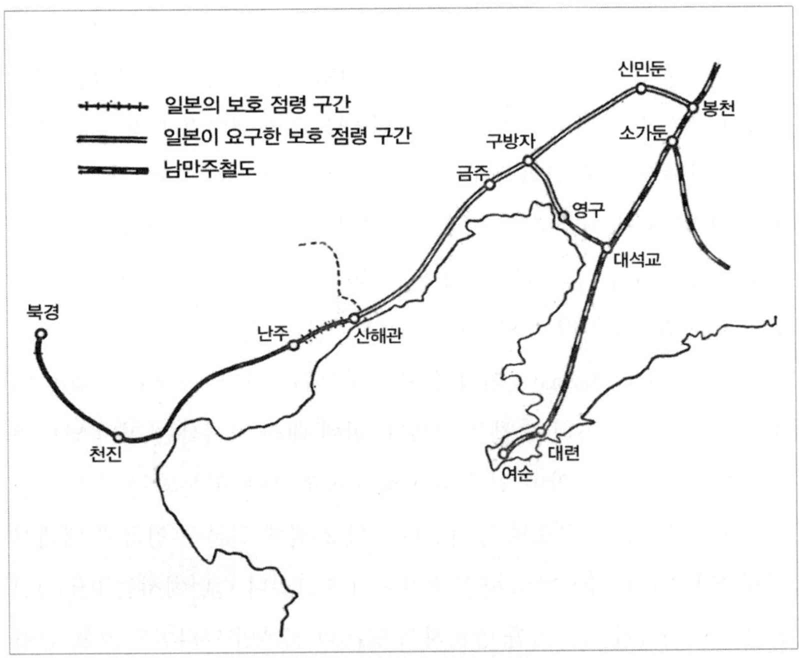

지도11 : 신해혁명기 일본의 경봉철도 보호 점령 구간

대응해 북만주에서 새로운 군사 행동을 일으킴으로써 분쟁이 확대될 것을 우려한 영국의 충고에 따른 것이라고 할 수 있다. 이미 전년 11월에 야마자가 그레이에게 일본의 산해관철도 단독 보호 점령에 대해 승인을 구하고 있을 무렵, 런던 주재 러시아 대사는 그레이에게 일본이 만일 보호 점령을 하면 러시아는 그에 대응하는 조치를 취할 것이라고 경고하고 있었기 때문이다. 따라서 우치다도 일본의 관외철도 보호 점령에 러시아가 반대할 것을 우려해, 보호 점령에 대해서는 러시아의 양해를 얻을 필요가 있다고 인정하여, 그런 사태에 이르렀을 때는 그 사실을 러시아에 알릴 것을 모토노에게 지시했다.[8]

그런데 우치다가 그런 지시를 내리기 전날인 1912년 1월 16일에 사이

온지 내각은 만주와 몽고 지방에 대해 러·일 사이에 새로운 세력범위를 정할 필요를 결정하고, 이른바 제3차 러일협약을 향한 교섭 시작을 모토노에게 명한 바 있었다. 이런 일본 쪽의 대응은 신해혁명에 따른 혼란 속에서 남만주의 일본 권익을 보호하기 위해, 그리고 이 혼란으로 만주의 남북에서 일본과 러시아의 경계가 무너질 것을 두려워했기 때문이라고 생각된다. 그러나 거기에는 그에 못지않게 관외철도 점령이 러시아에게 줄 영향을 진정시키려는 의도도 있었다고 볼 수 있다. 1월 19일, 모토노는 사조노프(S. D. Sazonov) 외상과 만나 일본의 관외철도 보호 점령에 대해 설명하고, 러시아의 승인을 구했다. 이에 대해 러시아는 이미 남만주가 일본의 세력범위 안에 있음을 인정하고 있다며, 일본의 관외철도 점령에 대해서도 호의적으로 동의했다. 1월 23일에 일본은 영국에 대해서와 마찬가지로 러시아에도 사의를 표했다.9) 그러나 런던에서는 1월 20일에 러시아 대사가 그레이를 방문하여 영국이 일본의 관외철도 보호 점령에 대해 어떻게 생각하고 있는지를 물었다. 그레이는 전년 11월 11일에 이 문제에 관해 일본에 양해를 해 준 이래 영·일 사이에 특별히 협의를 한 적은 없다고 전했다.10) 영국으로서도 만주에서 벌어지는 혁명운동의 진전을 고려할 때, 일본이 관외철도 점령을 단행할 시기가 가까워지고 있음을 느끼고 있었다.

이로써 일본은 영·러 두 나라로부터 관외철도 보호 점령에 대해 승인을 받게 되었다. 그러나 그 실현에는 물론 그것이 필요하다고 인정되는 사태의 전개가 있어야만 했다. 그런데 2월 3일, 산해관발 봉천행 열차가 산해관을 출발한 직후, 그 북쪽의 금자둔(金子屯)에서 혁명파에 의해 철교가 폭파당하면서 전복하는 사고가 발생했다. 그 이튿날 육군은 산해관 주둔 수비병의 일부를 감시병으로 현지에 파견하기로 하고, 그 사실을 야마자를 통해 영국 정부에 알리도록 했다.11) 2월 5일, 조단은 일본의 조치가 관외철도 전 구간에 대한 영구적인 것인지 아닌지를 이주인에게 조회했다. 이에 대해 일본은 이는 어디까지나 국부적이고 일시적인 것이며, 일본이 영국에 승인을 구한 단독 보호 점령과는 별개의 것이라는 견해를 밝혔다. 그러나 2월 6일에 중국 외무부는 의화단사건 최종의정서에서도 관외철도에 대한 외국 군대의 주둔은 인정하고 있지 않으므로, 즉시 철병하라고 항의해 왔다. 이에 대해 우치다는 의화단사건 당시 러시아의 대응을 예로 들어, 관외철도 보호를 위해서라도 철도 폭파를 그냥 방치할 수는 없음을 이주인에게 전했다. 그러나 영국에게는 야마자가 보호 점령과는 별개의 것이라고 말하고 있어, 뉘앙스의 차이를 보이고 있다.12)

그렇다 하더라도 이 철도 폭파는 시기적으로 일본에게 절호의 기회를 제공했다. 러시아는 이 철도 폭파가 혁명군이 한 것이 아니라, 관외철도 보호 점령을 실행하기 위해 일본 스스로 폭파한 것이 아닌가 하고 의심할 정도였다. 조단은 그것이 일본에 의해 감행되었다고 판단할 만한 근거는 없다고 그레이에게 보고하고 있다. 그러나 이처럼 철도 폭파가 일본이 한 것이라는 소문이 천진에서도 파다하게 떠돌아, 오바타 유키치(小幡西吉) 총영사는 일본군의 행동에 오해를 불러일으키는 일이 없도록 주의하라고 우치다에게 전해 왔다.13)

이처럼 일본은 산해관 가까이에서 일어난 철도 폭파 사건을 구실로 부분적이나마 관외철도 보호를 위해 파병하게 되었다. 이에 대해서 먼저 지적할 점은 일본이 의화단사건 당시의 러시아를 본떠 관외철도 보호를 위한 점령을 요구했다는 사실이다. 이는 영국 쪽에서 바라보았을 때, 일본의 위치가 의화단사건 때의 러시아와 같은 것으로 바뀌고 있음을 인정하지 않을 수 없게 된 것이다. 제2장에서 상술한 바와 같이, 시베리아철도 · 동청철도로 남만주까지 진출했던 러시아가 의화단사건 때 경봉철도의 거의 전 구간을 점령해서 북경으로까지 진출할 루트로 삼은 것과 같았다. 그러나 러일전쟁 이후 신해혁명에 걸쳐 몇 년 지나지 않은 사이에 일본은, 이 책 제Ⅲ부에서 기술한 것처럼, 안봉철도를 개축하여 한·만 연결 철도를 완성하고, 나아가 신봉철도를 일본의 차관 철도로서 남만주철도와 접속시킴으로써 한반도 남부의 부산에서부터 북경을 잇는 직통철도를 완성하였다. 러시아조차도 러일전쟁의 패배로 말미암아 북경까지 이르는 직통철도를 결국 건설할 수 없었다. 이에 반해 일본은 한반도와 남만주에서 표준궤로 일관된 철도를 갖고, 이를 경봉철도에 접속시킴으로서 북경에 이르는 철도 루트를 확립하여 이를 통해 북경으로 직접 진출하는 것이 가능해졌다. 따라서 관외철도에 대한 일본의 단독 보호 점령이 영국에게는 의화단사건 때 러시아의 경봉철도 점령을 경계해야 했던 것과 마찬가지인 사태가 벌어진 셈이었다.

제2장에서 서술한 바와 같이, 일본과 영국은 의화단사건 당시 러시아의 행동에 대응해 러시아를 공통의 적으로 삼아 동맹 관계에 들어갔다. 이에 견주어 신해혁명 시기 일본은 러시아와 협상 관계를 구축하고, 이를 배경으로 남만주의 철도권익 옹호를 요구하고 관외철도의 보호 점령을 요구하기에까지 이르렀다. 따라서 영국으로서는 일본과 동맹 관계에 있으면서도 새로이 남만주에서 일본의 행동을 억제할 필요가 생겨났던 것이다. 영일동맹은 1902년 1월에 조인된 뒤로 러일전쟁을 거쳐 개정되고, 한국병합에 따른 동아시아의 새로운 질서 성립으로 1911년 7월 다시 개정되었다. 두 번째 개정은 신해혁명 발발 이전이기는 했으나, 실제로 미국을 협정 대상에서 제외한다는 새로운 국제 관계의 전개를 반영하고 있었다. 앞 장에서 서술한 금애철도 문제를 둘러싼 경과 속에서 러·일 두 나라와 영·미 두 나라 사이에 균열이 생기기 시작하면서 영일동맹의 실제 기능이 발휘될 수 없게 되었다면, 영일동맹이 개정되고 지속되고 있다 하더라도 만주에서는 예전에 러시아가 영·일 두 나라에게 공통의 적

이었던 것처럼, 일본이 영·미 두 나라에게 이른바 공통의 적이 되어 있음을 나타낸다. 일본의 관외철도 단독 보호 점령 요구는 이처럼 영일동맹의 변질이 끝났음을 여실히 보여주는 결과가 되었다고 보아도 좋을 것이다.

러시아의 동아시아 진출이 영국의 해군력이 지배할 수 없는 시베리아 내부를 통과하는 철도에 의해 시작된 것은, 영국에게 북경에서 러시아의 영향력을 어떻게 배제할 것인가 하는 문제를 제기했다. 시베리아철도의 건설로 구체화된 러시아 위협은 일본에게도 러시아 세력의 한반도 침투를 어떻게 막을까 하는 문제를 제기했다. 더욱이 러시아는 만주 북부를 횡단하는 동청철도를 이른바 시베리아철도의 지선으로서 건설할 것을 중국으로부터 승인받았으며, 나아가 1898년 3월에 요동반도의 조차를 중국에 요구하였다. 또한 러시아는 다른 한편으로 동청철도의 본선에서 갈라진 남만주지선의 종점을 요동반도의 여순·대련으로 함으로써 염원하던 부동항을 얻고, 동아시아 진출을 위한 루트와 기지를 손에 넣었던 것이다. 이로써 러시아는 다른 열강에 견주어 동아시아에 더 강력한 영향력을 갖게 되었다. 이에 일본과 영국이 러시아를 공통의 적으로 인식하는 공통의 기초가 생겨나게 되었다. 이러한 러시아의 위협에 대해 이 책 제Ⅰ부와 제Ⅱ부에서 서술한 바와 같이, 영국의 경봉철도와 일본의 한반도 종단철도는 영·일 두 나라의 러시아에 대한 교차권익이 됨으로써 시베리아철도라는 러시아의 위협으로부터 보호해야 할 권익이 되었다. 그 결과 영·일 두 나라는 단순히 러시아를 공통의 적으로 삼을 뿐 아니라, 공통의 이해관계를 갖는 더 단단한 동맹 관계를 지향해 가게 되었던 것이다.

영국은 러시아의 방해를 배제하면서 1898년 10월에 경봉철도 차관 계약을 얻어내고, 이듬해 4월의 영러철도협정에 따라 경봉철도를 영국의 차관 철도로 유지하는 데 성공했다. 그러나 의화단사건을 계기로 러시아는 경봉철도의 거의 전 구간을 군사적 지배 아래 두고, 영국의 차관 철도인 경봉철도에 대한 권익을 침해했다. 한편 일본도 경부철도에 대한 부설 우선권을 얻어냈지만, 1896년의 웨베르-고무라, 로바노프-야마가타 두 협정으로도 러시아의 방해를 없애지 못했다. 일본은 1898년 4월의 로젠-니시 협정에서 러시아가 한·만 교환을 승인함으로써 겨우 경부철도 부설권을 따낼 수 있었다. 그러나 러시아는 한·만 교환 합의에도 아랑곳없이 한반도 남부의 마산포에 해군 기지를 설치하려고 시도하거나, 일본의 경의철도 건설에 반대하는 등 한반도에서 일본의 철도 건설을 계속해서 방해했다. 이처럼 영러철도협정 또는 로젠-니시 협정에 대한 러시아의 배신행위는 영·일 두 나라에게 공통된 체험이 되었으며, 그것이 영일동맹의 성립에서 공통적인 대러 경계 인식을 갖게 했다. 제1차 영일동맹의 전문과 제1조에 기술된 목적은 이런 영·일 두 나라의 공통된 대러 정책에 바탕을 둔 영일동맹 성립의 국제 환경을 설명하고 있다. 그리고 철도 문제를 둘러싼 이러한 국제관계가 영일동맹의 배경에 존재하고 있었기 때문에, 경의철도 문제는 러일전쟁의 도화선이 되었던 것이다.

이 책에서 거듭거듭 서술한 바와 같이, 러시아가 건설한 시베리아철도·동청철도의 궤폭에는 일본이나 영국이 건설한 경부철도·경봉철도의 표준궤와는 달리 광궤가 채용되었다. 이는 광궤와 표준궤라는 철도기술의 차이에 바탕을 두고 있으나, 서로 다른 궤폭의 철도에 의해 넓어져 가는 일본과 영국의 세력범위가 러시아와는 기본적으로 양립할 수 없는 것이었음을 나타내고 있다. 여기에 나타난 광궤과 표준궤의 대립은 러시아 대 일본과 영국이라는 대립 관계를 철도 문제라는 점에서 더 구체적으로 드러내고, 그것이 러일전쟁의 원인이 되었음을 보여준다. 따라서 러일전쟁 이후 만주와 한반도의 철도에서 표준궤와 광궤의 대립 관계는 여전히 존속하고 있기는 했지만, 남만주와 한반도의 철도 궤폭은 표준궤로 통일되고, 광궤 철도는 만주 북부로 한정되었다. 그러나 광궤와 표준궤의 대립에 더해 같은 표준궤인 일본의 철도와 영국의 철도가 연결되자, 일본과 영국 사이에는 남만주의 철도권익을 둘러싸고 이해의 충돌이 생기게 되었다. 이는 동맹 관계에 있는 일본과 영국이 러일전쟁 이후에 직면한 최초의 대립이었다.

러일전쟁 중에 건설된 일본의 군용철도는 전쟁 뒤는 만철이 경영하게 되고, 만철이 표준궤로 정비 개축해 나갔다. 이 과정은 표준궤로 건설한 한반도의 철도와 남만주철도를 접속시킴으로써 일본의 세력이 한반도에서 남만주로 넓혀져 가는 과정이며, 더 나아가 영국의 경봉철도와 접속되는 것을 나타내고 있다. 이러한 과정 속에서 포츠머스강화회의 개회를 즈음해서 영일동맹이 개정된 배경에는 만주 북부에 남은 동청철도와 시베리아철도가 여전히 러시아의 손아귀에 있는 한, 러시아가 다시 남하할 가능성이 사라지지 않았다는 인식이 있었다. 영·일 두 나라는 대러 경계를 해제할 수 없었던 것이다. 또 러일전쟁 이후 새로운 국제 환경에 대응한다는 관점에서 영일동맹의 성격이 방어동맹에서 공격과 방어를 겸한 공수동맹으로 강화된 것은 이미 알려진 바이다. 아울러 영일동맹 전문에서 다시 중국의 문호 개방에 대해 언급한 것은, 일본이 군용철도 건설을 통해 남만주로 세력을 확대하는 것을 경계한 영국이 중국의 문호 개방에 대해 일본의 재확인을 요구한 것을 뜻한다. 그런 만큼 영일동맹이 개정된 이후인데도, 이듬해 3월에 영국이 일본의 만주 점령지에서 군정이 지속되는 것을 비판하고 항의한 의미는 컸다. 이러한 영국의 일본에 대한 불신의 싹은 대러 공수동맹인 영일동맹의 성격을 부정하기까지에는 이르지 않았다 하더라도, 러일전쟁 이후 만주 경영에 관해 일본이 문호 개방주의를 지키는가 아닌가에 대해 영국이 강한 우려를 가지고 관찰하고 있음을 나타내고 있다. 이처럼 영일동맹의 존재 가치는 단순히 러시아를 공통의 적으로 한 공수동맹으로서 갖는 성격뿐만 아니라, 영국에게는 일본에 대해 만주의 문호 개방을 요구하는 법적인 근거도 되었다. 대러 공수동맹 구실이 기대되는 영일동맹에서 이 같은 영국의 일본에 대한 불신 표출은 동맹이 변질하기 시작하였음을 뜻했다.

일본은 러일전쟁 이후 만주에서의 철도문제로서, 이 책 제Ⅲ부에서 다뤘던 바와 같이, 첫째 만철의 설립과 군용철도의 정비, 둘째로 안봉철도 개축 문제, 그리고 셋째로 신봉철도 양도 문제에 대응해야 했다. 일본에게 남만주의 여러 철도는 러일전쟁에서 일본이 얻은 전과였으나, 영일동맹에서 요구되는 중국의 문호 개방주의 준수에 배려하면서 그 철도들을 어떻게 일본의 권익으로 확립해 갈 것인가가 기본적 과제였다. 그에 대해 일본은 먼저 첫째로 군용철도의 경영과 정비를 만철로 일원화함으로써 만주 점령지를 군정에서 민정으로 이관하는 자세를 분명히 하였다. 그로써 만주의 문호 개방을 준수한다는 방침을 국내외에 보이려 했던 것이다.

그러나 일본에게 러일전쟁 이후의 한반도 경영과 만주 경영 사이에는 커다란 차이점이 있었다. 일본이 한반도에서 건설한 철도는 러일전쟁 이후 한국 통감부 철도관리국이 총괄적으로 경영하게 되었고, 일본은 한국 병합을 향한 길을 걷기 시작했기 때문이다. 한편 만주에서는 일본의 세력이 남만주 동부로 침투하기는 했으나, 열강에 대해 문호 개방, 기회균등을 보장해야 했다. 따라서 군용철도인 안봉철도를 개축하여 그 궤도를 표준궤로 바꾸고 압록강에 철도를 건설함으로써 경의철도와 직접 연결해 가는 것은, 한반도 남부의 부산과 남만주의 중심인 봉천을 철도로 이어 한반도와 남만주의 일체화를 추진하는 것을 뜻했다. 즉 안봉철도 개축 문제는 만주의 문호 개방을 확인한 영일동맹과 모순을 불러온 것이다. 그러나 영국은 안봉철도가 일본이 러일전쟁에서 거둔 전과라는 점을 인정했고, 또 안봉철도가 달리는 남만주 동부에는 권익을 갖고 있지 않아 안봉철도의 개축으로 실제 그 권익이 침해당할 일은 없었기 때문에, 안봉철도의 개축 자체에 반대하지 않았을 뿐이다. 그러나 한·만 연결 철도를 완성한 압록강의 가교에 대해서는 문호 개방주의의 관점에서 그것을 개폐식으로 하여 중국식 범선의 통항에 방해가 되지 않도록 할 것을 요구한 데서도 나타나 있는 바와 같이, 영국은 한·만 연결 철도의 완성을 통한 일본의 한·만 일체화 정책에 대해서는 강하게 경계했다.

또 한편 경봉철도의 마지막 구간이기도 한 신봉철도는 1898년의 경봉철도 차관 계약에서 영국에 부설 우선권이 주어져 있었으므로, 중국은 일본의 신봉철도 경영을 인정하려 들지 않았다. 결국 신봉철도는 일본에서 중국으로 팔리게 되었다. 그러나 일본은 요하 동쪽의 구간에 한정해서이기는 하나 신봉철도 차관 계약을 맺고, 봉천에서 요하 동부에 이르는 구간을 자국의 세력범위로 만듦으로써 러일전쟁의 전과를 유지하려 했다. 허나 일본의 신봉철도 경영에 대한 요구는 영·일 사이에 처음으로 교차권익이 생겨난 것을 뜻하고, 영일동맹에서 문호 개방, 기회균등의 원칙이 무너져 가는 시초가 되었다. 이처럼 안봉철도 문제, 신봉철도 문제를 통해 일본은 만주 남동부로 세력을 침투시켜 가게 되었으나, 그 과정은 영일동맹에서 내세운 만주의 문호 개방이라는 원칙을 일본 쪽에서부터 무너뜨리고, 영일동맹을 변질시켜 가는 요인이 되었다.

그렇지만 이러한 남만주 요하 동쪽의 철도 문제는 러일전쟁의 전후 처리이며, 이 책 제Ⅳ부에서 다룬 남만주철도 평행선 문제와는 기본적으로 성격이 다르다. 남만주철도 평행선 문제는 러일전쟁의 결과로 성립한 새로운 세력범위 가운데 특히 남만주 요하 서쪽을 무대로 전개되었다. 이는 요하 서쪽에서부터 몽고 방면에 걸쳐 일본이 요하를 넘어 그 세력을 진출시켜 갈 수 있을지, 또는 영국이 만주에서 신흥세력인 미국과 더불어 요하 서쪽으로 세력을 뻗칠 수 있을지 하는 문제였다. 따라서 이는 남만주에서 일본과 영국 사이에 제기된 새로운 세력 구분을 획정하는 문제였다.

남만주철도 평행선 문제의 첫 번째는 신법철도였다. 신법철도란 경봉철도를 신민둔 동쪽으로 연장하는 것이 일본의 신봉철도 건설로 불가능해지자, 그에 대신하여 신민둔에서 북쪽의 법고문 방면으로 경봉철도를 연장한다는 영국의 계획이었다. 그러나 이 계획은 남만주철도 본선과 평행선을 이루기 때문에 「만주에 관한 청일조약」을 근거로 일본은 이에 강력하게 반대했다. 영국은 일본의 주장이 타당하다고 인정하고, 그 계획의 변경을 고려해야 했다. 영일동맹에서 일본은 중국의 문호 개방에 동의하고 있음에도, 동맹국인 영국은 신법철도에 관한 권익 획득을 단념했던 것이다. 이는 영·일 두 나라가 동맹 관계에 있으면서도 남만주철도 평행선 문제를 둘러싼 이해 조정에서는 영일동맹이 충분히 기능하지 못함을 보여주고 있다. 신법철도 문제의 전개는 영일동맹의 존재 의의를 상실케 만들었으며, 여기에도 영일동맹의 변질이 시작되는 요인이 있었음을 보여준다.

신법철도 계획이 남만주철도 본선과 거리상 너무 가까웠기 때문에 일본의 반대에 응하지 않을 수 없었던 영국은 이를 대신하는 것으로서 새로이 금애철도 계획을 제안했다. 따라서 일본으로서는 이에 강하게 반대할 이유가 없었다. 또한 미국이 만주철도 중립화안을 제의하고 그 건설을 추진하려고 한 데 대해 러시아는 1899년 4월의 영러철도협정을 근거로 이 계획에 반대했다. 이러한 금애철도를 둘러싼 영·미·러·일 4개국의 관계는 영일동맹을 넘어 새로운 국제 질서를 만주에 구축하였다. 특히 1907년 러일협약 성립 이후 러·일 사이에는 협조 관계가 생겨났다. 러일협약은 포츠머스강화회의에서 합의한 두 나라의 만주 권익을 서로 승인하고 일본의 만주 권익 확충을 지지하는 것으로, 많은 점에서 두 나라의 이해관계에 일치를 보았다. 러시아가 여전히 시베리아철도·동청철도에 대한 지배를 계속하고 있는 한 러시아의 위협이 사라진 것은 아니었으나, 러시아가 다시 남하할 가능성이 러일협약 성립으로 사라진 결과, 영일동맹의 유효성은 현실적으로 떨어졌다. 금애철도 문제는 이와 같이 러일협약의 존재 의의와 영일동맹의 그것이 뒤바뀐 것을 보여주어, 영일동맹의 실제적인 변질을 더욱더 진전시키게 되었다.

1911년 7월에 다시 개정된 제3차 영일동맹에서는 이러한 영일동맹의 유명무실화가 회복되지 못한 채 미국을 동맹의 대상에서 제외하기로 합의하였다. 그 배경에는 이 책 제Ⅲ부와 제Ⅳ부에서 밝힌 영일동맹의 변질과 금애철도 문제로 드러난 만주의 새로운 국제 관계가 반영되어 있었다. 영일동맹 개정 직후에 시작되는 신해혁명에서는 의화단 사건 때 감행된 러시아의 경봉철도 점령을 선례로 일본이 경봉철도의 보호 점령을 영국에게 요구하게 되었다. 이는 영국에게 일본이 영일동맹 성립 당시 러시아와 같은 위치에 서게 되었음을 보여주며, 여기에 이르러 러일전쟁 이후 진행되어 온 영일동맹의 변질이 완료했음을 보여주는 것이다.

이상 이 책에서 살펴본 바와 같이, 영일동맹은 만주와 한반도의 철도를 둘러싼 영·러·일 3국의 철도 부설권 획득 경쟁으로 그 성립이 촉진되고 변질되었다. 그 밑바탕에는 시베리아철도와 동청철도에 의해 동아시아로 진출한 러시아의 위협에 일본과 영국이 어떻게 대응할 것인가 하는 문제가 놓여 있었다. 그런 공통점 위에서 일본과 영국이 가진 대러 교차 권익의 존재가 영·일 동맹 관계를 더욱더 강고하게 만들었다. 그러나 러일전쟁의 결과 일본이 러시아를 대신하여 남만주로 진출함에 따라 러시아의 위협에 대항한다는 점에서는 영·일 두 나라가 일치하면서도, 영·일 두 나라의 대러 교차권익 사이에서는 이해관계가 충돌하게 되었다. 그로 말미암아 제2차 영일동맹은 조문상으로는 분명 동맹 관계의 강화를 도모하고 있으면서도, 러일전쟁 이전과는 달리 영일동맹의 실제 강도는 줄어들어 갔다. 안봉철도에서 시작되는 러일전쟁 이후 만주의 철도 문제는 영일동맹의 강한 결합을 조금씩 이완시키며, 금애철도 문제에 이르렀을 때는 러시아의 시베리아철도와 동청철도의 위협에 맞선다는 공통점만이 남게 되었다.

이렇듯 제2차 영일동맹은 개정에 의해 강화되어 갔음에도, 러일전쟁 이후 만주에서 전개된 철도 문제로 말미암아 동맹 자체의 실질적인 유효성을 잃어 갔다. 그리고 그 과정은 영일동맹의 변질을 뜻하고 있었다. 그러나 이 변질이 진전되었음에도 영일동맹이 해소되지 않은 채 제3차 영일동맹으로 개정된 까닭은, 영일동맹 성립의 전제인 시베리아철도와 동청철도에 의한 러시아의 위협이 잠재적으로 남아 있었기 때문이다. 러시아가 러일전쟁 이전에 견주어 약해지긴 했어도, 영일동맹이 시베리아·동청 두 철도에 의한 러시아의 동아시아 진출에 맞선다는 기본 과제만은 여전히 유효했기 때문이다. 이는 1921년 12월, 워싱턴회의에서 4개국조약이 성립함으로써 제3차 영일동맹의 폐기가 결정된 것은, 시베리아·동청철도에 의한 러시아의 위협이 사라진 것과도 관련이 있다. 동청철도와 시베리아철도의 일부(자바이칼·아무르·우즈리 각 선)는 제1차 세계대전 중에 발발한 러시아혁명에 즈음하여, 미국과 일본을 위주로 한 연합군의 이른바 시베리아 출병으로 미·일 두 나라를 중심으로 한 공동 관리 아래 놓여지게 되었다. 이 국제 공동 관리는 워싱턴회의가 끝난 뒤인 1922년 10월에 일본이 시베리아로부터 철병하자 자연히 소멸되면서 일시적인 조치로서 끝났다. 그러나 이는 러시아혁명으로 시베리아·동청 두 철도를 통한 러시아의 위협이 사라짐으로써 영일동맹도 그 존재 의의를 잃었음을 보여준다. 즉 영일동맹은 러시아의 시베리아철도와 동 청철도가 가져온 위협 때문에 탄생했고, 그 소멸과 더불어 해체되었던 것이다.

[연표3] 러일전쟁 개전 이후 ②

연월일	주요 관계 사항	일반 관계 사항
1909. 9. 11 10. 2 11. 6 12. 18 12. 26	압록강 가교에 관한 중·일 교섭 시작 스트레이트의 금애철도 부설권 획득 미국이 만주철도 중립화를 영국에 제안 (11. 25 영국의 원칙적 양해) 미국이 만주철도 중립화안을 러·일 두 나라에 제안 러시아가 금애철도 건설을 영러철도협정 위반이라고 영국에 항의	하얼빈에서 이토 히로부미 암살 (10. 26) 영국 하원 인민예산 가결 (11. 5) (11. 20 상원에서 부결)
1910. 1. 4 1. 21 2. 10 3. 2 4. 4	금애철도 건설에 참가하기로 방침을 결정 만주철도 중립화 반대의 대미 회답 송부(이튿날 러시아도 반대의 회답 송부) 러시아의 장흡철도 건설 제안 장흡철도 건설에 대한 참가 방침을 결정 압록강 가교에 관한 각서 조인	대중국 4국차관단 성립 (5. 23) 제2차 러일협약 성립 (7. 4) 한국병합조약 조인 (8. 22)
1911. 4. 2 7. 4 9. 2 10. 10 10. 27 11. 2	프렌치의 흡북철도·제묵철도 부설 계획안 제안 제3차 영일동맹 성립 경봉철도 연장에 관한 협약 성립 신해혁명 발발 경봉철도 보호를 위한 점령 문제에 관한 대영·대러 교섭 시작 압록강 열차 통과에 관한 협약 성립	미일통상항해조약 개정 (2. 21) 영일통상항해조약 개정 (4. 3) 4국차관단의 대중국 폐제개혁·만주개발차관 성립 (4. 15) 제2차 모로코사건 발발 (7. 1) 불일(佛日)통상항해조약 개정 (8. 19)
1912. 1. 4 2. 3 2. 6	천진 주재 각국 군사령관 협의 (북경~산해관 구간의 보호 분담 구역 결정) 일본군의 산해관 동쪽으로 파병단행 일본의 파병에 대해 중국이 항의	손문의 중국 임시 대총통 취임 (1. 1) 제3차 러일협약 성립 (7. 8)
1913		원세개의 중국 대총통 취임 (10. 10)
1914		제1차 세계대전 발발 (7. 28)
1915		대중 21개조 요구 (5. 25)
1916		제4차 러일협약 성립 (7. 3)
1917		러시아 2월혁명 (3. 3), 10월혁명 (11. 7)
1918. 8. 2	시베리아 출병에 따른 열국의 시베리아·동청철도 공동 관리	제1차 세계대전 종료 (11. 11)
1919		파리강화조약 조인 (6. 28)

1920		니콜라에프스크 사건 (5. 25)
1921. 12. 13	4개국조약 조인	워싱턴회의 개최 (11. 12)
1922. 10. 26	시베리아 철병	9개국조약 조인 (2. 6)
1923. 8. 17	4개국조약 발효 (영일동맹 폐기)	

*주

1) 1911년 10월 24일, 사이온지 내각 각의 결정(《日外》44·45 별책 《淸國事變》, 105) ; 10월 27일, 중국 주재 이주인 공사가 보낸 전보 제344호 ; 10월 29일, 이주인 공사에게 보낸 전보 제240호(이상 앞의 《淸國事變》, 137, 138) ; 臼井勝美, 〈辛亥革命と日英關係〉, 日本國際政治學會 편, 《國際政治》58(有斐閣, 1978) ; P. Lowe, *Great Britain and Japan, 1911~1915*, Macmillan, 1969.

2) 1911년 11월 5일, 중국 주재 이주인 공사가 보낸 전보 제429호(至急) ; 11월 6일 영국 주재 야마자 대리공사가 보낸 전보 제164호(이상 앞의 《淸國事變》, 139, 140).

3) 1911년 11월 7일, 영국 주재 야마자 대리대사가 보낸 전보 제217호(〈外史〉 5·3·2·89) ; 11월8일, 야마자 대리대사가 보낸 전보 제219호(앞의 《淸國事變》, 141) ; 일본 대사관, 런던, 1911년 11월 6일, 야마자의 각서 기밀(FO 405-205-233) ; 외무성, 1911년 11월 7일, 캠벨이 야마자에게 보낸 서한(FO 405-205-244).

4) 1911년 11월 9일, 영국 주재 야마자 대리대사에게 보낸 전보 제167호 ; 11월 10일, 야마자 대리대사가 보낸 전보 제222호(이상 《淸國事變》, 143, 147) ; 11월 10일, 야마자 대리대사가 보낸 전보 제168호(〈外史〉 5·3·2·89).

5) 1911년 11월 11일 / 12일, 영국 주재 야마자 대리대사가 보낸 전보 제224호 / 제228호 ; 11월13일, 야마자 대리대사에게 보낸 전보 제178호(이상 앞의 《淸國事變》, 149, 150, 152) ; 외무성, 1911년 11월 11일, 야마자에게 전달한 각서(FO 405-205-282).

6) 1911년 11월 9일, 중국 주재 이주인 공사에게 보낸 전보 제266호(《淸國事變》, 142).

7) 1911년 11월 9일, 중국 주재 이주인 공사에게 보낸 전보 제475호 / 제476호 ; 11월 13일 / 16일, 중국 주재 이주인 공사에게 보낸 전보 제289호 / 제296호(이상 《淸國事變》, 144, 151, 156) ; 1912년 1월 4일, 각국 주둔군 사령관회의 결정 (앞의 《淸國事變》, 161 부기).

8) 1912년 1월 17일, 러시아 주재 모토노 대사에게 보낸 전보 제10호(《日外》 45-1, 46) ; 1911년 11월 13일, 모토노 대사에게 보낸 전보 제140호(〈外史〉 5·3·2·89) ; 외무성, 1911년 11월 9일, 그레이가 조단에게 보낸 전보 No. 159 기밀(FO 405-205-259).

9) 1912년 1월 16일, 사이온지 내각 각의 결정 ; 1월 16일 / 23일, 러시아 주재 모토노 대사

에게 보낸 전보 제6호 / 제7호 ; 1월 19일, 모토노 대사가 보낸 전보 제16호(이상 《日外》
45-1, 43, 44, 55, 49).

10) 외무성, 1912년 1월 24일, 그레이가 부케넌에게 보낸 급송공문 No. 22 특급기밀(FO
405-208-103) ; 외무성 1912년 1월 29일, 그레이가 맥도널드에게 보낸 전보 No. 5 기밀(FO
405-208-118).

11) 1912년 2월 3일 / 4일, 천진 주재 오바타(小幡) 총영사가 보낸 전보 제14호 / 제15호 ; 2월
4일, 영국 주재 야마자 대리대사에게 보낸 전보 제24호 ; 2월 6일, 야마자 대리대사가 보
낸 전보 제19호 ; 2월 6일, 이시모토 육군상이 아베 중국파견군 사령관에게 보낸 전보(이
상 앞의 《淸國事變》, 424, 429, 427, 442, 428).

12) 1912년 2월 5일, 중국 주재 이주인 공사가 보낸 전보 제88호(《外史》 5 · 3 · 2 · 89) ; 2월 6
일, 이주인 공사가 보낸 전보 제89호 ; 2월 8일, 이주인 공사에게 보낸 전보 제25호(이상
앞의 《淸國事變》, 439, 445).

13) 상트페테르부르크, 1912년 2월 7일, 부케넌이 그레이에게 보낸 전보 No. 42(FO
405-208-164) ; 북경, 1912년 2월 10일, 조단이 그레이에게 보낸 전보 No. 42(FO
405-208-186) ; 1912년 2월 6일, 천진 주재 오바타 총영사가 보낸 전보 제18호(《外史》 5 ·
3 · 2 · 89) ; 2월 7일, 오바타 총영사가 보낸 전보 제20호(앞의 《淸國事變》, 443).

후 기

이 책은 저자가 1983년 1월에 게이오기주쿠(慶應義塾)대학 법학연구과에 제출한 학위논문 〈영일동맹의 전개와 철도 문제—동맹의 성립과 변질 과정의 연구(日英同盟の展開と鐵道問題—同盟の成立および變質過程の研究)〉를 펴낸 것이다.

저자는 그해 9월 이 논문으로 법학박사 학위를 받았으나, 그 달에 그때까지 근무했던 외교사료관에서 캐나다 주재 일본 대사관(홍보·문화담당 서기관)으로 전근을 명령받았다. 캐나다에서 대사관 근무가 예상보다 길어져 약 4년이 지났기 때문에 위 논문을 공간(公刊)할 의무를 다하지 못한 채 시간만 흘러버린 결과가 되었다. 현재로서는 다소 시기를 놓친 감이 없지 않으나, 작년(1987년) 7월에 귀국해서 다시 외교사료관 근무로 돌아온 것을 기회로 늦게나마 박사 논문을 출판 간행하게 된 것이다.

이 책의 서장과 종장을 제외한 각 장은 각기 독립된 논문으로서 이제까지 《法學研究》(慶應義塾大學 法學研究會 편) 등의 학술 잡지에 발표했던 것이므로, 참고로 본래 각 장이 실린 잡지 이름을 밝히기로 한다.

제1장 : 慶應義塾大學 法學硏究會 편 《法學硏究》 53-2 (1980. 3)

제2장 : 慶應義塾大學 法學硏究會 편 《法學硏究》 54-2 (1981. 2)

제3장 : 國際法學會 편, 《國際法外交雜誌》 80-5 (1981. 12)

제4장 : 日本國際政治學會 편, 《國際政治―日本外交の思想》 71 (1982. 9)

제5장 : 軍事史學會 편, 《軍事史學》 16-3 (1980. 12)

제6장 : 慶應義塾大學 法學硏究會 편, 《法學硏究》 56-3 (1983. 3)

제7장 : 慶應義塾大學 法學部 편, 《慶應義塾創立125年記念論文集―
　　　　慶應法學會 政治學關係》 (1983. 10)

제8장 : 慶應義塾大學 法學硏究會 편, 《法學硏究》 57-8 (1984. 8)

제9장 : 慶應義塾大學 法學硏究會 편, 《法學硏究》 58-1 (1985. 1)

제 I 부의 개요에 대해서는 "North China Railway Problems, 1897~1901, and their Consequences for the Anglo-Japanese Alliance"라는 제목으로 *International Studies*(I. H. Nish, ed., ICERD of LSE, 1980)에, 제 II 부에 대해서는 "Russo-Japanese Relations and the Construction of the Railway Lines in Korea"이라는 제목으로 영국일본연구학회의 연보(G. Daniels, ed., *Proceedings of the British Association for Japanese Studies,* Vol. 4, University of Shefield, Center for Japanese Studies, 1979)에 각각 발표하였다.

따라서 저자가 이 책에서 제시한 여러 견해는 당연히 저자 자신의 개인적인 연구의 성과이지, 저자가 근무하는 외무성의 공적인 견해를 대표하는 것은 아니다.

지금 이 책의 간행을 앞두고 저자의 연구 생활은 다복하게도 많은 은사, 선배, 친구가 지탱해 왔음을 실감한다.

저자의 학위논문에 대해 심사를 맡아주신 게이오기주쿠대학 법학부 이케이 마사루(池井優) 교수, 우치야마 마사쿠마(內山正熊) 명예교수 그리고 가미야 후지(神谷不二) 교수께는 누구보다 먼저 감사를 드려야 하겠다. 특히 이케이 교수께는 학부 학생 시절부터 오늘날에 이르기까지 공사에 걸쳐 많은 지도를 받았다. 또 이들 세 교수님뿐만 아니라, 고 나카무라 기쿠오(中村菊男) 교수, 마쓰모토 사부로(松本三郎) 교수, 호리에 후카시(堀江湛) 교수, 야마다 다쓰오(山田辰雄) 교수를 비롯한 게이오기주쿠대학 법학부의 모든 교수님과 선배로부터는 말로 다 할 수 없는 학은(學恩)을 입었다.

또한 1977년 7월부터 1980년 3월까지 런던대학 LSE(School of Economics and Political Science)에 유학했을 때는 이안 니시(I. H. Nish) 교수, 모리시마 미치오(森嶋通夫) 교수로부터 큰 은혜를 입었다. 특히 1978년 9월에 LSE에 신설된 국제사회과학연구센터(ICERD)에 조수로 채용되어 니시 교수의 특별한 지도를 받을 기회를 얻은 것이 이 연구의 큰 초석이 되었다. 니시 교수께는 진심으로 감사의 뜻을 전하는 바이다. 그 사이에 도날드 왓트, 제임스 졸 교수와 같은 국제정치사의 석학과 만날 수 있었을 뿐 아니라, 영국일본연구학회(BAJS)의 연차 대회에서 보고할 기회가 주어져, 고 리처드 스토레이(R. Storey, 옥스포드대학), 고든 다니엘스(G. Daniels, 셰필드대학), 피터 로우(P. Lowe, 맨체스터대학) 교수 등 영국의 일본 연구자들을 알게 된 것은 분에 넘치는 기쁨이었다.

저자가 근무하는 외무성 외교사료관에서도 《日本外交文書》 편찬위원장으로 계시는 호소야 치히로(細谷千博) 교수(國際大學 부총장), 편찬위원인 우스이 가쓰미(臼井勝美) 교수(筑波大學 명예교수), 구리하라 겐(栗原健) 박사의 격려가 없었다면, 그리고 외교문서 편찬실과 열람실의 선배, 동료의 관용이 없었다면 미숙하나마 연구 활동을 계속하는 일은 불가능했을 것이다.

이 밖에도 하나하나 이름을 들진 않더라도 저자는 참으로 많은 분들로부터 유형무형의 큰 은혜를 입어 왔다. 한 가지 지극히 사적인 일을 말하는 것이 허용된다면, 전공 분야는 달라도 연구 활동을 계속하는 것을 허락해 주신 아버지(도시공학 전공)께도 감사의 마음을 전하고 싶다. 저자가 대학에 입학하기 직전에 돌아가신 어머니가 건재해 계셨더라면, 아마도 나의 이러한 연구 활동을 허락지 않으셨으리라 여겨지기 때문이다. 그런 의미에서 이 책을 돌아가신 어머니께 바치고 싶다.

마지막으로 이 책의 찾아보기 작성에는 외교사료관 야마다 미치코(山田宙子) 사무관의 도움을 받았다. 또 이 책의 간행을 맡아주신 게이오통신사(慶應通信社)의 구와바라 가쓰미(桑原克己), 사토 다케지(佐藤武次) 두 분께는 엄청난 수고를 끼쳐드렸다. 아울러 감사를 드리는 바이다.

1988년 12월

이노우에 유이치(井上勇一)

부록: 영국 외무성 기록 비밀문서(Confidential Prints)에 대해서

저자가 이 책에서 인용한 영국 외무성 기록의 비밀문서(Confidential Prints)에 대해 설명을 하고자 한다.

영국 외무성의 기본 문서인 교신 기록(런던과 재외공관 사이의 왕복 전보, 공적인 서신류)은 재외공관별로 정리(예를 들면 일본 주재 공사와 주고받은 교신 기록은 FO46, 미국 주재 대사와 교신 기록은 FO5 등)되고, 그 위에 다시 왕전(往電)·내전(來電)·왕신(往信)·내신(來信) 별로 각 전보, 서신이 번호순으로 철해져 있는 것이 일반적이다. 이에 견주어 일본 외무성의 기록은 각 재외공관별이 아니라 사항별로 정리되어 있어, 양자는 문서 정리 방법이 기본적으로 다르다. 따라서 예를 들어 의화단사건에 관한 기록에 대해 조사하려고 할 경우, 일본 외무성 기록의 경우는 '의화단사건'이라는 사항으로 기록을 검색하게 되는데, 의화단사건 관계 기록 파일(실제로는 매우 방대한 양의 기록이 남아 있으나) 속에는 도쿄와 북경뿐 아니라 세계 각지의 일본 재외공관과 외무성 사이의 의화단사건에 관한 모든 전보·서신 등이 실려 있다. 반면 영국 외무성의 경우는 문서의 정리 방법이 사항별이 아니기 때문에, 그 시기(1900년과 1901년)의 북경 주재 공사와 런던의 교신 기록(FO17, 往電·來電·往信·來信의 4종류) 외에도 그것과 관계된다고 여겨지는 다른 재외공관(예컨대 미국·러시아·독일 등에 주재하는 각 대사 등과 중국에서도 북경 이외의 천진·상해 등에 있는 각 총영사, 영사)과 주고받은 교신 기록에 대해 낱낱이 조사해야 하므로 조사는 상당히 복잡해질 수밖에 없다. 예상조차 할 수 없는 재외공관으로부터 온 보고 등은 주의하지 않으면 놓치기 쉬운 것이다.

그래서 이러한 불편을 해소한 것이 바로 비밀문서라 불리는 일련의 자료집이라고 보면 된다. 비밀문서는 영국 외무성이 부내 참고용으로 런던과 재외공관 사이의 왕래전보·왕래서신 등을 인쇄한 것으로, 예를 들면 '중국문제', '일본문제' 등 문제별(이 사항은 일본 외무성의 기록 분류 방법에서 쓰인 사항별 구분만큼 구체적이지도 상세하지도 않다)로 거기에 관계되는 모든 문서를 연월일 순으로 정리한 것이다. 그러므로 예컨대 '중국 문제에 관한 상세한 통신 기록'(Further Correspondence Respecting the Affairs of China) 속에는 중국 문제에 관한 북경과 런던 사이의 교신 기록뿐 아니라, 미국 주재, 러시아 주재 각 대사 등과 주고받은 중국 문제를 둘러싼 교신 기록, 인도성이나 식민성과 영국 외무성 사이의 왕복 서한, 문서도 포함되어 있다.

통상 비밀문서는 전보나 서신을 주고받은 뒤 1~2개월에서 1년 정도 사이에 편집, 인쇄된 뒤 영국 외무성 안에 배포되었다. 비밀문서는 일반에게 공개할 목적으로 간행된 것이 아니라 어디까지나 외무성 안에서 집무를 위해 작성된 것이므로 대부분이 '비밀' 취급을 하고 있다. 영국 외무성이 의도적으로 문서의 선택이나 개작 등(전보 등에서 약호나 생략이 보완되어 있는 경우는 가끔 있으나)을 했으리라고는 생각할 수 없다.

다음으로 이 책에서 인용한 비밀문서를 참고로 제시한다(FO 이하는 영국 공문서관의 분류 번호를 나타냄).

중국 관계 비밀문서에 대해서는 Lo Hui-Min, *Foreign Office Confidential Papers relating to China, and her neighbouring countries, 1840~1914,* The Hague, Paris, Mouton, 1969)를 참조하기 바란다. 또한 런던에 있는 영국공문서관 소장의 영국 외무성 일본 관계 기록에 대해서는 佐藤元英, 〈Public Record Office 所藏イギリス外務省の日本關係文書について〉(外務省外交史料館 편, 《外交史料館報》 창간호, 1988년 3월)를 참조하기 바란다.

1) Further Correspondence Respecting the Affairs of China

Part I (不明)

II Jan.,~Dec., 1897, (FO 405-75)

III Jan.,~Mar., 1898, (FO 405-76)

IV Apr.,~June, 1898, (FO 405-77)

V July~Sep., 1898, (FO 405-78)

VI Oct.,~Dec., 1898, (FO 405-79)

VII Jan.,~Mar., 1899, (FO 405-84)

VIII Apr.,~June, 1899, (FO 405-85)

IX July~Sep., 1899, (FO 405-86)

X Oct.,~Dec., 1899, (FO 405-87)

XI Jan.,~Mar., 1900, (FO 405-91)

XII Apr.,~June, 1900, (FO 405-92)

XIII July, 1900, (FO 405-93)

XIV Aug., 1900, (FO 405-94)

XV Sep., 1900, (FO 405-95)

XVI Oct., 1900, (FO 405-96)

XVII Nov., 1900, (FO 405-97)

XVIII Dec., 1900, (FO 405-98)

XIX Jan., 1901, (FO 405-102)

XX Feb., 1901, (FO405-103)

XXI Mar., 1901, (FO 405-104)

XXII Apr., 1901, (FO 405-105)

XXIII May, 1901, (FO 405-106)

XXIV June, 1901, (FO 405-107)

XXV July, 1901, (FO 405-108)

XXVI Aug., 1901, (FO 405-109)

XXVII Sep., 1901, (FO 405-110)

XXVIII Oct., 1901, (FO 405-111)

XXIX Nov., 1901, (FO 405-112)

XXX Dec., 1901, (FO 405-113)

XXXI Jan., 1902, (FO 405-117)

XXXII Feb., 1902, (FO 405-118)

XXXIII Mar., 1902, (FO 405-119)

XXXIV Apr., 1902, (FO 405-120)

XXXV May, 1902, (FO 405-121)

XXXVI June, 1902, (FO 405-122)

XXXVII July, 1902, (FO 405-123)

XXXVIII Aug., 1902, (FO 405-124)

XXXIX Sep., 1902, (FO 405-125)

XL Oct., 1902, (FO 405-126)

XLI Nov., 1902, (FO 405-127)

XLII Dec., 1902, (FO 405-128)

XLIII Jan.,~Mar., 1903, (FO 405-133)

XLIV Apr.,~June, 1903, (FO 405-134)

XLV July~Sep., 1903, (FO 405-135)

XLVI Oct.,~Dec., 1903, (FO 405-136)

XLVII Jan.,~Mar., 1904, (FO 405-142)

XLVIII Apr.,~June, 1904, (FO 405-143)

XLIX July~Sep., 1904, (FO 405-144)

   L Oct.,~Dec., 1904, (FO 405-145)

 LI Jan.,~Mar., 1905, (FO 405-154)

 LII Apr.,~June, 1905, (FO 405-155)

 LIII July~Sep., 1905, (FO 405-156)

 LIV Oct.,~Dec., 1905, (FO 405-157)

 LV Jan.,~Mar., 1906, (FO 405-154)

 LVI Apr.,~June, 1906, (FO 405-166)

 LVII July~Sep., 1906, (FO 405-167)

 LVIII Oct.,~Dec., 1906, (FO 405-168)

 LIX Jan.,~Mar., 1907, (FO 405-173)

 LX Apr.,~June, 1907, (FO 405-174)

 LXI July~Dec., 1907, (FO 405-175)

 LXII Jan.~June, 1908, (FO 405-182)

LXIII July~Dec., 1908, (FO 405-183)

LXIV Jan.,~June, 1909, (FO 405-190)

LXV July~Dec., 1909, (FO 405-191)

LXVI Jan.,~June, 1910, (FO 405-199)

LXVII July~Dec., 1910, (FO 405-200)

LXVIII Jan.,~June, 1911, (FO 405-204)

LXIX July~Dec., 1911, (FO 405-205)

LXX Jan.,~June, 1912, (FO 405-208)

LXXI July~Dec., 1912, (FO 405-209)

LXXII Jan.,~June, 1913, (FO 405-211)

2) Further Correspondence Respecting the Affairs of Japan

Part   I   Jan.,~Dec., 1905, (FO 410-46)

      II   Jan.,~Dec., 1906, (FO 410-47)

      III   Jan.,~Dec., 1907, (FO 410-50)

      IV   Jan.,~June, 1908, (FO 410-51)

      V   July~Dec., 1908, (FO 410-52)

      VI   Jan.,~June, 1909, (FO 410-53)

      VII   July~Dec., 1909, (FO 410-54)

      VIII   Jan.,~June, 1910, (FO 410-55)

      IX   July~Dec., 1910, (FO 410-56)

      X   Jan.,~June, 1911, (FO 410-58)

      XI   July~Dec., 1911, (FO 410-59)

      XII   Jan.,~June, 1912, (FO 410-60)

      XIII   July~Dec., 1912, (FO 410-61)

3) Further Correspondence Respecting the Affairs of Railways in China

Part   I   Jan.,~June, 1907, (FO 405-180)

      II   July~Dec., 1907, (FO 405-181)

      III   Jan.,~June, 1908, (FO 405-188)

      IV   July~Dec., 1908, (FO 405-189)

      V   Jan.,~June, 1909, (FO 405-197)

      VI   July~Dec., 1909, (FO 405-198)

      VII   Jan.,~June, 1910, (FO 405-202)

VIII July~Dec., 1910, (FO 405-203)

IX Jan.,~June, 1911, (FO 405-206)

X July~Dec., 1911, (FO 405-207)

XI Jan.,~Dec., 1912, (FO 405-210)

XII Jan.,~Dec., 1913, (FO 405-213)

4) Further Correspondence Respecting the Affairs of Corea(Korea)

Part I * June~Sep., 1894, (FO 405-60)

II* Oct.,~Dec., 1894, (FO 405-61)

III* Jan.,~Mar., 1895, (FO 405-62)

IV* Apr.,~June, 1895, (FO 405-63)

V * July~Sep., 1895, (FO 405-64)

VI* Oct.,~Dec., 1895, (FO 405-65)

VII* Jan.,~Mar., 1896, (FO 405-70)

VIII** Apr.,~June, 1896, (FO 405-71)

IX* July~Dec., 1896, (FO 405-72)

X Jan.,~Dec., 1897, (FO 405-73)

XI Jan.,~Dec., 1898, (FO 405-80)

XII Jan.,~Dec., 1899, (FO 405-88)

XIII Jan.,~Dec., 1900, (FO 405-99)

XIV Jan.,~Dec., 1901, (FO 405-114)

XV Jan.,~Dec., 1902, (FO 405-129)

XVI Jan.,~June, 1903, (FO 405-137)

* Further Correspondence Relating to Corea(Korea) and the War between China and Japan

** Further Correspondence Relating to Corea(Korea), China and Japan

5) Further Correspondence Respecting the Affairs of Corea(Korea) and Manchuria

Part   I   July~Sep., 1903, (FO 405-138)

        II   Oct.,~Dec., 1903, (FO 405-139)

        III   Jan.,~Feb., 1904, (FO 405-146)

        IV   Mar.,~Apr., 1904, (FO 405-147)

        V   May~June, 1904, (FO 405-148)

        VI   July~Sep., 1904, (FO 405-149)

        VII   Oct.,~Dec., 1904, (FO 405-150)

        VIII   Jan.,~Mar., 1905, (FO 405-158)

        IX   Apr.,~June, 1905, (FO 405-159)

        X   July~Sep., 1905, (FO 405-160)

        XI   Oct.,~Dec., 1905, (FO 405-161)

199, 202, 203, 208, 210, 212, 216, 217, 218, 240, 243, 254, 262, 265, 266, 272, 274, 275, 277, 280, 283, 284, 286, 287, 291, 294, 297, 322

고이케 초조(小池張造) 210, 211, 233

고토 신페이(後藤新平) 175, 190, 209, 210, 228, 242, 243, 253

관동주조차조약 37, 42, 44, 47, 83, 88, 110, 142

관동주조차조약 추가협정 42, 44, 47, 83, 88, 142

관성자 168, 169, 173, 174, 175, 176, 184, 185, 279

구니자와 신베에(國澤新兵衛) 229

구라치 데쓰키치(倉知鐵吉) 172

구로키 다메모토(黑木爲楨) 165

구리노 143, 144

구방자 53, 68

구보타 조슈(久保田情周) 228

구홍기(瞿鴻禨) 186, 216, 225

궤폭 28, 31, 37, 98, 111, 117, 121, 129, 136, 149, 157, 164, 165, 166, 170, 173, 175, 184, 188, 194, 205, 213, 215, 222, 223, 227, 229, 235, 301, 322

협궤 112, 136, 168, 173, 222, 223, 229

광궤 65, 98, 111, 121, 129, 137, 149, 163, 168, 174, 176, 205, 279, 301, 312, 322

표준궤 111, 117, 129, 136, 149, 157, 160, 169, 173, 174, 175, 184, 189, 190, 194, 195, 197, 200, 204, 205, 224, 229, 235, 279, 312, 320, 322, 324

그레이, E. 196, 202, 209, 211, 212, 226, 228, 240, 242, 251, 252, 254, 256, 271, 273, 274, 275, 276, 282, 283, 284, 287, 289, 299, 317, 319, 330

그릴 128, 130, 132

금애철도 270, 273, 277, 278, 279, 281, 282, 283, 284, 285, 286, 287, 288, 289, 290, 291, 292, 293, 294, 295, 296, 297, 298, 299, 300, 301, 302, 303, 304, 305, 308, 309, 313, 320, 326, 327, 328, 329

금애철도 차관 계약 270

금자둔 318

금제철도 239, 249, 264, 266, 267, 268, 269, 279, 288, 289, 294

금주(金州) 164

금주(錦州) 36, 264

길림 36, 42, 144, 168, 191

길장철도 168, 169, 170, 177, 218, 219, 224, 225, 226, 228, 231, 236, 239, 284, 286

길회철도 170, 177, 297

【ㄴ】

나동(邪桐) 225, 262

남관령 173

남만주철도 30, 118, 149, 166, 192, 194, 197, 198, 201, 206, 208, 209, 214, 224, 227, 229, 230, 231, 232, 233, 234, 235, 237, 239, 247, 248, 250, 252, 253, 255, 256, 257, 258, 260, 262, 263, 264, 265, 267, 270, 274, 278, 286, 288, 294, 296, 300, 301, 302, 303, 305, 313, 320, 323, 325

남만주철도 평행선 30, 178, 239, 245, 247, 256, 261, 265, 267, 270, 274, 302, 325

녹스, P. C. 281, 282, 287, 294

니시 도쿠지로(西德二郞) 110

니콜라이 2세 52, 107

니콜슨, A. 285, 292, 306, 307, 308

【ㄷ】

다니 간조(谷干城) 114

다이이치은행 117, 137, 152, 160

다카키 마사요시(高木正義) 117, 152, 160

다케우치 쓰나(竹內綱) 108, 143, 172

당고 68, 70, 71, 75, 88, 89

당산 36, 71

당소의(唐紹儀) 225, 229, 232, 252, 261, 264, 268

대고산 144

*